教育部人文社会科学研究青年基金项目“运河城市的空间形态及生命历程研究——以临清为中心的历史人类学考察”（批准号：15YJC840049）最终研究成果

聊城大学学术著作出版基金资助

聊城大学运河学研究院出版基金资助

聊城市民政局京杭大运河聊城段地名文化遗产专著项目（编号：LCHR－SZ－20220402）资助

聊城市羡林学者培育工程支持项目资助

漕挽珍华

明清以来临清城市空间研究

周嘉 著

中国社会科学出版社

图书在版编目（CIP）数据

漕挽纷华：明清以来临清城市空间研究／周嘉著．
—北京：中国社会科学出版社，2023.7
ISBN 978－7－5227－2209－2

Ⅰ.①漕…　Ⅱ.①周…　Ⅲ.①临清—地方史
Ⅳ.①K295.24

中国国家版本馆 CIP 数据核字(2023)第 123074 号

出 版 人　赵剑英
责任编辑　安　芳
责任校对　张爱华
责任印制　李寡寡

出　　版　中国社会科学出版社
社　　址　北京鼓楼西大街甲 158 号
邮　　编　100720
网　　址　http://www.csspw.cn
发 行 部　010－84083685
门 市 部　010－84029450
经　　销　新华书店及其他书店

印　　刷　北京君升印刷有限公司
装　　订　廊坊市广阳区广增装订厂
版　　次　2023 年 7 月第 1 版
印　　次　2023 年 7 月第 1 次印刷

开　　本　710×1000　1/16
印　　张　20
插　　页　2
字　　数　326 千字
定　　价　108.00 元

序

2014 年 5 月，时在上海大学社会学院工作的张佩国教授推荐他即将毕业的博士周嘉跟我做博士后研究，尽管力有不逮，但佩国教授是我敬服的师兄，恭敬不如从命，便愉快地答应了，于是我成为周嘉在山东大学历史文化学院博士后研究工作期间的合作导师。

临清位于山东省西北部，古老的大运河穿城而过。临清之名，取临近清河之意，清河是卫河的古称，源出河南省辉县苏门山百门泉，流经临清之域。临清自西汉初年设县，迄今已有两千多年的历史，2006 年被联合国地名专家组认定为中国地名文化遗产“千年古县”。明清之际，临清凭借京杭大运河漕运发达而迅速崛起，是当时全国重要的流通枢纽城市，一度成为华北首屈一指的商业城市。临清的繁华使之赢得良多赞誉，如“地居神京之臂，势扼九省之喉”，“临清傍运河，富庶甲齐郡”，等等。2014 年 6 月 22 日，在卡塔尔首都多哈召开的联合国教科文组织第 38 届世界遗产委员会会议上，“中国大运河”被批准列入《世界遗产名录》，会通河临清段、临清运河钞关入选世界遗产名单。临清作为历史文化名城，再一次引起世人瞩目。也恰在此时，周嘉申请进入山东大学博士后科研流动站，他将研究计划定为明清临清城市史。后来，他又将问题意识进一步聚焦，对原计划修改完善后成功获批 2015 年教育部人文社科青年基金项目，《漕挽纷华：明清以来临清城市空间研究》就是该项目的最终研究成果，也是他数年辛苦努力付出的结晶。

源远流长的大运河不仅哺育了临清的发展，而且也在很大程度上形塑了城市形态、地方文化和社会性格。20 世纪 50 年代以来，学术界就从运河兴衰、商业发展、地域文化等方面对临清历史有所探讨。20 世纪 80 年代之后，学界的临清研究逐渐升温，专家学者甚为重视。城市规划名家傅崇兰教授为撰写《中国运河城市发展史》，于1981年5—6月到临清实地考察，写出了《临清明清史初稿》，认为临清虽然是明清时期州治所在地，但是州治之所的政治功能并没有削弱其商业地位，事实上临清是当时大运河沿岸控扼南北的工商业中心。紧随傅崇兰教授之后，历史地理学家杨正泰教授、明清经济史学家许檀教授、明史学家毛佩琦教授等关于临清的研究成果相继面世，他们或从地理条件变化分析明清时期临清的盛衰，或探讨明嘉靖至清乾隆临清商业最繁盛时期的状况，或论述临清在明代社会生活中所拥有的地位和发挥的作用。特别值得注意的是，上述学界研究均指向这样一种思考，即临清在明清两代的兴衰史反映了其内生性力量的不足，其一时之繁盛主要由于外部条件所促成，而更深层的问题意识则是对资本主义萌芽的探索与反思。

临清是大运河边港埠城市，曾是整个山东漕粮的主要集中地，明清时期曾经繁华一时，因此也引起海外学者的关注。清代王伦起义的主要战斗及清军的围剿即发生在这里，美国汉学家韩书瑞教授所著《山东叛乱：1774年王伦起义》对此次起义事件进行了全景式书写，并对临清的诸多面相作了详细描述。书前插图引自乔治·斯当东《英使谒见乾隆纪实》中的“在大运河岸边的临清附近看到的景色”，该图以舍利宝塔为斜轴，南望临清城市，右眺大运河，宝塔后面可见临清城的城墙。韩书瑞教授指出，临清位于大运河与卫河的交汇处，是华北平原上最为重要的贸易集散地和中心城市之一，担负全国范围的贸易角色，因物产丰富、易于进攻的战略位置，反叛者和政府都十分重视。韩书瑞教授还通过分析社会、经济、军事、政治等力量的结构变化，为临清地方史建立了一个相对稳固的时空环境，这一点可见她从施坚雅教授关于明清时期中国的时空模式的思想中受益良多，后者是对中国城市史研究影响最大的美国学者。

除此之外，还有众多学者从不同方面对临清进行深入研究，涉及城市经济、组织机构、历史事件、社会生活、族群关系、城市建筑、手工技艺、文化遗产等，于此不再一一叙说。

由上可见，应该说临清研究学术积淀比较深厚，以其为选题进行探讨，创新难度较大。但是，通读《漕挽纷华：明清以来临清城市空间研究》之后，我深感这是一本颇有创见的著作，在运河城市研究领域具有一定的学术意义，占有一定的学术地位。如果按照类型学的划分，古代中国的城市多为行政中心，但也呈现出多样性，尤其在明清两代更是如此。在城市形成及其转型过程中，运河城市应当属于一种比较特殊的文明发展形态。临清“因水而名”，“因河而城”，后又“因漕而兴”，是一座非常具有典型性的运河城市，其所发挥的城市职能也具有多元性，如军事、行政、经济、交通、宗教、文化、教育等职能。周嘉利用历史人类学的研究方法，在历时性与共时性相融合的视域以及特定的文化脉络中，呈现临清这座运河城市的历史与结构。在时间节点的选择上，主要始自临清作为大运河城市中心的出现，考察其在明清时期的发展历程以及近现代以来的转型逻辑。以“空间”作为切入点，探讨城市的结构体系、人们的社会实践等，从而加深了对于临清城市性、现代性等相关论题的理解。据我所知，周嘉这几年主要的科研精力便是做临清研究，他利用课余时间经常深入临清进行人类学式的田野工作，应该是在临清调研时间最长的外地学者。在临清研究中，他力图既能“在档案馆中做田野工作”“在田野工作中做历史研究”，又能“在历史研究中做田野工作”，拜读书稿之后，我认为他基本上达到了该学术目标。

在做临清研究的过程中，周嘉在核心期刊上发表了多篇相关学术论文，也获批了多项相关科研课题，我深深感佩他的学术努力和学术业绩，现在能看到他的成功之作，由衷地感到高兴。希望他能以此为新的契机，不断有学术上的新创造。最近，他兴奋地跟我汇报，他又有新的田野点和问题意识了，期待早日再次见到他新的力作。

是为序。

徐 畅

2023 年 5 月

于山东大学

目　录

图表目录

导　　论

第一节　在城市里做研究

一　研究的地点和对象

临清市地处山东省西北边陲，今天是聊城市代管的县级市。地理位置位于东经115°27′—116°02′之间，北纬36°39′—36°55′之间。东与茌平、高唐两县为邻，西与河北省临西县隔河相望，南与冠县、聊城市接壤，北与德州夏津县毗邻。山东省会城市济南在东南方向，临清市与之相距约150公里。临清全境东西长约56公里，南北长约30公里，总面积为957平方公里。此地位置优越，交通便利，是山东西进、河北东出的重要门户，也是京九铁路自北向南进入山东省的第一站，举世闻名的京杭大运河穿城而过。临清及其所在的区域，便是本项研究主要的田野点。

当然，至于田野选点何处，有了问题意识自然就相对容易一些。问题意识源于对理论和田野"悟"的过程，涉及人类学研究中所谓理论与田野工作关系张力的问题。究竟是理论先行还是田野先行，大可不必拘泥于走哪条道路，理论与田野实践总是一个不断互动的过程。如果从理想层面说，田野实践有助于提高我们对抽象的文化的理解；从另一个方面来说，没有田野经验的理论也是毫无意义的。① 带着初始的哪怕是模糊的问题意识去做田野，一定会收到事半功倍的效果。无论做乡村研究，还是做城市研究，都会面对一个全新的领域和挑战。二者亦各有利弊，

---

① ［英］艾伦·巴纳德：《人类学历史与理论》，王建民、刘源、许丹译，华夏出版社2006年版，第5页。

村落可以“超越”，城市也可以“下放”，它们仅仅是一个田野点的选择实践，都能很好地解决某些理论问题。

可以说，本书是一份关于运河城市临清的民族志。民族志对于人类学研究来说非常重要，它不仅是研究方法，也是理论载体。美国文化人类学家克利福德·格尔兹（Clifford Geertz）曾经这样定位人类学中的民族志：“如果你想理解一门学科是什么，你首先应该观察的，不是这门学科的理论或发现，当然更不是它的辩护士们说了些什么；你应该观察这门学科的实践者们在做些什么。在人类学或至少社会人类学领域内，实践者们所做的是民族志。”① 人类学者是做民族志的人，其专业旨在描述并阐释特定社会中具有意义的文化行为。

典型的或者说传统意义上的民族志研究，要求研究者在一个边界相对明确的小型社区（一般为自然村落）中长期居住，采用参与式观察方法进行田野工作，采访、调查和搜集第一手资料，同时结合史料、档案等传统文献资料，对研究对象的文化进行整体性深入分析。从“摇椅上的人类学家”到田野调查“科学时代”的来临，村落成为一种社会科学关注的对象，大概只有一百多年的历史。因为这类社会结构比较简单，文化的同质性也比较高，易于对整体加以宏观把握。所以，村落视野因其独到的理论阐释模式，成为社会科学研究的一种“利刃”。民族志方法于20世纪初传入中国以后，逐步发展成为微型社区研究法，即对村落社会的研究。

将中国村落作为学术研究的对象，最早始于美国汉学家葛学溥（Daniel Kulp）对广东凤凰村家族主义的研究。社会学家吴文藻借鉴美国芝加哥学派的城市社区研究模式，也倡导以社区作为观察中国的基本文化单位。随后的20世纪30—40年代，一批受到西方学术训练的中国著名学者，加入到对中国具体村落研究的阵营，如费孝通之于“江村”，林耀华之于“义序”和“黄村”，杨懋春之于“台头”，徐烺光之于“喜洲”等。一般认为，虽然中国是一个复杂社会，但村落是相对独立和封闭的空间，通过对这样的微型社会进行全景式分析，可以作为理解中国的着眼点。学者们大都抱持这样的雄心，研究村落是为了超越村落，为了实

① ［美］克利福德·格尔兹：《文化的解释》，韩莉译，译林出版社2008年版，第6页。

现一种“以小见大”的企图。

村落成为借以窥视社会的“分立群域”[①]，在20世纪50—60年代受到了质疑，矛头指向“小地方中的大社会”在中国场景下是否具有广泛的理论适用性。美国人类学家施坚雅（G. William Skinner）指出：“研究中国社会的人类学著作，由于几乎把注意力完全集中于村庄，除了很少的例外，都歪曲了农村社会结构的实际。”[②] 他认为，乡民活动的社会区域边界并非村落范围，而是由基层市场边界所决定。经由市场网络的作用，中国村落与更高级别的集镇、城市等联结起来。英国人类学家弗里德曼（Maurice Freedman）以宗族组织作为切入点来研究中国东南沿海的农村，在较大的空间跨度和较广的时间深度中探讨中国基层社会的运作逻辑。与此同时，一批中国人类学家也开始对村落研究进行反思，如以费孝通为代表的“走出江村”调查实践，试图找寻“由一点到多点，由多点到更大的面，由局部接近全体”[③] 的研究方向。

村落研究不仅倚重共时性的结构，还应关照历时性的变迁。“历史对于我们，应该像小提琴家的左手一样”[④]，历史学科的介入可以在很大程度上超越传统研究范式的局限。20世纪80年代尤其90年代以来，村落研究中的“国家—社会”视野抑或“区域社会史”的研究取向逐渐流行。黄宗智（Philip C. Huang）、马若孟（Ramon H. Mycrs）、杜赞奇（Prasenjit Duara）、科大卫（David Faure）等学者更加关注国家与村落的关系以及历史变迁的过程。林美容、郑振满、刘志伟、陈春声、王铭铭、张佩国、行龙、张俊峰、胡英泽等学者的研究也非常卓著，倡导在人类学的研究实践中纳入历史的维度，重视官方制度与基层社会的互动，以及国家话语在地方社会的表达与实践。还有其他学者成绩不凡，此不赘述。

村落并不是学术研究的对象，格尔兹提醒我们（这也是他在学界广为流传的经典名言）：“研究的地点并不是研究的对象。人类学家并非研

---

① 王铭铭：《小地方与大社会——中国社会的社区观察》，《社会学研究》1997年第1期。

② ［美］施坚雅：《中国农村的市场和社会结构》，史建云、徐秀丽译，中国社会科学出版社1998年版，第40页。

③ 费孝通、张之毅：《云南三村》，社会科学文献出版社2006年版，第7页。

④ ［美］詹姆斯·克利福德、乔治·E. 马库斯编：《写文化——民族志的诗学与政治学》，高丙中、吴晓黎、李霞等译，商务印书馆2006年版，第31页。

究村落（部落、小镇、邻里……）；他们只是在村落里研究。”[①] 学术研究针对的对象是一回事，而对对象的研究则是另一回事。这种理念同样适用于本书对一座运河城市所做的个案选择，并不因笔者的田野点所处的城市，便决定了笔者的研究对象就是这座城市；同时，笔者的眼界虽不应囿于某个城市，却应立足于这个城市。“把田野放在哪里”，虽然这是民族志研究应当着重考虑的问题，但是不应出现“一滴水等于大海”的浪漫主义想象。人类学者在哪里做田野并不重要，重要的是他在研究什么。当然，可以选择在不同的地点研究不同的问题，但有的学术问题最好能在限定的区域里进行研究，例如当代社会科学所面对的某些具有普遍意义的问题。通过切实可感的个案实在性，才有可能进行想象性和创造性思考。

二　问题意识的基本感知

从乡村走向城市，只是一个田野点转换的实践问题。无论是村落还是城市，它们都可以成为社会科学研究的基本的文化单位。当然，从村落单位跳脱出来，转向空间范围较大的城市，将会是一个不小的挑战。不过，如果换一种角度来思考的话，村落与城市都是相对于王朝国家的一个“地方”，二者只是在有形的空间划分层面有所区别而已，它们都可以视为更大空间范围内的一个次级的地方。

正如英国人类学家王斯福（Stephan Feuchtwang）所界定的什么是村落：村落是一个传统的地方，在地方性感知与实践上它是一个仪式上的和有历史的单位；村落还是一个行政的地方，遵循外在的、向下的包容性秩序；村落亦是一个集体的地方，地方性的权威、资源和保障得以结合。[②] 他总结道：“完全可以从地理学上，将一个居住的地方描述成是一个分散的或一个集中的聚落。……使得这个地方成为一个有限制的区域，一个共同居住但又细分为亲属与邻里的‘内部’。这样一种‘内部’本身又将被包括在一个更大的有限空间之内。这是一种包容性的

---

① ［美］克利福德·格尔兹：《文化的解释》，韩莉译，译林出版社2008年版，第25页。

② ［英］王斯福：《什么是村落?》，赵旭东、孙美娟译，《中国农业大学学报》（社会科学版）2007年第1期。

等级式秩序。”① 简言之，村落与城市都是一个地域归属的界定。基于不同的目的与形势，可以依据不同的边界来定义它们，而这种边界更倾向于指涉无形的边界。

实际上，不同的研究地点都是“地方”的另一种表述。地方一直为人类学研究所关注，因为它是行动者最为贴近和直接作用的处所，包括自然的地理形式以及人为的建构环境。文化人类学则更为关注建基于有形物理空间实存之上的无形社会空间②，找寻“地方性知识”③ 并阐释当地的文化。在讨论地方实践的时候，我们还需要对学术观点做辨析性反思，即乡土中国的村落社会形态以农耕文明为基础，而与之具有某种关联性的另一种社会形态——运河城市文明，则是以中国大运河为时代背景。大运河是流动的文化，依靠水流的移动，人群、商贸、信息、思想等相互交流。因而，运河城市也应当是移动性的产物，它具有政治性、商业性、流动性等诸多特性。

在很大程度上，人类社会中的伟大创举突出表现在建设城市上。在文化人类学的意义上，城市是人类实践的缩影和文明传承的载体。一个地区、一个民族抑或一个国家兴衰起落的历史经验，形成和演变过程中的生产方式、生活状态、精神气质，以及人类群体的功过善恶、较量斗争等信息，都层层叠叠地、或隐或显地铭刻在城市的宫阙、楼台、城池、衙署、庙宇、民居、街巷、市廛、会馆、勾栏、广场以及旮旮旯旯的遗迹中。难怪北宋史学家、文学家司马光会生发“若问古今兴废事，请君只看洛阳城”的感叹。

城市区别于乡村的地方在于前者通过特有的社会组织形式将大量的“人气”凝聚起来，脱离了后者“日出而作，日落而息”的缓慢生活节奏。在城市所圈定的有形空间范围内，人与人之间不是依靠自然产生间接的联系，而是经由商贸、交易等发生直接的碰撞。或者反过来看，从

① ［英］王斯福：《什么是村落?》，赵旭东、孙美娟译，《中国农业大学学报》（社会科学版）2007 年第 1 期。

② Thomas Barfield, eds., *The Dictionary of Anthropology*, MA (USA): Blackwell Publishing Ltd, 1997, p. 360.

③ ［美］克利福德·格尔兹：《地方性知识——阐释人类学论文集》，王海龙、张家瑄译，中央编译出版社 2004 年版，第 42、69、273、294 页。

乡土社会向城市社会的迈进历程，需要凭依自然力量的推动作用，只不过这种自然力量并非自然的“常态”力量，而是它的“突变”力量——裹挟着人与人以及群体与群体进入一场疾风骤雨中，激撞出一些全新的社会纽带、组织形态和生命形式。这就是城市文明从乡土文明中“脱胎换骨”的重要契机。

临清在上千年的历史长河中经历了不同的命运，社会变迁几经沧海桑田，城市发展从中心到边缘，大起大落，数度废兴。说是一座“老城”，无论从中国还是世界的意义上，应当说都是名副其实的。时至今日，临清古城随着历史进程步入新的快速发展时期，老城旧貌换新颜，其变化可谓日新月异、气象万千，令人目不暇接。面对此情此景，不能不使笔者感慨万千。我们常常言说，历史文脉不能割断，文化传承不能中断，精神血脉不能断裂。所有这些历史的、文化的和精神的内容，均集中凝结在老城身上。它们不可复制，也无可替代。对于后人来说，这是前人留下来的得天独厚的无价之宝。

本书正是聚焦于这座位于鲁西北边缘的城市，它是大运河沿线上的古城之一。在知名度上，这个城市如今不能与天津、苏州、杭州等相比，它在很长时间里默默无闻。笔者第一次听说临清之名是在考入大学以后，当时同班同学有几位来自这座城市。他们并没有过多地谈论家乡的事情，笔者那时也没有去过临清，仅仅知道在鲁西北有这么一个地方。没想到十多年之后，这里竟成了笔者的主要研究地点。笔者在这座城市里做研究，选择的时间范围并没有严格的限定，大致自明清时期一直到中华人民共和国成立以后，针对个别事项也会关照到当下。在叙述过程中，尽量使每一个要探讨的问题张弛有度，既要关注共时性的社会结构，又要管窥长时段里文化与社会的变迁过程。

经常有学界同仁问笔者为什么选择临清，这里边既有偶然因素，也有学术上的考虑。博士毕业以后，笔者回到山东进入一所专门研究运河的科研机构，开始涉足运河区域社会文化，当时有一个研究北方运河城市史的初步设想。笔者的家乡是胶东半岛中部的一个小县城莱西，先后隶属于烟台和青岛。第二次鸦片战争以后，山东被迫开放了两个条约港口，一个是烟台，另一个是青岛。后来，在港口贸易的带动下，逐渐兴起了这两座城市。中华人民共和国成立以后，它们的行政区划先后设置地区和地级市。如今，它们早已发展成为山东半岛的两大中心城市和重要的港口城市。因从小生活在胶东，也多次到过这两座城市，笔者对它们的繁华程度赞叹不已。山东西部运河沿岸城市的发展与衰落模式似乎恰好与此相反。

元朝在山东境内开挖会通河，建立起沟通南北的运输线。在明清两代，大运河承担了推动沿线城市化进程的重要作用。例如，临清久负历史盛名，它是鲁西一大运河港口，也是最为繁荣的城市中心。在地方志中，我们经常见到"地居神京之臂，势扼九省之喉""临清傍运河，富庶甲齐郡"等诸如此类的赞誉。明朝前期，会通河浚通以后，临清成为大运河上的重要漕运枢纽，"据要而中居之"①，成为南北水陆要冲之地，朝廷在此设立钞关征税。最迟到隆庆、万历年间，临清成为闻名全国的商业大都会，其繁华局面一直延续到清代。康熙二十三年（1684）海禁开放之后，虽然天津、上海等沿海港口迅速崛起，临清的地位已不如明代显赫，但是，乾隆年间的临清仍然是华北地区非常重要的商城，也是大运河山东段唯一的税关所在地。道光年间黄河决口，继而咸丰初年太平天国起义，大运河漕运受阻改行海运，临清的优势日渐式微。不过，一直到民国时期，临清的经济功能和商业规模仍然具有一定的惯性。水既能载舟亦能覆舟，运河在将临清引入王朝国家统治逻辑之中的时候，也以其滋润万物之功孕育了临清的真正生命，造就了一个拥有自身独特节奏的生活世界。

昔日的繁华已经远逝，在这片土地上，留存下一些能够唤起人们追忆黄金岁月的历史遗迹。20 世纪 50、60 年代卫运河仍能通航，但难以掩饰临清经济和政治地位的急剧下降。尤其 1963 年卫运河突发洪水事件之后，卫运河以西原属临清的几个地方，划归河北省邢台专区，另建临西县，临清的地域范围缩小了许多。现在的临清在行政区划上，只是一个县级市，隶属于地级聊城市。一个曾经在历史上辉煌过一段时间的地方，所能引起人们的联想与感叹是复杂的。情况似乎又出现了转机，局面还不至于太糟糕。借助 2014 年中国大运河成功申报"世遗"的东风，"千年古城"临清面临新一轮的改造与开发，它的空间实践也在经历着重要

---

① （清）王俊、李森：《临清州志》卷 3《仓庾》，清乾隆十四年（1749）刻本。

的变化。

本书的理论意义在于，以运河城市的空间形态及其生命历程作为研究出发点，运用历史人类学的方法重新考量运河区域的文化图景及其历史进程，在一个较大的文明体系中重新发现运河城市的价值，同时，探究中国古代城市体系的发展与社会变迁规律。学术科研意义在于，以临清为个案研究，切合“运河与中国社会研究”“运河城镇文化遗产保护与开发研究”等宏大主题，可以为区域社会发展提供一定的文化动力和智力支持；也符合“运河区域经济与社会发展”的研究思路，为社会史专项研究领域提供一个更好的支撑个案。现实意义在于对重建作为整体的沿运城市文明，充实沿运城市的文化底蕴，展示其文化魅力，培育其当代城市精神，发展其文化生产力，无疑是非常重要的。

研究需要建立在其他研究的基础之上，但这并不意味着它们要开始于后者的停止之处。有的时候，或者由于概念、范式等更加深化，或者由于掌握了更多的资料、信息等，它们可以更从容地与深入地探索同样或相近的问题。如果一项研究比先于它的研究出彩，那么无论在何种意义上，这就是一种进步。但是，既可以说它站在前人的肩膀上，也可以说它受到了某种挑战并且进行挑战，从它们身边冲奔而过。当然，并非每一次研究都要以创制全新的理论为目的。理论观点与学术理念不是凭空想象的，而是从其他相关研究的“他山之石”那里汲取养分、获得灵感，在内化过程中又得到不断订正，而后再运用于解释新的问题。

第二节　城市研究的学术史回顾

一　“范式”与“革命”

研究发问的提出不是毫无根据的，正是历史与现实所形成的强烈反差，促使笔者思考临清城市史的特殊经验，进而有助于理解中国城市史的多样性和复杂性问题。通过史料爬梳、田野工作，对比过去与当下，不免会想对这里的种种变迁说点什么。变迁需要在时空之旅中言说，所有现象都在时间中存在而有其历史，它们也在空间中存在而有其实在。时间和空间是我们观察世界的独特视角，也是认知世界最基本的方式。在此基础上，学者们广泛参与，关注一些共同的话题，逐渐形成学术共同体研究的范式。在对学术史进行回顾之前，我们先来了解范式在研究中的价值。

在学术研究领域中，通常会对观点、理论等进行区分。如果是传统文化的产物，有时视之为“宇宙观”；如果是西方科学家实践的成果，可以称之为“范式”。范式这一术语是美国科学哲学家托马斯·库恩（Thomas Kuhn）提出的①，指的是在一个相对特定的时间里，科学实践者所共同认可的一套假定和方法。范式并没有精确的定义②，它也可以理解为公认的模型或模式，“以共同范式为基础进行研究的人，都承诺同样的规则和标准从事科学实践”③。范式能够指导研究，它给科学实践者提供了一个选择问题的规则和标准。当范式被视为理所当然时，这些选择的问题被认为是有解的问题。

当然，范式的魅力还在于它能留下有待解决的一些问题。并没有永恒、普适的范式，这是因为每一个范式都将世界视为由不同事物构成的，而“科学家在其框架内工作的范式将对他们看待世界的某个特定方面的方式提供指导”④。一个范式在它最初出现的时候，其精确性和应用性都是极其有限的。它之所以拥有一定的地位，是因为它比“竞争对手”更能成功地解决一些问题。观点、理论要成为一种范式被接受，就必须优胜于其竞争对手。不过，一种范式并不需要，而且在变动不居的现实情境下，它也绝不能解释其所面对的所有事实。正是由于这方面原因的存在，我们需要范式更新。

范式更新或范式转变，就是所谓的“科学革命”。“一种范式通过革命向另一种范式的过渡，便是成熟科学通常的发展模式。”⑤ 革命缘起于

---

① ［美］托马斯·库恩：《科学革命的结构》，金吾伦、胡新和译，北京大学出版社 2003 年版，第 9 页。

② ［英］A. F. 查尔默斯：《科学究竟是什么?》，鲁旭东译，商务印书馆 2007 年版，第 134 页。

③ ［美］托马斯·库恩：《科学革命的结构》，金吾伦、胡新和译，北京大学出版社 2003 年版，第 10 页。

④ ［英］A. F. 查尔默斯：《科学究竟是什么?》，鲁旭东译，商务印书馆 2007 年版，第 141 页。

⑤ ［美］托马斯·库恩：《科学革命的结构》，金吾伦、胡新和译，北京大学出版社 2003 年版，第 11 页。

共同体中某些实践者逐渐发现，现有范式已不再非常有效地解决某一方面的问题。按照库恩的理解，范式是包含着许多小理论的大理论，当小理论不再具有世界意义，危机与革命就会出现。这将会导致某种范式走向两种选择，或者倾覆，或者被整合到更新的范式之中。科学研究的创新，常常是以新范式的提出为标志的。这种新范式拓宽了新视野，打开了新思路，提出了新观点，凝聚了新方法，并成为人们解释某类问题的新话语。

具体到从描述到解释和理论的过程，对于本书在人类学意义上的研究来说，最终产品是一份能够提供解释框架的陈述。简言之，这样一种依靠资讯、数据、资料等作为支撑的阐释便可视为理论。人类学家并不宣称某种关于文化的理论是绝对真理，他们反而使用“概率”来衡量理论的可靠性或有效性，即可以用有或者没有事实支持来证实或者证伪某种假说。科学的理论依赖于可以论证的、基于事实的证据以及可重复性的检验，同时能够接受新洞见、新证据所带来的质疑。当人们发现新出现的理论基于更好的或者更完整的证据、更可信、更有效时，旧有的阐释就不得不被抛弃了。①

范式理论阐释了科学进步的内在机制和动态发展模式，对于人文社会科学领域具有重要的指导和借鉴意义。与自然科学领域不同，某些人文社会科学的发展也许并不具有典型的范式革命特征②，而且，即使会出现不可避免的范式危机，革命的程度也不是完全相同的。无论在哪一个领域，范式没有绝对意义上的优劣之分，我们不能说某一范式一定优于另一范式。范式所提供的解释，都不一定是对的或者错的。恰恰相反，它们能够从更大的理论框架中获得自身的意义。一种范式“更好”，只是因为它能解释其他一些范式不能解释的现象。不可否认，一些颇具典型

---

① ［美］威廉·A. 哈维兰等:《人类学：人类的挑战（第14版)》，周云水等译，电子工业出版社2018年版，第375—376页。

② 虽然在人文社会科学领域，应用范式理论已经是非常普遍的学术现象，但是，学界内部对这种现象也有不同的声音，如英国社会学家安东尼·吉登斯（Anthony Giddens）更倾向于使用“视角”或“传统”的概念。在他看来，“范式”引入科学哲学时指涉的是自然科学，库恩“看到社会科学家之间很少共同点，这与自然科学中的情况完全不同，在那里有着可调适的视角，它们主导了科学领域的专业核心”。参见［英］安东尼·吉登斯《何为社会科学》，于海译，《社会》2001年第11期。

性、优先性和可重复性的范式，成为学术进步与学科发展的坐标。现代语境下，对城市研究范式进行回顾与反思，对推动中国城市研究进一步发展具有重要的意义。

二 城市研究的理论范式

在展开城市研究之前，我们首先要搞清楚这样的问题，那就是如何来定义城市以及界定城市研究的范畴。与此同时，我们还要保持清醒，即当你试图清晰地给某种事物下定义，只会使之更加模糊不清。毋庸置疑，城市并非现代的现象，它拥有久远的历史，最早的城市甚至出现在有文字记载以前，而且与人类文明的进程相伴相随。虽然城市很古老，但学界正式对城市进行研究，至今只有 100 多年的历史。对“城市”概念如何定义，一直困扰着许多研究城市的学者们。实际上，城市如何被定义与城市如何被研究同样难解，这应该是城市研究领域中的一种悖论。城市本身所拥有的多维度特性，造成可以有多种不同的定义方式。城市又是一个复杂的社会集合，城市研究的范围名目繁多，包罗万象，各个方面都可以细分加以研究。而这些被细分出来的方面，又与人文社会科学学科有着紧密的联系，促成城市研究的多学科与跨学科属性。

自工业革命以来，城市发展的步伐进一步加快，随之而来的城市问题也大量出现。西方的城市研究是伴随城市化进程而逐渐兴起的，随着人文社会科学理论的深入发展，城市研究渐趋形成比较全面而兼容的知识体系。西方学界以“城市”为主题的研究已经有了长期的历史积淀，形成了各具特色的研究理论与方法。按照库恩的说法，这些思想、理论与派系一度成为城市研究的“范式”。相比而言，城市研究作为一个跨学科的学术领域，在当今中国仍然处于相对较小且亟待提升的地位。通过梳理西方学界已有研究成果，学习、借鉴与扬弃他们的理论和方法，对中国城市研究进行重新思考，能够获益良多。当然，由于篇幅所限，不能也不可能包罗城市研究领域的所有学术成果，但笔者还是尽力搜集、整理、归纳该领域影响较大的主要研究成果，希望能够帮助读者对城市研究的学术发展脉络有一个较为全面的认识。

要对城市研究的学术历程有一个全面的概观，我们有必要先来了解西方城市研究兴起阶段的欧洲传统。之所以称为“欧洲传统”，是因为这些先驱者或代表人物都是欧洲大陆上的社会学家。资本主义工业革命带来了城市化的进一步加速，整个19世纪成为欧洲城市飞速发展的年代。与此同时，随着城市人口的急剧增加，涌现出一些城市问题，这引起了当时欧洲社会学家的密切关注和深入思考。从此以后，关于城市各种社会现象的研究也逐渐发展起来。

德国社会学家和哲学家斐迪南·滕尼斯（Ferdinand Tonnies）从社会关系的角度，把人类的群体生活划分为两种结合的理想类型，即“共同体”与“社会”①。前者以小乡村为载体，具有强烈的内聚性，亲属关系、邻里关系和朋友关系占主要支配地位②，个人与共同体是“有机”的联系。后者以大城市为载体，上述三种关系退居次要位置，个人主义日渐崛起③，个人与社会是“机械”的联系。与滕尼斯生活在同一时代的法国社会学家和人类学家埃米尔·迪尔凯姆（Emile Durkheim）则提出了另一种理想类型，即“机械团结”和“有机团结”。乡村以机械团结占优势地位，“建立在个人相似性基础上”④。相反，现代社会尤其是城市的特征是有机团结，“以个人的相互差别为基础”⑤。这两位学者城市研究的重点都在于考察农村向城市转变过程中的社会关系，但迪尔凯姆比之于滕尼斯，更加明确地指出了社会劳动分工的基础地位。

不过，二者均未对城市居民的社会心理进行系统的研究，这项工作由德国社会学家和哲学家乔治·齐美尔（Georg Simmel）首创完成。他在《大城市与精神生活》⑥一文中，总结了城市人迥异于乡下人的“大城市

---

① 费孝通将之对应于“礼俗社会”与“法理社会”，参见费孝通《乡土中国》，江苏文艺出版社2007年版，第9页。

② ［德］斐迪南·滕尼斯：《共同体与社会——纯粹社会学的基本概念》，林荣远译，北京大学出版社2010年版，第60页。

③ ［德］斐迪南·滕尼斯：《共同体与社会——纯粹社会学的基本概念》，林荣远译，北京大学出版社2010年版，第77页。

④ ［法］埃米尔·迪尔凯姆：《社会分工论》，渠东译，生活·读书·新知三联书店2000年版，第91页。

⑤ ［法］埃米尔·迪尔凯姆：《社会分工论》，渠东译，生活·读书·新知三联书店2000年版，第91页。

⑥ 此文由温斯坦（D. Weinstein）选自Kurt Wolff（Trans.），*The Sociology of Georg Simmel*，New York：Free Press，1950，pp. 409 –424。

型特性”是理性、自由、个性、非人性以及非情感化等，这种独特的城市特性是人们适应城市新环境的结果。而且，“大城市的精神生活犹如荡漾开去的水波，涉及国家民族的或者国际的广泛范围，这对大城市来说是有决定性意义的”[①]。齐美尔的贡献在于从城市环境的特殊性出发解释资本主义城市居民特性的成因，其不足在于有夸大城市个性之嫌。同时期的另一位德国社会学家马克斯·韦伯（Max Weber）也志在创建一种城市模式的“理想类型”，将理想形态城市视之为历史变革及文明发展的载体，主张对城市进行历史研究和跨文化比较研究，指出城市应该具备商贸、政治、法律、军事、社交等多方面的功能。[②] 韦伯尤其关注城市的社会结构，这无疑是一种进步，但由于忽视了城市的人口特征，对社会结构的描述略显不够完整。

19 世纪下半叶，随着美国资本主义的崛起，世界城市化中心发生了转移，新兴的美国成为现代化进程的领跑者。在欧美社会的工业化浪潮以及随之而来的城市化高潮背景下，20 世纪 20、30 年代美国的芝加哥学派应运而生[③]，从人与空间的角度研究城市社会，提出了影响深远的城市研究理论范式“人类生态学”（又称“人文生态学”）和“城市动力学”。该学派的代表人物有罗伯特·帕克（Robert Park）、厄尼斯特·伯吉斯（Ernest Burgess）、罗德里克·麦肯齐（Roderick McKenzie）和路易斯·沃思（Louis Wirth）等人，正是他们的社会学的城市研究（或都市研究），开始关注生活在城市里的人与社会。帕克提出了人类生态学的概念和基本设想：“在城市社区这个范畴内有各种力在起作用——其实在人类生存环境的任何自然领域内均如此——这些力会逐渐把人口和社会机构组合成为一种特有秩序。专门研究这些因素及其互相合作产生的人和社会机构的特有结构秩序的科学，我们就称之为人文生态学，以区别于动

---

① ［德］乔治·齐美尔：《桥与门——齐美尔随笔集》，涯鸿、宇声等译，上海三联书店 1991 年版，第 272 页。

② ［德］马克斯·韦伯：《城市：非正当性支配》，阎克文译，江苏凤凰教育出版社 2014 年版，尤其第 1、4、10 页。

③ 他们的思想主要体现在：Robert Park，Ernest Burgess，Roderick McKenzie，*The City*，The University of Chicago Press，1925；中译本为［美］帕克等：《城市社会学——芝加哥学派城市研究文集》，宋俊岭、吴建华、王登斌译，华夏出版社 1987 年版。

植物的生态学研究。”[①] 麦肯齐进一步明确了人类生态学的界定，“是研究人类在其环境的选择力、分配力和调节力的影响作用下所形成的在空间和时间上的联系的科学”[②]。伯吉斯接受了这些思想并落实到研究中，提出了城市形态学和动力学的观点，指出即使没有正规的规划，城市形态也具有自身的一套生长逻辑。[③]

与欧洲传统不同，芝加哥学派并没有停留在对城市进行抽象的思辨上，而是以芝加哥为实验室，对其城市生活进行实证研究，进而形成了系统的城市社会学理论。该理论范式的局限性在于没有从历史的角度对城市进行研究，也缺乏跨文化比较的视野。芝加哥学派所开创的理论范式占据统治地位长达半个世纪，直到20世纪70年代以来才逐渐被另一种新的研究范式所替代，即新城市社会学[④]或新都市社会学。

新城市社会学的兴起直接导源于欧美国家普遍出现的城市危机，其主要旗手曼纽尔·卡斯特（Manuel Castells）认为：“新都市社会学起源于法国，主要围绕着在学术上截然不同的两个人的著作展开：一个是伟大的马克思主义哲学家亨利·列斐伏尔（Henri Lefebvre），另一个则是我本人。”[⑤] 新城市社会学并非统一的思想流派，它是一个比人类生态学更加宽泛的范式，具体可分为三个流派：结构马克思主义城市社会学、政治经济学和新韦伯主义[⑥]，也有学者用“新马克思主义城市社会学”或

---

① ［美］帕克等：《城市社会学——芝加哥学派城市研究文集》，宋俊岭、吴建华、王登斌译，华夏出版社1987年版，第1—2页。

② ［美］帕克等：《城市社会学——芝加哥学派城市研究文集》，宋俊岭、吴建华、王登斌译，华夏出版社1987年版，第63页。

③ ［美］帕克等：《城市社会学——芝加哥学派城市研究文集》，宋俊岭、吴建华、王登斌译，华夏出版社1987年版，第48—62页。

④ “新城市社会学”由美国社会学家约翰·沃顿（John Walton）于1981年提出来，参见John Walton，“The New Urban Sociology”，in *International Social Science Journal*，Vol. 3，No. 2，1981。

⑤ ［美］曼纽尔·卡斯特：《21世纪的都市社会学》，刘益诚译，《国外城市规划》2006年第5期。

⑥ S. Zukin，“A Decade of the New Urban Sociology”，in *Theory and Society*，1981，No. 9. 新城市社会学的理论按照主题可划分为几大方面，参见David A. Smith，*The New Urban Sociology Meets the Old*：*Rereading Some Classical Human Ecology*，Urban Affairs Review，30，1995，pp. 432 - 457。

“城市政治经济学”称呼该学派[①]。结构马克思主义以法国的卡斯特为代表，他认为城市“是资产阶级工业化的文化表现，是市场经济和现代社会理性化进程的产物”[②]，并提出“集体消费”的重要概念，国家直接干预社会公共事业，“成为日常生活的真正管理者”[③]。美国的戴维·哈维（David Harvey）和法国的列斐伏尔是政治经济学的代表人物，关注城市空间的社会生产与人为建构[④]，提出“空间资本主义殖民化”“城市革命论”“资本城市化”等理论。英国的阿德尔纳·约翰·雷克斯（Arderne John Rex）和雷蒙德·爱德华·帕尔（Raymond Edward Pahl）两位学者，因继承了韦伯的科层制与市场情境理论，故被称为“新韦伯主义”，他们认为阶级是由城市市场情境中的市场地位决定的。[⑤]

新城市社会学范式之所以“进步”，在于它能将研究对象置放于更大的情境之中进行考察。然而，随着社会的进一步发展和全球化进程的加快，城市研究也出现了从“地方”到“全球”视野的转向。正如有的学者看到，“在20世纪末期，一个观察家如果认为城市研究过多地被席卷而来的全球化主题所包围，或者觉得一般意义上所认为的正在不断全球化的世界正在左右城市结构的调整，那么他是可以被理解的”[⑥]，每个地方的本地化与全球化都在同时进行，并重新塑造自己的文化属性。不同的城市研究范式反映了不同时期学界对城市现状的理解，通过梳理这些主要范式，我们不难发现，城市化历史进程中所形成的城市特质（抑或城市性、城市气质等），决定和影响了理论与范式的发展。就中国而言，城市研究的中国经验或中国案例能提供什么样的范式参照，我们来看一下。

---

① 夏建中：《新城市社会学的主要理论》，《社会学研究》1998年第4期。

② M. Castells, *Is There an Urban Sociology?* in C. G. Pickvance (ed.), *Urban Sociology: Critical Essays*, 1976, p. 38.

③ M. Castells, *Towards a Political Urban Sociology*, in M. Harloe (ed.), *New Perspectives in Urban Change and Conflict*, 1981, p. 64.

④ H. Lefebvre, *Reflections on the Politics of Space*, in R. Peet (ed.), *Radical Geography*, Chicago: Maaroufa Press, 1977, p. 34; D. Harvey, *The Urbanization of Capital*, Basil Blackwell, 1985, pp. 15－16.

⑤ 周蜀秦：《西方城市社会学研究的范式演进》，《南京师大学报》（社会科学版）2010年第6期。

⑥ ［英］诺南·帕迪森编：《城市研究手册》，郭爱军、王贻志等译校，上海人民出版社2009年版，第8页。

三 中国城市的研究

中国是全球城市发源地之一，有着数千年的发展历程。中国古代城市数量之多、规模之大，为世界所罕见。古代典籍中蕴藏着丰富的城市史资料，如《洛阳伽蓝记》《东京梦华录》《都城纪胜》《长安志》等。不过，中国古代没有产生独立的城市学或城市史学。[①] 19世纪末，美国公理会传教士明恩溥（Arthur H. Smith）曾构建起“中国乡村是这个帝国的缩影”[②] 的西式中国观，并认为“中国乡村差不多就是一个微型的城市”[③]。长期以来，乡村的“社会缩影”[④] 理论解释模式，成为解决中国问题的根本之道。自20世纪80年代以来，西方关于中国城市的研究才逐渐超过此前占主导地位的乡村研究。

当然，鉴于中国的文明史比任何单个西方国家的文明史更为广泛和复杂[⑤]，实际上，西方学界对中国城市的关注已经形成较长的传统。在许多西方现代经典的理论家看来，古代中国城市主要以政治中心的角色登上历史舞台，即使某些城市经济领域中商贸与消费的规模非常可观，但仍然难以掩饰其政治或军事功能所占据的突出地位。根据19世纪德国著名的思想家和社会学家卡尔·马克思（Karl Heinrich Marx）的“亚细亚生产方式”理论，城市化进程的中国经验有别于西方世界。马克思对城市与城堡的实质进行了区分，这成为以后城市社会学的重要原则。从生产方式角度出发，亚细亚的城市被视为帝国统治的堡垒，“真正的大城市，在这里，只能认为是帝王的军营，那是真正经济结构上的赘疣”[⑥]。在他看来，名副其实的城市只是在特别适宜于对外贸易的地方才形成起

---

① 何一民:《中国城市史》，武汉大学出版社2012年版，第2页。

② ［美］明恩溥:《中国乡村生活》，陈午晴、唐军译，中华书局2006年版，前言。

③ ［美］明恩溥:《中国乡村生活》，陈午晴、唐军译，中华书局2006年版，第13页。

④ 王铭铭:《社会人类学与中国研究》，广西师范大学出版社2005年版，第36页。

⑤ 美国都市未来学家乔尔·科特金（Joel Kotkin）给予中国城市很高的评价:“中国的城市传统的深厚根基也不可小觑，她有别于欧洲和美洲城市建设的历史传统可以追溯到4000年前，其延续性在这个地球上任何一个文明都无法与之媲美。”参见［美］乔尔·科特金《全球城市史》，王旭等译，社会科学文献出版社2006年版，第4页。

⑥ ［德］卡尔·马克思:《政治经济学批评大纲（草稿）》第3分册，刘潇然译，人民出版社1963年版，第99页。

来，或者只是在国家首脑及其地方总督把自己的收入（剩余产品）同劳动相交换，把收入作为劳动基金来花费的地方才形成起来。意大利学者翁贝托·梅洛蒂（Umberto Melotti）进一步解释道，马克思把亚细亚的城市视作“一种恶性发展”，缺乏“真正的城市特性”和“真正的生产基础”[①]。

亚洲的政治城市寄生于专制政权的庇护之下，所谓的城市化进程没有牢固的基础，对于真正的社会进步并没有起到正面的作用。韦伯也持相似的态度，认为中国的城市是帝国管理的而非商业生产的中心，“城市的繁荣并不取决于市民的经济与政治魄力，而是取决于朝廷的管理职能，尤其是对江河的管理”[②]。从社会演变和革命的角度审视，表面看似繁荣昌盛的城市实际上是停滞不前的。虽然城市经济在城乡之间的地域分工基础上发展起来，但由于城市没有自己的政治与军事权力，系统的城市经济政策“尽管出现了某些萌芽，却从来没有开花结果”[③]。而真正的城市应当具备以下特征：防御设施；市场；自己的法庭和至少具有一定程度自主性的法律；联合体结构（团体）的性格；至少一定程度上的自治和独立。[④]

马克思与韦伯的研究提供了一种“理想型”的参照模式，他们所提出的分析概念或理论观点引人注目地流行起来，并在 20 世纪很长时间里一度占据话语主导地位[⑤]。后来，直到“施坚雅模式”的出现[⑥]，对传统中国城市观予以修正，“才真正开拓了中国城市研究的一个新的路径”[⑦]。

---

① ［意］翁贝托·梅洛蒂：《马克思与第三世界》，高铦、徐壮飞、涂光楠译，商务印书馆 1981 年版，第 76 页。

② ［德］马克斯·韦伯：《中国的宗教：儒教与道教》，王容芬译，商务印书馆 1999 年版，第 61 页。

③ ［德］马克斯·韦伯：《中国的宗教：儒教与道教》，王容芬译，商务印书馆 1999 年版，第 64 页。

④ ［德］马克斯·韦伯：《城市：非正当性支配》，阎克文译，江苏凤凰教育出版社 2014 年版，第 19 页。

⑤ 韦伯的理论极大地影响了中外学者，成为社会阐释的一个基本出发点，参见［美］罗威廉《汉口：一个中国城市的商业和社会（1796—1889）》，江溶、鲁西奇译，中国人民大学出版社 2005 年版，第 5—11 页；［韩］朴尚洙《近代中国城市史研究之回顾与瞻望》，任吉东译，载张利民主编《城市史研究》（第 29 辑），天津社会科学院出版社 2013 年版，第 250—270 页。

⑥ 研究明清时期的城市，必然要提到施坚雅的理论模型，该理论从 20 世纪 80 年代传入中国，其突出贡献在于将“空间”“层级”等概念引入历史领域。

⑦ 王笛：《中国城市史研究的理论、方法与实践》，载孙逊、杨剑龙主编《城市科学与城市学》，上海三联书店 2012 年版，第 42—61 页。

作为一个经济空间理论人类学家，施坚雅借鉴德国地理学家克里斯塔勒（Walter Christaller）的“中心地”学说，以“基层”市场为视角来认识中国社会。① 在中国城市化研究中，他进一步提出区域体系理论②，即基于环境、资源、交通等条件，国家与社会、城镇与乡村以及基层市场，均被整合在更大范围之内的商贸体系中，涉及本地和区域体系的不同层级——从大都市向下延伸至集镇，且每一个层级都呈现出核心与边缘的差序格局。在他看来，城市更多地与市场因素联系在一起，根据其在市场体系中的不同位置形成等级性的城市体系。③ 由此，经济因素超越行政因素成为重要的考察依据。④

毫无疑问，尤其到了明清时期，城市比以往任何时候都更加繁荣，而且经由市场驱动下的经济发展，社会的各个方面也都经历了彻底的变革，城乡之间的联系也更加紧密了。⑤ 帝国晚期也是封建社会的发展步入变革的前夕，城市发展的状况反映出社会转型期的某些特征。随之而来的问题是，中国的城市化是否引领了社会的现代转型。因此，城市的近代化无疑是学者们进一步关注的重要议题。20 世纪 80 年代以来，中国近代城市史研究正式兴起。⑥ 影响卓著的美国汉学家罗威廉（William T.

---

① ［美］施坚雅:《中国农村的市场和社会结构》，史建云、徐秀丽译，中国社会科学出版社 1998 年版，第 5—6 页。

② ［美］施坚雅主编:《中华帝国晚期的城市》，叶光庭、徐自立等译，中华书局 2000 年版，中文版前言，第 2—3 页。

③ 施坚雅将不同等级的市场中心地划分为 8 个级别，它们依次为：中心都会、地区都会、地区城市、较大城市、地方城市、中心市镇、中间市镇、标准市镇等。参见［美］施坚雅主编《中华帝国晚期的城市》，叶光庭、徐自立等译，中华书局 2000 年版，第 338—340 页。

④ 王铭铭评论道:“在他（施坚雅）之前对中国社会的解释大多主张中华帝国的城市与区位，是整个大国家的缩影和一个全能政体的创造物。”参见王铭铭《社会人类学与中国研究》，广西师范大学出版社 2005 年版，第 113 页。

⑤ Jinghao Sun, *City, State, and the Grand Canal: Jining's Identity and Transformation, 1289 - 1937*, Ph. D. diss, University of Toronto, 2007, p. 5.

⑥ 近代意义上的城市史研究之先声最早可追溯到 20 世纪 20 年代，中国近代思想家和史学家梁启超曾发表《中国都市小史》《中国之都市》等文章，分别发表于：《晨报》七周纪念增刊，1926 年 10 月；《史学与地学》第 1、2 期，1926 年 12 月—1927 年 7 月。随后在 30 年代，历史学家全汉昇、陶希圣等人也发表对古代城市研究的论文，分别为：《中国古代的行会制度及其起源》，《现代史学》第 2 卷第 1、2 期，1934 年 5 月；《西汉长安的市》，《北平晨报历史周刊》第 9 期，1936 年 11 月 25 日。

Rowe）关于汉口的研究可谓上乘之作，为我们呈现了清末的汉口拥有很大的自治权，"指责中国城市没有形成欧洲中世纪市镇共同体所出现的那种特殊的城市自治现象，看来也是不正确的"①；介于"公域"和"私域"之间的"公共领域"表明中国近代城市并非缺乏独立的民间政治力量，中国城市的变革拥有自身独特的近代化道路。②

罗威廉利用市民社会理论考察中国城市的公共空间，"无疑大大拓展了对晚清城市社会组织的认识"③。此外，他还不忘提醒我们，所谓"进步的指标"以及所界定的"理性化"或"现代化"不应完全以西方经验作为参照标准，它们"也可能只发生在其各自拥有特性的文化情境之中"④。中国近代史有几个影响较大的理论范式，如"冲击—反应""殖民主义""现代化"等。实际上，中国近代城市史研究的发展与中国中心观的出现有密切关系。⑤ 要"在中国发现历史"，就要注重检视造成变化的内部动力因素，而不是仅仅从西方外力作用角度来看待中国城市的发展逻辑。

视野的嬗变导致了修正早期研究传统的倾向，而着力于寻求不同的地方性经验，从而使个案研究颇具特色。20 世纪 90 年代初，由张仲礼、隗瀛涛、罗澍伟、皮明庥等学者分别主持的对上海、重庆、天津、武汉等城市研究的成果出版后⑥，一度在国内学界引起了强烈反响，被视为中

---

① ［美］罗威廉：《汉口：一个中国城市的商业和社会（1796—1889）》，江溶、鲁西奇译，中国人民大学出版社 2005 年版，第 419 页。

② ［美］罗威廉：《汉口：一个中国城市的冲突和社区（1796—1895）》，鲁西奇译，中国人民大学出版社 2008 年版，第 413 页。

③ 杨念群：《美国中国学研究的范式转变与中国史研究的现实处境》，《清史研究》2000 年第 4 期。

④ ［美］罗威廉：《汉口：一个中国城市的商业和社会（1796—1889）》，江溶、鲁西奇译，中国人民大学出版社 2005 年版，第 419 页。

⑤ 美国历史学家柯文（Paul A. Cohen）在 20 世纪 80 年代，对西方研究中国的发展趋势曾有一个系统的评述，而在此前欧美中心观一度占据统治地位，参见［美］柯文《在中国发现历史——中国中心观在美国的兴起》，林同奇译，中华书局 2002 年版，尤其第 166—212 页。

⑥ 这些研究成果分别为张仲礼《近代上海城市研究》，上海人民出版社 1990 年版；隗瀛涛《近代重庆城市史》，四川大学出版社 1991 年版；罗澍伟《近代天津城市史》，中国社会科学出版社 1993 年版；皮明庥《近代武汉城市史》，中国社会科学出版社 1993 年版。这四部著作虽然结构不尽相同，但均运用多种学科的理论和方法，从多个方面整体呈现了城市变迁历程。

国近代城市史研究的拓荒力作[①]。人类学者王铭铭从地方社会史的角度，阐释一个城市“逝去的繁荣”，并从中“延伸出历史理解的一种替代性线路”[②]，为历史人类学的城市研究树立了典范。此外，受新文化史、微观史的影响，由宏大视角到微观层面的转向也引起对大众文化的关注热情，即“移情”于普通民众的“日常生活”。这方面以历史学者王笛对成都的研究为主要代表，他通过地方政府、社会改良者和普通民众对公共空间的争夺，呈现出成都近代化过程中“公共空间和街头文化在城市社会生活中扮演着重要角色”[③]；通过把茶馆作为一个微观世界来研究，“反映了经济、政治、文化、社会的变化”[④]。

这些变化趋势与城市化不同表征形式的分析相一致，研究进路逐渐下放到更小的、更加易于控制的空间单位，“研究社会最基本的单位、进入城市的内部不会妨碍历史学家考察更宏观和意义重大的事件，反而有助于更深刻地理解这样的问题”[⑤]。因此，近十几年来，在地方性情境中，挖掘历史的多种可能成为一种潮流，城市个案研究如雨后春笋般不断涌现。其中，学界已经对某一区域内的城市进行了充分研究，如同属于长江三角洲城市群的杭州、上海、扬州、苏州、南京等，此不赘述。“这种理路与严格的一元化历史模式形成了鲜明的对比，并且成为审视复杂多样的历史进程的有效途径。”[⑥] 当然，相较而言，关于明清时期以至现代时期的城市化问题，北方中国的鲁西地区与运河区域相关研究虽有进步但仍需提升。

---

① 有学者甚至给予其更高的赞誉，认为即使到了 21 世纪初，中国学者的近代城市史研究仍未超越以个案研究见长的“四城市史”。参见任放《施坚雅模式与中国近代史研究》，《近代史研究》2004 年第 4 期。

② 王铭铭：《逝去的繁荣：一座老城的历史人类学考察》，浙江人民出版社 1999 年版，第 402 页。

③ 王笛：《街头文化：成都公共空间、下层民众与地方政治（1870—1930）》，中国人民大学出版社 2006 年版，第 2 页。

④ 王笛：《茶馆：成都的公共生活和微观世界（1900—1950）》，社会科学文献出版社 2010 年版，第 423 页。

⑤ 王笛：《茶馆：成都的公共生活和微观世界（1900—1950）》，社会科学文献出版社 2010 年版，第 424 页。

⑥ Jinghao Sun, *City, State, and the Grand Canal: Jining's Identity and Transformation, 1289 – 1937*, Ph. D. diss, University of Toronto, 2007, p. 10.

四 临清及其所在区域的研究

临清的地理位置较为特殊，处于鲁西北、运河区域以及华北平原。针对临清以及这些区域的研究，影响较大者有以下所列，兹略陈之。

美籍华人历史学家黄仁宇在关于运河漕运的研究中，表明大运河每段河道并不具备共同的特点①，这给不同区域与大运河的互动留下地方性实践的空间，而这又势必会影响到不同城市的个性，但他在考察商业的时候并未探讨这方面的问题。美国汉学家韩书瑞（Susan Naquin）描述了王伦起义的地理和经济背景，强调大运河的贯穿使鲁西北地区“完全处于华北大区的商业中心地带”②，某些城市的富庶如临清便成为叛乱者觊觎的对象。美国历史学者周锡瑞（Joseph W. Esherick）认为“施坚雅模式”并不能完全吻合华北地区③，他利用文化人类学的方法对鲁西北民间文化做了细致研究，同时注意到临清以及运河地区的经济与社会。美国“加州学派”代表人物彭慕兰（Kenneth Pomeranz）从生态和经济角度对“黄运区域”进行界定，看到它“并非一个功能上整合的区域”，暗示出临清和济宁虽同处于大运河山东段，但拥有不同的地方特性。④

中国著名城市规划专家傅崇兰从位置、环境、人口、经济、文化等方面考察了大运河沿线的城市，指出临清得益于大运河的形塑作用，在明清两代成长为山东最为重要的城市中心。⑤ 历史学者许檀从区域性商品流通角度，对明清时期山东地区商品经济的发展作了探索，强调大运河对鲁西地区贸易的重要意义，指出包括临清在内兴起的一批商业市镇，

---

① ［美］黄仁宇：《明代的漕运》，张皓、张升译，新星出版社2005年版，第180—198页。

② ［美］韩书瑞：《山东叛乱：1774年王伦起义》，刘平、唐雁超译，江苏人民出版社2008年版，第172页。

③ ［美］周锡瑞：《义和团运动的起源》，张俊义、王栋译，江苏人民出版社2010年版，第4页。

④ ［美］彭慕兰：《腹地的构建：华北内地的国家、社会和经济（1853—1973）》，马俊亚译，社会科学文献出版社2005年版，第2、312—314页。

⑤ 傅崇兰：《中国运河城市发展史》，四川人民出版社1985年版，第83—84、287—304页。

其最主要的经济功能在于发挥着转运枢纽的作用。[①] 她将施坚雅的层级划分简化为三类，即流通枢纽城市、地区性商业中心和基层市场，临清作为设有税关的商城，成为“以中转批发贸易为主的流通枢纽城市”[②]。鉴于北方运河区域城市化与城市形态没有得到充分研究，历史学者孙竟昊选择济宁为个案考察其“植入型”的城市化之路[③]，并将其与临清进行比较，认为后者的商业与文化资源主要被外地商人所支配[④]。

就管见所及，目前关于临清的学术性研究主要涉及以下领域：一是城市经济方面，有的学者多从经济史的角度出发，探讨明清时期临清的商业状况和漕运的经济作用。许檀通过对临清商贸的量化分析，认为临清并没有因应商业的发达而产生资本主义。[⑤] 王云则以临清贡砖为例，分析贡砖的规模化生产对社会造成的影响，认为大规模的贡砖烧造在促进工商业繁荣的同时，也加重了民众和漕运官军的负担。[⑥] 冷东以临清经济的兴盛和衰落为切入点，探究漕运的经济影响及其终结，指出虽然临清在漕运停止后失去了全国市场的区位优势，但仍然作为鲁西南的一个地域性商业中心而存在。[⑦]

二是组织机构方面，有的学者从历史的角度考察临清钞关、临清铸钱局、临清水次仓等设立情况及其社会影响。黑广菊考察临清钞关对城市产生的影响，进一步明晰了钞关这一经济行政组织的性质。[⑧] 向福贞对临清钞关在经济、政治、文化等方面的影响做了具体分析，认为它的存

---

① 许檀:《明清时期山东商品经济的发展》，中国社会科学出版社 1998 年版，第 156—189 页。

② 许檀:《明清时期华北的商业城镇与市场层级》,《中国社会科学》2016 年第 11 期。

③ 孙竟昊:《明清北方运河地区城市化途径与城市形态探析：以济宁为个案的研究》,《中国史研究》2016 年第 3 期。

④ 孙竟昊:《一座中国北方城市的江南认同：帝国晚期济宁城市文化的形成》，陈丹阳译，载李泉主编《运河学研究》（第 1 辑），社会科学文献出版社 2018 年版，第 145—174 页。此文英文版“A Jiangnan Identity in North China: the Making of Jining Urban Culture in the Late Imperial Period”曾发表在 *Late Imperial China* 32 (2011)。

⑤ 许檀:《明清时期的临清商业》,《中国经济史研究》1986 年第 2 期。

⑥ 王云:《明清临清贡砖生产及其社会影响》,《故宫博物院院刊》2006 年第 6 期。

⑦ 冷东:《从临清的兴盛看明代漕运的经济影响》,《松辽学刊》1985 年增刊;《从临清的衰落看清代漕运经济影响的终结》,《汕头大学学报》（人文科学版）1987 年第 2 期。

⑧ 黑广菊:《明清时期临清钞关及其功能》,《清史研究》2006 年第 3 期。

在无论对当地还是周边地区都影响巨大。[①] 张或定对临清铸钱局颇存争议的议准时间和废止时间，作了进一步考证和分析。[②] 张春红对中央政府在临清设立的三仓即临清仓、广积仓和常盈仓做了具体考察，认为它们的存在促进了当地社会经济的发展，亦彰显出明清时期临清战略地位的重要性。[③]

三是重大历史事件方面，在临清发生的主要有临清民变、义和团运动以及太平天国北伐援军的临清战役，学者们对此也做了详细研究。曾意丹通过对李士登墓志碑文的解读，找到了临清民变的一些史书之外的细节，认为李士登的抗争具有深意，即在客观上维护了商品经济的发展和资本主义的萌芽。[④] 郭东升对临清义和团运动的发生背景和组织活动作了具体考察。[⑤] 柏学聚分析了太平天国北伐援军战败于临清的原因，即骄傲轻敌心理、领导素质较差、新兵质量不高、领导集团离心、动员百姓不力等。[⑥]

四是社会生活方面，有的学者将视野放在微观领域里的市民生活上，分别考察了城镇居民的职业构成和日常实践。杨轶男探讨了临清城市里的服务业体系，认为它是运河城镇居民职业构成的重要内容。[⑦] 王明德从精神生活、经济生活和文娱生活三个方面，研究寺庙与城市居民的密切联系，认为临清作为明清时期大运河的枢纽城市，城内宗教兴盛，寺庙林立，它们构成城市空间结构的有效组成部分，并在城市变迁与社会生活中扮演了重要角色。[⑧]

五是在城市建筑方面，不同类型的建筑遗存也成为学者们着墨之处。赵鹏飞、宋昆考察了临清当地的运河民居建筑，分析其布局、形制、院落空间以及建筑风格特点，这些传统民居遗存是研究运河文化、城市历

---

① 向福贞：《明清时期临清钞关的作用及影响》，《聊城大学学报》（社会科学版）2009 年第 4 期。

② 张或定：《清代山东临清局考》，《陕西金融》1997 年第 11 期。

③ 张春红：《明清临清水次仓探析》，《产业经济》2010 年第 2 期。

④ 曾意丹：《“临清民变”与李士登的为民请命》，《学术月刊》1980 年第 4 期。

⑤ 郭东升：《临清州的义和团运动》，《山东档案》2008 年第 2 期。

⑥ 柏学聚：《太平天国北伐援军的临清战役》，《历史教学》1990 年第 1 期。

⑦ 杨轶男：《明清时期山东运河城镇的服务业——以临清为中心的考察》，《齐鲁学刊》2010 年第 4 期。

⑧ 王明德：《明清时期临清的寺庙与城市生活》，《文史博览》（理论）2014 年第 3 期。

史和社会发展的重要实物资料。[①] 黄金鑫、朱晓冬等对临清舍利塔的建造背景和建筑形制，以及舍利塔所具有的特殊文化内涵和建筑价值进行了分析，为古塔建筑类型的研究提供了一定依据。[②]

六是城市保育方面，有的学者更是着眼于未来，从运河城市的可持续发展入手大做文章，提出一些较富新意的观点。汪芳、刘迪等从“活态博物馆”的理念出发，以集体记忆、社区空间等为组成要素，探讨如何对临清古城区进行保护。[③] 刘建峰从环境美学的视角，全方位描绘临清古街巷的审美特征，并尝试建构其文化体验和保护的新模式。[④] 周胜林、高金华等利用协调度模型对临清运河古街区环境进行建模分析，并结合社会学相关理论对街区环境优化进行探讨，以此为保护城市遗产和发展文化产业创造良好的环境条件。[⑤]

七是比较研究方面，有的学者对比分析了临清与其他运河城市或与沿海城市之间的异同。李德楠从建置沿革、兴衰过程、城区布局等，对明清时期山东运河两座重要城市济宁和临清进行比较，发现二者的共同点是随着运河的开通而发展成为商业型中心枢纽城市，不同点是运河南部的城市在自然环境、资源供给等方面要优胜于运河北部的城市。[⑥] 孙晓艳将近代以来的青岛与临清进行比较，认为造成沿运城市衰落和沿海城市兴起的原因在于经济地理条件的改变和开埠通商格局的出现。[⑦]

八是城市综论方面，有的学者重点分析了临清的城市人文特征和兴衰原因。李正爱认为大运河提升了临清的精神结构，使其深受江南既重

---

① 赵鹏飞、宋昆:《山东运河传统民居研究——以临清传统店铺民居和大院民居为例》,《建筑学报》2012 年第 S1 期。

② 黄金鑫、朱晓冬、马俊:《探析临清舍利塔的建筑形制与建筑价值》,《山西建筑》2014 年第 13 期。

③ 汪芳、刘迪、韩光辉:《城市历史地段保护更新的“活态博物馆”理念探讨——以山东临清中洲运河古城区为例》,《华中建筑》2010 年第 5 期。

④ 刘建峰:《环境美学视野下临清运河古街巷文化体验研究》,《人文天下》2015 年第 9 期。

⑤ 周胜林、高金华、宋立中:《临清运河街区环境协调度评价及其管理研究》,《济宁学院学报》2012 年第 6 期。

⑥ 李德楠:《比较视野下的明清运河城市——以济宁、临清为例》,《中国名城》2015 年第 7 期。

⑦ 孙晓艳:《口岸开放与城市兴衰——基于青岛与临清的比较》,《知识经济》2008 年第 10 期。

利又重文的城市精神所浸染。[①] 王传兴、田萌从漕运、战争和经济等方面，探讨明清时期临清兴衰的具体原因，认为临清城市的发展主要依靠外部力量，自身缺乏雄厚的经济支撑，因而难以实现长远发展。[②] 高鹏对造成临清衰落的内因及它们之间的内部运行机制进行了研究，认为明代临清以州城的行政框架为基础，加上诸多加权因素的共同作用，跻身到大都会的行列，如果各种加权因素剥落以后，临清城的行政等级不至降低，那么其衰落就是有底线保障的。[③]

总之，不同学者针对许多相关问题进行了不同程度的探讨，但大多是对某一领域内具体问题的考察，未能整合城市化过程中所涵括的自然、地理、区位、经济、政治、社会、文化等多种因素。[④] 已有研究多以历史学者占主导，有些成果的研究目的在于力图呈现城市昔日的历史面貌，或者找寻城市发展变迁的一般规律。目前来看，还未有学者专门从社会学或人类学的角度对临清进行研究，也没有学者聚焦明清以来临清自身独特的“城市身份”“城市气质”抑或“城市个性”。同时，“整体”视角的城市研究也几乎不被研究者注重，这尤其与强调“整体论”的人类学城市研究背道而驰。[⑤] 笔者希望通过本书，能够尽最大努力去弥补这些

---

① 李正爱：《京杭大运河与临清城市的人文转变》，《南通大学学报》（社会科学版）2008年第1期。

② 王传兴、田萌：《明清时期临清城市的兴盛与衰落》，《黑龙江史志》2014年第5期。

③ 高鹏：《“惟有双河犹带绕 秋风禾黍忆苍凉”——由“小天津”临清的没落思考城市盛衰转化的内部机制》，载张利民主编《城市史研究》（第28辑），天津社会科学院出版社2012年版，第1—16页。

④ 有的学者已经看到城市研究更多地倾向于被切分为不同的学科类别，指出“国内的城市史研究基本还处于条块分割式的功能分析阶段，习惯把城市发展仅仅切割成经济、政治、宗教等互不相干的几个部分，却看不出城市在现代社会发展中各种因素之间的复杂纠葛关系”。参见杨念群《美国中国学研究的范式转变与中国史研究的现实处境》，《清史研究》2000年第4期。也有学者提醒我们，在实际研究过程中，“结构主义的概念化文本俯首即拾，对社会组织的结构—功能研究掩盖了人的活动”。参见张佩国《近代江南乡村地权的历史人类学研究》，上海人民出版社2002年版，第15页。

⑤ 当然，对一座城市进行“整体”研究，并不意味着要事无巨细地罗列与描述这座城市的所有方面，而是从时空两个维度下把握它的具体呈现。德国哲学家恩斯特·卡西尔（Ernst Cassirer）曾经发表的观点可能有助于我们的理解，他指出：“对于人类学哲学而言，描述和分析空间和时间在人类经验中所体现的具体特征是一项有着巨大的吸引力和重要性的任务。”参见［德］恩斯特·卡西尔《人论——人类文化哲学导引》，李琛译，光明日报出版社2009年版，第35页。

不足。

第三节 研究路径与方法

一 研究的主题及重要性

众所周知，大运河由不同的河道组成，这些河道流经不同的地区，各自亦拥有不同的历史起源。隋朝以前开挖的一些运道被视为早期运河，它们以中原地区为中心，覆盖了东至山东、江苏沿海，西达关中地区，北起河北北部，南到广西、四川的广大区域。因时兴时废，当时并没有形成一个水运系统。至隋朝建立起沟通南北的大运河，成为中国航运事业的转折点[①]，此后河道走向趋于稳定。元朝政治中心北移，采用“截弯取直”“弃弓走弦”的方法，致使淮河以北运道格局和走向发生了根本变化。借助元朝所开会通河，临清的区位优势大为改观。尤其在明清两代，临清的地位是作为运输中转站，并逐渐发展成为北方颇具规模的中心城市。

在临清城市发展史上，大运河就是其萌生的胚胎，并促进其城市化进程。相较于富庶的江南地区，北方地区整体的经济发展水平较低，因而会出现“百司庶府之繁，卫士编民之众，无不仰给于江南”[②] 的局面。大运河的出现成为首要的推动力量，完全重塑了流经区域的政治、经济以及社会文化状况。它所承载的运输系统和商贸网络直接推动了像临清、聊城、济宁、德州等城市的繁荣，而运河沿线不同区域独特的自然与人文生态又进一步滋养了不同城市中心的形成。临清与济宁均为重要的商业城市，但二者在某些方面还是有很大不同。例如，其中有一点不同是，在会通河开凿以前，隋唐时期的永济渠虽然流经临清地区，但是没有促进其城市发展，临清一直处于比较偏僻闭塞的地位。而对于济宁来说，由于有泗水、汶河的萦抱，自古以来就处在交通要地上。这种差异势必会影响到城市发展的进程，展示出不同的文化与社会特征。

---

① 安作璋主编：《中国运河文化史》，山东教育出版社2006年版，第282页。

② （明）宋濂等：《元史·卷九十三·志第四十二·食货一》，中华书局1976年版，第2364页。

当然，这只是其中的一个方面。经由大运河所带来的南北交流与人群互动，一座运河城市如临清受到支配的因素并不仅仅是地理环境的变迁，尚有其他非常重要的因素在起着决定性的支配作用。要理解它，还须将其置放于管理体系、政治网络、区域经济、城乡关系、国家转型、全球格局等宏观背景之下。此外，笔者选择了一个较长的时间跨度，具体时段并没有刻意以重要历史事件作为起讫，而是有意做了模糊处理。这是因为所谓的“大事”是此前事态发展的最后结果，另一原因是为了保持历史的延续性。希望本书关于临清的研究，既有助于更好地理解中国的社会变迁，也有助于更准确地认识城市在人类历史上的作用。

二　历史人类学与历史的民族志

要从整体上认识一座城市，我们需要消融不同学科的边界。历史人类学的出现在促成历史学与人类学的交叉融合过程中，起到了不可低估的作用。顾名思义，虽然学界对何谓历史人类学尚无定论，但这种研究风格毫无疑问是社会人类学方法与历史的紧密结合，即对于人类学家而言的“人类学的历史化”或对于历史学家而言的“历史学的人类学化”①。前者需要将人类学的结构性放到过程中去考察，强调“历史感”；后者则需要历史学处理好历时性与共时性的问题，强调“现场感”。科大卫一言以蔽之，历史人类学就是要“让历史学者知道文献之外有活的社会，让人类学者知道社会有活的历史”②。

需要注意的是，历史人类学并不是人类学或历史学的分支学科，也不是它们的交叉学科，而是一种研究的具体方法，它为人类学与历史学提供了一个对话的平台。③ 历史人类学的研究方法需要“历史的民族志”这个概念进行注解，“就是要在历史文献和田野资料的双重参照基础上，

① Emiko Ohnuki-Tierney, ed., “Introduction: The Historicization of Anthropology”, in Emiko Ohnuki-Tierney, ed., *Culture Through Time: Anthropological Approaches*, Stanford: Stanford University Press, 1990, pp. 1-25.

② 科大卫：《历史人类学者走向田野要做什么》，程美宝译，《民俗研究》2016年第2期。

③ 张小军：《历史的人类学化和人类学的历史化——兼论被“史学”抢注的历史人类学》，《历史人类学学刊》2003年第1卷第1期。

通过作者的体验和分析，获取一种对存在于历史中的某个特定地区社会结构的洞见，最后用民族志的手段将其全面地表述出来”[1]。一方面，要强调文献解读与田野工作相结合；另一方面，还应兼顾各自不同的学科本位。历史人类学在学术实践中拥有极大的张力，“会成为一种介于宏大叙事与经验性实证研究的‘中层理论’”[2]。

历史人类学者张佩国进一步区分了“在档案馆中做田野工作”“在田野工作中做历史研究”和“在历史研究中做田野工作”三种民族志实践形态，探讨了历史的民族志所面对的方法论问题，即如何更好地融通“过去”与“现在”，并对“制作历史”进行了知识论反思。[3] 不过，这只是为了方便分析而作的类型学划分，他也曾明确地指出这三种形态实际上都是可以涵括在历史的民族志当中，因为其间的方法论虽然没有权威的“行业标准”，但仍可相互借鉴与贯通。例如，加拿大人类学家西佛曼（Marilyn Silverman）和格里福（P. H. Gulliver）提倡的方法论在于关注“地点”“整体论”和“叙事顺序”三个维度的互融。[4] 英国左翼近代史大家 E. 霍布斯鲍姆（Eric Hobsbawm）则站在“传统的发明”角度，认为被发明的传统“具有一种仪式或象征特征”，而且“必然暗含与过去的连续性”[5]。再如，法国的勒华拉杜里（E. Le Roy Ladurie）与丹麦的海斯翠普（Kirsten Hastrup）二者的研究，分别代表了历史学家与人类学家运用民族志手法书写“历史”的典范。[6] 美国人类学家萨林斯（Marshall Sahlins）在民族志实践中融通“结构”与“过程”，出色地呈现了

---

① 张海超、刘永青：《论历史民族志的书写》，《云南社会科学》2007 年第 6 期。

② 侯杰：《试论历史人类学与中国近代史研究中的几个问题》，《史学月刊》2005 年第 9 期。

③ 张佩国：《历史活在当下——“历史的民族志”实践及其方法论》，《东方论坛》2011 年第 5 期。

④ ［加］玛丽莲·西佛曼、P. H. 格里福编：《走进历史田野——历史人类学的爱尔兰史个案研究》，贾士衡译，台北麦田出版社 1999 年版，第 44 页。

⑤ ［英］E. 霍布斯鲍姆、T. 兰格：《传统的发明》，顾杭、庞冠群译，译林出版社 2004 年版，第 2 页。

⑥ ［法］埃马纽埃尔·勒华拉杜里：《蒙塔尤：1294—1324 年奥克西坦尼的一个山村》，许明龙、马胜利译，商务印书馆 1997 年版；［丹］克斯汀·海斯翠普：《乌有时代与冰岛的两部历史（1400—1800）》，载［丹］克斯汀·海斯翠普编《他者的历史——社会人类学与历史制作》，贾士衡译，中国人民大学出版社 2010 年版，第 173—199 页。

“文化界定历史”的历史实践逻辑。①

总之，历史的民族志就其方法论本质而言，是一种整体论意义上的整体史书写。在这其中，地景、空间、仪式、事件、记忆、物的生命史等诸多介质，都不是碎片化的存在，必须放在整体生存伦理视野下予以解释。这种生存伦理弥散于社会整体生活中，在政治、经济、文化以及宗教等很多领域中均得以存在。② 循此路径，方能发现“文化他者”的历史主体性。

三 比较的视野

作为一项定位为历史人类学的城市研究，需要结合人类学和历史学的方法，尽量避免纠缠于前者的社会横断面分析，而更多地吸收后者的成分。这就要求在对临清的分析性叙述过程中，兼顾城市的结构与历史。当然，临清并非一座孤岛，我们不能孤立地去研究个案，还须纳入比较的视野。在南北贸易的直接刺激下，大运河沿线兴起了一座座繁华的城市，犹如一颗颗星星般簇拥在河之两岸，熠熠生辉。“运河城市不是一些联系松散的单体城市，借助运河文明在水文、商业、航运等方面的共通性，它们构成了一个规模巨大的城市群。”③ 将临清放在区域性乃至王朝国家场景中，不仅能够完整地揭示该个案独具的城市特质，而且也有助于理解中国地方社会的某些一般性特征。

人类学非常注重运用比较的视野，“比较性视角因其固有的多样性特征，将为我们的概括提供最好的反例”④。比较的方面并不独一，可以是个案自身不同历史时期的比较，也可以是与其他个案的比较。对于中国地方社会来说，无论在历史时期还是当下维度，不平衡的发展和异质的地方性经验非常显著。临清研究就是要突出这种差异性，寻求其独特时

---

① ［美］马歇尔·萨林斯：《历史之岛》，蓝达居等译，上海人民出版社2003年版，第191页。

② 张佩国：《整体生存伦理与民族志实践》，《广西民族大学学报》（哲学社会科学版）2010年第5期。

③ 刘士林、耿波、李正爱等：《中国脐带：大运河城市群叙事》，辽宁人民出版社2008年版，第11页。

④ ［美］约翰·奥莫亨德罗：《人类学入门：像人类学家一样思考》，张经纬、任珏、贺敬译，北京大学出版社2013年版，第136页。

空坐落下形成的城市类型。导致类型分化的原因，既有自然与经济因素的无限多样，也有政治与权力结构的变动不居，而比较研究正是力求表明，这个领域的变数是出现不同走向的根本原因。建基于比较基础之上所形成的深邃的洞察力，有助于我们重新审视欧美经验的话语权问题。比较方法还可以帮助我们了解文化的多样性，认识并尊重差异性，记录变迁抑或不变。

第四节　资料使用的说明

历史人类学的研究路径需要将历史与当下有机地融合在一起，处理好时间维度与空间维度二者所带来的挑战。除了关注临清的城市化进程之外，笔者也特别注重在当下发现历史。[①] 尽管有关临清的记载已经留下了非常丰富的官方与民间文献资料，但是，搜集本项研究所需的经验性材料仍是一项烦琐的事情。在这一节里，笔者对本书所使用的主要资料略作说明。

官方主导下的地方志编纂工作，为我们提供了大量囊括诸多方面的地方资料，尤其是“大运河所通过的各府、县，所修方志对于运河或漕运记载总是特别详细。……这些内容，非运河沿岸的府、州、县志，自然就不会有记载了”[②]。中华人民共和国成立以前，临清共有 5 部志书，它们分别为嘉靖四十年（1561）、康熙十二年（1673）、乾隆十四年（1749）、乾隆五十年（1785）以及民国二十三年（1934）所修州志和县志。[③] 可惜的是，明朝那部志书早已散失。明朝正德年间，曾撰写成《临

---

① 王铭铭提供了一种挖掘当地民众“经验史”与“心态史”的视角，参见王铭铭《经验与心态》，广西师范大学出版社 2007 年版，第 201—215 页。

② 仓修良：《方志学通论》，方志出版社 2003 年版，第 68—69 页。

③ 康熙时所修州志由临清知州于睿明主持，成书 4 卷，因时间较为仓促，所记内容十分简略。不过，该州志的一大特点是摘录或转述了大量明朝州志的内容，在一定程度上弥补了州志亡轶带来的史料损失。乾隆时修有两部志书，第一部 12 卷，由临清知州王俊主修，内容广泛涉及临清的政治、经济和文化等状况，史料价值颇高；第二部除卷首外共有 11 卷，由临清知州张度主修，此时的临清已经升为直隶州，志书既有对以前州志内容的补充，也增加了一些新的内容，也具有较高的史料价值。民国县志由临清县长徐子尚主修，共有 16 卷，书中辑录了乾隆时期两部志书的大量内容，同时也增加了一些民国时期的社会状况，内容十分丰富。

清州志》稿，时人评价其过于简略。至嘉靖初，这部志书内容大大扩展，时人又称其过于冗繁。清初，州志编撰者董上新十分希望将其挤入正规史书行列而梓之。清朝光绪年间，也续编形成过《临清州志》稿。这些书稿多因追求完美，未能付梓流传而最终失传。

利用地方志应当小心谨慎，如同其他的地方志一样，由于地方官员奉上司之命纂修，其中势必灌输主流的社会价值观以及呈现王朝国家的意识形态。不过，这些某种程度上的“扭曲”也是有价值的，反倒又为我们提供了另一种资料，以此可以考察诸如权力的支配类型问题。当然，笔者也参考了明清时期编纂的各种政书、史书等。

真实的社会现状可能更多地反映在时人的学术笔记、游记、文集等私家记录，以及当地的民谣、民谚、诗文、楹联、族谱、碑记等民间文献中。它们也是了解临清的城市形态、漕运商贸、市井生活以及社会风情等方面的重要资料，并由此能够展示出作为各种关系承载点的临清，其所蕴含的层累的历史记忆。具体而言，私人著述如《祁忠敏公日记》《北游录》《漂海录》《北河纪》《五杂俎》《清稗类钞》《涌幢小品》《入明记》《利玛窦中国札记》等。民间谣谚与诗文楹联大多出自城市居民、士绅、官员、游历者等人之手，可以从各种史料中找见，而且有的已经编纂成书。笔者在实地调查过程中，搜集到大量的族谱和碑刻，它们提供了关于人群迁徙与互动的鲜活资料，为本书提供了丰富的历史信息。

现代时期有关临清的文本记载可谓卷帙浩繁，包括存藏在临清市档案馆里的许多档案资料，时间跨度始自民国以迄当下。同时，笔者也前往聊城市档案馆、山东省档案馆、中国第一历史档案馆等处查阅了相关资料。始于20世纪80年代中期，由临清市政协文史委员会编纂的一系列文史资料也提供了大量的信息，尤其是收录的一些回忆录非常有价值，从中能够找到晚清以来相关的历史信息。当时，临清市地方史志编纂委员会也做了地方史志的整理工作。此外，虽然地方曾经发行的报刊早已停刊，但也是很好的参考资料，如《临清文物报》《临清日报》等。

几年来，笔者先后多次造访临清，进行了持续不断的田野调查。田野工作是进行社会学或人类学研究最基本的方法，以此来搜集各种相关数据或资料。[①] 历史不仅存在于变迁的过程中，它还活在当下的实践中，在当下发现历史对于融通过去与现在具有重要意义。笔者以时间为筹码，深入到大众生活的多维空间中，力图成为临清城市中的一员，由一个他乡人变成本地人。从整体上认识临清，田野工作必须具有灵活性，需要采用多点民族志的方法进行考察。所谓多点方法，就是对处于某个“体系”中不同点上的社会实践的观察，其目的在于发现“各个地点之内的活动结果与取向，并把这些不同地点的活动和有意无意的结果相互地联系起来”[②]。结构性与非结构性访谈构成了另一种资料来源，并且形塑了笔者对这座城市的个人理解。

---

① 通过广泛的社会调查获取的地方性资料具有重要价值，20 世纪 30 年代日本现代人类学家在冀—鲁西北平原进行过实地调查，所得资料被称为“满铁调查资料”。后来，几位学者成功地利用了这些资料，如［美］马若孟《中国农民经济：河北和山东农业发展（1890—1949）》，史建云译，江苏人民出版社 1999 年版；［美］黄宗智《华北的小农经济与社会变迁》，中华书局 2000 年版。

② ［美］乔治·E. 马尔库斯、米开尔·M. J. 费彻尔：《作为文化批评的人类学：一个人文学科的实验时代》，王铭铭、蓝达居译，生活·读书·新知三联书店 1998 年版，第 132 页。

第一章

时空坐落中的临清和大运河

第一节　临清的历史定位

一　昔日繁华的记忆考古

2015 年的国庆节假期第一天，笔者参加了当地小有名气的临清胡同游活动。胡同游的发起者是刘顺吉[①]先生，他为大家义务提供导游与讲解服务。从小他就喜欢听家人聊他们世代居住的胡同，喜欢听那里过去发生的故事和传说。明清时期，临清曾是全国著名的商业城市，刘家是以经营布匹起家的商业世家，兼之外公家为当地的漕帮船家，这给喜欢探听“老事”的刘先生以极大的便利。耳濡目染，日积月累，他也成了临清胡同文化的“百事通”。自 2007 年开始组织胡同游，在每年的春节、五一节和国庆节等假日里定期举办，参加胡同游的人数从最初的几个人到后来的几千人，规模逐渐壮大，影响力与日俱增。2014 年，中国大运河成功“申遗”后，更是促进了这一活动的升级。胡同游的线路以古城区的老胡同、老街巷为主，将古河道、古建筑、历史遗址、运河遗存等串联起来，用“以游代传”的方式，展示并宣传临清昔日的辉煌与繁荣。(参见图 1－1)

像刘先生这样的民间文化痴迷者也不乏其人，有一次笔者在考察元代运河故道的时候便遇到了另一位有特点的民俗专家。在刚刚修缮一新的会通桥上，有人正声情并茂地向大家讲述着运河故事：“临清的桥，四

---

① 按照田野伦理，为尊重隐私，本书中出现的人物（包括被访人）真实名字均已隐去，使用化名替代。

图1-1 参加临清胡同游的民众

（照片系笔者于2015年10月1日拍摄）

周的水；德州的船，天津的嘴。这桥和北京的回音壁一样，声音传播很远。因为桥中心下有‘发音井’，声音叫‘通天叫’。”这位先生名叫王明德，祖籍河北，从曾祖那辈起就在运河沿岸做些小生意，家人四代居住在运河边上，一直以向过往船只出售特色小吃来维持生计。他是喝着运河的水、听着运河的事长大的，也是一名不折不扣的“运河痴”。他尤其酷爱收藏有关运河和临清古城的老照片，并用自家的房屋和院子建立了运河老照片博物馆，许多当地人和外地游客慕名而来。这些老照片重现了临清逝去的繁华，仿佛在向人们讲述着当年的历史。（参见图1-2）

这是临清田野考察的两个片段与场景，权且当作本节开头的引子。要了解一个地方，无论是一个村落、一座城市还是一个区域，都需要追溯它的历史。“临清”之名缘于临近清河[①]之意，历史上的“清河”“清

---

① 漳河源于山西，上游分清、浊二漳，在河北汇合后，东流入海。东汉献帝建安九年（204），曹操为了讨伐袁绍、征伐乌桓，在古淇河口筑坝，迫使淇水东流，并沿着冀、鲁、豫的边界开凿白沟，以通漕运。这条白沟从淇河口经内黄、大名、馆陶、临清等地，沿漳卫河故道于天津入海。当时，在馆陶以下称“清河”，临清之名乃出于此。春秋时期，清河流经卫国之地，故亦称“卫河”。隋朝大业年间，朝廷开挖永济渠，导漳河与清河合流北上，名之“御河”，后俗称“漳卫运河”。参见临清县水利局办公室整理《卫运河（临清段）简介资料（初稿）》，内部资料，1978年，第1页。

图1－2　临清市老照片博物馆

（照片系笔者于2016年12月6日拍摄）

渊（源）”“清泉”等皆因此而来。对于临清的历史想象主要表现在两个方面：明清时期大运河穿城而过，它是一座非常著名的运河城市，它与其腹地都是商业发达的区域。那么，临清及其周边地区在明代以前是什么样的状况呢？

元朝以前，临清地僻位偏，“未为要地”[①]。元朝建都北方后“仰给于江南”[②]，通过对大运河进行改造和疏浚，建立起沟通南北的运输线。在山东境内开挖会通河，“起东昌路须城县安山之西南，由寿张西北至东昌，又西北至于临清，以逾于御河”[③]。临清处于卫河与会通河的汇合之处，区位优势大为改观。商业的发展带动着这个偏僻之地走向了城市的舞台，同时也使临清在中华帝国的政治版图上具有越来越重要的位置。当时，意大利旅行家马可·波罗（Marco Polo）沿河途经临清，在游记中对这座城市作了精彩的描述：

---

① （明）王舆：《临清州治记》，载临清市人民政府编《临清州志》，山东省地图出版社2001年版，第1263页。

② （明）宋濂等：《元史》卷93《志第四十二、食货一》，中华书局1976年版，第2364页。

③ （明）宋濂等：《元史》卷64《志第十六、河渠一》，中华书局1976年版，第1608页。

> 临清也是契丹的一个市，位于南方，隶属于大汗。居民也同样使用大汗的纸币。从景州到这里有五天的路程。途中经过许多城市和城堡，也属于大汗的版图，它们都是商业兴盛的地方。从这些地方征集的税收，数额非常巨大。一条又宽又深的河流经过这里，这给运输大量的商品，如丝、药材和其它有价值的货物提供了便利。①

关于明朝以前临清地区的历史，并没有使用一种相对系统的方式记录过。临清未设州以前的志书无可考见，已知最早的应当是明朝本州知名学士方元焕于嘉靖年间编纂的十卷本州志。② 虽然此部志书今已不传，但通过清朝几部志书所收录的旧志序，可知在方元焕之前临清仍然有过志书的编纂。③ 现存的地方文献给予临清很高的赞誉，经常以“运河名城”“江北都会”“著名港口”等形象流露笔端，也成为今人拿来“说事”的文化遗产。当地的历史编纂也会强调临清是一个具有悠久历史的地方，将其追溯到三代时期传说中的“有鬲氏”部落④，稽诸史料上溯到商周的“王畿之地”⑤。在临清域内还曾先后出现过几个古城，如贝丘城、清河国、清渊城、清泉城、临清城等，不过均因地理环境、政治军事等因素，没有产生向城市进一步发展的条件。临清及其腹地在历史时期的范围要比今天广袤许多，这种盈缩实为区划与建制的结果。

二　行政区划及建制沿革

我们在认知临清空间的时候，首先应当考察这一给定区域所包含的

---

① ［意］马克・波罗：《马可波罗游记》，陈开俊、戴树英等译，福建科学技术出版社 1981 年版，第 2 卷，第 160 页。

② 据说，明朝正德年间，曾有人开始撰写本州州志，但因写得过于简陋粗糙终难以成书。参见杨吉超《京杭运河与明清临清地区社会风俗变化研究》，硕士学位论文，复旦大学，2014 年，第 4 页。

③ 参见（清）于睿明、胡悉宁《临清州志》《临清州志旧序》，清康熙十二年（1673）刻本。

④ 参见李白凤《东夷杂考》，齐鲁书社 1981 年版，第 20 页；谭其骧主编《中国历史地图集》（第 1 册），中国地图出版社 1982 年版，第 10 页；《民国山东通志》编辑委员会编《民国山东通志》（第一册），山东文献杂志社 2002 年版，第 227 页。

⑤ （民国）张树梅、王贵笙：《临清县志》卷 6《疆域志》，参见《中国地方志集成・山东府县志辑》第 95 册，凤凰出版社 2004 年版，第 71 页。

历史时间。[①] 根据地方志的记载，在秦统一全国之前，临清之地没有行政的建制，归属无定，夏朝时为兖州之域，商末被纳入纣畿内地，战国时又先后成为齐、晋、卫、赵等国的属地。秦朝的统一使临清划归为巨鹿郡，这是秦灭六国之后所设36郡之一。汉承秦制，当时建制清渊县，隶属于冀州魏郡。至此，此地纳入王朝国家的行政区划中。三国时期仍为清渊县，隶属于冀州阳平郡。西晋咸宁年间，改为清泉县，隶属于司州阳平郡。十六国时期归属于后赵，建平元年（330）改称临清县。北魏太和二十一年（497）复设清渊县后，又在县西另置临清县，[②] 二者同属司州阳平郡。北齐时废临清县，清渊县改成清泉县。隋朝复置临清县，与清泉县同属清河郡。开皇十六年（596），在临清之西析置沙邱县。大业年间实行郡县两级的行政体制，改州为郡。大业二年（606），省沙邱入临清[③]，时属清河郡。唐朝沿用隋朝行政体制，后又设府代郡，将全国划分为道、府、州、县。武德四年（621），析临清置沙邱县，之后再并入临清县。武德九年（626），废清泉县。[④] 临清时属河北道贝州。此后，五代及宋、金、元时期，临清县行政区划相沿袭。[⑤]

元朝建立以后，设置中书省和行中书省，省下领路，路领州，州领县。元朝开挖会通河后，虽然改变了临清的区位，但并没有在行政机构上体现出来，临清仍为县，隶属中书省大都路濮州。明朝设置直隶、布政使司、府、州、县，临清为山东布政使司东昌府属县。弘治二年（1489），临清升为州，领邱县、馆陶二县。州介于府与县之间，这种升格体现出一个重要变化，因为相较于县，州表示一个更高级别的行政地位。清朝初期继续沿用明朝的行政安排，即临清仍为州，隶属东昌府，但不领县。一直到乾隆四十一年（1776），临清的行政地位再次提升，成

---

① 空间与时间不可分割，它们同为一切实在的框架；空间的延展依赖于其与时间的回旋、转化与衍生。对临清行政建制的考察，既为我们提供了历史的场景，又可进一步反观此地在时空脉络下的历史定位。

② 此时的县域范围包括今河北省临西县全境，以及临清市一部分西部地区。

③ 因此之故，后人又称临清为“沙邱”。

④ 沙邱与清泉二县变动频繁，或置或省，或因避唐高祖李渊之“渊”字等原因，作为县的建制从此不复存在。参见高志超主编《运河名城临清》，山东友谊书社1990年版，第3页。

⑤ 唐大历七年（772）曾析临清西境置永济县，后来黄河于北宋元丰四年（1081）在大名决口，废之并入馆陶，临清县也改为临清镇，当年复置。

为仅次于省一级的直隶州，领武城、邱县和夏津三县。临清直隶州的行政地位持续到清末。民国时期，临清降州为县，先后隶属济西道、东临道和德临道。民国十七年（1928）废除道制，临清直属山东省政府。中华人民共和国成立以后，临清初为县，属河北邯郸专署。1952 年，属山东德州专署，之后又属聊城。1983 年，撤县设市。

第二节　区域地理环境要素

一　地理区位特征

虽然已有学者如黄宗智格外关注环境要素在乡村研究中的重要作用，认为农民生活是受到诸如气候、地形、水利等自然环境支配的，因而“研究农村人民的史学家，却不可忽略这些因素”①，但是，研究一座城市的发展史也需要关注地方生态系统，考察环境与政治、经济、社会等之间的相互关系。这种相互关系便是所谓的“生态关系”，其中既有自然生态又包括社会生态，二者相互影响。在探讨其他问题之前，我们有必要先来看一下临清所在区域的地理环境特征。

临清地处黄河泛滥冲积平原，与华北大平原相衔接，介于华东与华北之间。如果按照施坚雅地理经济视角下的地区研究方法，临清属于“华北宏观区域”或“华北大区”中的一部分。基于某些经济与人口统计数据，并引入边界性、需求差异、运输效率差异等变量，施坚雅将农业中国划分为 9 个由地貌和市场级序界定的宏观区域②。每一个宏观区域都是一个包含核心地和边际腹地的整合体，其内部拥有基本独立的经济结构和有机组合的网络体系。③ 施坚雅范式尤其适用于明清时代，这在于他区分了官僚行政区系和经济交换区系，并且重视后者在王朝国家空间结

① ［美］黄宗智：《华北的小农经济与社会变迁》，中华书局 2000 年版，第 51 页。

② 这 9 个宏观区域分别为：华北、西北、东北、云贵、岭南、长江上游、长江中游、长江下游、东南。参见［美］施坚雅《十九世纪中国的地区城市化》，载［美］施坚雅主编《中华帝国晚期的城市》，叶光庭、徐自立等译，中华书局 2000 年版，第 242—300 页。

③ 施坚雅认为，中华帝国在晚期时代已经发展出规模可观的市场网络，造就了比大部分国家还要大的具有内部统一性的大区。参见［美］施坚雅《城市与地方体系层级》，载［美］施坚雅主编《中华帝国晚期的城市》，叶光庭、徐自立等译，中华书局 2000 年版，第 327—417 页。

构中的作用。虽然相较于现代国家，明清时期的市场体系远没有达到成熟的地步，但是，这种经由经济交换而成长起来的区系，避免了单纯依赖地形边界划分所带来的片面性。

周锡瑞认为，“在分析中国文化地理方面，再也没有比施坚雅的区域系统理论更具影响力了”[①]。所称的“华北大区”范围大致为：南边以淮河流域为界，西边与太行山脉相接，北边与长城相毗邻。根据施坚雅的粗略估算，华北地区商品化程度最低，这与该地区人口密度较高不成正比。孙竞昊指出了其中存在的问题，认为在华北大区内部存在着重要的地区性差异。他进而提出“运河区”的概念，以此来解释作为一个单独社会经济区存在的可能性。“大运河发挥了极其重要的作用，改变了运河沿线区域的自然因素，重塑了当地经济、文化的走向与格局，加强了不同区域之间的联系”[②]，因此，运河区具有某些一致性的动力机制。当然，大运河贯通南北，跨度之大又使得运河带上的不同区域呈现各自的地方特色，这尤其表现在大运河所流经的华北平原。

实际上，彭慕兰也曾抱持类似的见解。他使用“黄运”这一术语，特指华北地区一块较大的内陆部分，它在数个世纪里一直都是华北宏观区域核心的一部分，黄河和大运河在这个地区的中部交汇，并且形成了这里的环境、政治和经济。[③] 彭慕兰认为黄运北部和南部（以黄河为界）拥有不同的社会结构，我们有必要引述一段他所作的比较：

> 黄运的北部有着较为稀疏的人口、不太精细（但却更加商品化）的农作、相对平均的财富分配、弱小的乡村精英、松散的村落社区及影响力几乎全都囿于本地区的居民。黄运南部有着较为密集的人口和每亩（1/6 英亩）较高的作物产量，但人均产出却较低。财富的分配更加不平均，乡村精英非常强大；村落类似于独立王国。黄运的南部，特别是济

① ［美］周锡瑞：《义和团运动的起源》，张俊义、王栋译，江苏人民出版社 2010 年版，第 3 页。

② Jinghao Sun, *City, State, and the Grand Canal: Jining's Identity and Transformation, 1289－1937*, Ph. D. diss, University of Toronto, 2007, p. 32.

③ ［美］彭慕兰：《腹地的构建：华北内地的国家、社会和经济（1853—1973）》，马俊亚译，社会科学文献出版社 2005 年版，第 2、5 页。

宁，经常产生有着全省或全国性影响的都市士绅和商人；不过，一般情况下，这些同样的都市精英无法影响其直接腹地中强大的乡村精英。[①]

正是这样的内部差异，才决定性地形成了其对历史发展进程中新威胁与新机遇的不同反应。临清是鲁西北与黄运北部的主要港口，彭慕兰也注意到在大运河贸易处于高峰的时候，它与位于南部的济宁的重要性大致相埒。

二　水文气候条件

华北大平原为黄河冲积所形成，就其自然发展来说，黄河必然经常泛滥其上。虽然黄河的水量与其他大河相比不多，但其含沙量却十分惊人。在很长的历史时期里，河水每立方米的含沙量平均近40公斤。[②] 临清位于黄河下游流域，属于所谓"黄泛平原"的一部分。由于受到黄河改道和决口泛滥的影响，此处地势自西南向东北略微倾斜，造就了以高地、缓平坡地和洼地相间分布的微地貌差异，其主要类型有河滩高地、沙质河槽地、决口扇形地、缓平坡地、河间浅平洼地以及背河槽状洼地。[③] 此处温暖、半湿润的气候以及相对充裕的水资源，使得该区农作物资源种类繁多，形成以种植业为主体、林牧副渔综合发展的平原农业生产结构。[④] 其中，"最著者为棉花，产棉区占全部土地十分之六"[⑤]。临清植棉的历史较为悠久，早在明清时期即已大面积种植，对当时的社会经济生活产生了重要影响。[⑥]

---

① ［美］彭慕兰：《腹地的构建：华北内地的国家、社会和经济（1853—1973）》，马俊亚译，社会科学文献出版社2005年版，第9页。

② 张含英：《历代治河方略探讨》，水利出版社1982年版，第4页。

③ 临清市农业区划委员会办公室编印：《临清市农业区划》，1986年，第1页。

④ 临清市农业区划委员会办公室编印：《临清市农业区划》，1986年，第32、57页。

⑤ （民国）张树梅、王贵笙：《临清县志》《经济志》，民国二十三年（1934）铅印本。

⑥ 岳玉玺举出临清的例子，说明"植棉业的发展，使山东运河地区对商品粮的需求量不断增加"的观点。临清州原来是传统的谷物产区，但是到了清朝乾隆时期竟出现"地产谷不敷用，尤取资于商贩"的现象，其主要原因在于该州的植棉面积扩大，种植棉花的人数增加，但他们并不种粮，很大程度要依赖商品粮。参见岳玉玺《山东运河文化的历史考察及其借鉴价值》，载于德普主编《运河文化（山东）文集》，山东科学技术出版社1998年版，第131—156页。

不过，由于临清属典型的大陆性季风气候，有着显著的季节性变化，年降雨时空分配不均匀，主要集中在夏秋两季，极易造成灾害事件。同时，鲁西平原低洼的微地貌造成排水不畅，加重了方志记载中常见“淫雨”和“大雨”的危害程度。而季风气候带来的降水经常趋于极端，又容易造成持续的干旱。因此，旱涝是本地主要的灾害性天气，具有明显的周期性、阶段性、交替性和持续性等特点[①]。我们在地方文献有关自然灾害的“大事记”中，不难找见这些经常性的自然灾害，它们是制约农业生产长期低而不稳的主要因素。几条过境河流带来了相对丰富的水资源，为灌溉、运输和航行提供了便利条件，但有时也会引发难以控制的洪水。

历史上，区际间的黄河其主流和支流曾多次流经临清，对地方水系产生了重要影响。黄河主流曾四次流经此地：第一次，周定王五年（前602），黄河在宿胥口（今河南淇县东南）改道，流经临清南部和东部470年；第二次，汉元光三年（前132），黄河在瓠子（今河南濮阳西南）决口，于元封二年（前109）堵复后重回故道，又流经临清境内120年；第三次，宋嘉祐五年（1060），黄河在大名决口，向东分出一条河名为“二股河”，在今临清的走向即经魏湾向东北入夏津之马颊河位置，二股河流经临清市境21年；第四次，宋绍圣元年（1094），黄河二次东流，仍沿着马颊河流经临清市境五年。黄河主要支流亦曾三次流经此地：第一次，汉元封后黄河复决于馆陶，分为屯氏河，流经临清西南入今卫运河的位置；第二次，汉建始四年（前29），黄河在东郡金堤决口并分两支，其中一支自临清东过武城至故城；第三次，北宋天禧四年（1020），黄河在天台（今滑县西北）决口，知州陈尧佐利用此前河决之东支流经馆陶、临清、夏津、德州之故道，分导水势以泄洪入海，并沿着这条故道修筑新堤，名为“陈公堤”。[②]

漳卫河从西南向东北沿西部边境穿过。漳河与卫河本不相属，两河

---

① 明清以来的临清旱涝曾有过历史分析：1470—1639年及1880—1986年为两个明显的正常时间，平均10年左右发生一次重旱涝；1640—1879年间则为旱涝相对频发时期，平均4—5年发生一次重旱涝。参见临清市农业区划委员会办公室编印《临清市农业区划》，1986年，第169页。

② 临清市水利志编纂办公室编印：《临清市水利志》，1989年，第1—3页。

均发源于山西太行山脉。漳河有两个源头:“一出山西潞州长子县，名浊漳;一出平定州乐平县，名清漳，东至林县合流于彰德、磁州之间，至临漳而成大河，出广平、大名达于临清。”① 卫河由古代的清河、白沟、永济渠演变而成，今“源出河南卫辉府辉县苏门山百门泉，东北引滏、洹、淇三水，流千里至馆陶合漳水，又北九十里至临清与会通合”②。漳河迁徙不定，仅明初至20世纪40年代初其干流于馆陶入卫河的570多年中，大的改道不下50余次，北夺滏阳河，南侵卫河。③ 明清两朝，“引漳入卫”，“借卫行运”。卫河又称“卫运河”，曾多次决口，使当地遭受洪水之害。受地形影响，决口多发生在河之西岸，即经常水淹现在的临西。

马颊河流经东部边境，因上宽下窄、形如马脸而得名，这是唐朝为分流黄河洪水而疏通的泄洪河道。史载:“马颊河在安德县南五十里，又在平昌县南十里，久视二年开决，亦名新河……皆唐之马颊也。”④ 其在山东的走向大致为现在的莘县、聊城、临清、高唐、夏津等。一个最显著的水文变化便是人类活动作用在大运河的建设上，元朝引导汶河之水开挖了直达卫河的“会通河”，从东南而西北穿过临清市境，将马颊河拦腰截断。在运河以东，马颊河为运河分洪和排涝，而在运河以西，因明令禁止挖河，故排水受阻，水灾连年不断。这种状况一直延续到清朝末年。人类的活动改变了地方的水网，并使临清成为大运河水系的一部分⑤。

第三节　水运与城市的形成

一　“运河”概念的界定

在了解临清运河具体状况之前，我们有必要先对“运河”概念作简要的知识考古。一般认为，运河是“人工开挖的水道，用以沟通不同河

---

① （明）顾炎武:《天下郡国利病书》，上海古籍出版社2011年版，第198页。

② （明）顾炎武:《肇域志》第2册，上海古籍出版社2004年版，第715页。

③ 漳卫南运河志编委会编:《漳卫南运河志》，天津科学技术出版社2003年版，第33页。

④ （清）傅泽洪:《行水金鉴》卷4，商务印书馆1936年版，第61页。

⑤ ［美］富路特、房兆楹:《明代名人传》，北京时代华文书局2015年版，第1790页。

流、水系和海洋，联接重要城镇和工矿区，发展水上运输”[1]。这一定义主要落脚在现当代时期，强调运河的人力属性与航运价值。“运河”一词最早出现在《新唐书》中，该书记载“开成二年（837）夏，旱，扬州运河竭”[2]。这是对唐朝长江流域自然灾害的部分记录，由于受到旱灾的影响，当时扬州的运河已经完全干涸。在宋朝之前，经人力开挖的河道多以“沟”“渎”“渠”等命名，如春秋时期吴王夫差下令开挖的“邗沟”，再如三国时期曹操下令所修“白沟”又名“宿胥渎”。“大运河”的概念也在宋朝首次出现，地方志有“过东仓新桥入大运河”[3] 的记载，用来指称某一段运道。

运河的“运”字本意为“运输”，大运河发挥的首要作用在于运输漕粮。汉朝有“漕渠”之谓，汉武帝“令齐人水工徐伯表，悉发卒数万人穿漕渠，三岁而通。通，以漕，大便利”[4]。“漕”为“水转谷也”[5]，即利用水路来转运粮食。隋唐时期，具有漕运功能的人工河道大多被称为“漕河”或“漕渠”，如《通典》曾载“天宝三年，左常侍兼陕州刺史韦坚开漕河”[6]。自宋朝以来，虽然仍使用“渠”“河”等词指称某段运道，如隋朝永济渠、元朝会通河，但是，尤其在元、明、清三朝，以“运河”与“大运河”统指某段运道或整体的运河已然成为一种趋势。不过，明朝也多用“漕河”之名，而清朝倾向于直接称“运河”。

至于“京杭大运河”称谓的出现，则是相当晚近的事情了。直到20世纪90年代，著名史学家白寿彝主持编写的《中国通史》最早使用了这一概念，其中一节的标题为“京杭大运河的全线贯通与整治”，文中指出元代“划直修凿大都通往江南的京杭大运河，以替代隋唐以来那条以中原地区为中心的旧运河”[7]。究竟何时把大运河冠以“京杭大运河”，现在尚未考据清楚。实际上，京杭大运河概念的使用，应当特指元代以来

---

① 《辞海》（工程技术分册·下），上海辞书出版社1982年版，第174页。

② （宋）欧阳修、宋祁：《新唐书》卷36《五行志》，中华书局1975年版，第947页。

③ （宋）潜说友：《咸淳临安志》卷35，台北成文出版社1970年版，第356页。

④ （汉）司马迁：《史记》卷29《河渠书》，中华书局1959年版，第1410页。

⑤ （汉）许慎：《说文解字》卷11，中华书局1963年版，第237页。

⑥ （唐）杜佑：《通典》卷10《食货十·漕运》，中华书局1988年版，第213页。

⑦ 白寿彝主编：《中国通史》第8卷，上海人民出版社1997年版，第867页。

开挖与疏浚的自北京到杭州的运河，而不能将其指涉中国运河的全部。学界一致认可使用“中国大运河”（抑或“大运河”）作为中国运河的总称[①]，这也是申报“世遗”中使用的概念，特指隋唐运河、京杭大运河和浙东运河三段运河的合称。运河称谓在不同历史时期里的变化，实则是社会意识的反映和社会文化的积累。[②]

二 临清运河史述略

《史记·夏本纪》言“陆行乘车，水行乘船，泥行乘橇，山行乘檋”，其中以水陆为最，舟车居多。众所周知，水道作为运输方式既经济又省力。中国地势西高东低，江河大多自西向东流入大海。在漕运体系中，单纯依赖天然河道显然不足，因而运河的开凿成为必要。尽管大运河在明清时期代表了漕运的鼎盛，但是，人工开挖运道已经有着悠久的历史。早在春秋时期，吴、楚等国成为开凿运河的先锋。帝国意义上的运河体系形成于隋朝，这也成为当时航运事业上的转折点。大运河网络先是以陕西为中心，后来转向河南。网络中心地的转移反映了某一地区对于中央集权国家的重要意义，运河线路的更替紧随帝国统治中心的变动。到了元朝，运河体系经历了一个前所未有的飞跃。随着政治中心重新定位在北方中国，蒙古统治者对运河“动脉”作了很大的修正，并将之延伸到帝国的“心脏”。大运河穿越东部几个省份，沟通了五大水系，串联起众多城镇，从大都（今北京）迤逦南下直达杭州，场面非常壮观。明清时期是运河开发史上的黄金时期，大运河真正成为帝国的“生命线”。

最早流经临清地区的运道可以追溯到东汉时期。建安九年（204），曹操为北征乌桓，采取修筑枋堰的办法，遏制淇水逼其东北流注入开挖的白沟，以通漕运。[③] 白沟经馆陶入临清境，流经当地的贺伍庄、摇鞍

---

① 陈桥驿主编：《中国运河开发史》，中华书局2008年版，第6—8页；吴欣主编：《中国大运河发展报告（2018）》，社会科学文献出版社2018年版，第2—4页。

② 吴欣：《大运河文化的内涵与价值》，《光明日报》2018年2月5日第14版。

③ （晋）陈寿撰、（宋）裴松之注：《三国志》（简体字本），中华书局1999年版，第18页；（北魏）郦道元：《水经注》，岳麓书社1995年版，第145页。关于白沟之得名，历史地理学家史念海曾作过考证，参见史念海《河南浚县大伾山西部古河道考》，《历史研究》1984年第2期。

镇、张三寨、西王庄等，如今这一古河已由卫西干渠所替代。隋炀帝为了把高丽变成隋朝的一部分，于大业四年（608）征发民众开凿永济渠，引沁水南达黄河、北通涿郡（今北京）。[①] 永济渠相较白沟略向东移，自洛阳东北流入卫河，经修武、新乡、内黄等，从馆陶入临清境，行经临清的尖冢、仓集铺、堤口、曹村、后寨、陆村等。赐永济渠名为“御河”，御河之名始于此。永济渠流经临清一地，这是大运河流经临清之始。唐朝因隋之旧，永济渠线路基本与后者相同，只是上游只引“清、淇二水东北入白沟，穿此县入临清”[②]。大历七年（773）临清名“永济县”，即因永济渠而得名。北宋王安石沿运河北上途径临清时，曾作七言诗《永济道中寄诸舅弟》：“灯火匆匆出馆陶，回看永济日初高。似闻空舍乌鸢乐，更觉荒陂人马劳。客路光阴真弃置，春风边塞只萧骚。辛夷树下乌塘尾，把手何时得汝曹。”[③] 这说明永济渠一直到北宋年间，还是航船往来畅通无阻。隋、唐、宋三代，临清虽为永济渠中枢，但因远离政治中心，漕运舟车多显冷清。

元朝在山东境内对运河的经营源于这样的构想，即打造一条直航线以缩短江南与大都之间的漕运路程。从元政府最初的计划到明朝中期的重新浚通，大运河是分段进行建设完成的。至元十七年（1280），元世祖决定开挖济州（今济宁）到须城（今东平）安民山的济州河。[④] 漕船可经此河入大清河，经东阿到利津入海，再由海运抵天津，进入通惠河直达大都。后因海口沙壅，又改“从东阿舍舟陆运，经二百里抵临清下漳御”，但“道经茌平，地势卑下，夏秋霖潦，艰难万状”[⑤]。至元二十六年（1289），又开凿自须城安山西南起，经寿张西北过东昌（今聊城），再往西北到临清止的会通河。[⑥]（参见图1－3）其中，一个重要的技术进

---

① （唐）魏征、令狐德棻：《隋书》卷3《帝纪第三》，中华书局1973年版，第70页。

② （唐）李吉甫：《元和郡县图志》，中华书局1983年版，第466页。

③ 高克勤选注：《王安石诗词文选注》，上海远东出版社2013年版，第27页。

④ （明）宋濂等：《元史》卷65《河渠二》，中华书局1976年版，第1626页。

⑤ （清）张度、朱钟：《临清直隶州志》卷1《疆域志·运河》，清乾隆五十年（1785）刻本。

⑥ （明）宋濂等：《元史》卷64《河渠一》，中华书局1976年版，第1608页。此后，连安山以南的济州河统称为“会通河”，而“济州河”之名则不再使用。

步是建闸以控制不同的水位。[①] 自此始，临清与济宁分居所谓的“闸漕”之“总会”和“腰冲”[②]，成为南北水运之枢纽。河成后赐名“会通河”，后来将安民山以南的济州河也统称会通河。至今，临清、济宁市区都还有会通街。会通河自魏湾镇入临清境，在临清城区走北河（即今鳌头矶北向西北废河，俗称“死河子”），在先锋大桥南入卫河，并在入口处修建一座问津桥。至元三十年（1293），在鳌头矶以东修建了临清闸，以西又修建了会通闸（后改为会通桥）。

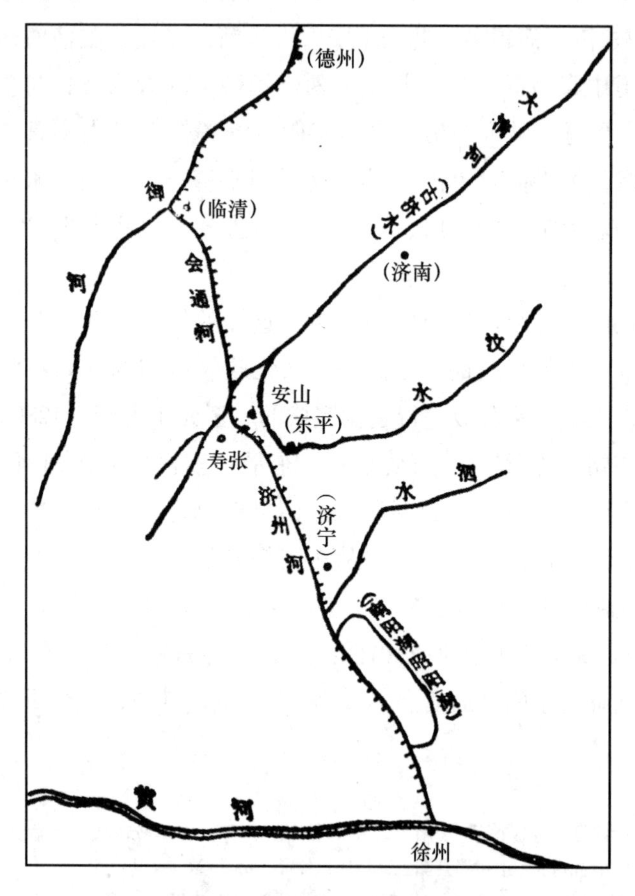

图1－3　元朝的济州河与会通河

资料来源：张含英：《历代治河方略探讨》，水利出版社1982年版，第74页。

---

① 史念海：《中国的运河》，陕西人民出版社1988年版，第268页。

② （明）邱濬：《大学衍义补》卷34《漕挽之宜下》，明正德元年（1506）刻本。

明朝洪武二十四年（1391），黄河在原武（今河南原阳）决口，洪水漫过安山湖（今东平附近），造成会通河淤塞，运道一度受阻。永乐九年（1411），济宁州同知潘叔正建言疏浚会通河。[①]（参见图1－4）此议很快得到朝廷批准，遂命工部尚书宋礼、刑部侍郎金纯等人董其事。宋礼采纳汶上白英老人的建议，在运河“水脊”南旺之西北方向的戴村筑拦水坝，不让汶水西行而导入南旺湖，以湖作为运河“水柜”分水济运。[②]位于临清和济宁之间的南旺湖地势高峻，此段运道共设水闸38座，故又有“闸河”之称谓。宋礼治运时，对临清城内的河道仍疏浚北河，但“初汶水入卫，自吾州北河也，中缩而尾回，数坏舟”[③]。于是，永乐十五年（1417），平江伯陈瑄主持开挖会通河南支，又称“南河”，从鳌头矶西南流至头闸口处入卫河，即把原向西北之河道改向西南。地方志对此段运道流经节点与里程有详细记载：自“清平县属二十里铺入县境，再西北行经狄楼之南、邱屯之北、歇马亭与三里铺之中间，入土城之东水门，至鳌头矶转而南过新开闸，至土山南端折而西逾南板闸，至漳神庙前入卫河，由入境至此计程二十四里”[④]。相传，临清土山是永乐时疏浚会通河泥土积累而成，在运河南支的东侧，南起头闸口，东偏北达车营街南首，登临遥望，阡陌纵横，村庄鳞次，为临清十景之一。清代运河河道沿明之旧，除了进行维修、疏浚以及增建部分闸坝之外，再也没有进行较大规模的工程建设。明清两代，为了便于两岸交通往来，在临清运河上先后增修了鳌背桥、宏济桥、通济桥、永济桥、月径桥、广济桥等，大多是以桥代闸。

清中叶以后，由于政治日益腐败，山东运河连年失修。咸丰五年（1855），黄河在河南兰阳铜瓦厢决口，洪水泛滥鲁西，截断运河，夺大清河而下，运道梗阻。同治十一年（1872），山东巡抚丁宝桢曾督挑河道。因黄河之水灌入运河淤垫更甚，故挑浚河道较前益勤，历年大浚尤

---

① （清）谷应泰：《明史纪事本末》（第一册）卷24《河漕转运》，中华书局1977年版，第376页。

② （清）张廷玉等：《明史》卷153《宋礼传》，中华书局1974年版，第4203—4204页。

③ （清）王俊、李森：《临清州志》卷2《山川》，清乾隆十四年（1749）刻本。

④ （民国）张树梅、王贵笙：《临清县志》，《疆域志·河渠》，民国二十三年（1934）铅印本。

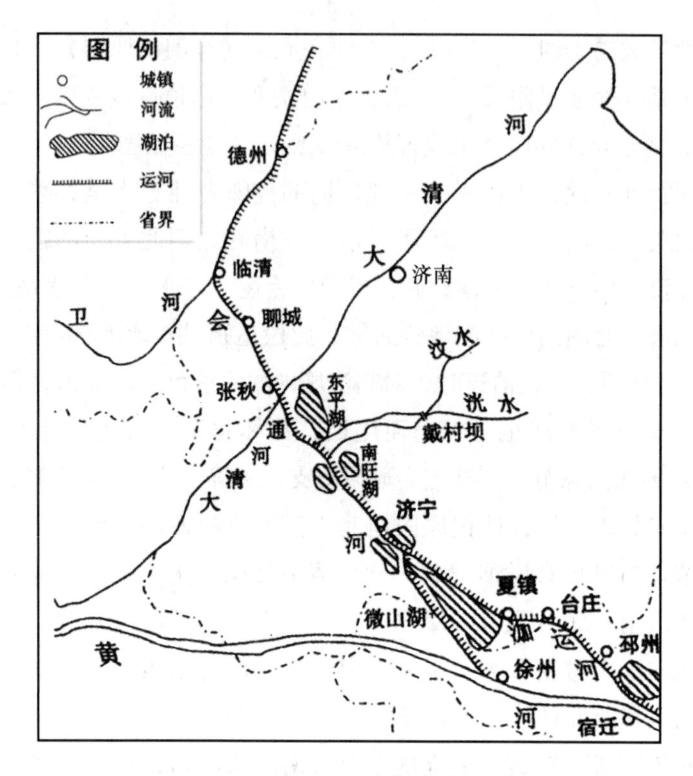

图1-4 明清时期的会通河

资料来源：安作璋：《中国运河文化史》（下册），山东教育出版社2006年版，附图《明清京杭运河图》。笔者所引为其中一部分。

虑不足。光绪以后浅阻日甚一日，运河闸坝也废弃不修，除“东昌至临清一段九十余里外，几如平陆”①，但也仅能行驶小舟。由于水源缺乏，漕船至临清南板闸外，经常面临拖坝危险，故当时只运送江北的漕粮，每年不过10万石，仅占全漕的四十分之一。光绪二十七年（1901），停止漕运。光绪三十年（1904），东昌知府魏家骅疏浚聊城至临清段河道，商民一时称便。光绪三十二年（1906），山东巡抚杨士骧奏准挑浚临清运河，设立北运河下段工程局，委派临清关总办吴震泽主其事，只是工程并不坚固，河水亦无来源，河堤日渐倾圮，河道愈加淤塞。民国以来，河道年久失修，荒废不堪，很多地方为居民纳租垦种。民国二十三年

① （民国）张树梅、王贵笙：《临清县志》，《疆域志·河渠》，民国二十三年（1934）铅印本。

(1934)，由山东省建设厅牵头，疏浚黄河北岸至临清之间的会通河，责令临清、聊城等6县民工分担挑浚任务。临清工段从位湾到头闸口，全长60多里。这是解放前历史上最后一次疏浚此段运河，终因河无水源，旋即河枯堤塌。

中华人民共和国成立后，疏浚了张秋至临清段河道。从20世纪50年代到60年代，通过对运河的疏浚、改道，修建水利工程，使临清运河发挥了灌溉、排涝以及城乡工业用水等综合效益。1970年，在对马颊河进行扩大治理后，会通河在临清境内的故道，成为市区东部排灌两用的骨干渠道，称为“小运河”。[①]

三　历代城池的迁建

城之营建为人们聚居而设，由聚居功能转入防御功能，以及和平时期的经济功能和文化功能。城市发展史往往成为历史前进的助力，城市便是历史变迁的社会舞台。城垣隔出了城内与城外，城内城外的经济、文化往往就具有很大的差异性。城池的历史功过要从其存在的时空中去评价，而历史的发展有时就是在城池拆拆建建地发展。

临清自古以来就与水结下了不解之缘，几个古城均傍河而建，可谓“因河而城”。随着元、明、清三朝对山东境内会通河的开凿与治理，临清作为古代漕运咽喉之地的区位优势逐渐突出，经济发展与人口增长日益集中在此地，最终成长为大运河之畔工商业发达的城市，又谓“因漕而兴”。由于水灾、兵燹、商贸、政治等原因，临清县名几度更易，城治居地与城池选址亦数次变换。(参见表1－1）对临清城址历史变迁脉络的梳理，有助于加深古代政治型城市向经济主导型城市转变的理解。

表1－1　　临清古城遗址

朝代	年代	称谓	古城遗址	隶属
西汉	高祖年间	清渊县	冠县青阳城村	冀州部魏郡
三国		清渊县	冠县青阳城村	冀州部阳平郡

① 临清市水利志编纂办公室编印：《临清市水利志》，1989年，第20—21页。

续表

朝代	年代	称谓	古城遗址	隶属
西晋	咸宁年间	清泉县	冠县青阳城村	司州部阳平郡
后赵	建平元年（330）	临清县	冠县清水镇	司州部建兴郡
北魏	太和二十一年（497）	清渊县	冠县清水镇	司州部阳平郡
	太和二十一年（497）	临清县	临西仓上村	
北齐		清泉县	冠县清水镇	
隋		清泉县	冠县清水镇	冀州部清河郡
	开皇六年（586）	临清县	临西仓上村	
唐		临清县	临西仓上村	毛州
五代		临清县	临西仓上村	大名府
宋		临清县	临西仓上村	大名府
金	天会五年（1127）	临清县	临清旧县村	大名路恩州
元		临清县	临清旧县村	大都路濮州
明	洪武二年（1369）	临清县	今址	山东布政使司
清		临清县	今址	山东省
民国		临清县	今址	山东省

早在春秋时期，临清境内出现了第一个有人聚居的城镇，史称“贝丘古城”。贝丘又作“贝邱”，《说文解字》解释“丘”为“土之高也”，《尔雅》又云“四方高中央下亦曰邱也”。人类聚居的地方一般称为“丘”，其中当然涉及城建与水之间的关系问题，即城郭建于丘处，既因防水之患，亦因据水之利。临清地处黄河下游，洪水泛滥危害当地居民的生存，人们聚居高地土阜以避之。周定王五年的那次决口是黄河的首次改道，行经路过的几个重要城镇中就有贝丘。① 汉朝在此置城，史载：“贝丘在今县东南十五里，有汉贝丘县故城存，城中有贝丘，高五丈，周回五十步。”② 虽然史料对贝丘古城记载不多，但是，自汉迄宋历代对其均记忆犹新，大概因为它是黄河故道与今道分流处的界标，正如宋人张洎所言：“禹以大河流泛中国，为害最甚，乃于贝丘疏二渠，以分水势：

① 张含英：《明清治河概论》，水利电力出版社1986年版，第13页。

② （宋）乐史：《太平寰宇记》卷54，四库全书本。

一渠自舞阳县东，引入漯水，其水东北流，至千乘县入海，即今黄河是也；一渠疏畎引傍西山，以东北形高敝坏堤，水势不便流溢，夹右碣石入于渤海。”① 贝丘古城遗址在临清市大辛庄街道办事处近古村附近。②

临清置清渊县始于汉高帝年间，至后赵建平元年（330）存在时间长达500多年，其治所在今河北馆陶县青阳城（青城村）处。据《山东通志》记载：“青阳城在县（馆陶县）西十里马头渡。”③ 据《馆陶县志》记载：“清渊县故城在县西北十三里，汉置县，属魏郡，俗曰青阳城。”④ 青阳城村地势高亢，附近曾有清水河绕其侧自西南而东北流过。据《水经注》记载：“清水出河内修武县之北黑山”，“东北过获嘉县北”，“又过汲县北”，“又东入于河”，“又东北过馆陶县北”，“又东北过清渊县”。⑤ 清渊县之得名亦有渊源。“淇水又东径清渊县故城西，又历县之西北为清渊，故县有清渊之名矣，世谓之鱼池城，非也。清渊县有清渊城。”⑥ 淇水属于黄河的支流，清水与之汇合后流向东北。河水流经此处聚而成渊，在城之西北形成了清渊潭。因河水在此分流汇集，形成水内有城、城中有水的美妙景观，“清渊”之名便由此而得。

后来，“清渊”之名先后改为“清泉”“临清”，“置临清县于水东，自赵石始也”⑦。临清县城在“水东”，也就是在卫河以东，俗曰“水东临清”。卫河即所谓的“清河”，在馆陶境内漳河与卫河交汇后合称“卫运河”。⑧ 北魏太和二十一年（497），复设清渊县，治所在今冠县东北40里的清水镇。清水镇有清水泉，又称“清渊泉”。“清渊泉在临清县清水

---

① （元）脱脱：《宋史》卷93《河渠三》，中华书局1977年版，第2318页。

② 据该村《常氏家谱》记载，常姓在明朝万历年间在此开店设铺，起初命村名为“常店”，后因紧邻贝丘古城遗址，遂将村名易为“近古村”。参见临清市地方史志办公室编《临清乡村概况》，五洲传播出版社2003年版，第411页。

③ （明）陆釴等：《山东通志》卷9，明嘉靖十二年（1533）刻本。

④ （清）郑先民、耿愿鲁：《馆陶县志》卷1，清康熙十四年（1675）刻本。

⑤ （北魏）郦道元：《水经注》卷9，四库全书本。

⑥ （明）王命爵、王汝训等：《东昌府志》卷43，明万历二十八年（1600）刻本。

⑦ （清）赵一清：《水经注释》卷9，四库全书本。

⑧ 由于历史上多次变迁，卫运河历代名称不一，战国前称“清水”“清河”“卫河”，汉魏时称“白沟”，隋代称“永济渠”，唐宋时称“御河”，元明清称“卫河”“御河”，中华人民共和国成立后称“卫运河”。参见徐登阶《卫运河演变初考》，《临西文史》1989年第2辑。

镇，今州东四十五里"[①]，水清甘洌，清泉县与清水镇均因之得名。清泉城的城垣在道光年间进行过重修，只是到清末逐渐颓圮，后于"民国六年（1917）重修，围廓墙濠悉如旧制，惟添修东西门各一，南关及西关门各一，南北门上均有门楼，南门仍名关洛要径，北门仍名燕冀亨衢，南关门曰丽泽，南东门曰映岱，北东门曰怀安，南西门曰信成，北西门曰悠久，西关门曰阜财，南关围墙一百丈，西关围墙一百丈，高与大墙等"[②]。

在清渊县复设的同时，另于县西40里置临清县，治所在今临西县仓上村东附近一带。当时，清水镇的清泉古城与仓上村的临清古城同时并存。考《水经注》云："（北魏）又别置临清县于水西，与后赵之临清并非一地。"[③] 康熙《临清州志》载："（临清）旧城自后魏始，在卫河西，土人曰旧县集者。"[④] 北魏临清城俗称"水西临清"，与"水东临清"遥相呼应。唐宋时期，"水西临清"盛极一时，因紧邻大运河，在河沿建有大型码头和官仓，官仓之东现称"堂台子"的地方即为县城署衙之所在，县衙以北建有文庙、武庙、奶奶庙、钟鼓楼等。[⑤] 金天会五年（1127），为了躲避水患之虞，治所迁徙至卫河东岸的曹仁镇[⑥]（今临清市青年办事处旧县村），并在此设仓储粮[⑦]，逐渐发展成御河之畔的经济大县。元代，临清亦治曹仁镇。[⑧]

元政府所开会通河在曹仁镇以北与御河相交，这个交汇点遂为南北水运之枢纽，吸引商贩们日益屯聚。一个新兴的集镇迅速崛起，因位于会通闸之侧，命名为"会通镇"。会通镇之繁华已远超当时的曹仁镇，明朝洪武二年（1369）遂迁临清县治至会通镇中洲临清闸处（今市区考棚街纸马巷），"徙县治汶、卫环流之中"[⑨]，"自鳌头矶迤西，凡在汶、卫

---

① （明）姚本：《冠县志》卷1，明嘉靖二十四年（1545）刻本。

② （民国）陈熙雍等：《冠县县志》卷2，台北成文出版社1968年版，第216—217页。

③ （清）赵一清：《水经注释》卷9，四库全书本。

④ （清）于睿明、胡悉宁等：《临清州志》卷1《城池》，清康熙十二年（1673）刻本。

⑤ 杨遵义：《关于临清古县衙"堂台子"遗址的调查》，《临西文史》2002年第5辑。

⑥ 曹魏大将曹仁封亭侯于此，故名。

⑦ （元）脱脱：《金史》卷26《地理下》，中华书局1975年版，第629页。

⑧ （明）陈循等：《寰宇通志》卷72《东昌府临清县》，玄览堂丛书本。

⑨ （清）于睿明、胡悉宁等：《临清州志》卷1《城池》，清康熙十二年（1673）刻本。

二水之间者曰中洲"①。由于临清的战略和经济地位十分突出，景泰元年（1450）始筑砖城，选址在会通河北支流（北河）东北方向地势高亢之处，城墙"高三丈二尺，厚二丈四尺，围九里一百步"，城门"东曰武威，南曰永青，西曰广积，北曰镇定"②。城墙上设戍楼 8 座，戍铺 46 处，城墙外绕以护城河，深、宽均为 9 尺。砖城肇建告成后，治所又迁至砖城内。

临清于弘治二年（1489）升为直隶州后，在中洲与运河两岸地带，逐渐形成了新的居住与商业空间。正德五年（1510），农民起义军进入山东，攻陷高唐和武城，重创夏津、博平和济宁，临清面临被包围的严峻形势。在这种情况下，兵备副使赵继爵发动并组织军民，在砖城与会通河之间筑土围，称为"边城""罗城"或"土城"。嘉靖二十一年（1542），大学士丘濬认为："临清乃会通河之极处，诸闸于此乎尽，众流于此乎会，且居高临下，水势泄易而涸速，是凡三千七百里之漕路，此其要害也。"③ 根据他提出的跨河为城之设想，在边城基础上进一步拓建土城，跨汶、卫二水，起于砖城东南隅，止于砖城西北隅，俗称"玉带城"。城门分别为："东曰宾阳、景岱，西曰靖西、绥远，各有月城，南曰钦明，北曰怀朔。"④ 上下城墙的通道、守城士兵战守之屋室、护城河的深阔和城墙的高厚，均与砖城相差无几。相对于新城，史称原先的砖城为"旧城"，故砖、土二城亦有"旧城"与"新城"之称。此外，运河从临清州城穿过，运河入城处和出城处两旁皆有城楼拱卫（参见图 1－5）。

乾隆三十九年（1774），受到王伦起义的影响，土城遭到严重损毁。咸丰四年（1854），太平军的进攻再次重创土城。同治二年（1863），黑旗军也曾攻陷土城。1937 年抗日战争全面爆发前后，劣绅土豪乘机肆意破坏城墙。1945 年临清解放后，政府号召拆除城墙，临清城墙逐渐消失。

---

① （清）王俊、李森：《临清州志》卷 2《山川》，清乾隆十四年（1749）刻本。
② （清）王俊、李森：《临清州志》卷 3《城池志》，清乾隆十四年（1749）刻本。
③ （明）陈子龙：《皇明经世文编》卷 71《漕运河道议》，明崇祯十六年（1643）刻本。
④ （清）王俊、李森：《临清州志》卷 3《城池志》，清乾隆十四年（1749）刻本。

图1－5　运河与临清州城

资料来源：［荷］包乐史、庄国土：《〈荷使初访中国记〉研究》，厦门大学出版社 1989 年版，图 59《临清》。

小　结

元朝在至元二十六年（1289）已经完成了连接大都和长江下游的运河体系。起初的工程并没有将过多精力用于江南段，即长江至杭州段。不过，江苏北部的运河要重修，一直向北延伸，从黄河直到大都。实际上，由于河渠经常淤塞以及维持水源的困难，大运河工程拖延到泰定二年（1325）才基本完成。元（后）至元六年（1340）以后，大运河毁于洪水，并因战事而使运输受阻。终元一世，运河体系始终没有发挥有效的作用，漕运仅仅属于一种辅助性的方式，于是沿海运输逐步取代了它而成为主要的粮运形式。当然，北方和南方在经济上的一体化，首先得益于大运河的重建，但是却没有继续得到长久与完全的利益，在北方运河两岸的商业大城市虽得以再生但并不繁荣。

由于元末的长期战乱和黄河的经常泛滥，大运河在山东境内一带出现了严重通航困难。到了 15 世纪初期，元代的大运河已经大段大段地淤塞、损坏，不能通航了。向北运送粮食不得不采取陆运方式，成本极高而且效率低下。因为明朝首都迁往北京后致使粮食需求量大为增加，所以，永乐皇帝朱棣决定修复大运河并重开运河漕运，使之成为除海运之外的另一条供应京城的南粮运输通道。大运河主要分为两个阶段进行治理：北段的疏浚和修复工作开始于永乐九年（1411），在工部尚书宋礼的监督之下，这项工程包括疏浚300余里的河道和建造38座船闸；从黄河到长江的南段在永乐十三年（1415）开放，由漕运总兵官陈瑄督理，先后建造了多处船闸和大量漕船。这时的运河体系能从长江下游流域直达北京，它成为南北之间商业的主要动脉。

相比海运，大运河无疑是更加安全的，因此终明一世，这条人工之河就一直发挥着黄金水道的重要作用。清朝定都北京后，为了实现南粮北运，仍然继续启用大运河这条生命线。经过明朝上百年的经营，大运河路线已大体定形，无论从运河水源、管理机构、治河工程等，还是从漕运体制的各个方面来说，均在明朝旧制的基础上进一步改进、发展和完善。大运河是国家重要的税收来源，构成国家正贡的漕粮经此运往京城，而南北各地特产也在流通中成为国家的应税资源，运河沿岸的一些仓储重地同时发展为物资集散与商税两旺的重镇。

临清正是在这样的时空背景下，逐渐成长为大运河沿线上的重要城市。元朝将隋唐时期的大运河路线截弯取直后，这里便随着漕运的发展日趋繁荣。尤其到了明代中期以后，临清更是发展成为全国重要的流通枢纽城市。大运河的畅通改变了临清的区位优势，在行政机构的设置上也体现了出来。明清两代，中央政府在临清设置钞关征税，这是朝廷派驻地方督理漕运税收的直属机构。临清也由东昌府属县的级别上升为州并领二县，后来又进一步提高到更高级别的行政地位直隶州。与此同时，临清自治所迁址至砖城、土城的营建，依赖大运河交通之便，其政治经济地位迅速提升，最终从一个荒僻小县发展为当时北方最大的商业城市，这又引发了临清的人口结构、街市布局、城镇规模、空间规划、地方实践等一系列变化。

第二章

“运河”之城的“地志学”

第一节　空间发现的旅程

一　如何设计国家空间

在展开临清城市空间旅程之前，我们先来思考这样一个问题，假如你有权力与责任设计一个地方，将如何去具体操作？这是美国政治学与人类学家詹姆斯·斯科特（James C. Scott）在研究东南亚高地无政府主义者的历史时所抛出的问题，旨在解决一个新的研究对象和提供一种新的地域研究思考方式。他提问道：

> 假如你在东南亚有着和路易十四的首相让-巴普蒂斯特·科尔贝尔（Jean-Baptiste Colbert）一样的地位。像科尔贝尔一样，你有责任设计一个繁荣的王国。背景与17世纪一样是前现代的：陆上的交通主要依靠步行、人力车和役畜，水上交通则主要依靠帆船。最后让我们设想，与科尔贝尔不一样，你从一片空白开始。你具有魔法，可以使生态、人口和地理条件都适合国家及其统治者的需要。在这种条件下，你将设计出什么？①

这是从国家的视角来创造一个所谓的“国家空间”，也即一个理想化的征用与治理的空间。具体设计有这样一些思想或原则：首先，为了保

---

① ［美］詹姆斯·斯科特：《逃避统治的艺术：东南亚高地的无政府主义历史》，王晓毅译，生活·读书·新知三联书店2016年版，第49页。

证统治者能够得到大量与稳定的人力、赋税、贡物等，需要居民集中居住或至少提供在地理上相聚累积的单位环境。这种地方性集中在古代社会更为必要，因为依赖牛车或马车运输限制了运送物品所及的距离。其次，集中性要避免空间的混乱无序，使之具有从外表呈现出来的清晰透明，“马赛克”式的功能分区解决了居民的实践活动。如此划分出以下结构化空间：机构空间对社会分工加以组织；权力空间对社会团体进行调控；市场空间对经济交易做出调节；宗教崇拜场所、休闲场所等公共空间提供各种“服务”。最后，大量聚居人口需要食物供给和各种消费，一个重要规划是运用权力策略和技术手段来摆脱地域阻力，以调剂余缺、平衡物价、集中财富等。通航的河道可以运输陆路难以想象的大量物资，从大运河巨大的漕运功能中可以看到在铁路、公路和航空建设以前，水路交通的便利性和重要性。

你手中的“魔法棒”是权力的体现，支配着你所设计的空间格局。按照上述逻辑建造出来的国家空间，如果从空中俯瞰会发现具有十分清楚的空间区隔美学形态，几何化、清晰化、简单化、标准化等是国家视角极力达致的目标，它们有利于统治者以最小的代价对社会进行控制和治理。[①] 以发展主义的视角来看，有计划性的空间营造对于所“经画”之地，自然是一种从“传统”向“现代”的转型，是从不发达的“落后”状态解脱出来的必经之路，它所体现出来的是一种线性发展观。不过，这些努力也往往造成“那些试图改善人类状况的项目”最终失败，而代之以“异端”势力的崛起与地方多样性的胜利。上述国家的视角当然受到了许多批评，一是来自“现代性”或“现代化”的反思，二是对“地方”与“空间”改造的讨论。[②]

那么，问题又来了，你所设计的国家空间就是完美无瑕的吗？或者，上升到理论层面发问，人类学如何认识空间之维？

二 关于空间观念的思辨

空间是社会现象的基本构成要素之一，也是人类定位己身、认知环

① ［美］詹姆斯·斯科特：《国家的视角：那些试图改善人类状况的项目是如何失败的》，王晓毅译，社会科学文献出版社 2011 年版，第 439—457 页。

② 周永明主编：《路学：道路、空间与文化》，重庆大学出版社 2016 年版，第 163 页。

境与理解世界的参照系。长期以来，人文社会科学的历史性和社会性思考一直占据主导地位，而空间性则没有得到同等程度的对待。法国思想家米歇尔·福柯（Michel Foucault）指出了空间贬值的原因："空间以往被当作是僵死的、刻板的、非辩证的和静止的东西。相反，时间却是丰富的、多产的、有生命力的、辩证的。"① 美国后现代地理学家爱德华·W. 苏贾（Edward W. Soja）则把空间的缺位归因于历史决定论思维范式的强大：

> 19世纪末的许多先锋运动——在诗歌和绘画方面，在小说和文学批评的写作方面，在建筑和当时所表征的进步的城市和区域的规划方面——敏锐地感知到了空间的工具性和处于不断变化之中的资本主义地理的控制性效应。然而，在社会科学和科学社会主义不断加强和不断系统化的各种领域里，一种执著的历史决定论往往掩盖了这种隐蔽的空间化，使得这种空间化近乎完全处于以后五十年批判性质疑的视野之外。②

德国哲学家恩斯特·卡西尔（Ernst Cassirer）指出："对于人类学哲学而言，描述和分析空间和时间在人类经验中所体现的具体特征是一项有着巨大的吸引力和重要性的任务。"③ 不过，空间被特别提出来当作重要的研究对象与主题，却是晚近的事情。何谓"空间"？在理论上似乎不难定义清楚，因为它与时间相对，是事物存在的基本维度④，好像是一个不证自明的概念。一般而言，空间往往被学者视为社会现象"生发"的语境或地点，仅仅是一种自然空间。但是，当我们试图从本体论上认识空间，追溯其"自为"与"人为"的形成过程，就会发现从实践上定义

---

① Michel Foucault, *Power/Knowledge: Selected Interviews and Other Wittings: 1972 - 1977*, Harvester Press, 1980, p. 70.

② ［美］爱德华·W. 苏贾：《后现代地理学——重申批评社会理论中的空间》，王文斌译，商务印书馆2004年版，第53—54页。

③ ［德］恩斯特·卡西尔：《人论：人类文化哲学导引》，李琛译，光明日报出版社2009年版，第35页。

④ ［美］司徒琳主编：《世界时间与东亚时间中的明清变迁（上卷）：从明到清时间的重塑》，赵世玲译，生活·读书·新知三联书店2009年版，第9页。

清楚并非易事。

人类学家与社会学家对于空间有不同的解释，虽然他们“承认空间是以自然的地理形式或人为的建构环境为其基本要素及中介物，却都不认为那是最终的，而是在其上依人的各种活动而有不断的建构结果”①。根据人类学家黄应贵的观点，这种“建构”的空间有以下五种：第一，最常见的是将空间视为一种“社会关系”，包括个人之间以及集体之间的；第二，将空间视为某种先验的“认知架构”，可以应用到其他事物层面上而有共同的类比；第三，空间更可被视为一种宇宙观或象征；第四，空间还被建构为有如意识形态或政治经济条件；第五，空间或被视为文化习惯，包括分类观念与个人实践。他进一步强调：“不同空间建构是由人的活动（及其文化意义）与物质基础的‘相互结合运作’的结果。因若不能将地理形式或建构环境的物质基础与其他各种具有文化意义的活动相衔接，势必将空间的研究化约为社会文化本身。”②

上述这些空间可以归纳为物理空间、社会空间、文化空间、象征空间等，但其解释的形式化倾向又过于强烈。事实上，对于空间的建构约略等同于所谓的“空间观念”，因而有学者提出了三项传统空间观念，即“风水的生气观念”“伦理的位序观念”和“宗教的人界观念”。③ 还有学者为了叙述的方便，更是将其直接简化为“有形空间”与“无形空间”④。但是，如此类型学的划分并不能从整体上认识空间。或者说，这些空间只是一些“平行”的抑或“并列”的空间，对它们的认知仅仅停留在第一个层面，还没有达到一种理论的“进深”。

最早系统阐述空间概念的理论家当首推列斐伏尔，他对空间及其与社会之间的关系问题作了最全面和最有影响的阐述，展现出令人眼花缭乱的“空间想象力”。他提出了一个关于空间的一般社会理论，将其区分

---

① 黄应贵主编：《空间、力与社会》，台北“中央研究院”民族学研究所1995年版，第4页。

② 黄应贵主编：《空间、力与社会》，台北“中央研究院”民族学研究所1995年版，第8页。

③ 关华山：《台湾传统民宅所表现的空间观念》，《“中央研究院”民族学研究所集刊》1980年第49期。

④ 林会承：《台湾传统建筑手册——形式与作法篇》，艺术家出版社1987年版，第132页；谢宗荣：《台湾传统民间信仰庙宇建筑的空间艺术——以鹿港古迹级寺庙为例》，《台湾文献》1997年第48卷第2期。

为“空间的实践”“空间的再现”和“再现的空间”，认为“空间就是（社会）产品”[①]。空间的实践即行动者对空间的控制、利用与再造，反映出某种特定的社会生产方式。空间的再现是一种概念化或构想的空间，指为了达到某种象征性目的而言说的符码、术语或知识。再现的空间包括那些为了达到某种象征性目的而通过意象、符号等来使用的空间。这种空间性“三元辩证法”深得苏贾垂青[②]，在此基础上他进一步发现了“第三空间”：“第三空间概念具有列斐伏尔始终要赋予社会空间的多重含义，它既是一个区别于其他空间（物理空间和精神空间，或者说第一空间和第二空间）的空间，又是超越所有空间的混合物。”[③] 苏贾空间探索的目标就是鼓励我们用不同的方式来思考空间的意义和意味。

如果说列斐伏尔是在具体层面研究空间，那么，英国安东尼·吉登斯（Anthony Giddens）和哈维的探讨则更加偏重宏观理论的时空观。两位社会科学家将时间与空间结合起来加以分析，尤为值得我们关注。吉登斯用“时空分延”的概念来界定全球化过程中社会的本质特征，认为社会关系的形成能够摆脱“在场”的限制[④]，全球化“让远距离的社会事件和社会关系与地方性场景交织在一起”[⑤]。哈维则用“时空压缩”揭示资本流动与空间生产的内在逻辑，由现代性促进的“压缩”加快了经济发展和社会变迁的进程，对时空的新感受也成为社会转型的重要标志。[⑥] 此外，尚有其他学者也曾关注空间问题，不一而足。总之，无论是

---

① Henri Lefebvre, *The Production of Space*, translated by Donald Nicholson-Smith, Oxford: Blackwell Publishing Ltd, 1991, p. 30.

② 苏贾高度地赞扬了列斐伏尔的空间探索：“就开放和开拓我们社会空间无穷无尽的维度，以及就有力论证将历史性、社会性和空间性联系在一个策略均衡、超学科的‘三元辩证法’之中而言，他的影响没有任何一个学者可以比肩。”参见［美］爱德华·W. 苏贾《第三空间：去往洛杉矶和其他真实和想象地方的旅程》，陆扬、刘佳林等译，上海教育出版社 2005 年版，第 7 页。

③ ［美］爱德华·W. 苏贾：《第三空间：去往洛杉矶和其他真实和想象地方的旅程》，陆扬、刘佳林等译，上海教育出版社 2005 年版，第 79 页。

④ Anthony Giddens, *The Consequences of Modernity*, Stanford, CA: Stanford University Press, 1990, pp. 63 – 65.

⑤ ［英］安东尼·吉登斯：《现代性与自我认同：现代晚期的自我与社会》，赵旭东、方文译，生活·读书·新知三联书店 1998 年版，第 23 页。

⑥ David Harvey, *The Condition of Postmodernity: An Inquiry into the Origins of Cultural Change*, Oxford: Blackwell Press, 1990, pp. 201 – 323.

传统的还是现代性视角下的空间分析框架，都各有所长。

三 地志学的解释力

近些年来，人文社会科学领域里的一个新动向是重新注意到“空间”问题。海斯翠普认为，20 世纪人类学走过的历程有几个重要转向，如生物学转向、语言学转向、文学转向等，而当代人类学又出现了一个新的特征即“地志学”（topography）[①] 转向。这一转向缘于对物质性求索的回归，并非仅仅将地景视为行动者实践的场景，而是“把地理学、定居点、政治边界、法律事实、过去历史的遗迹和地名等融合进对于各特殊空间的一种综合性知识”[②]，进而提醒我们应当尤其注意世界的物质性面相以及人们居住的真实空间[③]。海斯翠普利用隐喻手法指出了其中的高明之处：“通过社会能动者寻找道路的过程，从物理意义和社会意义上认真地看待他们的运动及其开辟的道路。”[④] 法律人类学者朱晓阳认为“地志”与法国人类学家马塞尔·莫斯（Marcel Mauss）提出的“总体社会事实”相类似，不过他更加看重的是“从地志视角进行人类学民族志研究具有强烈的实践紧迫性和深刻的理论意义”[⑤]。

地志学努力恢复与重构人类学对于物质性的关注，强调地理空间与社会空间在实践经验上是融合的，行动者是栖居在特定环境中的，最终达至一种彻底解释。在此，有必要对“栖居”与“彻底解释”加以简要分析。

从根本上说，栖居进路依据德国哲学家马丁·海德格尔（Martin Hei-

---

① Kirsten Hastrup, “Social Anthropology: Towards a Pragmatic Enlightenment?” *Social Anthropology*, Vol. 13, No. 2, 2005, pp. 133 - 149.

② ［丹麦］克斯汀·海斯翠普：《迈向实用主义启蒙的社会人类学?》，谭颖译，《中国农业大学学报》（社会科学版）2007 年第 4 期。

③ 已有学者对地志研究路径的知识论问题作过相关述评，参见朱晓阳《“表征危机”的再思考：从戴维森和麦克道威尔进路》，王铭铭主编：《中国人类学评论》（第 6 辑），世界图书出版公司 2008 年版，第 244—251 页；朱晓阳《“语言混乱”与法律人类学进路》，《中国社会科学》2007 年第 2 期。

④ ［丹麦］克斯汀·海斯翠普：《迈向实用主义启蒙的社会人类学?》，谭颖译，《中国农业大学学报》（社会科学版）2007 年第 4 期。

⑤ 朱晓阳：《小村故事：地志与家园（2003—2009）》，北京大学出版社 2011 年版，第 3 页。

degger）“诗意地栖居”[①] 观点。在关于“人之存在”问题上，他认为只有诗意地栖居才是真正的存在，诗意使栖居成为栖居，当然这是相对于“技术地栖居”而言。[②] 他所援引的一段话有助于加深理解：“对于我们祖父母而言，一所‘房子’，一口‘井’，一座熟悉的塔，甚至他们的衣服和他们的大衣，都还具有无穷的意味，无限的亲切——几乎每一事物，都是他们在其中发现人性的东西与加进人性的东西的容器。”[③] 诗意在于人们将自己的感情投射在生活世界中的事物身上，这样它们就成为温馨的过往岁月的象征，从而具有无穷的意味，使人感到无限亲切。“栖居进路是将有机体—个人在环境或生活世界中的浸入视为存在的不可逃却的条件。从这一视角看，世界持续地进入其居民的周遭，它的许多构成因其被统合进生命活动的规律模式而获得意义。”[④] 也就是说，栖居进路试图从“行动者—在—世界中”或社会空间来理解人们的生活方式。

彻底解释一说源自美国哲学家唐纳德·戴维森（Donald Davidson）的哲学，他认为其要点包含几个方面，兹引述如下：

> 说话者的语言解释含有三个步骤。首先，解释者注意说话者在什么时候说什么，在他和说话者共同经历的情景和事件之间建立相互联系，以这种相互联系为根据，许多带有指代成分的简单语句可以得到暂时的解释。……其次，根据赞同和不赞同的模式（解释者）可以侦知语句之间的逻辑关系，这可以导致“非”“并且”“每一个”之类的逻辑长项解释。这样就会产生一个关于语法和逻辑形式的理论：单称词、谓词和交互指称的方式就能被侦知。到这时，语

---

① “人诗意地栖居”是18—19世纪德国诗人弗里德里希·荷尔德林所写诗中的一个短语，自从海德格尔对这个短语做出详细阐释后，这一短语便广为传诵。荷尔德林是浪漫主义诗人的重要代表人物之一，追求人与自然的和谐统一。所谓“诗意地栖居”，就是通过人生艺术化、诗意化，抵制技术带来的个性泯灭、生活刻板化和碎片化的危险。

② ［德］马丁·海德格尔：《人诗意地栖居》，［德］马丁·海德格尔：《演讲与论文集》，孙周兴译，生活·读书·新知三联书店2005年版，第196—215页。

③ ［德］马丁·海德格尔：《诗·语言·思》，彭富春译，文化艺术出版社1991年版，第102页。

④ 朱晓阳：《小村故事：地志与家园（2003—2009）》，北京大学出版社2011年版，第4页。

句……就能被赋予一个结构，于是，这些与知觉有密切联系的谓词就能被解释。第三，观察含有理论谓词的语句与一些已经根据前两个步骤得到理解的语句的关系，理论谓词得到定位。[①]

戴维森强调的是由说话者、解释者和共同世界所构成的一个三元组关系，将“他者”的可观察句子作为理解或阐释的起点，以此进一步确定言语和思想的内容，解释者便可以获得关于当地民众的世界观、价值观等。这种哲学思辨对于人类学的重要启发是，“地方性、本土性知识的理论化和普世化要通过民族志作者（解释者）、当地人（说话者）和共同面对的世界这样一种三角关系获得”[②]。因此，田野工作不再被视为一种对研究对象进行描绘与阐释的事业，而是要参与其中并对其进行彻底解释，通过书写地志则能够达到深入理解研究对象所处的各种空间，最终有助于捕获国家转型与社会变迁的深层逻辑。

城市的发展并非单线索的、简单化的，而是政治、经济、文化和社会在复杂的互动中实现的结果。在这个意义上，使用“地志学”这个比喻比较贴切，即不是把城市史理解为一条或多条“线索”的交叉运动，而是理解为空间“板块”的运动。这个空间板块不仅和外在的其他空间板块处于相互作用中，而且其内部的各种空间“酵素”也处于相互作用中。只有把这种研究理念引入到对临清城市史的理解和阐释中，才能再现其复杂性和真实性。要在城市中发现“城市”，正是需要这种地志学的“想象力”。

第二节 临清城市的地志脉络

一 传统舆图中的城市表现

传统舆图又称为“历史地图”，“是古人对所处地域社会辖属关系及其文化空间关系的界定，是一种社会性、文化性的界定，而非自然地理

---

① ［美］唐纳德·戴维森：《行动、理性和真理》，欧阳康主编：《当代英美著名哲学家学术自述》，朱志方译，人民出版社2005年版，第87—88页。

② 朱晓阳：《小村故事：地志与家园（2003—2009）》，北京大学出版社2011年版，第8—9页。

意义上的测定，自然空间关系或区域和区域之间的边界相对而言比较模糊，类似于一种意象性的把握”①。具体到一座古代城市，由于人们长时间置身其中，街巷布局、建筑大小、空间格局等相对容易把握，可以在较实的层面进行观测和绘制，城池图是记录城市空间信息的重要图像资料。

临清存世四部志书为我们提供了四幅城池图。（参见图2－1至图2－4）清代的三幅图虽然接近于白描，但仍能看到临清城的完整规制。当然，即使画得再粗略的简图，其所包含的地理与空间信息也都不容忽视。相比而言，民国时期的那幅城区图则绘制得非常精美，不仅使用彩绘手法，而且还有图例和比例尺。它们的表现形式均为平立面形象化舆图和鸟瞰式舆图，其中有的间杂山水画卷式画法。图幅内容重点绘制城墙、城门、护城河、官衙、粮仓、庙宇、运河、桥闸、山峦、名胜等地物，民国城区图还详细地画出每条街巷胡同并注明名称，甚至连月河演变成大大小小、星罗棋布的“蝎子坑”也表示出来了。

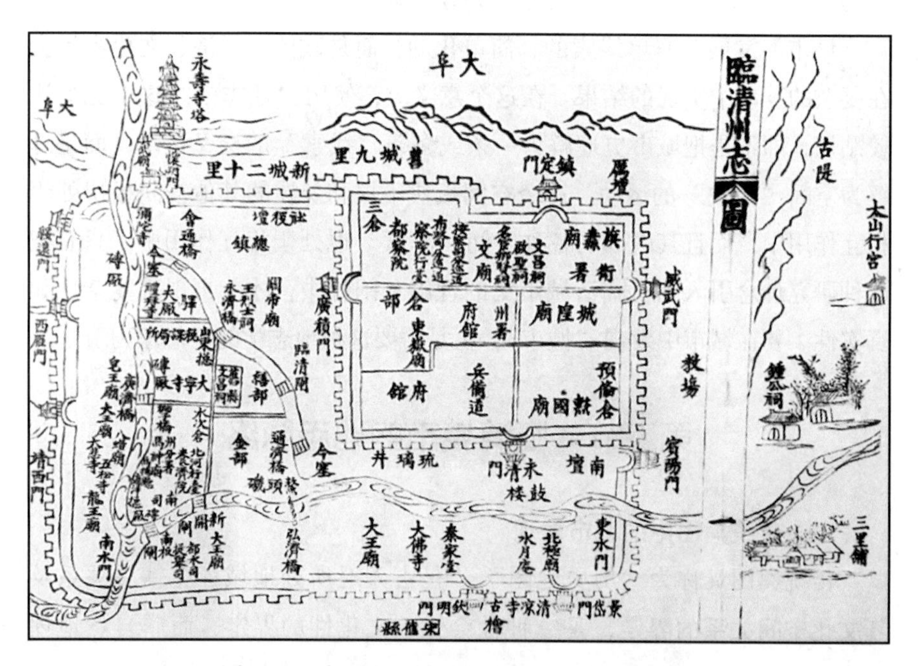

图2－1　康熙十二年《临清州志》中的州城图

① 邓启耀：《舆图与城市的历史空间及其文化变迁——以佛山历史地图为例》，龚鹏程主编：《八卦城谈易——首届中国特克斯世界周易论坛论文集》，世界图书北京出版公司2013年版，第336—353页。

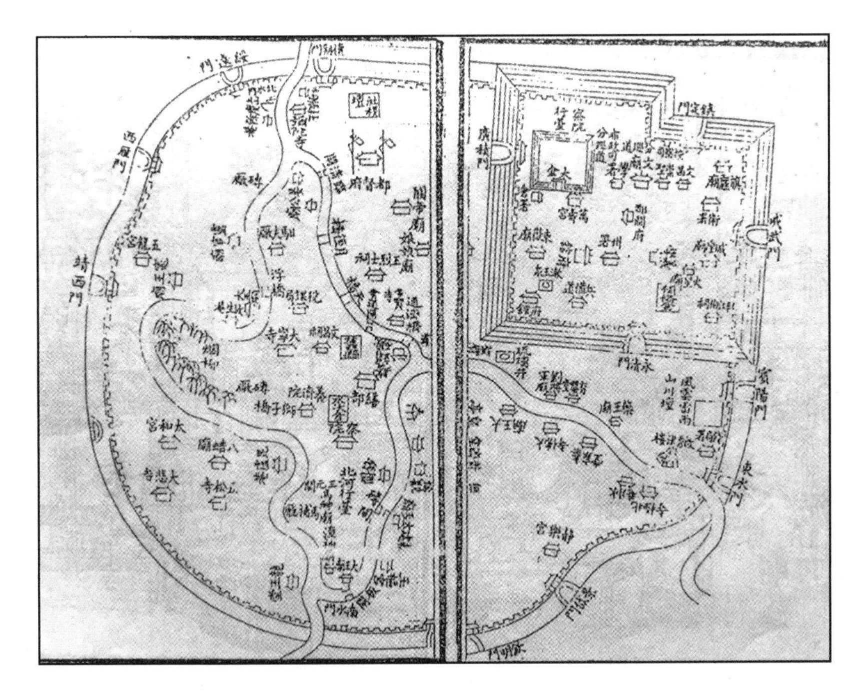

图 2－2　乾隆十四年《临清州志》中的州城图

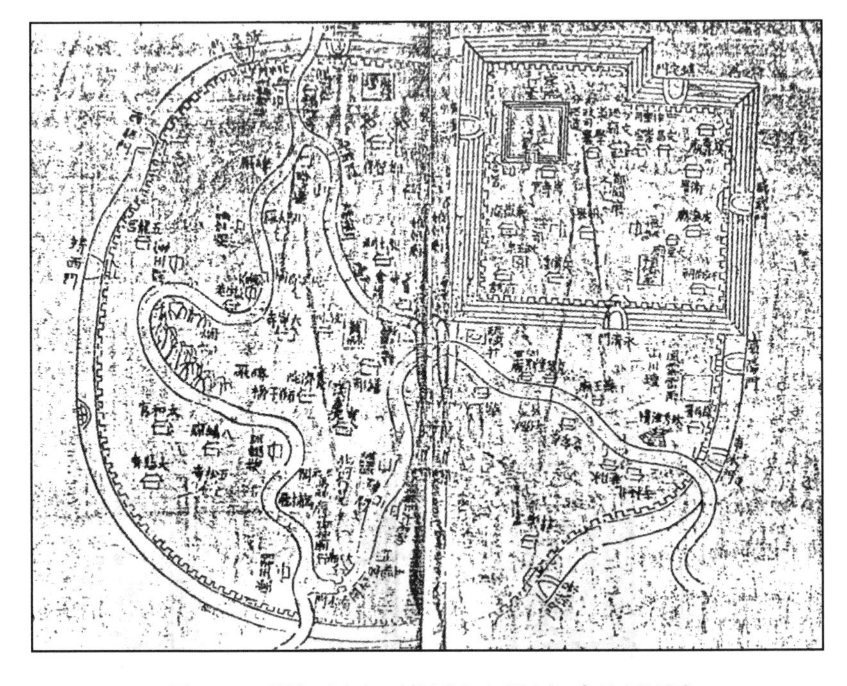

图 2－3　乾隆五十年《临清直隶州志》中的州城图

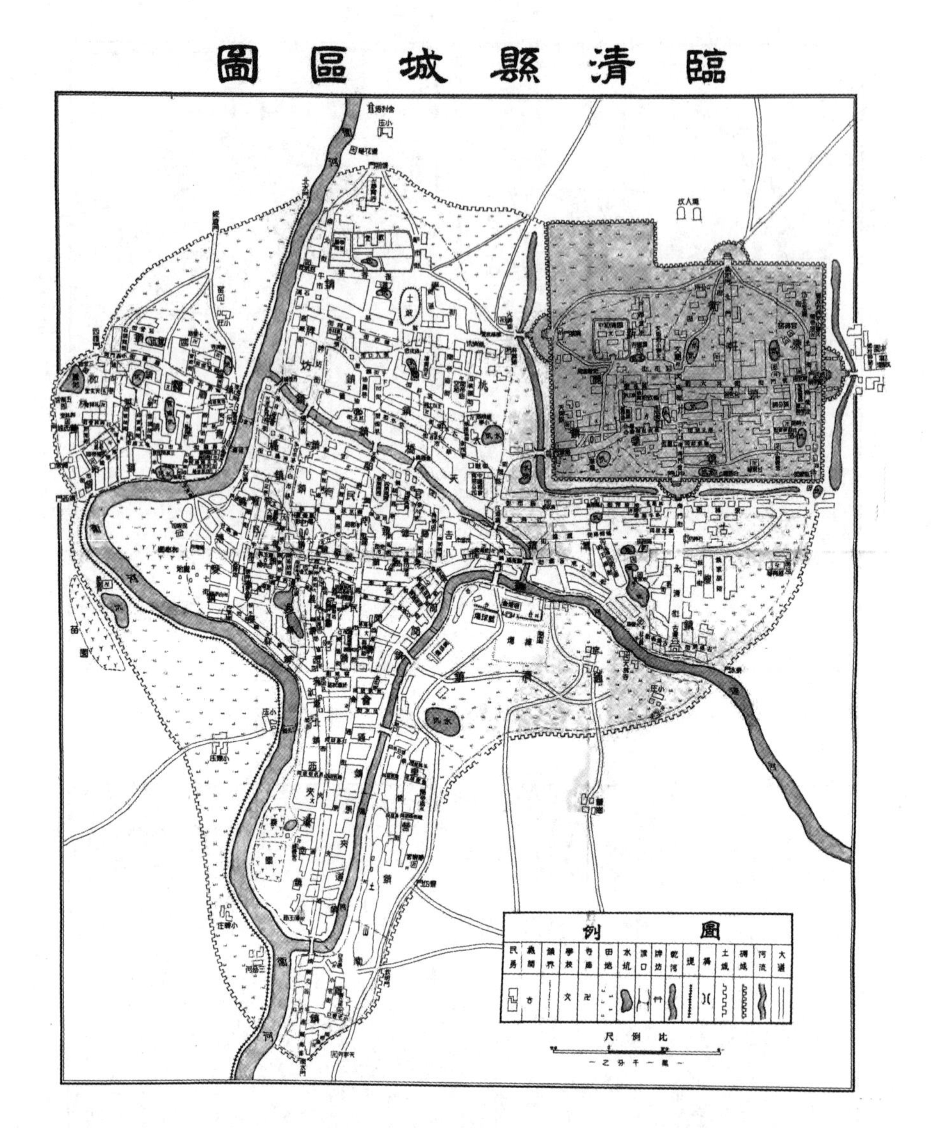

图2－4　民国二十三年《临清县志》中的城区图

图中符号大多统一写实，一般使用立面城墙表示城垣，用屋顶和墙组合的房屋符号象征性地表示衙署、庙宇等，用屋顶和拱形门组合符号表示城门，用双线条与桥型表示河渠与桥梁。彩绘的城区图着色分明以示区分不同空间，运道、河流、护城河、水坑等施以浅灰绿色，砖城施以浅红色，土城中洲部分为浅黄色，其余大部分为深黄色。居民住宅区和街巷胡同也反映在该图上，使用了很多不规则、面积不一的几何图形来表示前者，而图形之间长宽不等的空隙则表示后者。地图上的内容大多属于绘制符号，并不指示真实的形象，而且也没有远近对比的焦点透视，当然也就没有了视觉上的遮挡。

综合来看这四幅图，重要的官司衙门如州署、县署、官仓等被详细标示出来，礼制建筑如文庙、城隍庙、东岳庙、关帝庙等，因属于官方崇祀场所也被重点标注。地图除彩绘图外都没有画出民宅、市场等内容，但对城池之外的铺站、驿路有所标示。地图上的地物有的采用比较夸张的形象化标志符号，只表现临清城的形态轮廓和官方建筑的相对位置。这种城市舆图仅仅呈现官方视角下的地图要素，也是一种城市形制意象的隐喻，长期从事城市历史地理研究的李孝聪指出：“把影响城市发展的各种因素置于‘城市形制’的统筹之下，能够很好地处理地理环境与其它因素之间的关系，也表达出中国城市的形态往往受制于官方规划制度的约束，既要传承规制，又要适应新的需求而变革，从而突出了城市的主体特征与意象。”①

二 城池的风水传说

城市形制又称为“城市形态”，自然的和人为的因素决定了城市的具体形制。其中，自然因素涉及气候、地形、水系等，而人为因素则包括制度、交通、经贸、文化等。自隋朝统一中国后，军事和政治中心回迁北移，北方地区的人口规模也随之逐渐增长。大运河的南北贯通解决了地域生产与消费不协调的矛盾，成为延续至有清一代盛而不衰的新增长带，使两岸的城市迅速繁荣起来。尤其在明朝永乐年间，对大运河的修复和延长催生了新的城市化进程。作为古代大运河沿岸重要的城市，临清的兴衰与漕粮运输有着密不可分的关系。在整个漕运体系中，由于临清所处的地理位置具有十分重要的位置，也是一个令人颇为满意的商品运输目的地，其意义不言而喻，这直接促成了城市空间的拓殖。

古代城市的建设有其严格的规制。该规制编在《礼记》第六篇里，

---

① 李孝聪：《形制与意象——一千五百年以来中国城市空间的传承与变换》，复旦大学文史研究院编：《都市繁华：一千五百年来的东亚城市生活史》，中华书局 2010 年版，第 518—536 页。

原著名为《考工记》，是春秋时期就提出来的王城建设思想，文章提出“匠人营国，方九里，旁三门，国中九经九纬，经涂九轨，左祖右社，面朝后市”的设计理念。古人在做城市规划的时候，城市的每边长是九里，每一边开设三个城门；城内有九条横街、九条直街，街道的宽度应该是车轨的九倍；在空间布局上，左边是祖庙，右边是社稷坛，前边是朝廷，后边是市场。城市建设强调中心，追求秩序。此后，城建均遵循这些规制。

城池是古代城市规划与营造成果中最宏伟的建筑景观。《管子·乘马篇》曾云：“凡立国都，非于大山之下，必于广川之上，高毋近阜而水用足，下毋近水而沟防省。因天材，就地利，故城郭不必中规矩，道路不必中准绳。”这是古代城市择址时对地理环境提出的要求，说明古人除了“经途九轨”之外，也有“因地制宜”的思想。城市既是某一区域政治、经济与文化的中心，也是不同人群的聚集之地。自古以来，“中国的城市（设城墙的都市）大多采纳风水的构想选地”[①]，具有一种“有意识的设计基本原则”[②]，体现了空间营造的象征主义理念。作为中国城市的一种特殊类型，临清也深受这种“经画”思想的持续性影响。我们首先从临清的建城传说开始说起。

> 相传，历代王朝均有兴国运、安天下的龙脉之地。龙脉兴旺，则国泰民安；龙脉没落，则国家衰败。朱元璋初定天下，为了安固江山社稷，询问刘伯温国运昌盛之法。刘伯温解释道，国家兴旺在于国运，国运昌盛在于国家之龙脉的稳固兴旺。朱元璋问刘伯温：“我大明之龙脉何在？”刘伯温道：“回我主，历朝历代皆有其龙脉，待微臣堪舆。”朱元璋说：“好，查我大明龙脉之事就由你来办。”
>
> 刘伯温接旨后，便在九宫山上设坛施法七七四十九天，按八卦方位乾、坎、艮、震、巽、离、坤、兑布坛。最后一天的正当午，

---

① ［日］堀込宪二：《风水思想和中国的城市——以清代城市为论述中心》，王其亨主编：《风水理论研究》，天津大学出版社 1992 年版，第 280—287 页。此文由文炯译自［日］《建筑杂志》1985 年 11 月号（Vol. 100，No. 1240）。

② ［美］牟复礼：《元末明初时期南京的变迁》，［美］施坚雅主编：《中华帝国晚期的城市》，叶光庭、徐自立等译，中华书局 2000 年版，第 112—175 页。

刘伯温在法坛上，挥舞宝剑，往空中一指，“嗖嗖嗖”，只见法坛中的箭壶中射出三道令箭，只见三道黄光飞向云端。为什么是黄光，因为每支箭羽处系着一条黄丝绢，绢上用朱砂画着灵符。箭落之地就是国家龙脉之所在。施法完毕，刘伯温命人四方寻找系有黄丝绢带的箭。数月后，寻箭的人们陆续回来上报，结果是一箭落在了北京，一箭落在了南京，一箭落在了大运河上的会通镇。会通镇即为后来的临清城。这一结果出来后，刘伯温赶忙向皇帝朱元璋禀报。刘伯温说：“启禀我主，微臣已找到我大明之龙脉。”朱元璋问：“在哪里？”刘伯温说：“我朝共有三条龙脉，这三条龙脉上的龙眼地穴为：一是南京，二是北京，三是会通镇。”朱元璋不知会通镇在什么地方，刘伯温遂作了详细介绍。

这会通镇在山东临清地域，大运河、卫运河交汇之处，是运河漕挽咽喉之地。按堪舆来看，龙阳，生于离，离属火，故云“龙从火里出”；虎阴，生于坎，坎属水，故云“虎向水边生”。这临清是龙虎之地，一阴一阳，互相调和，临清兴，则我大明固。在远古时期，有青、黄两条龙，被大禹降服，协助其治理九州之水，功成后，二龙选中了北方的一块风水宝地，清渊之地居住。这清渊，即临清，黄龙居临清北，即临清城北的黄沙山。青龙在中洲。

为了使大明王朝龙脉昌盛，朱元璋命刘伯温为这三座城池堪舆设计建城图，通俗讲就是看看这三座城池如何设计布局，以有利于国家的兴旺昌盛。大家都知道，后来，刘伯温将北京城设计成“八臂哪吒城”，而将临清城设计成了“龙鳌卍福城”。这个龙鳌卍福城由两部分组成，一个是卍福城，一个是龙鳌城。这就是后来临清的砖城和中洲土城，这就是临清城为什么称为“连城”。①

这便是“大明堪龙脉，伯温绘清源”的传说。为了实施刘伯温的建城计划，朝廷遂命临清衙署自曹仁镇迁往会通镇，开始实施营造砖城和土城的宏伟蓝图。至景泰年间，历时80多年，临清“龙鳌卍福城”最终

---

① 刘英顺：《临清胡同文化》，中国作家出版社2015年版，第397—399页。本书引用时，字句、标点有所改动。

建设完成。这样的风水传说不独临清有，在中国的历史上，几乎所有城池都有一个“华丽的”建城传说。例如，位于临清南边不远的聊城也坐落在运河之畔，它在明清两代皆为东昌府和聊城县治所驻地，就有“凤凰城”的传说①。它们虽然往往脱离历史事实，但却集合了这座城市自身发展某些至关重要的特殊因素。

传说中的“看风水”又称为“堪舆术”，因为筑城是地方上的一件大事，所以无论城址选择还是规划营建，无不贯穿着堪舆之学。以民俗研究见长的人类学者邓启耀作了非常详细的解释：“在进行城市规划、地理勘测和空间设计的时候，除了在建材、筑造工艺方面十分考究，还十分看重位序、等级、尊卑等人际关系的谋篇布局，看重祭祀、生克、禳祛等信仰空间的交感对应。城市的空间设计，需要在一种与城市自身、城市之外、山川和人事、自然和超自然力量相关的整体关系中来考量。所谓天之风、地之脉、水之气、山之穴等，成为中国地理勘测的基础性概念。这种整体观的地理勘测和空间设计，中国传统学术称为‘堪舆’，民间形象化地俗称‘风水’，是一种融地理、天文、建筑等科技手段与哲学观念、政治意识、宗教信仰等人文思想为一体的传统文化。”② 风水是一种空间布置的艺术，能给人们带来重要的启发意义，既是因为它直接参与到空间的运作过程中，也是因为它让我们更加深刻地认知城市世界背后的能量与神秘体系。

三 漕运之城的匠心营造

洪武二年（1369），为了便于管理会通河的漕运，临清县治由曹仁镇（今市区青年办事处旧县村）移于会通河边的会通镇考棚街纸马巷。曹仁镇与会通镇的发展均得益于大运河的漕运体系，漕运的兴盛带动了商业

---

① 传说，古时的聊城地区是一片广袤的梧桐林，一对凤凰统领林中的百鸟。后来，黑龙作乱，引来洪水，霸占此地。王东、王昌兄弟俩在凤凰的帮助下，成功地制服了黑龙，协助地方官修建了一座雄伟的水中之城。人们为了纪念凤凰的功劳，便将该城命名为“凤凰城”；又为了感激兄弟二人的高尚品德，取他俩名字中的两字，将该城亦称呼“东昌城”。参见杨达、马军等主编《聊城古城故事》，华艺出版社 2009 年版，第 232—235 页。

② 邓启耀：《易象之城（上）：古城空间设计的文化建构》，龚鹏程主编：《八卦城谈易——第三届中国·特克斯世界周易论坛论文集》，社会科学文献出版社 2015 年版，第 173—193 页。

的繁荣，临清闸运河两岸逐渐聚居大量百姓，最终形成了依运河而建的民居与巷子。纸马巷是一条南北走向的巷子，因里边多为纸马作坊而得名。考虑到县衙的安全问题，在周边建造围子。“围子”是临清方言，就是围成一圈的城池式的防御体系，又分土墙围子、砖墙围子、树林围子、荆棵围子、民居围子等。民间相传，这一片老街巷称为“街围子”。

纸马巷的南、北两边分别建有魁星阁和玄武阁，阁楼不仅用来供奉神祇，而且还用作城门楼。玄武阁今已不存，魁星阁则保存较为完好。整体建筑呈城门样式，上有门楼，下有券洞。飞檐、斗拱、脊兽、卷棚顶等反映出阁楼具有典型的元代建筑风格。券洞上方有木梁，梁上有门轴眼，地面上还留有门轴石础，当年定有两扇大门。门洞的西墙处开有一间门洞式房间，面积大约有10平方米，两扇落地门上有门环和地锁链，应为把守城门官兵的住所。纸马巷及其周边民居共同形构成一个颇似城墙的围子，而进入围子的关卡便是魁星阁大门和玄武阁大门。当年的县衙坐落在巷子的北首，背靠运河，南面镇口。临清砖城建成后，县治才从纸马巷迁走，并在阁楼上留下“县治遗址”的石刻标志。（参见图2－5）

图2－5 临清县衙南门阁楼

（照片系笔者于2015年11月16日拍摄）

城市规划学家傅崇兰指出："明清时期南北大运河畅通，运河的经济作用空前加强，再加上明清时期商品经济的发展，南北大运河沿岸的经济逐渐繁荣起来。这就构成了运河城市位置选择的历史前提，或者叫作运河城市位置选择的历史条件。"[①] 元朝重点整治了北方运河，从而使南北运河得到初步的沟通。成功贯通后的大运河分为不同的运段，自通州至京师为通惠河，自通州至直沽为白河，自临清至直沽为御河，自东昌须城县至临清为会通河，自三汊口达会通河为扬州运河，自镇江至常州吕城堰为镇江运河。不过，限于当时经济和技术条件，某些运道处于草创阶段，不能充分发挥漕运功能，故终元一世仍以海运、水陆兼运为主。临清因会通河开凿时间最晚，在元朝通航时间也极为短暂，而没有出现形成城市的条件。直到明朝重新挑挖疏浚会通河后，卫河与会通河交汇的区域，才成为漕运转输与贸易中转的中心，因此，临清才具备了形成城市的条件。

明初朝廷虽在此建立了临清县治的行政中心，但当时并未形成城市。永乐十三年（1415），大运河南北贯通使漕运畅行无阻，因而罢停海运和陆运，河运成为主要的漕粮运输通道，在沿河两岸建立了天津、德州、临清、徐州、淮安等国家级水次仓。水次仓指运河岸边设立的用于储备漕粮的仓库，税粮由有漕省份自行运至此处贮存，之后再调派卫所军丁支取粮食，并以接力的形式运往政治中心。临清仓主要"仓储河南、山东粟，亦以输北平"[②]，至宣德时期已可容纳300多万石。临清一共建有3座水次仓，分别为临清仓、广积仓和常盈仓，均建于砖城营造之前，因而当地流传"先有临清仓，后有临清城"之说。

临清成为转漕之重地，被视为第一"要害之地"，《山东通志》如此记载："山东要害之地凡五。临清，南北之咽喉也；武定，燕蓟之门庭也；曹濮，鲁卫之藩蔽也；沂州，徐淮之锁钥也；登莱，边卫海东之保障也。守咽喉则齐右安，固门庭则渤海靖，谨藩蔽则河东固，严锁钥则

---

① 傅崇兰：《中国运河城市发展史》，四川人民出版社1985年版，第69页。

② （清）张廷玉：《明史》卷79《食货志三·漕运·仓库》，岳麓书社1996年版，第1124页。

南顾无忧，慎保障则倭奴殄患，五要守而山东可安枕也。”[①] 户部主事胡尧元在《仓部题名记》中也认为：“临清南引徐淮，北迤德津，据要而中居之，岁受山东、河南之赋几三十万，以节漕力，以望京储，厥为重哉!”[②] 清代行“冲、繁、疲、难”职缺制度，也有助于我们理解临清的等级地位。各地等级的高低“以冲、繁、疲、难四者定员缺紧要与否，四项兼者为最要，三项次之，二项、一项又次之”[③]，“地当孔道曰冲；政务纷纭曰繁；赋多逋欠者曰疲；民刁俗悍，命盗案多曰难”[④]。基于某地位置的冲或僻、政务的繁或简、赋税的完或欠、命盗的多或寡等因素，可以对州、县等地方行政长官员缺等级进行订定。[⑤] 在这一等级体系中，临清“冲”“繁”兼有当属无疑，升为直隶州后更是“冲”“繁”“难”三字兼有。[⑥]

鉴于临清区位优势的王朝国家意义，吏部尚书王直指出营建城池的重要性，他在《临清建城记》中说：“临清为南北往来交会咽喉之地，在东昌郡之北，为其属邑。时财赋虽出乎四方，而转输以供国用者，必休于此而后达。商贾虽周于百货，而懋迁以应时需者，必藏于此而后通。其为要且切也！如此而可以无城池兵戎之保障乎?”[⑦] 临清建城的条件已经具备，正统十四年（1449）兵部尚书于谦提议建城，至景泰元年（1450）卜今地筑城，以广积仓为基础开始修建砖城，位于会通河的北

① （明）陆釴：《山东通志》卷7《形势》，明嘉靖十二年（1533）刻本。

② （清）于睿明、胡悉宁：《临清州志》卷4《艺文》，清康熙十二年（1673）刻本。

③ （清）赵尔巽等：《清史稿》卷110，志85《选举五》，中华书局1976年版，第3207页。

④ （清）方菊人：《平平言》卷1，光绪十三年（1887）刊本。

⑤ 刘铮云指出，职缺制度由广西布政使金鉷于雍正六年（1728）提出，经吏部近4年研议，于雍正九年（1731）定案；这个制度的形成牵涉中央与地方的权力争夺，从中可以看到皇帝、吏部、地方督抚三者在政治生态上的微妙关系。参见刘铮云《“冲、繁、疲、难”：清代道、府、厅、州、县等级初探》，台北《“中央研究院”历史语言研究所集刊》第64本（1993年3月）第1分。施坚雅曾以“冲繁疲难”职缺制度验证其所建构的理论模型，即城市在传统中国空间结构中占据的地位。参见［美］施坚雅主编《中华帝国晚期的城市》，叶光庭、徐自立等译，中华书局2000年版，第327—417页。

⑥ （清）赵尔巽等：《清史稿》卷61《志三十六·地理八》，中华书局1976年版，第2052页。在《重修临清县志序》中更是认为“临清以冲繁疲难之地，当汶、卫交通孔道，其事赜，其俗殊，其因革治乱波逐而云诡”，参见（民国）张树梅、王贵笙《临清县志》《重修临清县志序》，民国二十三年（1934）铅印本。

⑦ （清）于睿明、胡悉宁：《临清州志》卷4《艺文》，清康熙十二年（1673）刻本。

岸，朝廷命平江侯陈豫、山东巡抚洪瑛和都御史孙曰良主其事。

“城是统治者的保护工具，在一个依靠武力来统治的政治体系中，城是权力的象征，是权力的必需品。城的地点经常是依靠政治和军事的需要而定的。”[①] 临清砖城修建缘起显然与其他州县城池有所不同，后者主要为了保护衙门和地方官员，而前者以保卫漕运仓储为根本。砖城周围9里有奇，略呈方形，总面积大约5平方里。粮仓被包裹在城内，占据全城面积的四分之一。城之西北凸出，直接以广积仓外缘作为墙基，宛若头上困扎的软巾，俗称“幞头”，亦名“折上巾”，又名“软裹”。又因幞头所用纱罗通常为青黑色，故也称为“乌纱”，百姓俗称为“乌纱帽”。因此，临清砖城又被称为“幞头城”或“纱帽城”。城门设计成4个，东门称“威武门”，西门称“广积门”，南门称“永清门”，北门称“镇定门”。城垣内修建了方便守城人员上下城墙的峨眉甬道，城垣周围建有戍楼和戍铺。在城门楼下还开挖内外两道城门，两门之间的门洞里配有瓮室，能够屯兵300人之多。城墙外凿以深池，城壕深宽皆9尺，壕内碧水盈盈，环绕全城。从整个城垣空间布局不难看出，砖城显然用于军事目的，完全从利于战守着眼。

砖城奠定了明清两代作为行政空间的城郭格局，之后虽屡有修缮，但其形态没有太多改变。历次维修或增建情况现分述如下[②]：弘治八年（1495），驻守临清的兵备副使陈璧给城墙增建女儿堞墙，修筑月牙城，即城外用来屏蔽城门的半圆形小城，并将4个城门外城壕上的木桥改建为石桥，桥随城门而分别称为“威武桥”“永清桥”“广积桥”和“镇定桥”。正德五年（1510）兵备副使赵继爵、正德八年（1513）兵备副使李充嗣、嘉靖十五年（1536）兵备副使张邦教、顺治十年（1653）副使傅维麟、康熙二十四年（1685）知州佟世禄等人，先后对部分城墙倒塌、城楼毁坏、城壕堵塞等进行了修缮和疏浚。乾隆三十二年（1767），知州戴知诚对城墙进行大规模重修，共计耗银10.6万多两，除了保持景泰元

① 费孝通：《中国士绅》，赵旭东、秦志杰译，生活·读书·新知三联书店2009年版，第77—78页。

② 以下关于临清砖城和土城历次增修细节，除特别注明之外，均依据乾隆十四年（1749）《临清州志》、乾隆五十年（1785）《临清直隶州志》和民国二十三年（1934）《临清县志》。同时，亦参考马鲁奎《临清城墙》，《临清地方史志》1988年第1期。

年初建城墙时所采用的城垣内外由城砖镶包、中间用土夯筑外，又将其改建为高二丈一尺、下厚二丈五尺、上厚一丈五尺的金字塔式样梯形城墙，这不仅降低了城墙重心、增加了稳定性，而且对于云梯攻城的防御和投掷器物杀伤敌方的能效均得到加强，使城墙在战略能力上得到提高。同治十一年（1872），州牧王其慎兴工修葺城墙。民国五年（1916），县知事阮忠模小规模修葺城墙，并在东西隅增建魁星戌楼。民国二十一年（1932），县长徐子尚在西南隅另辟新门名之为“博源门”。

“运河是一个经济链条，把沿途的州县紧紧地连为一体；运河是一个动力源，它推动着沿途州县商品经济的发展兴盛；运河又是一个颇有吸引力的通道，沿途及附近的州县都极力向它靠拢，并力求顺利地进入到它所构建的交通网络中去。”① 在大运河力量的带动下，临清迅速发展成为一座名副其实的重要商埠。当时，砖城仍以军事、行政功能为主，且离卫河较远取水不便，工商业发展的空间受到严重制约，市场贸易仅仅集中在城内两条街市上。与此同时，由于“运河上过往漕船每年达一万二千只以上，还有商船和其他船只南来北往，途径临清”②，“城西及南隅，商贾丛集，自弘治而后，生聚日繁，城居不能什一”③。正德六年（1511），以刘六、刘七为首的农民起义军由河北攻入山东，重创博平、夏津并攻陷武城、高唐，对临清形成半月形包围。在这种严峻形势下，兵备副使赵继爵慌忙组织军民，掘堑壕筑垒土围子，以保卫砖城之外的商民百姓。这道土围子称为“边墙”，亦名“边城”“罗城”。这便是临清土城营建之始。

随着大运河转输能力的增强，以及户籍人口的不断集中，在砖城外汶水与卫河两岸形成了新的商业区和居住区，这也促使一部分有识之士意识到跨区域另建新城的紧迫性和必要性。嘉靖二十一年（1542），大学士邱浚上书《漕运河道议》，认为临清同济宁分居运河之总会和腰冲，应当跨河建城：

---

① 王云：《明清山东运河区域社会变迁》，人民出版社2006年版，第79页。

② 傅崇兰：《中国运河城市发展史》，四川人民出版社1985年版，第185页。

③ （清）张度、朱钟：《临清直隶州志》卷2《城池》，清乾隆五十年（1785）刻本。

临清总其会，居中者如人身之有腰脊，总会者如人身之有咽喉，腰脊损则四肢莫运，咽喉闭则五脏不通。国家都北而仰给于南，恃此运河以为命脉。济宁居腹里之地，州县栉比，居民鳞次，而又多有旁出之途。惟临清乃会通河之极处，诸闸于此乎尽，众流于此乎会，且居高临下，水势泄易而涸速，是凡三千七百里之漕路，此其要害也。东控青齐，北临燕赵，且去边关不远，疾驰之骑，不浃旬可到。为国家深长之思者，宁有而弃，毋无而悔，书生过虑，请跨河为城。今临清已夹河而城矣，两际各为水门，以通舟楫，而包围巨闸在于其中，设官以司启闭，屯兵以为防守。①

山东巡抚曾铣和兵备副使王杨深以为然，决定在边城的基础上拓建土城，以适应城市发展的新形势。于是，“择文武才吏，度寻尺算，匠佣，墙以堵计，堵金二十有六，二十里，金八万奇，以是达之，巡抚曾公铣许之。乃各出其帑赎，一夫不市，一钱不民，移凶邑之饿者以就工……逾四十有六日而城就，所费才四万金”②。此次扩建新城，从砖城的西北角乾位和东南角巽位起始，夯土筑墙，横跨卫、汶二水，延袤 20 多里地，面积扩大了五倍，俗称“玉带城”。砖城位于东北方，成为新城的一个组成部分。土城墙垣和城壕规格与砖城相仿，设有六个城门和三个水门，砖城的永清、广积两门便成为内门了。东有宾阳门、景岱门，西有绥远门、靖西门，南有钦明门，北有怀朔门。濒临汶卫河道开辟的水门分别为东水门、南水门和北水门。每个城门之上均建有戍楼、戍铺，每处水门还建有月城。此后，土城增修情形主要有以下四次：嘉靖二十五年（1546），按察副使李遂开凿了两条水道；二十八年（1549），兵备副使丁以忠在西北隅增辟西雁门；三十年（1551），巡抚都御史王忬、副使李宪卿增建 32 座敌台；三十八年（1559），副使张鉴、知州李希欧在各水门处增筑翼楼，上设射孔、云桥，从而使土城墙名副其实地成为砖城的一道战略屏障。砖、土二城相连，故也称“连城”。土城建设完成

---

① （明）陈子龙等：《皇明经世文编》卷 71《丘文庄公文集》，明崇祯十六年（1643）刻本。

② （清）于睿明、胡悉宁等：《临清州志》卷 1《城池》，清康熙十二年（1673）刻本。

后，砖城完全成为仓储要地与政治中心，原先在此进行的小规模集市贸易也逐渐迁往土城。

四 正统的空间扩张与隐义

临清在明清时期所遭遇的，是一个由相对不发展的地区落入国家直接监控和支配的历史过程。从城池的选址到城市的营造，都是一种国家权力下伸后的秩序建构与正统塑造。"明清意识形态中正统主义的出现，与当时中华帝国从传统国家转向专制型的绝对主义统治模式，也有着密切关系，而无论是意识形态，还是政治统治模式，其重新建构的目的，皆为稳定秩序。"① 临清城的肇建奠定了漕运枢纽这一地区的防御体系，也构建了这个地方极其重要的国家象征。

我们再回头对照一下临清城的历史地图，可以清楚地看出传说中的"龙鳌卍福城"的形制与意象。砖城对应"卍福城"，土城则为"龙鳌城"。从理想模式来看，砖城与古代中国太极图的结构相仿。它以州署和文庙为中心，可视之为"太极"，"太极生两仪，两仪生四象，四象生八卦"。东城门不对西城门，南城门也不对北城门，四条大街皆不直通，形成了一个"卍"字，恰似两条旋转的阴阳鱼。如果从东城门往西走，到达万寿宫止，会发现是一个丁字路口；从南城门往北走，到达文庙，也是一个丁字路口；进北城门往南达卫井街，进西城门往东到粮仓止，都是一个丁字路口。民间相传，这四处丁字路口隐喻四个"气眼"，能聚四方之气汇于此，运转起来正符合太极之象，可谓"聚天地之瑞气，汇四方之精华"。砖城围仓而筑，粮仓被置于乾位，暗合"乾卦"，有"阳刚、刚健"之意。按照八卦五行相互作用之说，乾旺则水盈，水盈则利于漕运。

土城"龙鳌"之象征，在于三条运河将其围成一只昂首东方的巨鳌形状。汶河自东水门入城，在鳌头矶处分为南、北两支：南支在鳌头矶前掉头向南，于板闸与卫河交汇；北支经过鳌头矶西北行，于临清闸与卫河合流北上。鳌头矶原为元运河与明运河交汇处的一座石坝，其形状

---

① 王铭铭：《逝去的繁荣：一座老城的历史人类学考察》，浙江人民出版社 1999 年版，第 128 页。

颇像鳌头，而坐落在运河上的四处船闸似鳌足，广济桥在后面又如鳌尾。[①] 中洲里的街巷胡同皆为正方向，它们纵横交错如同龟纹。鳌头矶的方台门洞洞楣上有“独占”二字，为明代书法家方元焕所题，蕴含“独占鳌头”之意。[②] 永乐十五年（1417），因其风水好，始建占地1200平方米的宗教建筑群弘芸庵，成为大运河上一处著名的景观。时人大学士李东阳曾作《鳌头矶二首》：“十里人家两岸分，层楼高栋入青云。官船贾舶纷纷过，击鼓鸣锣处处闻。折岸惊流此地回，涛声日夜响春雷。城中烟火千家集，江上帆樯万斛来。”[③] 沿着大运河来此，所观为碧波荡漾、帆樯如林、木丽林秀、楼阁突兀的“鳌矶凝秀”之景，生发出对这胜景宝地“鳌分二水黄金聚，阁立中洲仙境开”的感叹。（参见图2-6）

图2-6　鳌头矶与“鳌矶凝秀”

（照片系笔者于2015年3月16日拍摄）

至于巨龙的象征，西起运河边上的避雨亭、大寺街、考棚街、吉士

① （民国）张自清、张树梅等：《临清县志》卷6《疆域志》，民国二十三年（1934）铅印本。

② 王志民主编：《山东省历史文化遗址调查与保护研究报告》，齐鲁书社2008年版，第827—828页。

③ （清）于睿明、胡悉宁等：《临清州志》卷4《艺文》，清康熙十二年（1673）刻本。

口街至鳌头矶，这几条首尾相连的主街道蜿蜒横跨土城，恰似一条昂首西顾的巨龙。运河岸边的避雨亭就是“龙口”，避雨亭两侧的水坑就是“龙眼”，避雨亭前的两根大旗杆就是“龙须”。龙代表“天”，龟代表“地”。龙吞西方庚辛“金”，龟纳东方甲乙“木”，中洲土城为戊己“土”。“金”与“木”代表着财富，“龙鳌”寓意临清为吞金纳财的福地。

“龙鳌卍福城”的风水意象“带来了一种观察物质性自然和观察城市存在于其中的能量系统的方法”，它还证实了“城市对超自然、或神秘学维度的信仰引发了那些旨在使城市景观更令人满意的实践：为的是富足与繁荣，为的是和谐与平衡”①。当地的历史编纂创造出一种更加有利的空间生产与环境安排。例如，在明清时期，临清方志这种记录历史与文化的手段，扮演着表现城市空间想象的角色。临清的地理空间被划分为“星野”“封域”“城池”“市里”“驿站”“河渠”等几个部分，它们均为官方视角下的地域等级体系即行政空间范围。有关临清龙脉福地的风水传说并非空口评说，方志的记载给出了一些解释：“怀朔门外旧有积沙，其势蜿蜒东向，高处可与城齐。崇祯十二年，兵备副使高捷浚濠命工掘之，俾不得，蔓延接城，然随去随积，说者谓沙自地生，关州气脉不可绝也，又言掘沙近下多有伏鳖继莅，兹土者皆覆，循旧功掘除，沙根净尽，未数年沙积如旧。”② 数百年间，怀朔门外的龙冈沙山不论怎么挖除，总是随挖随长。临清旧十景之一的“平冈积雪”描述的便是此处雪景：“北郭沙堤逼城而上，盖自建城来也，占风望气家往往多之，有明几三百年，人文称绝盛，迨我国朝亦自不减，每至隆冬积雪时，冲寒策蹇极目郊原，真如朗朗堆玉，银涌出潮，一带疎林尽琪花瑶草矣。”③

另据方志记载，明清时期，临清城内设有祠、庙、坛的仪式组合，并在这些神圣空间里按时举行祭祀活动。关于官方建设祠、庙、坛的目的，康熙十二年（1673）《临清州志》在“庙祀附论”中云：“易曰，圣

① ［英］斯蒂夫·派尔：《真实城市——现代性、空间与城市生活的魅像》，孙民乐译，江苏凤凰教育出版社2014年版，第139页。

② （清）王俊、李森：《临清州志》卷3《城池》，清乾隆十四年（1749）刻本。

③ （清）王俊、李森：《临清州志》卷1《图》，清乾隆十四年（1749）刻本。

人以神道设教，神道本以济治化之所不及也，借使栖神之所必以载，令甲者为尚，而令甲又有非小民所宜越，斯其为教也，亦隘矣，故神人一道，道在正直，余是以于州中名庙祀备载于书，将以明民非以愚之也。”①不难看出，朝廷早已意识到祠坛之设的“教化”功能，广大民众因景仰神灵而产生对官府的敬畏，从而有利于宣扬正统的礼仪和法度。据同书记载，临清城祠、庙、坛的空间布局情况如下：

文庙及与其相匹配的祠：“文庙在旧城四隅之中，明景泰既城，平江侯陈豫创，弘治丙辰，副使陈璧扩之，中为先师庙”；“尊经阁原在殿后”；“启圣祠在先师庙东”；“文昌祠在文庙左”；“名宦乡贤祠在戟门两旁”；“孝子祠在州治南”。

社稷坛：“在旧城西门外，明洪武二年，知县曹麟创”，“坛广二丈五尺，高三尺，左为斋所为库为厨，坛制四出，陛各三级，由北门入，石主一埋，坛南正中朱漆青字神牌二：州社之神、州稷之神”。

风云雷雨、山川、城隍坛：“在旧城南门外”，“风云雷雨居左”，“城隍居右”，“朱漆青字牌‘风云雷雨之神’、‘州山川之神’、‘州城隍之神’”。

郡厉坛：“在旧城北”。

城隍庙：“在州署东，平江侯陈豫创，继有修葺，知州佟国勋重修”。

八蜡庙：“在卫河西岸，明洪武初，知县曹麟创，知州濮万镒重修”。

东岳庙：“在广积仓南”。

关帝庙：“在广积门外迤南，正统二年重修”。

土地庙：“在宜公祠南”，“宜公祠在永清门外迤西”。

文昌祠：“在工部署西”。

官衙是传统中国城市中引人注目的建筑，“由于城市是按照京城、省

① （清）于睿明、胡悉宁：《临清州志》卷2《庙祀》，清康熙十二年（1673）刻本。

城、府城、州城、县城的等级顺序排列而成，体现了封建官僚制对城市体系的决定性影响，因而，作为各级政府统治的中心，官衙的建筑便显得十分醒目”①。临清州署是空间布局的核心，代表了这座城市象征体系的中心，以它为营建参照点，除了藩宪、分司、卫所、县邑、学校、仓廪等各以位置外，祠、庙、坛等亦按照秩序规则安置其中。在王斯福看来，官方正统庙宇组织及其年度祭祀仪式，实际上是“帝国统治的一种表象，其与作为集体表象的诗意般的实际生活、政治以及历史事件保持着联系”，“这是仪式性的以及戏剧表演式的一种景象，其被构筑并描绘在庙宇中，刻画和装扮在塑像上”②。每年，地方政府都要举办一系列隆重的祭祀活动，州志中有详细的记载。关于祭祀的基本情况，兹引证如下：

社稷之祭：“祭用春秋二仲月，上戊日，羊、猪、帛各一”，“帛黑色，爵铏笾豆簠簋以瓷，香炉二，设坛之左右，行三献礼，斋戒省牲与丁祭略同。”

风云雷雨山川城隍神坛之祭：“祭时，城隍同坛，春秋二仲月，上戊日祭，风云雷雨居中，帛四，山川居左，帛二，城隍居右，帛一，俱白色”，“羹帛初献先山火左次右亚终如初。”

先农之祭：“季春亥日祭，羊一、猪一、帛一、铏一、笾四、豆四、簠二、簋二，雩祭荣祭，乾隆七年始孟夏择日行。”

厉坛之祭：“每岁清明日、七月十五日、十月一日祭，主祭官先期斋沐更衣，用常服，备香烛酒果，诣城隍庙发告文，至日，设城隍位于坛上，祭用羊一、猪一，设无祀鬼神牌于坛下，左右书某府某州境内无祀鬼神，祭用羊二、猪二，解置于器同羹饭等，铺设各鬼神位前，日下晡行三献礼。”

八腊之祭：“春秋仲月上戊曰祭，八神先啬、司啬、农、邮表畷、猫虎、坊、水庸、昆虫，蜡之为言也，祭之日，索此八神而祭之，设位对向，祝曰：土反其宅，水归共壑，昆虫毋作，草木归其泽。”

① 刘凤云：《明清城市空间的文化探析》，中央民族大学出版社2001年版，第85页。

② ［英］王斯福：《帝国的隐喻》，赵旭东译，江苏人民出版社2008年版，第1页。

关圣之祭:“春秋并五月十三日祭,雍正五年太常寺奏,定五月十三日祭,用制帛一白色、白磁爵三、牛一、羊一、猪一、果品五、核桃荔枝图枣栗各一盘,酒□一,行三跪九叩头礼,祀后殿雨跪六叩,不用太牢,余同前殿,春秋仲月二祭,祭日定例钦天监选择,预行颁发,用制帛一、牛一、羊一、猪一、笾豆各十,陈设行礼与学官上丁释奠同,祀后殿用制帛各一、羊各一、猪各一、笾豆各八,朔望行香并同学官。”①

上面所列临清城内的祠、庙、坛和以官方为代表的年度祭祀仪式,其背后隐藏着的是一套所谓正统宇宙观的理论,表达的是天、地、人和谐沟通的秩序,这与临清城市空间象征相暗合。方志中记载的明清时期官方仪式场所和祭祀制度,是王朝国家正统符号体系在临清城市空间上得以大幅度扩张的具体表现和结果。而正统的空间扩张也在潜移默化中,把代表王朝国家正统秩序观的内容,在理论上延伸为一种庶民化的生活模式,正如方志指出:

左氏曰:民神之主也,圣王先成民而后致力于神祭。法又云:法施于民,与夫死勤事劳定国御灾捍患有功烈于民者则祠之,及日月星辰民所瞻仰、山林川谷丘陵民所取财用则祀之,非此族也不在祀典。旧志于坛庙寺观合载,盖齐俗尚鬼黩祀成风,祭义之不明为害甚矣。用是考诸祭法,衷诸会典,严加区别,俾敬鬼神者晓然,知崇德报功之意,绝非淫祠,丛庙之可得并列,则庶乎祀典以明而民知所务,或亦风世砥俗之微权乎。②

第三节 从现代城市到遗产城市

一 建设“社会主义小城市”

近代以来,大运河的交通地理区位优势发生了巨大变迁。明代对会

① (清)张度、朱钟:《临清直隶州志》卷5《典祀志》,清乾隆五十年(1785)刻本。
② (清)王俊、李森:《临清州志》卷10《祠祀志》,清乾隆十四年(1749)刻本。

通河的开凿与疏浚，致使河漕成为漕粮运输的主要方式。不过，随着海运的重要性日趋显著，晚清时期改行海运或陆运的方式。光绪二十七年（1901），清政府最终停止了河漕，大运河不再是王朝命脉至关重要的漕运通道。造成大运河衰败的主要原因有以下几个方面：第一，清朝后期吏治腐败、太平天国起义以及黄河决口腰斩会通河，致使河运停滞不前。第二，先进的水上交通工具如轮船的引进，加之海上轮船运输航线的开辟，为海运兴起提供了有力的保障。第三，陆路交通运输方式的现代化进一步削弱了大运河长程贸易的作用。[①] 因为临清既不临江又不靠海，城市发展的主要动力便在于大运河的南北通航，所以，它成为近代运河城市衰落的典型代表。

在明清时期向近代民族国家转型的过程中，以“社会工程”为标志的国家权力的现代化努力，对城市空间的改造产生了直接影响。例如，清末以来一直延续的“废庙兴学”运动，致使寺庙逐渐走向衰落。洋务重臣湖广总督张之洞认为：“今天下寺观，何止数万！都会百余区，大县数十，小县十余，皆有田产，其物业皆由布施而来，若改为学堂，则屋宇田产悉具，此亦权宜而简易之策也……大率每一县之寺观，取十之七以改学堂，留之三以处僧道。其改为学堂之田产，学堂用其七，僧道仍食其三。”[②] 寺庙信仰空间被官方加以改造，并波及其他一些公共建筑。进一步来讲，“这是一个充满竞争、协作乃至冲突的实践领域，也蕴涵了国家转型的历史实践逻辑。或者反过来说，不同的国家形态，其基层治理的运作机制是不同的”[③]。在接下来很长的一段时期里，城市的空间再造担负起不同的建设使命。

清末至民国是城市现代化发展的关键时期，然而直到中华人民共和国成立之前，临清城区面积仅剩不足4平方公里，市区空间景观杂乱无章，砖城内萧条凄凉，土城内人口密处，嘈杂拥挤。由于此时尚未出现现代意义上的城市规划，城市发展受到多种灾害的袭扰，如火灾便是相

---

① 何一民主编：《近代中国衰落城市研究》，巴蜀书社2007年版，第374—377页。

② （清）张之洞：《劝学篇》，李忠兴评注，中州古籍出版社1998年版，第120—121页。

③ 张佩国：《从社区福利到国家事业——清末以来乡村学校的公产及经费来源》，《学术月刊》2015年第10期。

对严重的城市灾害。道光元年（1821）九月，土城内的锅市街发生大火，燃烧了一天一夜才止，沿街200多间铺房被烧掉。[①] 光绪十三年（1887）四月，正值城里举办传统庙会，马市街上的个别店铺用火不慎引起火灾，共烧毁店铺60多家。[②] 当地有句民谚描述城市里的大火："先着临清塔，后着西洋房，着了济美家，再着怀德堂。"民国四年（1915）三月，位于城北的舍利塔第七层通天木柱焚烧，三四天才止熄。民国七年（1918）七月，不知什么原因引起的火灾，土城夹道街店铺起火，延烧铺房13家。[③] 民国二十一年（1932）六月，南关竹竿巷凌晨火起，至下午日哺方熄。[④] 在店铺毗连、屋宇密集的城市里，极其容易发生火险灾情。[⑤] 大的火灾连续不断，皆因街道狭窄逼仄，没有消防设施所致。[⑥]

1949年，毛泽东在党的七届二中全会上指出："从现在起，开始了由城市到乡村并由城市领导乡村的时期，党的工作重心由乡村移到了城市。……党和军队的工作重心必须放在城市，必须用极大的努力去学会管理城市和建设城市。"[⑦] 临清自解放以来，通过接管或没收原有建筑以容纳政府机关、工商企业等。同时，利用改造了原有的手工业，从老解放区迁来一批卷烟厂、军工厂等，并在大量空地上新建了发电厂、印刷厂、机械厂、榨油厂、制酒厂等。[⑧] 按照中央"一切应该以城市人民自己管理的精神为出发点"指示，1953年采用"以工代赈"的办法完成了一些市政建设任务。1954年，政府开始专门设立市政建设与管理的相关机构，预示着新时期的城市建设即将来临。

随着国民经济的恢复和城市人口的增加，人们要求改善市区环境和生活生产条件的呼声日益高涨，从而促成总体规划的加紧制定。临清城市总体规划始于1958年6月，当年12月完成规划制定。（参见图2－7）

---

① （民国）张树梅、王贵笙：《临清县志》《大事记》，民国二十三年（1934）铅印本。

② （民国）张树梅、王贵笙：《临清县志》《大事记》，民国二十三年（1934）铅印本。

③ （民国）张树梅、王贵笙：《临清县志》《大事记》，民国二十三年（1934）铅印本。

④ （民国）张树梅、王贵笙：《临清县志》《大事记》，民国二十三年（1934）铅印本。

⑤ 笔者曾有专文探讨临清城市的火险灾情及其发生原因，参见周嘉《清末民初运河城市的公用事业——以临清水会为中心》，《华北水利水电大学学报》（社会科学版）2016年第4期。

⑥ 山东省临清市地方史志编纂委员会编：《临清市志》，齐鲁书社1997年版，第407页。

⑦ 《毛泽东选集》（第四卷），人民出版社1991年版，第1427页。

⑧ 《临清县城总体规划说明书》（修改稿），1977年11月20日，临清市档案馆藏，第6页。

规划远期时间至2000年，规划人口规模20万，规划总用地18.77平方公里。1959年8月，经修订后由山东省建工局城建处规划设计室编制出《临清市总体规划》。（参见图2－8）修订后的近期规划至1962年，规划人口12万，规划用地7.5平方公里。1963年，因卫河以西另置临西县，同时临清撤市复县，遂于第二年由山东省基本建设委员会城乡设计室补充修订了总体规划，规划近期至1979年，规划用地6.72平方公里，规划人口7.5万。① 在总体规划中，城市以中洲以东和原明清砖城空间为中

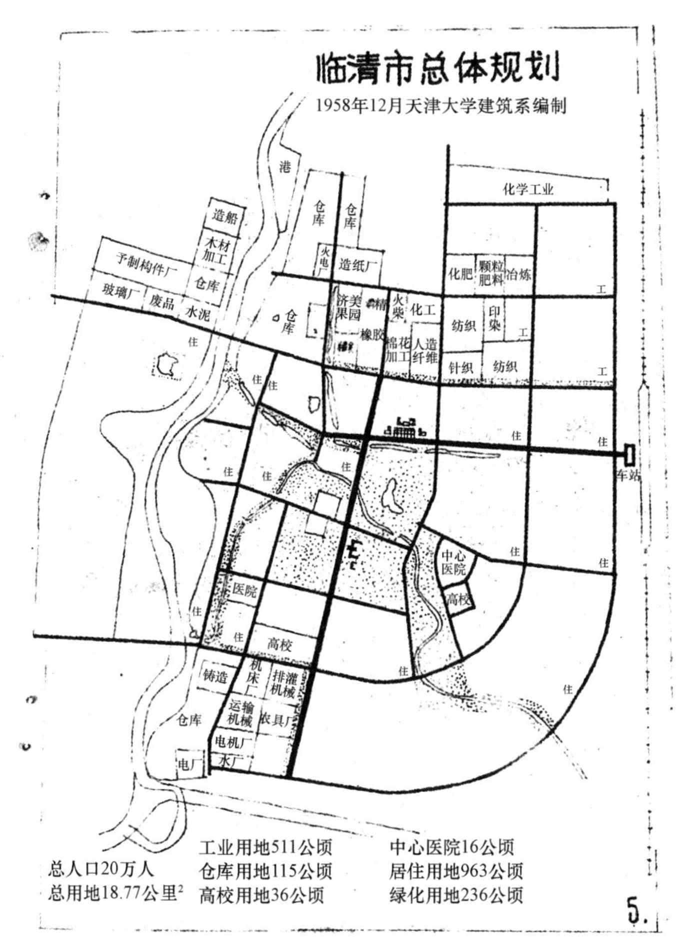

图2－7 1958年临清市总体规划

资料来源：《临清县城历史资料图集》，1977年10月，临清市档案馆藏。

① 山东省临清市地方史志编纂委员会编：《临清市志》，齐鲁书社1997年版，第409—410页。

心，东至火车站，西至卫河附近，南、北各至城郊进出城的公路，总用地 18.77 平方公里，总人口约 20 万。规划确定了 2 个位于城区南北的工业区，城市空间被划分为几类不同的功能分区，如居住用地、工业用地、仓储用地、学校用地、医院用地、绿化用地等。[①] 同时，根据“三横五纵新临清”的理念，在中洲古城周边新开 8 条道路，“三横”是先锋路、红星路和青年路，“五纵”是桃园街、大众路、龙山路、新华路和永清路。

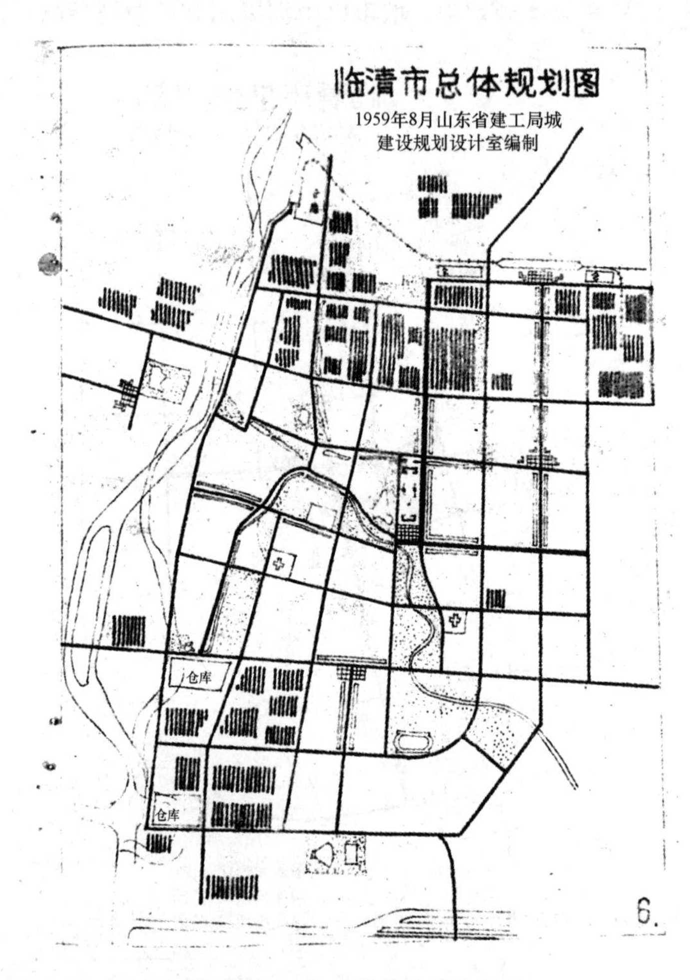

图 2 – 8　1959 年临清市总体规划

资料来源：《临清县城历史资料图集》，1977 年 10 月，临清市档案馆藏。

---

① 《临清县城历史资料图集》，1977 年 10 月，临清市档案馆藏，第 5、7 页。

虽然这个总体规划指导了一些建筑项目的实施，但是，受限于物质、技术等条件，这一时期的城市建设并未完全依据规划思想，尤其是“文化大革命”期间，规划工作完全停滞，城市建设无章可循。一直到1975年底，才重新开始编制城市规划，于1983年完成《临清县城总体规划》的修订工作。规划分析了城镇现状存在的一些问题，提出把临清建设成为“一个新型的社会主义文明小城市”的目标，将城市性质定位于以轻纺工业为主的城市。规划至1985年，人口10万，用地11.3平方公里；至2000年，人口15万，用地14.6平方公里。规划具体涉及对外交通、工业用地、仓库用地、生活居住用地等空间布局。

对外交通：

京九铁路计划1990年以前通车，选线走向是由张窑村附近跨过卫运河，在临清县城东部陈家坟、蔡家胡同附近穿过。铁路站场选择在离东门以东1.5公里处，距城区不远，便于与旧区联系，又能适应城镇长远发展用地的需要。客站正对现在的红星路，（县城商业服务中心）位置比较适中，接近生活居住区，能较好地为居民服务，因为货场的服务对象主要是仓库区和工业区，规划中货场选择在客站以北，与规划的城镇仓库区一起考虑，也靠近北部工业区，这样可以缩短原料运输距离，也有利于北部工业区产品的运输。在站场的北端接铁路专用线一条，为工业区和仓库区服务。为了解决过境路与铁路平交的矛盾，规划在铁路站场以北和以南各建一个铁路与公路立交（北部立交对现在反帝路、南部立交对规划南过境路）。使临清县域与铁路以东各公社有方便通畅的联系。

现在过境车辆通过先锋路、跃进路，穿过城区既不安全又不方便，规划铁路站场堵断了东西向的过境路先锋路，需要开辟新的过境道路，首先在先锋路桥头开辟交通广场，利用顺河路向南、北两个方向疏散过境车流。北部可利用现在反帝路，继续延长穿过铁路立交，与临清公路相接。南部在龙山公园以南开辟一条新的东西向过境道路穿过桑树园村，过铁路立交也与临济公路相接。平原到聊城南北向过境交通问题，远期北部过境公路可将北顺河路延长，沿卫运河大堤，利用京九铁路上卫运河大桥引桥与地面高差，在张窑村南穿过铁路接通去平原的公路，沿南顺河路向南接通去聊城的公路。另外由平原去聊城的过境车辆也可以在铁路东侧开辟一条南北过境道路接通去聊城公路。这样形成半环状过境交通道路，避免了过境车流穿越中心区，减轻对城镇的干扰。

工业用地：

南部工业区以机械工业为主，位于城镇的上风上水地段，其规模应适当控制。在现有机械工业的基础上，规划安排了与机械工业相配套、生产性质相近、有协作关系的而且不会对环境产生污染的工厂，以及原旧城区一些无害但需搬迁的小厂。其他一些对环境影响较大的工业项目，则不宜放在这个工业区。

北部工业区以轻纺工业为主，且已初具规模，位于城镇水源的下游。从盛行风向看来，临清全年以南风频率为最高，大气污染对城区不大，规划继续向北发展，把除机械工业以外的新建和搬迁项目，如轻工业、纺织工业、建材工业和对环境造成较大污染的项目都安排在本区，使其形成规模较大的综合工业区，便于生产协作，便于原料的综合利用，便于“三废”的处理，特别是可以集中排放工业废水，避免污染城镇地下水源。

仓库用地：

临清城内 1977 年有 14 个仓库，大部分集中在城区西北部和东北部，近期要新建 5 个仓库，搬迁 7 个仓库，搬迁和新建的仓库大部分要求靠近铁路。规划把新建仓库区选择在北部工业区的东部、铁路货场的西北。这样既靠近铁路，有方便的运输条件，又接近北部工业区，较好地为工业区服务。

生活、居住等用地：

为了节约用地，在改善居住条件的同时，应适当提高居住建筑密度，逐步实现居住楼房化。近期按 10 万人的规模计算，需增加 3 万人，规划考虑其中 1 万人通过旧区的挖潜改造居住在旧城区内，需要增加 2 万人的生活居住用地，建设新的居住区。居住区建设的原则是由内向外，逐步发展。由于大部分工业向北发展，居住用地可向东、东南方向发展。而近期的建设应该在现城区内填空补齐，然后向外发展，开辟新区，在新居住区建设中，要做好详细规划。在规划指导下，住宅与生活服务设施应按比例配套地进行建设，做到统筹兼顾，全面安排，有利生产，方便生活。

集市市场，根据不同情况区别对待，对与人民生活密切的市场，如禽蛋、粮油、蔬菜等市场，分散安排在生活居住区的适当地段。规模较大的木料、柴草、自行车、花生等市场，目前已分别迁至城镇的西北和北部边沿地带，符合城镇规划的要求。

公共建筑包括商业服务、文教卫生和为本市服务的行政经济单位。行政办公用地准备以县委为中心沿青年路两侧布置。商业服务系统采用两级布置，即设置一个城镇一级的中心和一些居住区一级的服务设施。城镇的商业服务中心选择在红星路上战斗路至东方红路段，长约一公里，在这个地段上布置为全城镇服务的较大规模的百货、副食、旅馆、商场、饭店各类专业商店等商业服务设施。居住区一级的服务设施分散布置在四个点上（火车站、国棉厂西、龙山公园对面、小学附近），其余安排在中心区，商业服务设施的建设应与人口发展规模相适应。

临清县城现状道路系统是方格状布局，共 13 条道路，东西向 5 条，南北向 8 条。规划新开辟道路 9 条，共 22 条道路，其中 15 条为城市道路。为适应城镇向东发展的需要，开辟站前路、林园东路两条南北向道路，从青年路以南的跃进路和东方红路之间开辟一条南北道路。为解决南部跃进路和反修路之间的联系，开辟水厂北路。开辟工业区道路 4 条，南部工业区跃进路和反修路之间的土桥南路和土桥北路，北部工业区的唐窑西路和砖厂南路。另新开辟南过境路。这样，南北向道路开辟 3 条，东西向道路开辟 6 条。

绿化也是城镇建设的主要组成部分。临清公共绿地现状情况是有大众公园、龙山公园等，每人平均面积略低于国家规定的指标。绿化工作以公园为中心，进一步整顿大众公园，近期恢复龙山公园，收回被占土地，加强小运河两岸和居住区绿化，达到人均标准。远期要绿化好卫运河大堤、北大洼和舍利塔周围。[①]

通过城市规划和改造，临清“旧貌”换“新颜”。临清在鲁西地区是工业生产较为发达的城镇之一，中华人民共和国成立以后的30多年内，为适应城市发展曾进行过多次规划，对指导城市建设起到了一定的作用，并长远地影响到以后的城市空间格局。这一时期城市建设以适应现代化工业生产、发展国民经济为中心，坚持搞小城市的方针，工农结合，城乡结合，以此来体现社会主义制度的优越性。在空间的利用上，充分利用和改造旧区，当旧城空间不能满足需求的情况下，逐步向东和东北、东南区域发展，使城区布局紧凑集中，生活空间也逐步实现了楼房化。实际上，城市规划是国家对社会进行控制的一部分，现代的发展计划“都要创造出国家空间，从而使政府可以改造那些‘被发展’的社会和经济”[②]。如同我们从规划图上看到的那样，空间的重新布置体现了一种清晰化和可见性的要求。

二　打造“历史文化名城”

20世纪90年代临清被认定为省级历史文化名城，1995年3月制定了《临清市历史文化名城保护规划》，由山东省城乡规划设计研究院和临清市城乡建设委员会共同制定完成。[③] 规划目的在于“加强临清历史文化名城的管理，保护优秀的历史文化遗产”，保护临清的传统形象和整体风貌，以适应当今时代的经济增长方式，即旅游开发，实现临清的环境效益和社会经济效益。这份规划方案是城市总体规划中的专项规划，涉及对“市域文物古迹”“临清名城”的保护和对景观风貌、旅游的规划，近期至2000年，远期至2010年。（参见图2－9）

---

① 《临清县城总体规划说明书（修改稿）》，1983年4月1日，临清市档案馆藏，第7—12页。本书引用时，字句、标点、段落等有所改动。

② ［美］詹姆斯·斯科特：《国家的视角：那些试图改善人类状况的项目是如何失败的》，王晓毅译，社会科学文献出版社2011年版，第235页。

③ 山东省城乡规划设计研究院、临清市城乡建设委员会：《临清市历史文化名城保护规划》，1995年3月，临清市档案馆藏。

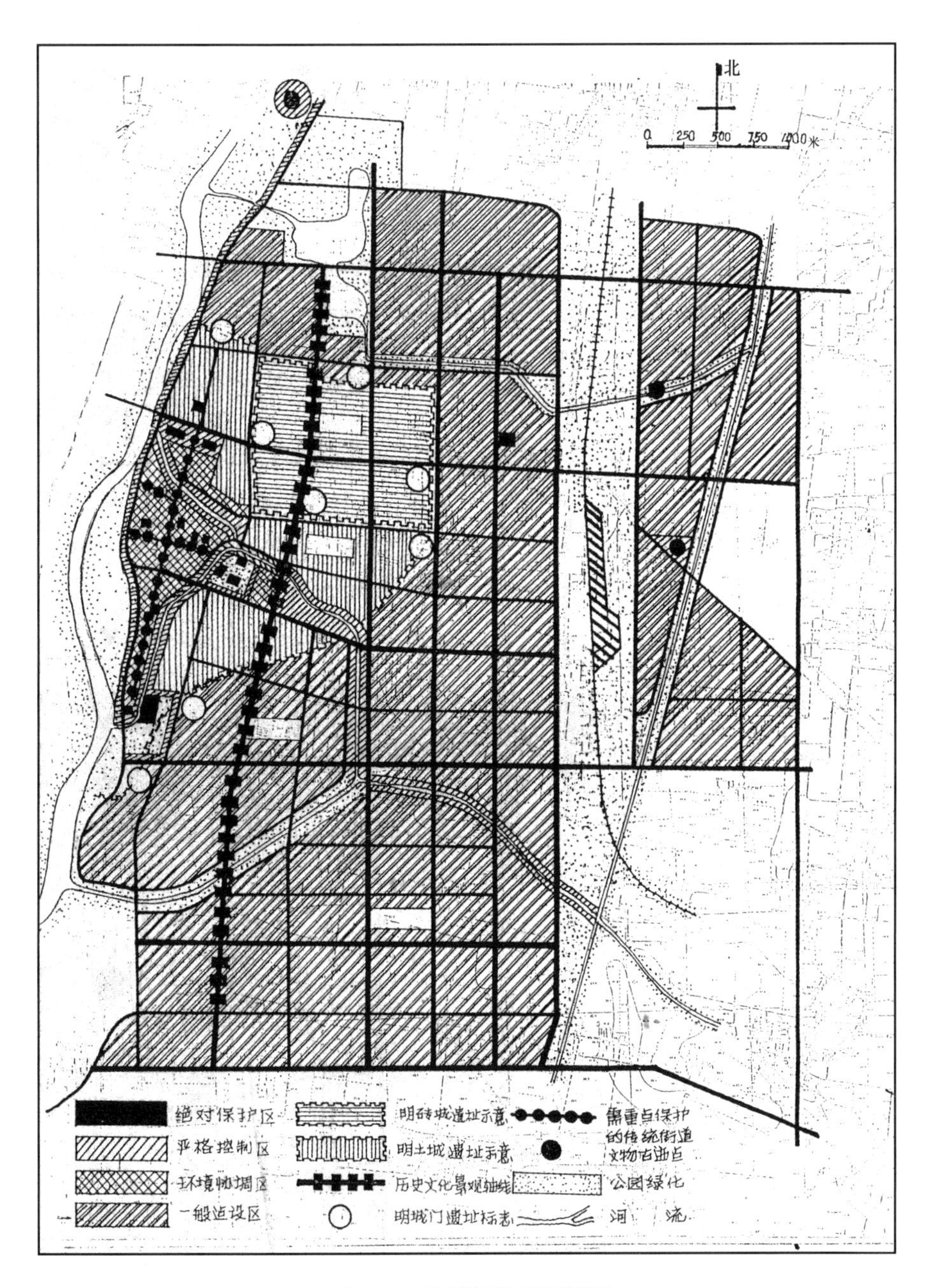

图 2-9 临清保护规划总图

资料来源：山东省城乡规划设计研究院、临清市城乡建设委员会：《临清市历史文化名城保护规划》，1995 年 3 月，临清市档案馆藏。

市域文物古迹的保护整体构思是，不仅要保护文物古迹点本身，还应保护这些文物古迹生存的环境，这是市域保护规划的立足点。按照这样的思路，形成一个名城保护圈和两条自然、人文景观保护带。（参见图 2－10）后者包括小运河人文景观保护带和卫运河自然、人文景观保护带。临清名城保护以“两城、两河、一区、一线、十个点”为重点。“两城”即明景泰砖城、明嘉靖土城。“两河”即小运河、卫运河。“一区”指旧城区。“一线”指历史文化景观展现轴线。“十个点”包括舍利宝塔、鳌头矶、清真西寺、清真东寺、大宁寺、明县治遗址、龙山、玉带三桥、钞关、东郊古松。

总体景观风貌规划遵循这样的原则：“维护古城风貌、体现水乡特色、强化新区建设、突出时代精神。”维护古城风貌、体现水乡特色就是要继承历史文脉，保持并体现水网密布的特点，突出“古、商、青、水”，即运河古城、繁华商埠、水清城青、绿化环绕。强化新区建设、突出时代精神就是要通过新的城市风貌展现城市建设的新成就，以现代化的建筑、环境、设施等，给人以全新的观念和感受。规划要求重点抓好各景观分区、重点街道、标志性地段、十大景点和城市出入口的建设。由于临清市域及城区内，文物古迹景点众多，具有较高的旅游价值，因而规划提出要“大力发展临清的旅游业，立足本市城乡居民，充分利用现有资源条件，形成有地方特色的旅游区和旅游点”（参见图 2－11）。临清的历史与运河的历史密切相关，运河是临清城市生存与发展的重要物质因素。要保护好临清这座历史文化名城，首先必须保护好它赖以生存、发展的运河。因此，旅游规划提出，突出运河水乡的特点，形成卫运河、小运河人文及自然景观游览线，将城区元运河、明运河和会通河等连通形成运河公园。

穿城而过的运河故道成为人们关注的焦点，治理古运河也成为城市总体规划的重要部分。1998 年 4 月，临清成立古运河综合治理指挥部，下设工程技术组、拆迁组、施工督导组、宣传组、保卫组、后勤组等，开始专门治理运河故道。在古运河综合治理施工动员会议上，市委领导讲话强调：

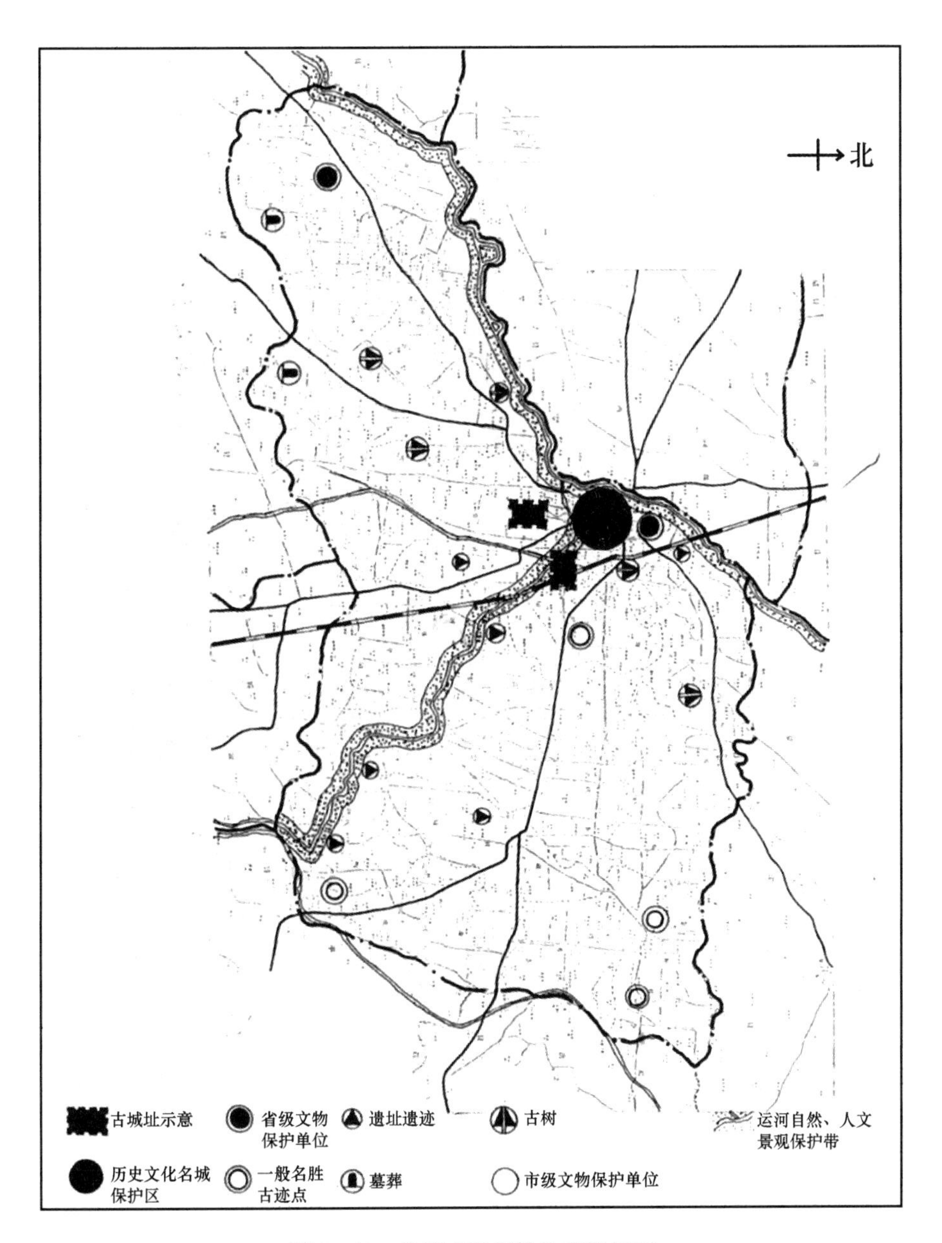

图2－10 临清市域保护体系规划图

资料来源：山东省城乡规划设计研究院、临清市城乡建设委员会：《临清市历史文化名城保护规划》，1995年3月，临清市档案馆藏。

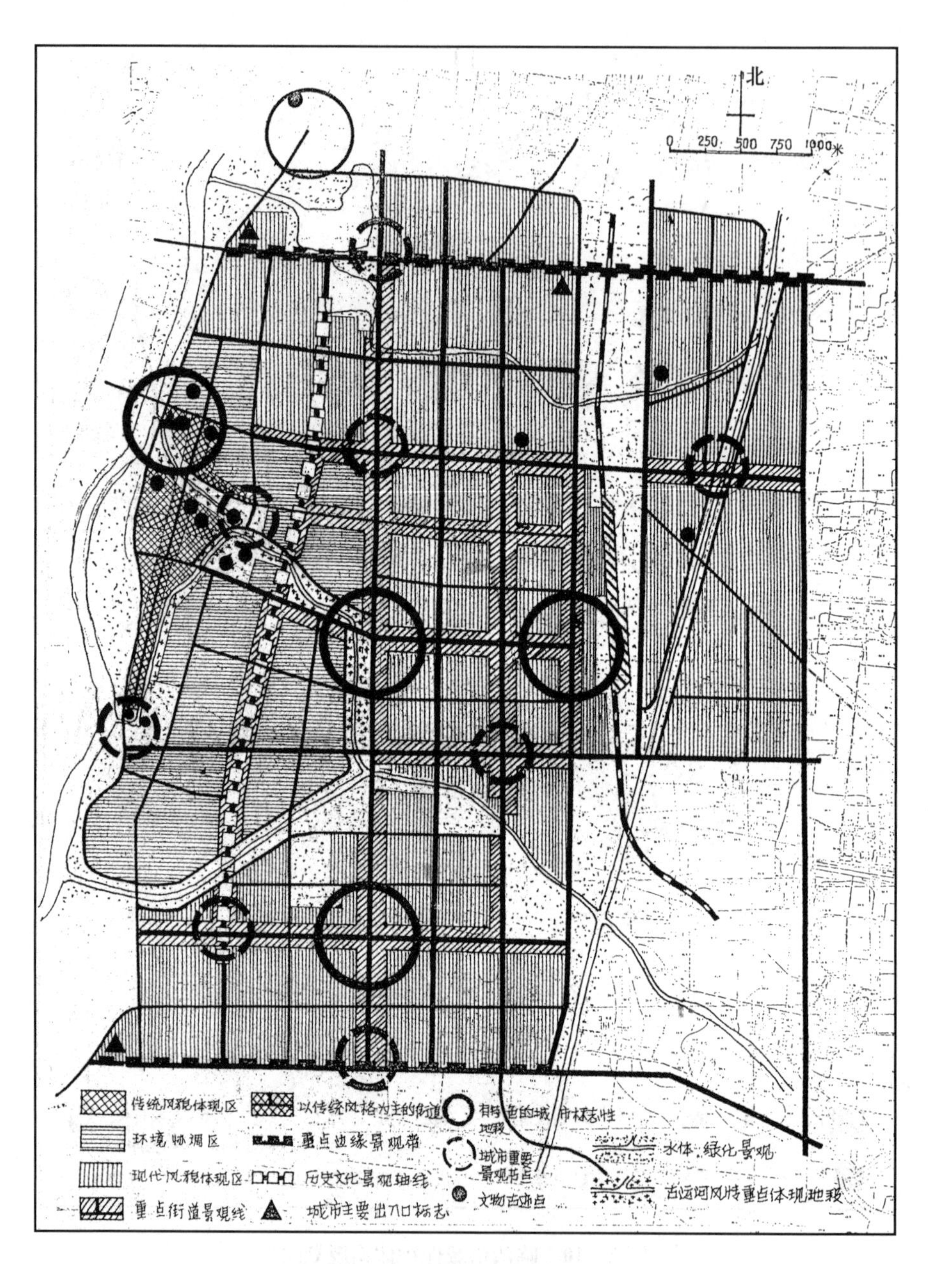

图 2－11　临清景观规划图

资料来源：山东省城乡规划设计研究院、临清市城乡建设委员会：《临清市历史文化名城保护规划》，1995 年 3 月，临清市档案馆藏。

一、要增强治理好古运河的责任感。古运河是临清的母亲河，是临清古老文明的象征，是临清辉煌历史的见证。但如今的古运河（城区段）已形成了垃圾河、臭水沟，环境极为恶劣，与省级历史文化名城、与昔日“小天津”美称很不相称，确实到了非治理不可的时候了。这也是广大干部群众的共识和呼声。……

二、要大张旗鼓地进行宣传发动。这次会议是治理古运河的总动员，它向全市人民宣布：治理古运河的帷幕已经拉开，战斗号角已经吹响。古运河治理是一项复杂的、庞大的社会系统工程，时间紧、任务重、困难多、难度大，涉及到方方面面，需要全社会的积极参与和大力支持。这次会后，各单位都要召开全体人员会议进行传达贯彻，并抓好落实。要运用广播、电视、座谈、走访、黑板报、简报等形式，宣传治理古运河的重大意义，宣传市委、市政府的决策，宣传施工要求。市电视台开办古运河治理专题节目，对拆迁、施工情况有计划、有步骤地进行系列报道。还要办好“施工战报”。通过宣传教育，强化干部群众的临清意识，形成热爱临清、建设临清、振兴临清的浓厚氛围，切实把全市人民发动、组织起来。……①

在这份讲话文件中，将古运河定位为临清的“母亲河”，但正是这样的母亲河长期以来不被重视。借保护历史文化名城之力，运河不再是历史留给后人的记忆，而开始成为城市里的一道景观。更为重要的是，运河开始与城市空间的重新调配、与城市的长远发展密切相关。根据城市总体规划，城区内古运河的恢复治理需要对沿河建筑、房屋等进行拆迁。为了确保古运河治理工程的顺利进行，早在当年的 3 月份临清市政府便下发了关于古运河综合治理工程拆迁工作的通告：

为了改善我市城区的市容市貌，创造良好的生产生活环境，促进“两个文明”建设，根据我市城市总体规划，确定对古运河河道及两侧（头闸口至三里铺闸）进行综合治理。按照统一规划、分期

① 《蒋保江同志在古运河治理施工动员会议上的讲话要点》，1998 年 4 月 29 日，临清市档案馆藏。

施工的原则，拆迁工作分期进行。现将第一期拆迁的有关事项通告如下：

一、拆迁范围：青年桥至和平桥河段西侧到大众路、和平桥至跃进桥河段北侧到顺河路范围内的所有建筑物、构筑物和附属物，均属拆迁范围。

二、凡确定被拆迁的建筑物、构筑物和附属物，均由被拆迁单位于一九九八年三月底前自行拆除，并负责清运其建筑垃圾。

三、被确定拆迁的建筑物、构筑物和附属物均为临时建筑，不属补偿范围。擅自出售房屋的，由售房单位负责拆迁，并做好善后工作。

四、拆迁工作由市古运河综合整治开发指挥部统一组织实施。①

其中，和平桥至跃进桥段河口的改造工程主要包括：拓宽、加深两侧河口、河道，减缓河道边坡。② 第一期的拆迁工作如期、分期进行。紧接着，临清市政府又制定了第二期拆迁工作安排。拆迁范围加以细化并进一步扩大："和平桥至跃进桥河段，以河北岸顺河路南侧路沿石向南31米范围内，跃进桥至水厂北路新桥河段，按照市政府确定的河道中心线向外两侧各16米范围内，水厂北路新桥至三里铺闸河段，按照市政府确定的河道中心线向外两侧各18.5米范围内的建筑物、构筑物和附属物均属拆迁范围。"③ 这就意味着一部分居民将面临搬迁，不过，古运河治理工程还是得到了大部分市民的支持，而这样也进一步推动了第三期拆迁工作的顺利进行。此外，为了加快古运河综合治理工作的步伐，确保河道清淤按时开工，临清市古运河综合整治开发指挥部还对古运河河道内（头闸口至三里铺闸）的树木进行刨伐。

经过此次治理，昔日"荒草野坡、垃圾淤积、蚊蝇孳生、老鼠乱窜"

① 《临清市人民政府关于古运河综合治理工程拆迁工作的通告（第一号）》，1998年3月20日，临清市档案馆藏。

② 《和平桥—跃进桥段河口改造方案》，1998年6月10日，临清市档案馆藏；《关于古运河跃进桥—和平桥段北岸第二次拓宽的实施方案》，1998年6月22日，临清市档案馆藏。

③ 《临清市人民政府关于古运河综合治理工程拆迁工作的通告（第二号）》，1998年5月1日，临清市档案馆藏。

的臭水沟变成了市民休闲、散步的重要去处。此后，市政府又对部分河段进行了小规模整修。2003 年，临清在国家工商局注册了“运河名城”和“运河古城”的商标。运河文化与城市文化也产生了更多的交集。毫无疑问，无论作为“运河古城”还是“运河名城”，运河是临清城市发展的最大特色，运河文化是其最深厚的底蕴。在这样的品牌定位之下，当地政府加大力度对运河故道进行改造，成为打造历史文化名城地景实践的一个重要项目。当年，临清市投资 6000 多万元对会通河流经城区段进行综合治理，终于使昔日的“龙须沟”变成了“玉带河”。[①]

进入 21 世纪初，临清的发展不仅面临着传统的工业化背景，还必须全方位应对全球化、信息化、市场化、现代化的宏观时代背景。临清市在原有城市总体规划的基础上，重新制定了新一轮的城市总体规划，规划期限为 2003 年至 2020 年。城市性质定位为聊城市域副中心城市，以运河文化为特色的历史文化名城。规划目标是：“以新世纪城市规划和面向 21 世纪、面向现代化的战略思想为指导，以提前基本实现小康社会为目标，以加快发展工业经济和产业结构调整为主线，促进国民经济和社会可持续发展，逐步把临清建设成为经济繁荣、科教发达、环境优美、生活富裕、历史文化得到有效保护的现代化运河名城。”[②] 规划确定“一城、一带、三区、多点”为临清历史文化名城的重点保护范围。“一城”指老城区，即明清时期的临清土城；“一带”指小运河历史文化风光带；“三区”指规划的三个历史文化保护区，即清真寺历史文化保护区、中洲历史文化保护区和钞关历史文化保护区。“多点”指城区内的国家级、省级、市级文物保护单位。

基于运河城市的发展定位，规划特别提出了水系整治规划，要形成“三横、四纵、五湖”的水系统格局：

> 三横：是指北部红旗渠拓宽并向东延伸至工业街东侧水渠；中部在青年路南侧新建一条东西向河道，连通小运河和三干渠；南部

---

① 全国政协文史和学习委员会、政协山东省临清市委员会编：《运河名城·临清》，中国文史出版社 2010 年版，第 319—320 页。

② 《临清市城市总体规划（2003 年—2020 年）》，2006 年 2 月，临清市档案馆藏，第 1 页。

为三干渠入卫段。

四纵：是指城区西侧的漳卫河；城区中由小运河、三干渠入卫段、元运河以及元运河沿卫河大堤东侧向北打通至红旗渠形成的水系；中部为三干渠；东部为沿工业街新建一条南北向的河道。

五湖：是指城区中五处大型水面。西北为塔湖；西南为胡家湾水库；东北结合远景的城郊森林公园和黄河故道形成一处大型水面；东南部结合社区公园建设一处湖面。中部结合三干渠入卫段在歇马亭公园内设置一处大型水面。

之所以加大对水的整治力度，一方面在于地方政府主导的打造运河之城，另一方面便于与运河主题旅游相衔接。毫无疑问，所有这些努力都是为了创造旅游资源，以带动地方经济的发展。水被重新赋予了历史与文化，最终实现了历史与当下的沟通。通过水系整治推动历史文化名城的建设，这是制作水之景观的重要契机。正如一位人类学家所指出的那样："地景并非一个固定的、静态的研究对象，地景本身会随着日常生活、社会潜能与记忆机制而不停地变动，因此只能视为一个过程，没有绝对的地景。人类学视野中的地景不仅仅是自然空间的呈现，也不仅仅是文化的图像，更是一种文化的过程，是历史与文化的一部分。"①

小 结

临清所在的鲁西区域位于华北平原的东部，属于黄河下游地区，在历史上是开发较早的农业区。明朝建立的时候，鲁西一带成为全国经济破败比较严重的地区之一，沦落为政治和经济的边缘之区。真正给鲁西带来重新生机的契机，除了明朝前期大规模移民填实运动之外，正是永乐时期重新疏浚的大运河才给这一区域社会带来了全面复苏的机遇和活力，并由经济复苏走向全面繁荣。位于山东境内的会通河完全由人工开凿而成，它的开通不仅使京杭大运河全线畅行无阻，而且从根本上改变

① Eric Hirsch and Michael O'Hanlon, *The Anthropology of Landscape: Perspective of Place and Space*, Oxford University Press, 1995, p. 22.

了鲁西地区交通闭塞的局面，形成了以会通河为主体的水路交通网。临清处于会通河与卫河相交的地方，因而在交通方面的意义最为重要，而临清的城市发展便一直打上了“运河”的烙印。

自古以来，中国的基层州县就有等第之分，一般基于人口多寡或事务繁简予以区分。至于临清的王朝国家意义，同样可以从中央政府认定的地方等级体系中看出。明朝按照缴纳钱粮的多寡统一分作“上”“中”“下”三等，并引入“繁”“简”之分，即税收高的州县为繁，税收低的州县为简。随着地方事务日繁，这些分等又出现了细化，将各地府州县大小、繁简、冲僻、难易细加品定。清代基于地域、人口、赋税、政务等因素行“冲、繁、疲、难”之制，地当孔道为冲，政务纷纭为繁，赋多逋欠为疲，民刁俗悍、命盗案多为难，后来也成为地方职官缺分的正式标准。如此便很容易看清不同地方在政区级次中的不同等第，以及国家中枢予以关注程度之差别。

临清成为转漕之重地后，被视为山东第一要害之地。在上述等级体系中，临清“冲”“繁”兼有当属无疑，在升为直隶州后更是“冲”“繁”“难”三字兼有。临清由于区位优势突出得到了朝廷的重视，又借漕运之便成为南北物流的周转与交换中心，其城市地位日益重要，城市功能不断增加，城市规模不断扩大。因此，临清在明清时期所遭遇的，是一个由相对不发展的地区落入朝廷直接监控和支配的历史过程。从城池的选址到城市的营造，都是一种权力下伸后的秩序建构与正统塑造。临清城的肇建奠定了漕运枢纽这一地区的防御体系，也构建了这个地方极其重要的王朝国家象征。而在由明清时期向近代民族国家转型的过程中，以“社会工程”为标志的国家权力的现代化努力，也对城市空间的改造产生了直接影响。运用“地志学”的“想象力”，能够看到明清以来临清城市空间的生长历程及其变迁线索，即自为发展—国家规划—自为发展与国家规划并举—现代意义上的城市规划与有计划的社会变迁。

第三章

城市的地景实践与变迁

第一节　城市景致的文化发明

一　方志中的临清十景

古代中国州县多有“八景”之说，涉及一定地域范围内的多种自然和人文景观。八景源于宋代画家宋迪的潇湘八景图典故，用来合称同一个地方的八处景致。沈括《梦溪笔谈》记载：“度支员外郎宋迪工画，尤善为平远山水，其得意者有平沙雁落、远浦帆归、山市晴岚、江天暮雪、洞庭秋月、潇湘夜雨、烟寺晚钟、渔村落照，谓之‘八景’，好事者多传之。”① 宋迪，字复古，今河南洛阳人，中进士后官拜吏部司封郎中，嗜古好作山水之画。他在游历湖南之际，曾以湘江到洞庭湖一带的自然风物为题材，创作了八幅图。有好事者为之起名称“潇湘八景”，随后传播开来。所谓“八景”只是一种比较笼统的说法，如果多的话则加倍罗列。具体到不同的地区，一般会有八景、十景、十二景等情况，但都统一被视为八景现象。

作为一种文化范式，八景是中国特有的文化情怀，受到各地士人的广泛关注。文人画师群体纷纷以此为载体绘画吟诵，从而涌现出大量脍炙人口的文艺作品，逐渐形成一种相对独立的八景文化，并转变为全民性与全国性的文化现象。一个地方将其别致的景观列为八景，虽不能包容那里的风光全貌，但亦能大致具有其形胜的代表性。清朝中叶，各地在修志的时候，经常将其辖区或治域内的名胜古迹选定为八景，借此为

---

① （宋）沈括：《梦溪笔谈》，岳麓书社2000年版，第137页。

郡邑增采增荣。地方志列八景的形式一般有附图、诗词和文字表述三种，大凡一地的历史文化、风景名胜、生产生活等，都是八景表达与反映的对象。①

临清有十景之说，首见于清朝乾隆十四年（1749）《临清州志》的记载，其名分别为：卫浒烟柳、汶水秋帆、书院荷香、南林双桧、官桥晓月、津楼夜雨、塔岸闻钟、平冈积雪、土山晚眺、东郊春树。这十景的命名特点遵循八景文化的规则，由四个字组成，并且每两个字表达一个意义，两两并列组合成一个合景。每组的前两个字指出场所地点，后两个字反映不同季节、时间的景观。每两个景观名称依次对偶，两两成对，巧思妙想。志书在第一卷中载此十景图（参见图 3 – 1 至图 3 – 10），图后附有清朝榷使李基和所作十景诗：

卫浒烟柳

无复东风廿四桥，玉钩寒雨锁空壕。
凭谁又染鹅溪绢？却写西湖二月涛。

汶水秋帆

千里江陵一日还，都传佳句彩云间。
也知北地啼猿少，雁叫轻舟别蓼湾。

书院荷香

几尺污泥君不染，一声清露我忘听。
夜来古佛宣真谛，玉版先书般若经。

南林双桧

故园泉石都抛撇，老鹤无端起夕悲。
梦想六朝风雨后，涛声犹记过江时。

官桥晓月

古渡疏林入渼陂，晓星残月影迷离。
可怜水镜孤悬夜，恰到晨钟未醒时。

津楼夜雨

云迷烟冷水淙淙，客话巴山恼未降。

① 张廷银：《地方志中“八景”的文化意义及史料价值》，《文献》2003 年第 4 期。

图画不须临二米，潇湘一幅在吴艭。

塔岸闻钟

静夜维舟近上方，闻听老衲诵梁皇。
台城乱后浮屠盛，千古兴亡说景阳。

平冈积雪

鸟断空原净暮钟，坷坪陇树隔云封。
一灯幻照通禅夜，玉女西来第几峰？

土山晚眺

锦树烧残剩此堆，荒城月上雁飞来。
可怜片石谁堪读？土起寒山半劫灰。

东郊春树

几曲青溪围舫屋，一林黄鸟啄桃花。
行春每到伤归去，靖节先生未有家。①

图 3－1　卫浒烟柳

资料来源：（清）王俊、李森：《临清州志》卷 1《图》，清乾隆十四年（1749）刻本。

① （清）王俊、李森：《临清州志》卷 1《图》，清乾隆十四年（1749）刻本。

图3－2　汶水秋帆

资料来源：（清）王俊、李森：《临清州志》卷1《图》，清乾隆十四年（1749）刻本。

图3－3　书院荷香

资料来源：（清）王俊、李森：《临清州志》卷1《图》，清乾隆十四年（1749）刻本。

图3－4 南林双桧

资料来源:(清)王俊、李森:《临清州志》卷1《图》,清乾隆十四年(1749)刻本。

图3－5 官桥晓月

资料来源:(清)王俊、李森:《临清州志》卷1《图》,清乾隆十四年(1749)刻本。

图 3-6　津楼夜雨

资料来源：（清）王俊、李森：《临清州志》卷 1《图》，清乾隆十四年（1749）刻本。

图 3-7　塔岸闻钟

资料来源：（清）王俊、李森：《临清州志》卷 1《图》，清乾隆十四年（1749）刻本。

图 3 - 8　平冈积雪

资料来源:（清）王俊、李森:《临清州志》卷 1《图》，清乾隆十四年（1749）刻本。

图 3 - 9　土山晚眺

资料来源:（清）王俊、李森:《临清州志》卷 1《图》，清乾隆十四年（1749）刻本。

图 3－10　东郊春树

资料来源：（清）王俊、李森：《临清州志》卷 1《图》，清乾隆十四年（1749）刻本。

李基和，号梅崖，直隶奉天人，中进士后以礼部郎中督理临清钞关。所谓“榷使”即管理临清州专卖品税收的官员。每首诗前均有一篇短序，对此景作一介绍。“卫浒烟柳”指的是卫运河畔柳树生长繁茂的景象。卫运河穿临清土城而过，自南水门至北水门的夹岸多种植官柳。每当春夏秋之交，“翠帷四绕，碧浪层翻，风雨初晴，烟云欲散，朱楼画舫之间参差掩映，望之如舞女低腰，仙人度曲；至助以莺声，杂以燕语，白莲红杏先后增妍，又令人想西子湖边、武昌门外，不止听欸乃一声唱春水绿矣”①。志书中的州城图中有“烟柳”的标记，位置在原避雨亭的西南侧。现今先锋大桥的西南方向约有 1 公里的河套内，仍有半月形的柳行，隐约可见当年“烟柳”风景。有前人曾游览此处另作《游柳树园》一诗：“卫浒秋深万木凋，柳园景物倍萧条。归鸦影乱斜阳寺，倦马长嘶旧板桥。浊浪拍天云似幕，回风撼树叶如潮。我今不尽漂流感，满地秋魂未

① （清）王俊、李森：《临清州志》卷 1《图》，清乾隆十四年（1749）刻本。

可招。”①

漕运盛时，每年秋季南粮北运之时，从三里铺码头至头闸口，此段运道经常停泊上百个漕运船队，从运河两岸望去，舳舻相接，帆樯林立，“汶水秋帆”当指此景。鳌头矶前的运河称“汶水”，即古会通河，“当春夏之交，山水不泉，出闸皆积板舟，迟于行，迨至秋潦大水，河乃涨，闸始通。鹢尾飞渡，千里相接，竹箭送牙樯，瞬目变山树，长河秋色可想见焉”②。

“书院荷香”指清源书院的风景。临清“内城有民曹公署，署之右多隙地，前明诸君子会建池馆，置亭榭，竹木葱秀，传为美观。国朝田金雨先生为度支使，再为修理。……辟红螺馆与州人士论文讲学其中，馆后建读易斋，周遭种树与莲。半亩方塘，一庭秋水，芳洁之气拟于十里”③。明清两朝均实行科举制度，以孔庙为学宫，另外设立书院以育士纶才。临清有清源书院一所，始建于明朝嘉靖十一年（1532），清朝乾隆二十年（1755）由知州马瑛重修。临清升为直隶州后，在工部营缮分司旧址创建考棚，其东边改建为书院，院中掘池栽种莲花以喻君子廉洁。

“南林双桧”指土城景岱门外清凉寺内的双桧景观。景岱门外有一清凉古寺，寺内种植双桧二株，传为汉时所植，“本十围，高九丈许，绿皴苍藓如三代法物，遥与东岱五大夫为伯仲。枝干都作老龙鳞，常有云气其上，偃盖护持，清籁发雄雌鸣，晦明风雨之间，离奇光怪变态百出，说者以为有神凭依云”④。临清人田雯有诗云：“清凉破寺古佛国，中有双桧幽可探。”⑤

卫河流经临清土城之间，两岸人家数以万计，在河上搭建浮桥以方便东西往来，为进出临清城之要津。明朝弘治年间，副使陈璧创建，万

① 《中国地方志集成》编辑委员会编：《中国地方志集成·山东府县志辑（95）·民国临清县志》，凤凰出版社2004年版，第427页。

② （清）王俊、李森：《临清州志》卷1《图》，清乾隆十四年（1749）刻本。

③ （清）王俊、李森：《临清州志》卷1《图》，清乾隆十四年（1749）刻本。

④ （清）王俊、李森：《临清州志》卷1《图》，清乾隆十四年（1749）刻本。

⑤ 《中国地方志集成》编辑委员会编：《中国地方志集成·山东府县志辑（95）·民国临清县志》，凤凰出版社2004年版，第415页。

历时又在两岸铺石成纤道。清朝顺治年间，州人李际泰募资造舟 12 只，并在东岸叠石 20 余级。浮桥之梁岸有多层楼高，如果从高阜俯视如同卧波长虹。“最宜于月当暝，烟未判，夜漏初残，霜灿星稀，长河影落，行人一二，舟子方来，浮光跃金，凄凉迷漫。”① 古时卫河上无桥，跨河只能依靠船只，故称为“津渡”。临清城区卫河上的渡口较著名者有七处，而此浮桥为最大，又名“广积桥渡”，当时所称“官桥晓月”即指此处。

临清关为南北要津，往来经商以及宦游人士经过此处，必须通过钞关的检索。钞关前建有玉音楼，“风雨中宵旅航系缆，自楼上听之泪三声下，时有弹水调龙吟者，叶彼潇潇，愈添愁思”②。“津楼夜雨”之景即指此处。嘉靖三十四年（1555）《重修玉音楼记》载：“清源榷署之前旧创重楼，以为妥崇玉音之所。”③ “玉音”指帝王所说的话，临清钞关玉音楼专为供奉明朝宣德皇帝所颁钞关圣旨而建，因而成为当地著名的地标式建筑。

在临清土城北门外有一座九级八面砖塔，其顶形如将军盔，基座为条石叠砌，塔身为砖石木混合结构。此塔创建于明朝万历四十一年（1613），由工部尚书柳佐监修，历时 9 年而成。“时有好事者放舟临彼岸，听晚钟静梵，铎响、松涛、琴韵、思清江声欲起，殆不仅以多宝琉璃侈壮观也。”④ 原来每层各角都有横木伸出，所系铜铃在风中飘动，叮咚作响，声震旷野，故时人赞曰“塔岸闻钟”。

“平冈积雪”指沙冈上的雪景。临清城北有沙堤，概因河洼、土桥一带原来曾为沙河，而且附近有地名“薛家冈”“曹家冈”“郭家冈”之说，此地多沙。自建城以来，“占风望气家往往多之，有明几三百年人文称绝盛，迨我国朝亦自不减，每至隆冬积雪时，冲寒策蹇，极目郊原，真如朗朗堆玉，银湧出潮，一带疏林尽琪花瑶草矣”⑤。

---

① （清）王俊、李森：《临清州志》卷 1《图》，清乾隆十四年（1749）刻本。
② （清）王俊、李森：《临清州志》卷 1《图》，清乾隆十四年（1749）刻本。
③ （清）王俊、李森：《临清州志》卷 4《重修玉音楼记》，清乾隆十四年（1749）刻本。
④ （清）王俊、李森：《临清州志》卷 1《图》，清乾隆十四年（1749）刻本。
⑤ （清）王俊、李森：《临清州志》卷 1《图》，清乾隆十四年（1749）刻本。

土城内车营街南首的运河东岸有一土岭，其形蜿蜒起伏如腾龙，故名“龙山”。龙山之北有一座庆余禅院，经常有高僧长住。明朝永乐十五年（1417），开凿运河南支时，积河土而成龙山雏形。按照河道清淤制度，每年都要进行小规模开挖，而隔年则进行大规模疏浚，清除头闸口至二闸口之间的淤泥堆积在运河东岸，长年累月，土埠渐高，最终形成鲁西大地上一处人造土山，并成为当地著名的游览胜地。“土山晚眺”一景即指此处，“绝顶峙危楼百尺，俯长河带雉堞，当夕阳西下，鸟没空原，人归古渡，九点齐青宛然一抹”[①]。昔日，土山上遍植杨柳，河水涨发之际，山水相映，景色诱人；夕阳西下，登临其上，万家灯火，尽收眼底，风光无限。

“东郊春树”指城东一带的树景。“二三月寻红问绿，过王氏园亭，一路佳木繁荫，野芳发幽，草秀郁葱之气，使人有濠濮间想。又渡小桥而南，垂杨拂地，门挂藤萝，书屋迂迴，名花灿烂。仿佛韦杜一曲游观樽罍殆无暇日，雨雨风风，都堪图画。”[②] 砖城东一村落里有古松一株，树冠形如巨盖，树枝形似虬龙，树叶有五种形状，时人称其为“五样松”，将其列为名胜之一。民国时有诗云：“中有长松高百尺，枝柯蜿蜒如龙蛇。盘根错节一千年，落落得地长风烟。菀枯不与凡卉并，郁然直上色参天。”[③] 寥寥数语，道出古松之“傲骨”。

八景文化富有鲜明的地域性人文特征，由于选取的八景需要记载在地方志之中，所以对它的认定并非随意而为。明清两代是八景文化普及并走向繁荣的重要时期。朝廷诏令各地遴选八景以粉饰太平盛世，八景文化也打上了政治与权力的烙印，无论“十室之邑，三里之城，五亩之园，以及琳宫梵宇，靡不有八景诗矣”[④]。对于哪些才能成为八景的评选，也从最初选择八景逐渐地转变为有意识地建构八景。在一定程度上，人们也从被动的欣赏景致转向主动的创造景致。

---

① （清）王俊、李森：《临清州志》卷1《图》，清乾隆十四年（1749）刻本。

② （清）王俊、李森：《临清州志》卷1《图》，清乾隆十四年（1749）刻本。

③ 《中国地方志集成》编辑委员会编：《中国地方志集成·山东府县志辑（95）·民国临清县志》，凤凰出版社2004年版，第426页。

④ （清）于敏中等：《日下旧闻考》卷8《形胜》，北京古籍出版社1985年版，第116—117页。

在临清十景之中，与大运河相关的有五处，它们分别是：卫浒烟柳、汶水秋帆、官桥晓月、津楼夜雨、土山晚眺。明清之际漕运的兴盛为临清十景的创造提供了基础，也决定了十景数量的丰富与质量的上乘。作为大运河沿岸重要城市之一，临清展示出因商业兴盛而带来的城市盛景。在近代工业革命和科技革命出现之前，大运河对于古代社会而言是最为重要的交通方式。尤其在古代社会里，它又是公共水利工程的重要组成部分，而且与国家政权紧密地联结在一起。对于古代公共工程，经济学家冀朝鼎指出，“兴建以及发展这类土木工程的目的，最初都不是出自人道主义的考虑，而是决定于自然和历史的条件以及统治阶级的政治需要”，“公共水利工程发展的进程，在很大程度上决定于统治集团用以加强对国家进行控制的政治目的”。[①] 发展水利事业以及建设水利工程，实质上这是国家的一种职能，各个朝代均视之为社会和政治斗争的重要政治手段和有力武器。因而，临清十景的选择要明显地倾向于“国之命脉”的大运河，它是国家权力的一种象征。

二　从“十景”到“十六景”

上述临清十景盛于清朝中期，现在仍有许多遗迹依稀可寻。到了民国时期，县志中又新增了鳌矶凝秀、泥寺春晖、凤岭钟英、南亭观化、古槐荫井、东郊孤松等六处景致。(参见图 3－11 至图 3－14)

明朝永乐十五年（1417），朝廷下令在临清开凿运河南支，元朝所开运河北支遂废。在两河分汊处筑石坝以防止水势冲刷，因石坝外形如同鳌头，原北河上的临清闸、会通闸与南河上的砖闸、板闸分列左右如同鳌足，而卫河上作为浮桥的广积桥如同鳌尾，故形成全鳌之景观。正德年间，知州马纶看到此种情形，为石坝题名为“鳌头矶”。“鳌矶凝秀”一景即指此处的鳌头矶建筑群而言。此建筑群的东殿名“观音阁”，西殿名“吕祖堂”，南殿名“登瀛楼”（俗称“望河楼”），北殿名“甘棠祠”（俗称“李公祠”，为纪念清朝道光年间的知州李天锡）。

---

① 冀朝鼎：《中国历史上的基本经济区与水利事业的发展》，朱诗鳌译，中国社会科学出版社 1981 年版，第 7—8、34 页。

漕运盛时，每逢秋季登临其上，凭栏远眺，帆樯如林，碧波荡漾，景色绮丽。明朝吏部侍郎储巏《过鳌头矶》一诗云："十年三往复，此地忽重经。尘土长安辖，烟波汶水舲。平川涵夕景，远树隐春星。鲁酒偏难醉，从人笑独醒。"① 大学士李东阳也有《鳌头矶》一诗："十里人家两岸分，层楼高栋入青云。官船贾舶纷纷过，击鼓鸣锣处处闻。折岸惊流此地回，涛声日夜响春雷。城中烟火千家集，江上帆樯万斛来。"②

临清土城北门里的卫河东岸原有一座古刹，相传为元朝时所建立，名为"弥陀寺"，又名"泥陀寺""驴驮寺"或"净宁寺"。《敕赐净宁寺碑记》载："奉钦依准盖造殿堂、廊庑、山门、方丈、伽蓝祖师、厨库、僧房，装塑诸佛神像，幡花供具，法所宜有者，靡不毕备。……兹寺乃西天佛子大国师法子重新盖造，又钦蒙敕赐名。"③ "泥寺春晖"即指此处。张树梅曾作《游弥陀寺》一诗："无意寻幽胜，丛林出目前。寒花偏碍路，疏柳不成烟。香火前朝寺，传灯小劫年。支公如可作，呵壁问诸夫。"④ 如今，当地人还经常提道："泥陀寺的佛一千多，一个罗一个，跟活的差不多。"当时，泥陀寺里的泥塑栩栩如生，甲于齐鲁大地。

"凤岭钟英"指的是今临清公园内西北角处的黄土高岭。高岭的形成原因与"十景"中的龙山一样，属于开凿运河的积土所致。昔日，在岭的对岸恰好有一座码头，称为"卸货口"，来自各地的货物均在此上岸。岭下还有一座三官庙，规模甚是宏大。康熙皇帝途经临清时，曾挥墨作匾，将庙名易为"无为观"。乾隆皇帝多次下江南，沿着大运河途经临清，赋诗泼墨，题榜作联。他曾为这座寺庙作榜"福祐津途"，作联"双闸节宣资利济，三元调燮协宁居"。据传，乾隆帝从无为观下船，乘马经

① 《中国地方志集成》编辑委员会编:《中国地方志集成·山东府县志辑（95）·民国临清县志》，凤凰出版社2004年版，第406页。

② 《中国地方志集成》编辑委员会编:《中国地方志集成·山东府县志辑（95）·民国临清县志》，凤凰出版社2004年版，第406页。

③ 《中国地方志集成》编辑委员会编:《中国地方志集成·山东府县志辑（95）·民国临清县志》，凤凰出版社2004年版，第356页。

④ 《中国地方志集成》编辑委员会编:《中国地方志集成·山东府县志辑（95）·民国临清县志》，凤凰出版社2004年版，第426页。

由岭上而过，后在头闸口下鸡嘴坝，登舟舍陆而去。事后，当地文人有好事者将此岭命名为“凤凰岭”。乾隆皇帝曾撰长文《临清叹》和《临清歌》，刻石立于岭下。民国二十一年（1932），在岭之南设一处公共体育场，翌年又于岭下建“进德”分会。分会建五楹二十四柱，以及歇山式飞檐大厅一座，并将鳌头矶前的木牌坊立于对面，从而使凤凰岭颇饶古致。

在运河南支的头闸口以北、东夹道街南首偏东的地方，旧有一座大王庙。庙内有因开挖运河积土而成的土埠，高十余丈，方百余步。清朝道光年间，在其巅营建八角亭一座，名为“观化亭”。登之可以览城市胜景，遂有“南亭观化”之说。

在临清砖城的东门外，林园村的东北角上，原有县志编纂者张树梅家打谷场边一株古槐，虬枝蜿蜒，叶遮碧空。树荫下有一口水井，树影倒映在水面，别有一番奇致，故曰“古槐荫井”。此井为砖井，是开采浅层地下空隙水的一种水利设施，由古代挖土井、柳井等取水演变而来。秦砖出现以后，用砖砌筑的井筒称为“砖井”。据县志记载，此景中的井当为六朝时期的产物。到了明朝时期，临清有关井的记载就比较多了，如琉璃井、漱玉泉等都是明朝以前的古井。之后，井在临清日渐增多，但大多用于人畜吃水，很少用来灌溉农田。县志记载临清有砖井万余眼，多分布在境内的乡村里。

临清老十景中有“东郊春树”一景，其中的“春”字寓意欣欣向荣、生机勃勃，亦可比喻为妙龄青春。民国二十三年（1934）《临清县志》对此景未作说明，却增加了“东郊孤松”一条，当为县志编纂人员考虑到，如再沿用旧称已不切合当时实际了。县志指出临清城东郊原有一长松，并载入诗句：“后凋自具岁寒心，非关雨露得天厚。昔闻南林双桧树，空有其名无寻处。天宁大刹有唐槐，生意婆娑已非故。惟此弃置古墓旁，樵斧无伤鬼呵护。我来抚树发悲哦，若有应者风生波。故国乔木漂零多，大厦将倾奈若何。”①

---

①《中国地方志集成》编辑委员会编：《中国地方志集成·山东府县志辑（95）·民国临清县志》，凤凰出版社2004年版，第426—427页。

图3－11 泥寺春晖

资料来源:(民国)张树梅、王贵笙:《临清县志》,附图,民国二十三年(1934)铅印本。

图3－12 凤岭钟英

资料来源:(民国)张树梅、王贵笙:《临清县志》,附图,民国二十三年(1934)铅印本。

图3－13　古槐荫井

资料来源：（民国）张树梅、王贵笙：《临清县志》，附图，民国二十三年（1934）铅印本。

图3－14　东郊孤松

资料来源：（民国）张树梅、王贵笙：《临清县志》，附图，民国二十三年（1934）铅印本。

第二节 城市标志的文化制作

一 作为城市形象的临清塔

清朝乾隆年间，英国政府派遣以乔治·马戛尔尼（George Macartney）勋爵为首的访华使团，以向乾隆皇帝祝寿为名来到中国。马戛尔尼一行人沿着大运河途经临清时，临清塔的巨大吸引力首先引起了他们的广泛关注，这在后来出版的《英使谒见乾隆纪实》一书中这样记载：

> 临清州外有一九层宝塔。中国人喜欢在多山地带建塔。这个高大建筑一般总是建在山顶上。由下到上一般是一百二十到一百六十呎高，整个高度是塔底直径的四倍到五倍。一般总是单数，五层、七层或九层，越到上层越小，塔底面积最大。
>
> 御河从西边发源，沿东北方向流至临清州同运河汇合。使节团船从这里改走运河道往正南航行。这条河在中国是最大的运河，同时也是最老的一个。从临清州到杭州曲曲折折长达五百哩，当中穿过山、穿过谷，还穿过许多条河流和湖泊。临清州的塔不是建在山上而是建在平地，这在中国是少有的。可能运河是从这里开始挖的，也或者是挖到这里为止。从塔的建筑位置来看，它不是作为守望楼用的，大概为的是纪念这个有实用的天才工程的开工或完工。①

临清塔又名“舍利塔”“舍利宝塔”或“永寿寺塔”，位于临清城北面城墙外的卫河东岸，它是临清城的重要标志。英使在中国游历期间，无论交通地理、港湾岛屿、山川河道、城防堡垒等，所到之处均加以考察与测绘。《临清塔湾景图》就是其中的一幅。② 该图是从大运河岸边的临清附近看到的景色，以临清塔为斜轴，南望临清，右边是大运河，临

---

① ［英］斯当东：《英使谒见乾隆纪实》，叶笃义译，群言出版社2014年版，第486页。该书基于英国访华使团历时两年的所见所闻，以西方人的目光，对清朝盛世时代的社会，作了细致入微的观察，出版后轰动世界，从此成为西方汉学家论述18世纪中国社会最权威的材料和依据。

② ［英］斯当东：《英使谒见乾隆纪实》，叶笃义译，群言出版社2014年版，第487页。

清塔后面可见临清城的城墙，远处是山东的山丘。这幅图选取乾隆年间临清土城外一角，运用中景透视法绘制而成。其构图比例准确，视野开阔，造型逼真，笔触细腻，由远及近，自大而小，明暗相宜。将临清塔放置在画面的中心，塔之南有怀朔门、莲花庵和土城墙，塔之北有永寿寺。土城内隐约可见弥陀寺和清真寺。大运河上绘有土城北水门、漕运帆船、摆渡船、渔船等。（参见图 3－15）

图 3－15　临清塔湾景图

资料来源：［英］斯当东：《英使谒见乾隆纪实》，叶笃义译，群言出版社 2014 年版，第 487 页。

在全国现存的众多塔式建筑中，临清塔的历史相对来说并不悠久，但也有 400 多年的历史了，而且是山东省仅存的一座明代宝塔。（参见图 3－16）该塔为八角楼阁式砖木结构，塔身九级，原高 60 多米。收分较小，顶部为盝形。塔座为条石砌基，周长约 40 米。底层南面辟门，门楣石额镌刻“舍利宝塔”字样，右题为“赐进士按察使郡人王成德”，左款为“大明万历癸丑岁仲秋吉日立”。自第二层始，每层八面设门，四明四暗，对称美观。各层各面均衔有砖雕“阿弥陀佛”字样。塔内有金丝楠木通天塔心柱，塔壁有螺旋式转角楼梯，可迂回攀登至塔顶。数百年来，临清塔一直是大运河上的地标性建筑，在漕运盛时还发挥着灯塔的作用，它与杭州的六和塔、镇江的文峰塔、通州的燃灯塔并称为“运河四大名塔”。

说起临清塔，在临清那可是家喻户晓、尽人皆知的，因为它是临清城的象征。在关于临清塔的传说中，有这样一则故事流传最广。

临清城西北的卫河旁边，矗立着一座十丈高的舍利塔。这塔由于没有贯通的阶梯，平常很少有人上去。只有十分胆大的人，用手扳住砖棱，两脚沿着一砖宽的层基外檐，盘旋而上，才能爬上塔顶。

据传说这塔原来并不在此，而是从临清城南五十里的地方拉来的。为什么将塔移至此地，那须从卫河说起。

在很久以前，这安静的卫河，突然游来两个鱼精，一个叫大青，一个叫二青。他们见临清这块地方，甚是富裕热闹，便在此城安居下来。不久，他们听水族妖邪说，只要连续吞吃五百个婴儿，就能跳过龙门，游到东海做龙王，于是便做起龙王梦来。从此，在河中的渡船上，只要有婴儿乘坐，即使风平浪静，也会在河心突然翻船，成人尚能得救，唯婴儿全被两鱼吞食。有时孩童在河边玩耍，也会突然失踪。只闹得两岸人们啼哭不止，人心惶惶，再也不敢放孩子出门了。

大青和二青长时间得不到孩童吞吃，每日掀波逐浪，很是着急。

这年夏天，临清一带连降暴雨，卫河水势骤增，眼看快溢了大堤。两条鱼精见来了时机，便一起兴风作浪，冲开堤岸，借势从卫河一起游出，便四处寻找孩童吞吃。一时间，鱼精、洪水一齐向临清的百姓扑来，房屋被淹，孩童被吞吃，求救之声，痛哭之声，昼夜不绝于耳。

正在这时，从城南箭一般驶来一只小船。撑船的是位老头，胸前飘着一把银须，手脚却十分麻利。他手持一只长篙，四处打捞落水百姓。尤其令人惊奇的是他船头立着一座小宝塔，船走到哪儿，哪儿就风平浪静，鱼精也不敢露头逞凶了。他来来往往不知救了多少人，可从也不肯歇息。

一等把落水的人们搭救得差不多了，遇救的百姓才围上前来，感谢他的救命之恩。老头长叹一声说道："这场灾害，全是河中两个鱼精作怪，在大水退落之前，还要处处当心！"人们纷纷问道："即是河中那鱼精作怪，如何才能将其治住，使大家免遭灾难？"老头说："宝塔可以镇妖，只可惜我这座宝塔太小了。若要真正镇住鱼精，只有在这河边设一座大的宝塔才行。"众人听了不禁摇头道："这些年来，官府赋税不断，百姓早已贫困不堪，如今又遭此水灾，哪里还有财力修建高大的宝塔呢！"

老头手捻银须说道："要设高塔镇妖，也无需劳民伤财。这城南五十多里处，有一座二十多丈高的宝塔，已经荒废，将其拉来，便可一用。"众人听罢，都纷纷摇头，心想：这二十多丈高的宝塔，怎能拉动？岂不是一句空话？

洪水闹了几日，慢慢地回了漕。人们回到家中，却见救人的老头并没有归去。他东家走、西家串，一不讨吃，二不讨穿，却专意索求麻绳，并将其捻拧在一起，束于腰间。有人问他做什么？他则说拉塔用。众人听了，无不暗暗发笑。

转眼到了秋天。家家户户忙着在大水泡过的田里，犁地种麦。人忙，牛也累。可驶船救人的老头，这时又走东家串西家，说要在八月十五这一天借牛使。众人问他做什么？他又说拉塔。大家虽然感到稀奇可笑，但想到他的救命之恩，满口答应了他，可谁也没当作真事儿。

到了八月十五这天，大家都未见那老头前来牵牛，都纷纷笑着说："早知他是说着玩的，今天证实了吧。"可是到了十六的清晨，大家起来给牛喂草时，竟发现凡被那老头问过的人家的牛，都累得通身大汗，趴在地上，直喘粗气。他们奇怪地出门一瞧，都不由得大吃一惊！只见河滩上平地忽然立起一座足有二十丈高的宝塔。这塔，八角四面九层，底层有一大门朝南，门楣上写着四个大字——舍利宝塔。

这人间少见的奇迹，霎时吸引来数不清的观众。大家在惊叹之余，都不能不感佩那驶船老头的神功了。人们从塔基向南看去，地上果然留下一道深深的拉塔辙印。几个好事的青年人，顺辙印往南走了五十多里，一打听，果然那里的一座古塔不见了。原来塔下的村庄，叫塔头村，塔北的村，叫影庄。至今，这两个村名还沿用着。

塔前围观的人们，你来我往，数日不绝。一天，有一细心的人发现，塔身有些倾斜，塔身之上也出现了裂缝。经他一说，众人也都看到了。人们纷纷议论说："这恐怕是这座古塔因年久失修，再加拉塔时的颠簸所致；为防日后出事，快请那拉塔的神工老头来修整修整吧。"可要寻那拉塔的老头时，他却连影也不见了。

不几日，那拉塔的老头却肩挑一副大筐，出现在大街上，不停地喊："要铜要铁，锔大家伙来。"一位老妇听到喊声，提着一口破锅走出门来，冲老头说道："来给锔锔这锅。"老头摇头笑着说道："老大姐，我可不锔破锅破勺，俺是专锔大家伙的。"老妇一听，生气地说道："什么叫大家伙，那河边上的塔裂了，你能锔吗？"老妇的儿子听到外边的吵嚷，出门一看，原来是拉塔的老头，于是对母亲说道："你老真是有眼不识泰山，他就是拉塔的神工老头。塔能从五十里外拉到这里，这锔锔补补，还不是小事。"说完，便向四邻八舍打开了招呼。邻居们一听拉塔的神工老头来要铜要铁，知道会有重用，都纷纷把自家的破铜烂铁献了出来。老妇见大伙这样，她那口要锔的破铁锅也扔进了老头筐里。

这老头一连收了几天破铜烂铁，又不见了踪影。一天夜里，忽然刮起了大风。人们听到西北方向"叮叮当当"地响了一夜，不知是什么因由。黎明时分，人们纷纷起来到塔前一看，见宝塔周围落满了铁屑。再往上看去，塔四周，锔上了四条一尺多宽的铁钩子，把个宝塔箍得结结实实。裂缝不见了，塔身也不再倾斜了。众人这才恍然大悟，原来那老头说锔大家伙，就是要锔这裂了缝的宝塔。

老头又不知了去向，有人却在塔前拾到了一张纸条，上面写道："宝塔罩深井，深井锁二青。"人们这才知道，卫河里那两条兴风作浪的鱼精都已被镇压在这宝塔之下的深井中。

从此以后，卫河的水又恢复了安静，临清的百姓又过上了幸福平安的日子。可是人们心里却念念不忘那为民拉塔镇邪的神工老头，因而对神工老头的赞颂，也就一代一代地传扬下来。[①]

---

① 临清市文化局创作办公室编印：《临清民间故事》（资料本），1987年，第57—60页。

在临清塔的民间传统中，传说故事借助于鬼怪、神仙等烘托出塔的神奇之处。这样的离奇古怪之事以口耳相传的方式流传下来。不过，虽然传说表述的内容固然是神话故事，但它仍然在某种程度上是某种社会现实的反映。在传说中，用宝塔来镇河妖；在现实中，对当地老百姓来说临清塔不仅是一座佛塔，还是一座风水塔。

图 3－16　临清塔

（照片系笔者于 2015 年 10 月 1 日拍摄）

二　建塔的社会文化内涵

元朝，临清随着漕运的发展而日趋繁荣。明朝中期以后，临清逐渐发展成为全国重要的流通枢纽城市和北方最大的商业中心。户部在此设置榷税分司，即俗称的“临清钞关”，这是中央政府派驻当地督理漕运税收的直属机构。钞关又称“榷关”，是明清两朝对途经关卡的商品、船只收税的专门机构，一般设立在运河、长江及沿海等交通枢纽之地。临清钞关前建有玉音楼，其上刊有宣德四年（1429）设置临清钞关的圣旨：

> 玉音临清钞法衙门，为钞法事。宣德四年六月二十六日节该钦奉圣旨。南京至北京沿河船只，除装载官物外，其一切装载人口物货，或往或来，每船一载按其料数若干、程途远近，照现定例纳旧钞。著有风力御史及户部官分投于紧要河道处所监收，如有隐匿及恃权豪势要不纳钞者，船没入官，仍将犯人治罪，若空过船只往回不系揽载者，不在纳钞之例。钦此。①

明朝对内陆商业交通水道加征的税收有三种：一是商税，向经由陆路和水路运输的商品征收，由各省官员管理，商人付给；二是船钞，由户部征收，船主付给；三是竹木抽分税，由工部管理，对造船原料征税。② 山东运河沿岸的德州、临清、聊城、济宁等城市都曾设关收税，后来其他钞关陆续被撤销，只留下临清一处。终明一代，临清钞关的地位一直非常显赫。③ 起初朝廷指派户部主事督理钞关，后来逐渐受到宫廷宦官的染指和控制。神宗在位期间，外派大量宦官以作矿监税使，他们肆意搜刮民脂民膏。万历二十七年（1599），在临清爆发了由商人、工匠、作坊主、市民等参加的反税使马堂的斗争，史称“临清民变”。

李士登时为东昌府知府，临清为其辖区，事变发生后他勇于为民请命。在李士登的儿子李人珍、李人琦为其所撰墓志碑文中，也提到了当时民变的一些情况：

> 先考讳士登，字联之，号瀛阳，道号溟屿。□贯自陕西咸宁来，有始祖讳纲者，□客商于雒，遂家焉。再传祖方，为我高祖考。方生祖惠，即我曾祖考也。安居雒城□西南一里，民籍，经营商药生理。……东昌水陆交冲，任非其易。我父谨饬严明，一切治平，恩

---

① （清）王俊、李森：《临清州志》卷7《关榷志》，清乾隆十四年（1749）刻本。

② ［美］黄仁宇：《十六世纪明代中国之财政与税收》，阿风、许文继等译，生活·读书·新知三联书店2001年版，第300页。

③ 尤其在万历年间，临清钞关年征商税达8万余两，超过京师所在的崇文门钞关，位居全国所有钞关之首。参见许檀《明清时期运河的商品流通》，《历史档案》1992年第1期。

> 威相济，得民欢心。偶值税监马堂需索多端，猖獗激变。我父亲不顾身家，挺然抗争。非惟不□大门神、小门神三十六人，其实庇活清源几千、万命。此之当机功，实临清乡绅、士庶、商贾至铭德之：以故抚按司道，有见彻始终者，惟李东昌一人。少傅荐云：担当贵勇，莫夺□语。①

这段记述，一方面说明了税监残酷地镇压百姓，而正是由于某些人勇于承担责任，李士登"挺然抗争"，才解救了"几千、万命"；另一方面，李士登绝非一时冲动，他是统治集团的成员，从维护统治者的长远利益来看，他是反对压迫民众的；再则，李士登并非一般地为民请命，因为他家祖辈一直经商，对商贾的压制是深有体会的，所以，他主要是在为商贾说话。

民变之后，税监酷风虽稍有收敛，但临清经济仍未得到明显恢复，市井萧条的局面一时难以扭转。时任东昌司理的谢肇淛在诗中这样描述临清："斜阳欲下孤城闭，曙色初分禁漏停。二十年前歌舞地，乱鸦啼雨满冬青"②；"清源城中多大贾，舟车捆载纷如雨。一夜东风吹血腥，高牙列戟成焦土。虎视眈眈何所求，飞雪六月天舍愁。匹夫首难膏鼎俎，瘿瘤割裂病微瘳。只今毒焰犹未破，依旧豺狼当道卧"③。民变除了对经济造成直接影响外，还间接地造成文运大衰的困境。隆庆二年（1568），临清有 3 人考中进士。万历五年（1577）至万历二十三年（1595），每科至少考中 1 人，在万历十四年（1586）还考中过 4 位。而民变后的万历二十六年（1598）和二十九年（1601），连续两科竟无人中举。

地方官员与士绅将这种局面归结为风水问题，并开始采取应对措施以改造风水。在临清城南部运河与卫河交汇处的南板闸上，原有一座观

---

① 崇祯二年（1629）《明显考大中大夫广西布政使司参政兼按察使司佥事分巡苍梧道李公配显妣诰封恭人王氏暨庶母孙氏合葬墓志》，转引自曾意丹《"临清民变"与李士登的为民请命——介绍新发现的李士登墓志》，《学术月刊》1980 年第 4 期。

② （明）谢肇淛：《宿清源感事》，《小草斋集》卷 29，《续修四库全书》第 1367 册，上海古籍出版社 2002 年版，第 116 页。

③ （明）谢肇淛：《清源行》，《小草斋文集》卷 9，《四库全书存目丛书》集部 175，齐鲁书社 1997 年版，第 214 页。

世音菩萨铁像，俗称“铁大士”像，高三丈二尺，“置州之离方，形家皆言不宜”[①]。时任临清兵备副使的钟万禄亦认为，“州郊观世音菩萨者，往竖梵宫，本坐辟汶西之涘，迩瞻人事，有异时文武之吟……睹鸽王耀日之形寂寞，天然秀气，思鸳宇凌云之势狂奔，卫水湍流，以故科甲差逊于先朝，赋财颇亏于近代”，“遂议徙故区，订迁□位，阨塞两河水口，弘开万里天关……土欲辟□有余，必使三门宽旷，山更培其不足，须□五户闭藏”。[②] 迁移观世音菩萨像，一方面可以使城南不再有高大之物阻挡，另一方面移之城北可以阨塞水口。万历二十九年（1601），将观世音菩萨像移到临清城北水门外。同时，钟万禄还提议要在新址营建一座观世音菩萨塔，“斯为三乘之祇园，可作四民之迦卫，然化身十丈岂小庵小室之庄严，宝塔七层宁一力一材之构结，势必借众捷椎拟击□檀施，事期有成妙善共谛夫因果”[③]。

十年之后，即万历三十九年（1611），在柳佐的倡议下才开始营建此塔。柳佐，号赓虞，临清人，万历十四年（1586）进士，历任夏邑知县、监察御史，曾弹劾庸相赵志皋，后因“争储议罢归”[④]，泰昌元年（1620）起任太仆卿，又晋工部尚书。柳佐倡议建塔是在被罢免御史一职后、任工部尚书之前这段时间，他在《修建观世音菩萨宝塔疏》中，对修建此塔的缘由、经过等皆有记述：

> 观音大士像旧位于新城之离方，形家多言其不便。戊戌辛丑两榜遂至乏人，而商贾亦见萧条。郡之缙绅为学白之当路，时臬台钟公、州大夫万公共卜基于北水关之下，遂迁焉。其详具钟公疏中，距今十年余矣。大士托庇一室，仅可免日暴雨流之患，而户牖未立，不避风尘，香火寂然，凄其旷野。大士有灵，必曰孰令迁之，孰令弃之，而漂泊至此也。余因母丧作瑜伽道场，忽然动念，向诸□似

① （清）张度、朱钟：《临清直隶州志》卷11《事类志》，清乾隆五十年（1785）刻本。

② 万历二十九年（1601）《迁移观世音菩萨塔疏》，碑存临清市舍利塔。原临清市博物馆馆长马鲁奎曾介绍该碑文内容，参见国家文物局主编《中国文物地图集·山东分册》，中国地图出版社2007年版，第835页。

③ 万历二十九年（1601）《迁移观世音菩萨塔疏》。

④ （清）王俊、李森：《临清州志》卷9《人物》，清乾隆十四年（1749）刻本。

言之，时比丘如慧等慨诺募化，而责余董其事。①

为了保证建塔的资金来源，柳佐并非仅仅关注塔的风水功能，而是将其引向佛教的功德观。在具体操作上，利用层层募化的方式：“一人为首领，□疏十册，分化十人，而十人者各化其亲友，化其同类。开店则化客商，僧道则化施主。几钱也可，几分也可，可积少成多。”② 主要有以下几类群体参与其中：

一是士绅，以王成德为代表。王成德，字象薇，万历十七年（1589）进士，历任真定县令、刑部主事、山西参政等职。③ 他曾参与迁移观世音菩萨像，“乡绅王象薇诸君亦矢雕谈于夙基，果大违夫向背，欲修慧业于画刹，宜莫惮于更张，遂议徙故区”④。对于建塔之举，他也大力支持，“幸大参王公象薇、宪副汪公和宇、中舍周公衡台、都□王公□□、□胪汪公四峰愿共任之”⑤。

二是太监、宦官及侍奉者。塔内第三层有一通无题记碑，其上只列捐资人姓名和身份，兹录碑文如下：

乾清宫御茶房牌子署、监督勇士四卫营、御马监太监魏学颜，司礼监掌文书房太监王体乾，钦差总理盐务、兼督理牧地事、署勇士四卫营操练、御马监右监丞程登，御马监太监蔺用，乾清宫侍内官太监段允成，信官霍进忠，信官李进，信官张进忠，信官李受，信官张允中，信官田增，信官张恩爱，钦差督造府内官太监黄用，潞府典服李忠，潞府典膳钊真，潞府典膳李秉朝。⑥

这些人的身份比较特殊，为以太监为主的宫廷中人。其中，太监王体乾的地位最为显赫。王体乾为魏忠贤阉党集团的中坚人物，天启年间

---

① 万历三十九年（1611）《修建观世音菩萨宝塔疏》，碑存临清市舍利塔。
② 万历三十九年（1611）《募化方》，碑存临清市舍利塔。
③ （清）张度、朱钟：《临清直隶州志》卷8《人物志》，清乾隆五十年（1785）刻本。
④ 万历二十九年（1601）《迁移观世音菩萨塔疏》。
⑤ 万历三十九年（1611）《修建观世音菩萨宝塔疏》。
⑥ 万历四十七年（1619）《临清舍利塔太监无题记碑》，碑存临清市舍利塔。

被任命为司礼监掌印太监，这在当时是权力最大、地位最高的太监。魏学颜敬重士大夫，在万历时最得宠。黄用时任钦差督造卫辉潞简王陵。他们信奉佛教“轮回”“报应”之说[①]，利用手中的权力积极施舍寺庙。

三是商人。塔内的捐资碑中记载了众多商人姓名和店铺字号。如镶嵌在该塔第三层的《三层功德檀越》碑中有典当商、棉绸商等字号与人名。[②] 徽州布商王道济还独立出资修建塔的第六层，“信官王道济，捐资独立完工，济字康叔……年六十岁，祖籍徽州府歙县，世习临清布业”[③]。其父母、伯兄弟、妻、妾、子、女等人的名字也见于碑文中。第六层还刻有王道济所撰《建塔见山小记》，透露出他对建造六级浮屠的得意以及东眺岱岳、西望太行的喜悦之情。

四是生员。如捐资碑中有山东东昌府儒学生员张焕然、德州生员杨之魁等人。《四层功德檀越》碑记载有：“太学生王光祚、……□希圣……府庠生王家楫、……儒士王天叙。”[④]

在官员、士绅、太监、商人、生员、信众等各群体的共同努力下，经过9年的时间终于建成一座宝塔。此塔未成之前一直称作“观世音菩萨塔”，后来在建塔的过程中才更名为“舍利宝塔”。

临清塔原来有一根通天塔柱，即安放在塔室中心的金丝楠木，从塔底往上，穿越层层塔室，又穿出塔顶。金丝楠木产自湖广、四川，采伐非常不易，通过水道往北运输。金丝楠木主要用于宫廷建筑，如果擅自从运河中捞取，无疑会有杀头之重罪。可是，临清塔的通天塔心柱所用到的金丝楠木是从哪里弄来的呢？根据上述塔壁捐资刻石，可以推断是王体乾等太监的“施舍”。民间流传着这样一则故事：

> 临清舍利宝塔始建于明代万历三十九年，营建中全凭四处化缘，八方集资，盖盖停停，停停盖盖，断断续续用了9年心血才建成，费老劲啦。

---

① 何孝荣：《明代宦官与佛教》，《南开学报》2000年第1期。

② 万历四十三年（1615）《三层功德檀越》，碑存临清市舍利塔。

③ 万历四十五年（1617）《舍利宝塔第六层纪造》，碑存临清市舍利塔。

④ 万历四十三年（1615）《四层功德檀越》，碑存临清市舍利塔。

话说这一年缺木少砖又歇了工，大家垂头丧气正没辙。一天，谢家饭庄一个伙计来到工地找监修柳大人，说有一位大施主愿捐木料，正在饭庄楼上静候柳大人商谈。

监修柳佐登上饭庄楼座，果然一人备好酒菜正在等他。柳佐坐定，打量来者，布衣布履，平常无奇，但开口讲话口气惊人："听说宝塔鸠工庀材有困，举步维艰，足下愿捐宝塔用木，为造浮屠略尽微薄之力。"

柳佐听罢，惊得目瞪口呆："施主莫非是……"

来者一伸手截住问话："阁下在金陵所为早有所闻，钦佩钦佩，今日幸会，望多海涵。"说着亮出象牙腰牌在柳佐眼前一晃。

柳佐在南京应天府居官御史，识得宫中之物，腰牌葫芦样，是锦衣卫所佩，不免心起疑窦："公公到此，哪位大人所遣?"他这才注意到来人无须无髯，眉毛稀疏，话语嗲气。

来人仍是一伸手截住问话："阁下，咱家不便言明，望多海涵。三日之内，木料塔下备齐。略备小酌，不成敬意，不便相陪，在下告退。"说罢拱手作揖，悄声下楼而去。

柳佐哪里还咽得下酒菜，倚椅闭目，左思右想。

事过两天，建塔工地毫无动静。第三天深夜子时，从北水门方向来了七匹黑驴，驴上七人俱是皂衣、皂裤、皂巾夜行打扮，手举火把，洒脱利索。七个人下得驴来，走下河坡，解下腰间绳索就往河里抛，绳索前头系有三齿倒钩，钩钩扎在河中漂木上。漂木由钩绳拽上岸，遂又抛钩河中另一根漂木，一根接一根，一绳接一绳，火把烨烨，人影绰绰。七个人不喊不叫，手语对应，活像七个哑巴；但动作协调，心齐力合，无人支派，胜似有人指挥。虽然七个人注意不弄出动静，但漂木击水声、木头撞击声，终究还是扰动了些人。建塔工地的工匠们、运河漕船的船夫们、起五更挑菜进城赶早市的菜农们，傻子观灯似的看蒙了，等他们蒙蒙绰绰好像明白了点时，七个人早已收起绳索，披上黑斗篷，骑上毛驴，绕上河堤，渐行渐远了。

天明，柳佐从城里来到工地，但见河坡地整整齐齐码放着二十多根一搂粗的金丝楠木，短的丈七丈八，长的二丈二三。天哪！这是钦定皇木啊！不想活了？人们咋舌惊眼，唏嘘一片。

直到此时，柳佐心中悬丝才对上了头。这是宦官阉党所为。自己正直为官，清廉勤政，反倒因皇室立储之争，受奸佞阉党所害，便辞官归里，落个清净。谁曾想在家乡建塔，讨厌的阉党又找上门来添堵，真是烦人。

过了些时日，柳佐辗转反侧，前思后想，觉着一不是临清人所为，却为临清所用。二是建塔缺资少料晾着摊子，到嘴的肉不吃白不吃，吃了也白吃。拿定主意，横下心来把原图样变了，全部金丝楠木都用上，增建通天塔心柱。就这样皇家专用金丝楠木在远离京畿千里之遥的临清，一下子通上了天。[①]

故事至此就讲完了。那么，到底捞取皇木的人是谁呢？虽然人们说不准，但都心知肚明。这与上述塔内的无题记碑相互发明，碑上什么事情也没有记载，只是留下 7 个太监的名讳，其中非常显眼的一个曾是魏忠贤死党的二号人物——司礼监秉笔太监王体乾。他们与捞皇木肯定有着直接的关系，如果在碑文中如实写出捐献记录，无异于不打自招，因此便有了只记载捐资人姓名和身份的刻石。至于人们还知道什么，当地流传这样一句话："舍利塔建在河东，倒河西，倒时砸死七个穿黑衣骑毛驴的。"这大概说的就是这则故事。在临清塔第 9 层的通天柱上，还挂有上书"文曲星之位"的木牌，成为当地儒生进京赶考前的拜谒之地，木牌印痕至今仍依稀可辨。临清塔对于改变当地文运发挥了重要影响，此塔与柳佐渊源还有一段鲜为人知的故事。

话说明万历年间，临清境内有一个大柳庄，位于大运河畔。虽叫大柳庄，但庄子并不算大。庄里住着一户柳姓人家，父亲柳晓是位远近闻名的私塾先生，膝下有一子名柳佐，自幼聪慧好学。柳佐在十二岁那年就考取了秀才，四年后又以乡试经魁的成绩考取了举人功名。一时间，前来道贺的亲朋好友络绎不绝，更有文人墨客前来拜访交流，或吟诗答对，或论经释道。

---

① 王映雪主编：《民间文学》，山东友谊出版社 2009 年版，第 250—252 页。

时光荏苒，大比之年将至，柳佐准备进京赶考，期盼考取进士功名。但是，由于种种原因在家里实在难以静下心来读书。这时，柳佐想到了永寿寺。由于柳家是一个乐善好施的人家，经常给永寿寺布施一些香火钱，所以，柳佐征得方丈同意，搬到了永寿寺寄读。

话说这永寿寺西傍大运河，寺内古树参天，肃静清幽，在这里读书可使人心无旁骛，是个寄读的好地方。

柳佐自来到永寿寺，早起晚睡，刻苦用功。有时，他也与方丈探讨一些对人生、佛法的感悟，从中学到不少佛学哲理。

有一天深夜里，天气异常闷热，柳佐正在烛光下专心致志读书。突然，一道亮光在窗外一闪而过，柳佐一惊，抬头向窗外看去，没发现什么东西。

"难道是我看书看得眼花了？"柳佐没有去理会这些，重又捧起书凑近烛光看了起来。过了不大一会儿，又有一道金光在窗外闪过，柳佐感到非常奇怪，他放下手中的书，伸伸懒腰，慢步来到院内。就在这时，大雄宝殿前院突然有数道金光自地面射向天空。柳佐先是一惊，心想这是何物在放金光，随后慢慢地探寻过去，想落实个究竟。可是，来到放金光的地方搜寻了个遍，也没有发现什么异常的东西。柳佐心想，不可能呀，刚才明明看到了金光四射，怎么来到近前就什么也没有了呢？柳佐更加疑惑。

柳佐一夜未眠，终于熬到了天亮，带着疑问来到了方丈面前讨教。方丈说："听以前的老方丈讲，当年隋炀帝乘龙舟通过永济渠时，驻跸永寿寺，赐给本寺舍利子一颗，本寺历代高僧方丈将其视为镇寺之宝，后来为了安全，上代方丈把舍利子藏于地宫之中。"柳佐说道："哦，原来是佛舍利子在发光。"方丈接着说："这是祥瑞之光，见者如意遂愿，阿弥陀佛。"

天气转凉，进京赶考的日子越来越近。可是，柳佐没有忘记老方丈的那句"如意遂愿"偈语。这天晚上，柳佐读完书，来到放射金光的大雄宝殿前院，跪拜于地，默默祈祷道："阿弥陀佛，请保佑我此次进京赶考金榜题名，他日我定在此修建舍利宝塔一座。"

柳佐辞别了家人，在临清太平渡口搭上了一艘进京的漕船，由于顺风顺水，十多天便来到了京城。

会试期间，柳佐在考棚文思泉涌，似有神助。不几天，会试张榜，柳佐榜上有名。同时，一起进京赶考的临清举子方元彦、汪应泰、王都也榜上有名。在这次开科中，临清的举子高中四名，文运名列前茅。

柳佐为官多年，始终没有忘记进京赶考前在永寿寺的许愿，还愿成了他多年来的心结。他在考取进士二十六年后，回到了家乡临清，将自己这么多年来的积蓄全部布施给了永寿寺，并说明要用此款在寺里修建宝塔一座。在给宝塔奠基的时候，柳佐对大家说出了多年来心中的秘密："是舍利子保佑了临清市肆繁荣、文运昌盛。"

最后，大家一致赞同把此塔命名为"舍利宝塔"，时任山西按察使的临清籍进士王成德欣然为舍利宝塔题写了塔额。[①]

天启元年（1621），开始建铁大士阁。（参见图 3－17）崇祯二年（1629），州人汪承爵建天王殿和大殿。汪承爵为万历二十三年（1595）进士，历任两淮盐运使、四川兵备道等职。崇祯十四年（1641），协镇马岱建僧舍和山门。舍利宝塔成为这处佛教建筑群的一部分，而这里的寺庙最后被定名为"永寿寺"。寺内塑像众多，有铁佛立像一座、铜真武像一座、铜韦驮像一座、铜关公立像一座、铜千手千眼佛立像一座、铜佛立像一座、铜佛坐像六座等。塔湾一带商业繁荣、香火旺盛，临清十景之一的"塔岸闻钟"即指此处。地方志记载了永寿寺的盛况："嵌空玲珑，极工人巧。上出重霄，下临天地。风生八面，五月清秋。旁有禅林，曰永寿。林木周遭，楼阁巍焕。水路往来，咸瞻仰流连，忘人间世。时有好事者，放舟临彼岸，听晚钟静梵，铎响松涛，琴韵思清，江声欲起，殆不仅以多宝琉璃，侈壮观也"；"古冈曲盘，树木森横，殿阁嵯峨，塔涌九级。仲春士女登游，每朔望缘壁燃灯，辉映星月，远望三十余里"。[②]

---

① 刘英顺：《临清舍利宝塔的故事》，《临清文艺》2014 年第 4 期。

② （清）于睿明、胡悉宁：《临清州志》卷 2《庙祀》，清康熙十二年（1673）刻本。

图3－17　临清城北永寿寺内的大士塑像

资料来源：[荷] 包乐史、庄国土：《〈荷使初访中国记〉研究》，厦门大学出版社1989年版，图60《临清城北永寿寺内的大士塑像》。

三　从“风水塔”到“文物”

在明朝，当时的风水学说认为，利用塔、殿或亭等建筑，可以弥补地形之不足，从而能够改善城镇所在的势和气，逢凶化吉。临清塔虽然名为“舍利”，但其实源于“风水”，后来又加入了佛教的“功德”面向。因此，临清塔兼具风水塔和佛塔的二重功能。当然，它还蕴含明显的“崇道”意识，从其选址到外形设计无不渗透着道教思想。临清塔成为一个将财富与声望、风水与功德相互转换的机制，在体现不同群体“反自然”精神的同时，还借助塔体建筑的形制、尺寸、构件等，向社会传播了一种潜在的文化信息，如禁忌、避灾、辟邪、祈福等，形成了内涵比较丰富的建筑语汇。虽然这些语汇背后的社会意义是人为附加的，但是，它们无一不充满了特定时代下的应有之义，因而展示出临清塔特有的文化内涵。

就全塔而言，登临远眺，则周边风光皆可撷取；就各层而言，相错得宜，所收景物各有不同，形成了统一之中蕴含变化，丰富了“灵收八表”的空间变幻效果。塔心室的内部空间也表现出变化的层次感，并且由于梯道的狭长幽暗，更是在先抑后扬中显现光明以及小中见大。第6层塔心室的构造颇具匠心，也最为精到。东、西两面券窗上方各嵌石刻“东延岱岳”“西引太行”，正北佛龛券洞上方题刻“秀聚中天”。当时，曾有捷足先登之人惊喜地发现，“三百里外忽见遥山”，“朝宾岱宗暮太行”，这是地处平原的临清旷古未见之奇景。第7层塔心室又转变为塔壁四合，上部由穹窿顶改为斗拱出挑承托的平顶，东、西、南、北四个位置上各安置砖雕字样，分别为“阿閦佛”“弥陀佛”“宝生佛”“成就佛”，以应“七级浮屠、四面生佛”之意。通过这种卓尔不群的空间处理方式，显示出佛之尊严境界，从而达到空间序列的最高潮。到了第8层，似乎又恢复到第5层以下大同小异的形式，登临之人遂被唤起几分回忆，由此形成高潮过后的片刻宁静。当到达第9层八角形的塔心室后，空间的表现形式又在似与非似的印象中，与第6层的表征联系起来了。那逐渐聚拢起来的穹顶，隐没了从地宫拔地而起贯通全塔的塔心柱，预示着塔的内部空间序列至此圆满结束了。而联想着塔心柱穿出塔顶冠表为塔刹的外部空间形象，又不禁令人感受到“灵收八表”的佛之空间，似意犹未尽，仍在无尽地延续，直至中天。

明清两朝，不知吸引了多少文人学士来此登临赏景，赋词吟诗，抒发情怀。“塔铃云上语，透阁雨过晴”就是明代某位诗人对临清塔的咏赞。清人孔胤樾在《登永寿寺塔》一诗中云：“浮屠创何代，疑非人力营。驱车近胜地，百丈午阴平。兴到不计险，欲穷迹罕京。心气自肃穆，雅循绳墨行。所历未及半，回首魂魄惊。纡曲力易竭，喘汗前交并。豁然开一境，暗牖贮虚明。万象眺无际，人物尽孺婴。日静风声举，鸟雀绕衣鸣。忽感天地大，胡为安小成。归来卧斗室，幽梦入蓬瀛。”这首诗描写塔具有浓郁的生活气息，虽然并未直言其高，但句句道出了塔之高大雄壮。在地方官员、文人墨客乃至帝王将相的笔触之下，临清塔日益成为临清城市的地标乃至镇城之宝。在尽为平原地貌的临清一域，由于无山作镇，临清塔既具有军事防御的实际功能，也是保佑城市安定的精神符号。可以认为，临清塔作为城市一景的文化意义不仅限于游人触景生情而产生的历史记忆与文化认同，更在于贯穿其中人们的文化实践。

时至今日，在革命与战争的毁坏下，城市中历史时期的许多建筑多已烟消云散，只有个别的才能够历经磨难得以幸存下来。昔日繁盛的永寿寺早已没有了踪迹，只留下临清塔这一建筑。在革命的年代里，历史时期的一些遗迹被视为封建势力的残余。在很长一段时间里，这里成为人们闲暇时登临远眺的好去处。临清塔从建成至今，毁坏比较严重，目前尚未见到有关维修的资料。由于长时间得不到修缮，曾经的镇城之宝变得衰败不堪。近代以来，随着国家文物保护制度的出台，古代的地景逐渐地被纳入文物的范畴。

1956 年，临清塔被定为地级文物保护单位，并收入《中国名胜辞典》。1982 年，上海同济大学教授、古塔研究专家路秉杰曾对此塔进行测绘鉴定，认为塔心木柱属于唐代的建筑风格，其收分小至近似垂直和用油灰纸浆混凝而成的盝顶，皆属罕见。1992 年，临清市通过众筹发动全市捐款以修缮临清塔。当年 8 月，维修工作进行前期测绘，由维修设计单位国家文物局古建筑研究所委托天津大学实施。在施工过程中，他们发现了塔底的地宫。

临清塔地宫位于底层塔心室正中室下，结构形制为平面八角形，方向与底层塔外壁同向，八角穹窿顶，为红砂岩，用白灰分三层三折砌筑，宫室内各面墙壁中部辟一长方形壁龛。地面用青条石东西向铺设，地宫整体剖面宛若一座蒙古包毡房。地宫地面中心有一圆形灰堆，灰堆中的部分炭块与第 9 层塔心室通天塔心柱被焚金丝楠木炭块相若。中心稍南有两块铁质销钉，四面有散落铜制钱。南北壁龛内有焚烧炭灰，形似经卷，下有铜镜、施资银牌、龟形碎银、制钱。东西壁龛亦有灰堆，形似木雕佛像，下有铜镜。其余壁龛内灰堆下均有铜币。北壁龛内另有施资镀金银牌一件，银牌扁圆身，儒冠顶，周饰凹线，卷草纹。牌子正中竖行印压阴文楷书“庠生柳偲男柳亮柳京施”10 个字。经查柳坟村《柳氏宗谱》，柳偲为舍利塔主修人柳佐之子，柳京柳亮为柳佐之孙。这些均和志书、碑文等记载吻合。地宫内共清理出铜币 454 枚，地面散弃 122 枚。北壁龛内有龟形碎银块，椭圆形，仿麟趾金，顶端呈冷却旋纹，底端有熔铸中蜂窝气泡。

地宫文化遗存虽然不多，但是传递出来的文化信息却非常丰富。塔非我国固有，西汉末年伴随佛教从印度传入。印度舍利塔虽埋葬佛舍利，但并不埋在地下，只是传到中国后才与深藏葬制相结合埋于地下。同时，还与中华传统建筑文化相结合，改造为密檐式塔、阁楼式塔等建筑。临清塔地宫也沿袭了这种高僧舍利葬式。由于临清塔濒临运河，行洪期洪水漫进地宫，就被人们以讹传讹，称为“井”，乃至神话为“海眼”，其实这是人们不了解地宫建构之缘由。临清塔地宫地面遗留灰堆和炭块，与第9层塔心室金丝楠木塔心柱焚炭相近相若。在宋代《营造法式》的记载中，已有将2—4根小料内部用暗榫拼合成大料的图例。清代《营造法式》中多采用以铁箍包绕加固，再穿以长钉固定的做法。第9层塔心室残存塔心柱即有此遗存，地宫中遗存的内防两头圆销钉为此用。从中可以推断，临清塔通天柱结构正处在宋代与清代两种营造法式的过渡期，是研究古代建筑演进嬗变的可资例证，同时也是塔心柱直落地宫的明证。

从1992年开始，临清塔的维修工程历时5年。按照维修设计方案，对塔体内部所有坍塌部位全部按原样重新砌筑，塔檐部位也全部维修复原，并加固了塔心柱，塔外五层挑角均安装了风铃。1997年8月，临清塔维修工程顺利完工。国家文物局、山东省文物局及聊城市文物局的有关专家参加了验收，大家一致认为此次维修工程是建塔以来规格最高、质量最好的一次，属于优秀工程。后来，省、市文物部门又曾对其进行过维修，历时近两年。2001年6月，临清塔被公布为全国重点文物保护单位。通过临清塔的历史，我们能够看到，古代将一座建筑塑造成镇城之宝与城市地标，而当下则把它制作成了珍贵的文物以及城市文化的象征。

第三节　街巷胡同的社会文化史

一　道路地名及其生命意义

地名是对空间中特定地理实体的一种专有称谓，与文化共生、共变并成为文化的镜像、载体。[①] 它不仅指出对象的位置与类型，而且还经常反映出当地的自然或人文地理特征。命名则将地理想象和空间认知加以整合并予以空间化表达。不同的群体基于不同的利益诉求，往往会拥有

① 牛汝辰：《中国地名文化》，中国华侨出版社1993年版，第4—6页。

特定的地名观，甚至有时还会围绕地名展开紧张激烈的竞争。过去的文化，诸如交通、经济、政治等，总会在地名中有所反映。通过一定区域范围内地名的历史特征，可以了解地名的年代层序，以及地名所指代的地理实体。进一步来看，考察地名缘起与使用历程，探究命名与更名动因，既能揭示不同社会群体之间的政治文化关系，又能从日常生活角度对重大政治问题得到新的理解。

关于地名的研究，学界以往大多从地名学角度出发，分析地名的文化内涵和历史流变情况[①]，而较少关注地名背后的社会文化历程。近些年来，随着地名研究的多元发展以及批判转向[②]，地名命名、更名的社会文化关联，尤其是地名与权力之间的关系，逐渐成为最主要的议题。在政治层面上，以城市、政区为尺度，侧重突出国家、政府占据主导地位，对不同社会阶层也有所重视。[③] 在经济层面上，涉及地名的开发与利用、地名的命名权、地名的更名与争夺等。[④] 在社会层面上，着力探讨地名与地方认同、文化认同、社会记忆传承等之间的关系。[⑤] 对地名的考察，不能仅仅从官方立场出发，还应关注民众所扮演的角色。无论是在地名承传相对稳定的古代，还是在地名变动逐渐加速的近现代，国家传统或政治权力并非地名实践的唯一参与者，人们经常会利用地方性知识，主动地参与到地名的社会建构与文化进程中。

道路地名或交通地名简称为“路名”，它是地名文化研究中的重要一部分。道路无处不在，是人类与环境互动最直接的产物之一。鲁迅在

---

① 相关研究如孙冬虎、李汝雯《中国地名学史》，中国环境科学出版社 1997 年版；华林甫《中国地名学源流》，湖南人民出版社 1999 年版。

② 纪小美、王卫平等：《批判转向以来地名学研究回顾与展望》，《地理科学进展》2016 年第 7 期。

③ 相关研究如黄雯娟《命名的规范：台南市街路命名的文化政治》，《台湾史研究》2014 年 12 月第 21 卷第 4 期；刘博、朱竑《批判视角下广州地铁站命名与更名研究》，《地理科学》2014 年 9 月第 34 卷第 9 期。

④ 相关研究如郭泉恩、钟业喜等《江西省地理标志产品培育及其空间分布》，《热带地理》2013 年 7 月第 33 卷第 4 期；周尚意、吴莉萍等《论城市实体空间变化与历史地名保护的关系：以北京二环以内地区为例》，《中国地名》2007 年第 1 期。

⑤ 相关研究如韦谢《城市地名变迁与社会记忆的建构：基于〈紫堤村志〉的分析》，《中国名城》2016 年第 3 期；陈佳穗《台湾地名传说所反映之居民集体意识研究》，《南亚学报》2008 年第 30 期。

《故乡》中说："希望本是无所谓有，无所谓无的。这正如地上的路，其实地上本没有路，走的人多了，也变成了路。"道路一经形成，就成为大地景观的重要部分，对生态和社会会产生多方面的影响。美国景观地理学家杰克逊（John B. Jackson）指出，道路应该成为景观研究的重要成分，并提出"路学"研究的专业性概念。[①] 在人文社会科学领域，对道路的研究一般多侧重于道路修建、使用和影响。由于道路与人类以及自然无时无刻不在"互动"，人类学家周永明倡导应当综合动物学、生物学、历史学、人类学、政治学、地理学和传播学等学科对道路展开深入研究，并进而构建起"路学"的学科体系。[②] 对于人类学研究视角而言，道路联结着人与自然、人与社会以及人与文化，与个体的生活方式、人群的组织形式以及社会的整体结构都有着密不可分的关系。

相较于乡村，城市是一个复杂的系统，有着高密度的物流、货币流、人流和信息流等。如果将城市社会视为有机体的话，那么，街道便是这座城市的经络。街道承担着基础设施的功能，是城市中人们最为熟悉的公共空间。街道并非一个有形的物理空间概念，它还蕴藏着无形的经济与人文要素，有着自身的发展规律和生命意义。通过街道的社会生命史，我们能够深刻体悟到"作为一种生活方式的城市主义"，以及发现不同历史时期的空间与象征、权力与政治、国家与社会的特征。

临清的街道包括三类，即"街""巷"和"胡同"，当地人有时候也习惯使用"胡同"一词称呼原临清古城里的街道。何谓胡同，"元人称街巷为胡同，后北方用为巷道的通称"[③]。胡同之说当始于元朝，是蒙古语"浩特"的音转，其意指"水井"，也就是大凡有人居住的地方总会有水井。蒙古人是一个游牧民族，受自然环境的制约，其生存模式为逐水草而居。在雄霸中原以后，蒙古统治者仍然将水资源视为生存之根本，将水井看作是人们的生命之源，城镇居民围水井而生活，后来就逐渐将聚居之地称为"胡同"。"胡同"一词在元朝以来的文献中有多

---

① Jackson, John B., *Discovering the Vernacular Landscape*, New Haven, CT: Yale University Press, 1984, p. 21.

② 周永明：《道路研究与"路学"》，《二十一世纪》2010 年 8 月号，总第 120 期。

③ 《辞海》，上海辞书出版社 1989 年版，第 1698 页。

种写法，如“街通”“衚衕”“胡洞”“吾同”“火共”“火弄”，等等。它起源于元代，兴盛于明清，民国后期才渐渐淡出人们的视野。临清胡同不仅是城市地理标志，还是临清古城的骨架，更是临清老百姓生活的场所。它蕴含着浓郁的文化生活气息，烙下了人们世代在临清生活的印记。临清胡同的名称丰富多彩，文化积淀深厚，从元、明、清、民国时期到现代，从漕运、经济、军事到民俗，在胡同名称上都留下了历史的痕迹。

二　街巷胡同的故事

街巷胡同，蕴城市之变迁；街巷史绩，载沧桑之映现。临清胡同是由一座座民居布局而成的，没有民居就没有胡同。因此，临清民居是胡同文化的重要载体之一。临清民居有着鲜明的运河文化特色，与运河有着千丝万缕的联系，它是在临清本土文化的基础上融合了运河多元文化的结晶。明清时期，徽浙商人、京津商人、山陕商人等在临清的经商历史都体现在古老的民居中。透过临清胡同，我们可以管窥各个历史时期中临清的兴与衰。临清胡同文化是大运河文化中的一朵奇葩，它是研究运河史、城市发展史、商贸流通史、漕运史、榷税史、移民史、民居建筑史、社会发展史乃至民俗民风的重要资料。

临清古城的街巷胡同最早形成于元朝，繁盛于明、清和民国时期，其发展历史伴随着临清城建的四个阶段。第一阶段是元朝政府在山东境内开凿会通河这段时间，由于漕运的兴起，四方商贾云集此处新兴起的会通镇，一时间出现了中洲居民人口急剧增长，进而促使在运河两岸形成了大片的街巷胡同。第二阶段是在明永乐至万历年间，这也是临清经济人文等发展繁荣的顶峰时期。临清大多数街巷胡同形成于这个阶段，特别是商业街巷，多集中在元代会通河两岸。第三阶段是在清朝的康乾年间，临清城区形成了一大批具有时代人文、商业文化特点的胡同。这一次形成的街巷胡同大多不是新扩展、新拓建的，而是原来的街巷发生了地标性、人文性的变化，有的改名，有的分合。第四阶段是在清末民初，随着天津港的崛起，临清与京津之间的贸易往来日益频繁，这期间形成了一批具有民国特殊文化和京津文化的街巷胡同。

通过下面一段描述，可以看到一条街上不同的空间占有格局：“上湾街地处临清市的边缘。街西口有座观音庙，一人高的观音菩萨已被香火熏得浑身漆黑。紧靠观音庙是一家炒饼铺。炒饼铺的后身是鳌头矶，所谓临清八景之一的'鳌矶凝秀'。那砖砌的高台上有座破旧的阁楼，筒瓦参错，杂草丛生，再是也看不出那'秀'来。鳌头矶往南是大众公园，往西就进入闹市了。上湾街东口，就是直通外县的康庄大道。南面紧傍一条小河，街里人家的后门，有的就开向河堤上。……这家是个油坊。……上湾街除了这家油坊，还有一家烟酒铺、两家馍馍房、一个茶馆、一家轧面条铺，再就是四五家货栈，其余都是住户人家了。平常里街上行人稀稀落落。闹市区，像考棚街、锅市街、马市街、大寺街……只有来到这里，才能看到商贾云集、货财萃聚的繁华气象。店铺栉比，琳琅绚烂，五光十色，耀人眼目。尤为临清独有之特色的是酷暑盛夏之季街街相连的遮天罩棚，穿行其间，神为之清，气为之爽，不知上有炎日。"①

俯瞰整座临清城，运河像一个"人"字形穿城而过。卫河与运河两条支流将临清土城划分成几块，如同棋盘一样纵横交错、区块分明。在河两岸成长出数量众多的街巷胡同，或者四面临运，或者两面靠河，孕育了傍河而设的商业区。在南北走向的街道之间，又分布着许多东西走向的胡同。它们布局的一大特点是紧紧跟随运河的走向，一头靠在运河码头，另一头则沿运河两岸伸展。这种形构迥异于政治中心城市的街巷格局，后者在中轴线两边呈对称分布。受到运河的曲折走向以及空间的限制，临清的街巷胡同颇具江南巷子的某些特点，曲径幽深而又狭窄，七弯八拐令人辨识不清方向，无怪乎临清当地有句俗语云"耳朵眼儿里跑马，墙缝儿里走人"。（参见图 3 - 18）

城市中街道的分布格局一般与规划者的思路密不可分，但是，街道的称谓并非多为规划者所命名。在临清，无论大街还是小巷，无论弯曲还是狭窄的胡同，每一条道路都有它自己的名字。实际上，临清古城道路名称多是自然而然形成的，习惯称呼因口耳相传延续至今。临清街巷胡同在盛时曾达到 500 多条，即使在临清解放的 1945 年前后还有 300 多

① 韩羽：《韩羽文集（一）》，文化艺术出版社 2007 年版，第 75—76 页。

条。它们的形成及命名原则大致可以分为以下五类：一是以手工业[①]或货物命名的最多，如锅市街、柴市街、竹竿巷、手帕巷、烧酒胡同、染坊胡同、青碗市口等；二是以官署、庙宇等地标性建筑命名的次多，如帅府街、户部街、娘娘庙胡同、碧霞宫胡同、南水门街、车营街等；三是以大家族姓氏、名人命名的，如周家胡同、汪家胡同、常家街、柳家巷等；四是以会意、传说等命名的，如兴贤街、吉士口街、金牛巷、打狗巷等；五是以形状命名的，如耳朵眼儿胡同、月牙胡同、鸡脖胡同等。[②]接下来，笔者将讲述几个街巷胡同的故事与传说，探寻其中的历史与文化。

冠戴巷是一条南北走向的胡同，南连南司街口，北通狮子街、大义街和河衙厅街。据当地人讲，这条胡同在清朝乾隆年以前的名字叫“棺材巷”，因胡同里边多为棺材作坊而得名。为什么后来将“棺材巷”改为“冠戴巷”呢？至今还流传着“乾隆爷喝喜酒改街名”的故事。

有一年，乾隆皇帝下江南，驻跸临清，御船就停泊在三元阁码头。一天，乾隆微服登岸，想体察一下临清民风。他和随从顺着三元阁胡同往北，经南司街口，刚到察院街口，就听到不远处传来噼里啪啦的鞭炮声和喜庆的唢呐、锣鼓声。乾隆非常高兴，心想：“刚踏上临清的土地就遇喜事，如迎朕一般。”他便高兴地对跟随说：“前边有什么喜事啊？走，看热闹去。”他们一打听，原来是前边巷子里有一家办喜事的。

这天，正是棺材巷王木匠娶媳妇的大喜日子，街坊都过来帮忙、操持。有的在宅门结彩，有的忙活放鞭花，有的招呼贴喜字。院内张罗落桌亲朋的，更是忙得脚手不拾闲。还有那吹打班子的鼓吹手们，也在各自卖弄着各自的绝活。今天的王家处处都充满了喜庆的气氛。

---

① 这些传统手工技艺是大运河带给临清的一笔宝贵财富，也在某种程度上反映了当时资本主义商品经济的萌芽状态。参见张兆林《分工与互惠：中国民间艺术生产的协作实践——基于聊城木版年画内部生产关系考察》，《民族艺术》2022年第1期。

② 地方志记载了很多街巷胡同的名称，参见（清）王俊、李森《临清州志》卷3《城池》，清乾隆十四年（1749）刻本。

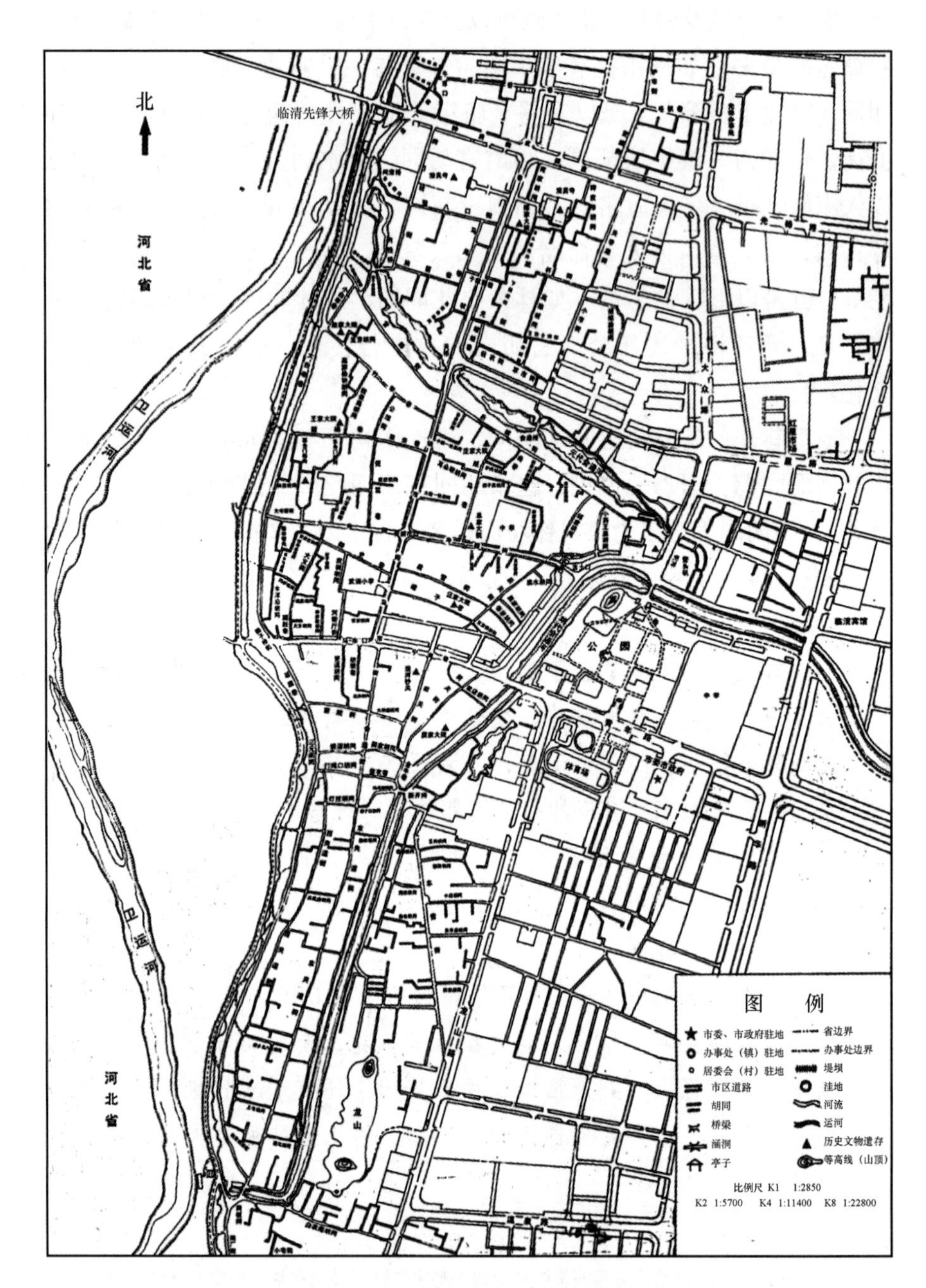

图3-18 临清中洲老胡同地图

（制图单位：临清市政协 绘制：郑连合、刘英顺 时间：2013年3月）

街门口站着一位迎宾司仪，他看见乾隆一行人仪表气度不凡，就主动搭话："几位爷是不是来喝喜酒的?""哦，是，是"，随从应和着。"里面请"，一声吆喝，就被请进了大门。

寒暄中，乾隆拿出一枚珍珠，给礼官说："把它给新娘子戴吧，就算是我们的贺礼了。"客人们眼前一亮，有人还发出了声："呀！好大的一颗珍珠。"

酒席间，乾隆与大伙聊起了临清百姓的家长里短，并问起了这条巷子的名称。

"我们这条巷子叫'棺材巷'，巷子不大，有十来户人家，大多是以打棺材为生。我们邻里之间行走得跟一家人一样，一家有事，大伙会倾力帮忙，临清有句老话说的好，'远亲不如近邻，近邻不如对门'。"

乾隆听后笑着说："睦邻友善，好！就是'棺材巷'这个名字有点儿不雅。"乾隆接着说："我看叫'冠戴巷'挺好，这样既改了巷名，又不失原巷名的发音。"

"好，好，'冠戴巷'这个名字好！"大伙一片赞和声。

后来，人们听说那天来的客人是乾隆帝，住在此街的人们都自豪地逢人就讲："我们这里不叫'棺材巷'了，叫'冠戴巷'，巷名是乾隆爷给俺改的！"①

当年，临清有不少打棺材的木匠铺集中在这条巷子里，棺材铺的木匠有别于其他木匠，依据水平分三六九等，而且所卖的棺材也分三六九等。较有名的要数韩家"宝森号"棺材铺，他家打造的多为柏木、松木等上九头棺材②，而且卯榫合缝，咬扣结实。由于他家的棺材用料十分讲究，价格不菲，多为有钱人家购买。邵家棺材铺则属于档次低一点的，打造薄皮棺材，多卖与普通人。老百姓将这种棺材戏称为"狗碰"，指的是狗头都能把它碰坏，有时太劣质还容易掉底。为此，临清有一句歇后

---

① 刘英顺：《临清胡同文化》，中国作家出版社2015年版，第89—90页。

② 所谓"上九头棺材"，就是使用九根圆木料，截取其中间木为板打造而成。这种棺材共有九块，左右帮同厚，各三块木板；棺材盖最厚，也有三块木板合成。

语:“邵四爷的棺材——掉底。”由于“棺材巷”叫起来不好听也不雅,住在巷子里的百姓也忌讳“棺材”二字,所以,他们就“发明”了这样的故事,用皇权的力量将“棺材”二字谐音雅化。

鞍子巷坐落在河西,是一条西南、东北走向的拐弯胡同,它北通渡口胡同,西通殷家胡同,其形成与临清的商业繁荣密不可分。明清时期,鞍子巷紧邻运河下渡口、河西码头,周边还有米市街、花市街等,以及青龙街东口众多的大马车店。那时候主要的运输工具是牛、马、驴拉的大车,大车牲口套车用的鞍韂需求量非常大,所以,加工制作马具的作坊发展很快,它们聚集在一起形成了鞍子作坊一条街的格局。当地流传着一则与鞍子巷有关的故事。

> 话说在临清运河边,有一户人家,家里有一位聪明伶俐又漂亮的女孩,由于家境贫寒,被父母包办,嫁给了鞍子巷一个财主家的傻小子。这事真应了那句老话:“好汉无好妻,赖汉子寻个花枝女。”
>
> 有一个秀才想给这对新婚夫妇闹个笑话。一天,秀才买了一块肉、一棵葱和一枝花,拿麻子叶包好,送给了傻小子。告诉他,回家把这包东西交给你的新媳妇。傻小子一看,又是肉又是花,高高兴兴地抱着回了家。进家将这包东西交给了媳妇。媳妇接过来一看,跑进里间屋,趴在炕上喔喔喔地哭了起来,一天没有吃饭。第二天,新媳妇拿着个小包袱就回了娘家。
>
> 新媳妇看了那包东西,为什么又是哭,又是回娘家呢?因为那包东西隐含着另外一层意思:聪明伶俐一枝花,配了一块死肉瓜。第二天,傻子发现新媳妇不见了,就去找秀才,哭着闹着地让秀才赔媳妇。“都怨你,都是因为你给我的那包东西,我媳妇才回娘家的。”
>
> 秀才说:“这不要紧,我告诉你一个方法,你媳妇一定会跟你回家的。”
>
> “不可能,她哭着走的。”
>
> “傻子,如果你媳妇不回家,我包[①]你两个媳妇。”

---

① “包”,临清方言,“赔”之意。

“好，就这么着。”

秀才告诉他，让他明天牵着一匹马，给马配上两幅鞍韂，再拿上一面铜锣，去岳父家住的胡同，进了胡同就敲锣，在胡同里走两趟就回来。第二天，新媳妇正在娘家向娘哭诉着，突然听到外面的街上锣声震天响。有人出去看了看，回来一学说，媳妇明白了。新媳妇无奈地辞别了父母，回了婆家。

这是何故？秀才让傻子做的这一切，意思是“好马不配双鞍韂，好女不嫁二夫男”。暗喻新媳妇，你认命吧，嫁鸡随鸡，嫁狗随狗，嫁给扁担抱着走，改嫁是万万不能的。①

明清时期的临清是名闻全国的商业大都会，这则故事实际上反映了整个商业大背景，有钱有势之家对婚姻的主导作用。同时，又不失儒家纲常伦理的教化功能。正是在街道地名中，传统文化中的某些价值观念，通过一个通俗易懂的故事在民众间代代相传。事实上，老百姓也明白，故事流传的核心恰恰在于教育后人。通过对临清城街道地名文化的考察，我们能够更多地看到其中所宣扬的伦理观念及其道德教化功能。

三　街道命名的政治学

从地名发展历史的一般趋势来看，地名并不是一成不变、僵死凝固的东西。相反，有许许多多的地名在历史长河中，不断地发生着变化，甚至发生“新陈代谢”的现象。旧有的地名消亡了，或者被取消了，新的地名又被有意识地创制出来。临清古城中大量依据传说故事而命名的道路名称，现在已无从考证是官方的命名还是民间自然产生的。虽然如此，我们还是会发现这样一种现象，街道的外在形态会发生改变，它们的名字也曾被更改，或者再次复名。那么，它们为何改名，又为何复名？其演变脉络体现出何种现代性？

王烈士祠街是一条东西走向的道路，东通太平寺街、圆帽胡同、小市街，西通状元街、轿杆街，因一位以负贩为业的普通百姓——王朝佐

① 刘英顺：《临清胡同文化》，中国作家出版社2015年版，第91页。

而得名。前文曾述及“临清民变”一事，即临清市民反税监的斗争。明朝政府沿着大运河多设关卡，“临清至东昌仅百里，东昌至张秋止九十里，张秋至济宁仅二百里，层关叠征”①。明神宗派遣大量宦官亲信赴各地任矿监税使，他们贪赃枉法，鱼肉百姓。马堂时任临清税使，对当地进行穷凶极恶的压榨，最终激起了临清民众的反抗。王朝佐是这次民变的领袖，为了保护广大民众免受迫害，他挺身而出英勇就义。道光三十年（1850）王烈士神道碑完整地记载了此次事件：

> 王烈士者，明末人也，姓王，讳朝佐，平素仗义。万历末年，太监用事，中官马堂者，收税临清，百端骚扰，地方被害。人心痛恨已极，焚其衙署，毙其党三十七人。事闻株连甚众，人人自危。王朝佐慨然出首，一人承当，阖郡人民赖其保全，载在州志。当时，州尊陈一经嘉其义，为之立祠。……②

天启年间，临清州守在堂署之左建立了王烈士祠，以嘉其义行。后来，阖郡市民捐资又扩建其神祠，并雕像树碑，以褒慰忠魂。碑以青色石灰岩刻成，碑冠横书“万古流芳”四字，下方雕刻王烈士神像，碑阳中间竖刻楷书“王烈士之神位”六个大字。正是这样一处神祠、纪念碑以及路名，让城里每一位瞻仰者都被具有特殊意义的事件和地点所感染并铭记于心。(参见图 3 – 19)

临清城内还有一条胡同直接以地方名人命名的，那就是著名的武训胡同。武训胡同呈南北走向，南通养济院街、河衙厅街，北与御史巷相连。武训生于道光十八年（1838），清末堂邑县柳林镇武庄（今山东冠县）人，因排行第七，人称“武七”。由于家庭贫苦，自 14 岁至 21 岁曾作长短工，期间受尽地主剥削。因不识字曾被地主用假账赖去 3 年工钱，武训气得昏厥，终于悟出吃了不识字的亏。于是，他立下行乞兴学，让穷孩子上学读书的志愿。

---

① 《明神宗实录》卷 418,《明实录》本。

② 道光三十年（1850）《王烈士之神位碑》，碑存临清市运河钞关博物馆。

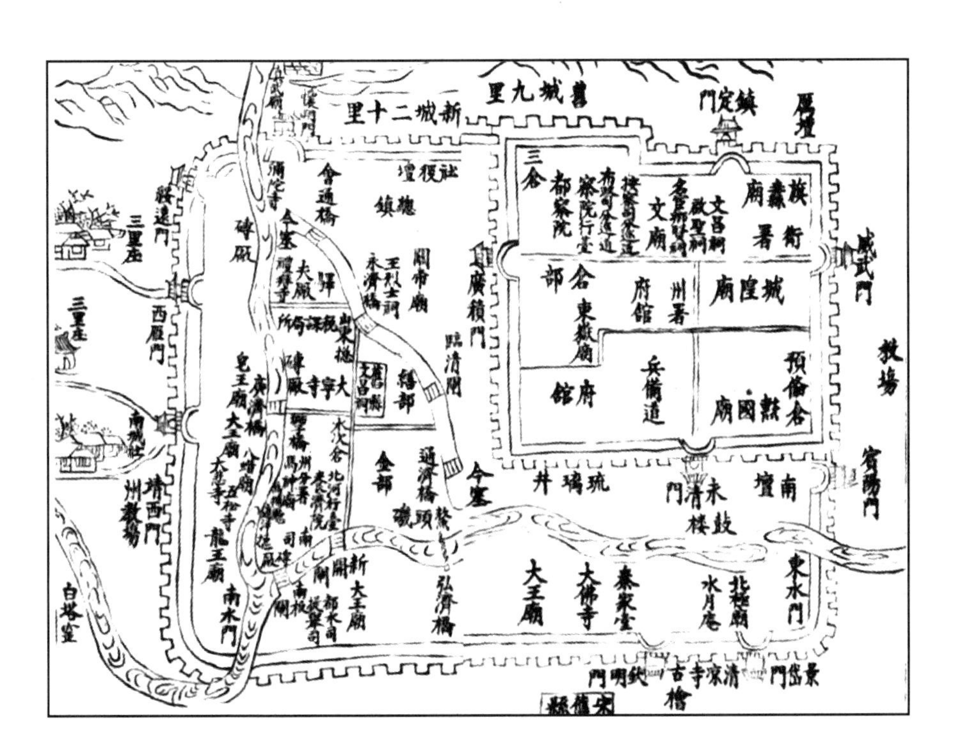

图 3-19 王烈士祠在临清城中的位置

资料来源：（清）于睿明、胡悉宁：《临清州志》，附图，清康熙十二年（1673）刻本。

“吾愿创建义学数处，岁请名师，俾十数邑生童咸来肄业，学优待仕。”斯时也，闻者嗤之，见者侮之，概以其言为不足信，然而其志不移，其气不挫，凡碾磨耕耨，作媒传信，以及至苦至鄙，可以出己力得钱者，无所不为，宿无定所，昼赴城市，语皆成套，非歌非诗，总以创建学堂为辞，人以此多乐与钱者，而食必粗，衣必敝，不顾家，不受室，除甘旨奉母外，视钱如命，毫不妄费，铢积寸累，每至十余贯，必跪求善良富厚之家，代权子母，以备创建义学之用。如是者殆三十余年，始则馆陶武进士崇山娄公，生息之力居多，后则堂邑岁进士模民杨公筹画之劳尤巨。堂邑好义成风，一闻创修有期，即邻邑之助钱者亦甚多，惟子香郭公，监生官云穆公助地各一区，遂卜筑于柳林镇东门外，鸠工饬材，阅五六月，而崇贤义学乃成。义学在馆陶者，创修在前，义学在临清者，继修在后，一时道路传颂，啧啧不衰，上至州县府道，御河运粮之员。①

武训以丑角出场，自残自贱，想尽一切办法，集资兴学。在长达30多年的时间里，他居无定所，食无定餐，到处乞讨；或是当牛作马、出卖劳动力挣钱；或是耍把戏，招人乐捐；或是攒钱置田，子母生息。经过努力，至光绪十二年（1886），陆续典买土地200多亩，积钱近3000吊。光绪十四年（1888），冠县柳林镇义学建成，以“崇贤义塾”为校名。光绪十六年（1890），馆陶县杨二庄义学也成立了。第二年，武训又决定在临清城里筹建第三处义学。经过两年的努力，用银400两，在临清西关御史巷购买宅院一所并进行修葺。光绪二十二年（1896），临清御史巷义学遂告成立。同时，又添置铺房二处，学田六亩，并有一定收入足够办学经费之用。当年，武训因病殁于御史巷义学内。

武训义学堂又名“武训义学”“武训学校”。学堂坐北朝南，大门有一副对联：线头博得千秋业，豆沫能得万古香。进入大门后是一面照壁，照壁外画有武训遗像。画像中的武训双眼注视手中线头，脚下放着一口小铁锅、一个布褡子，褡子里装满了善书。迎门是第一院，正房三间，上悬一匾“千古奇丐”，有一对联：忆先生一笑相逢，貌似李铁拐，歌如蓝采和，落落然衣钵双清，自是君身有仙骨；为后学百年之计，心仪白傅裘，手创杜陵厦，巍巍乎门墙数仞，大庇寒士得欢颜。第二院落，北楼七间，正中匾额“蔚起楼”，东边一匾“无忘武训”，西边一匾“行乞社教”。楼上对联是：生为义丐，死为神明，俎豆祀千秋，真无愧西山片石；文未丧天，道未坠地，胶痒传一脉，大有光东鲁杏坛。楼下对联是：想先生乞食百年，才留下广厦千间，佑我莘莘学子；愿后人读书万卷，权当作信香一烛，报答他赫赫神灵。另有一对联是：乞食到人间，铜釜布橐，不受尘埃侵半点；义声满天下，热心寒骨，宁知俎豆在千秋。临清民众为了追忆武训，让后人不忘武训的义举，就把武训义学堂西侧的这条胡同称为“武训胡同”。

无论是“王烈士”还是“武训”，带有他们名字的地点名称与为了地方、国家以及广大民众利益而牺牲、奉献自我，就具有了某种内在的关

① 张明主编：《武训研究资料大全》，山东大学出版社1991年版，第53—54页。

联性。更进一步来看，通过他们的名字，群体意识、进步观念等自然而然地为民众所认可。或者说，以他们的名字命名街道，顺理成章地成为官方对特定行为认可与褒奖的重要方式，街巷胡同的“英雄”式命名也成为构建王朝国家一统观念的有效方式。

街道地名总会反映某个特定时代的历史，而对其更名则反映出人们如何对待曾经的历史。临清古城街巷胡同原有的名称大多依据地理、方位、形状、建筑、商业、风俗、传说等多种因素自然形成，这就使许多地名不可避免地带有王朝国家时期的文化印迹，如皇家店胡同、镖局胡同、冰窖街、官驿街、工部街、考棚街、河衙厅街、御史巷、税课局胡同、帅府街、铸钱局街、户部街、会通街、大寺街、牌坊街、养济院街、城隍庙街、关帝庙街、东岳庙街、火神庙街、财神庙街、真武庙胡同、碧霞宫胡同、文庙街、状元街、兴贤街、仁义街、大义街等。

1949 年以后，在一段很长的时间里，尤其在“文化大革命”期间，临清的许多街巷胡同也进行了改名。例如，更道街改为新风街，桃园街改为反封街，太平街改为人民街，天桥街改为向阳街，白布巷街改为前卫街，竹竿巷街改为劳动街，箍桶巷街改为光荣街，商场街改为革命街，大寺街改为红卫西街，考棚街改为红卫中路，吉士口街改为红卫东路，锅市街改为东风北街，马市街改为东风南路，会通街改为红旗街，东夹道街改为兴无街，西夹道街改为防修街（灭资街），庆祥街改为前进街，大义街改为光明街，后关街改为胜利街，前关街改为文革街，东营街改为工农街，南厂街改为大众街，福德街改为英烈街，北门里街改为东方红新村街，新开街改为立新街，圆仓街改为东方红街，上湾街改为东升街，柴市街改为援越街，东关街改为抗美街。

道路名称的变迁反映了一个时代的文化价值取向。“文化大革命”作为一个特殊的历史时段，也在地名文化史中留下了一定的痕迹。

1979 年 12 月 25 日发布了《国务院关于地名命名、更名的暂行规定》，认为：“地名是历史形成的，应当以历史唯物主义的观点正确对待，以保持地名的稳定性。地名的命名、更名要慎重对待，要从实际出发，深入调查研究，充分走群众路线，严格履行审批手续，不得擅自决定。……地名的命名，要注意反映社会主义革命和建设的成就，反映当地历史、文化和地理特征。”[①] 1986 年 1 月 23 日国务院发布《地名管理条例》，再次强调：“地名管理应当从我国地名的历史和现状出发，保持地名的相对稳定。”[②] 同年，山东省出台地名管理办法，规定地名的命名应遵循：“要方便使用，注意反映当地历史、文化和地理特征，尊重当地群众的愿望及有关部门的意见。”[③] 1987 年 9 月 24 日临清市人民政府发布《临清市地名管理实施细则》的通知，其中着重指出“乱改的地名，原则上要恢复原名，原名不符合命名原则的，要进行妥善处理”[④]。

随后，临清市对城区街巷胡同进行了命名、更名与复名，大部分道路得以恢复曾经的历史名称。1988 年《临清市地名录》的出版标志着长期遗留下来的地名混乱现象基本结束，书的前序流露出地名文化步入正轨的迫切愿望：“过去我市使用的一千多条地名，大都是约定俗成的。这既赋予地名丰富多彩的特点，也形成了大量的同音、同名。随着社会的发展和科学文化的进步，这种重名现象给人们的工作和生活带来诸多不便，亟待我们尽快改变这种局面。……并将对全市社会主义物质文明和精神文明建设、城乡规划以及人们的日常生活发挥应有的作用。”[⑤] 兹将复名（包括少量新定名称）的街巷地名汇总如下表，从地名角度观察一座城市，它们体现出了临清的总体面貌和基本骨架。（参见表 3－1）

表 3－1　临清市区街巷胡同地名信息

标准名称	位置	走向长度	标准名称	位置	走向长度
健康街	城区西北部	南北长 600 米	弥陀寺胡同	健康街以西	东西长 200 米
后香巷	健康街以西	东西长 200 米	南北街	健康街以西	南北长 600 米

① 国务院法制办公室编：《中华人民共和国法规汇编》第 5 卷，中国法制出版社 2005 年版，第 299 页。

② 国务院法制办公室编：《中华人民共和国法律法规全书（行政法卷）》，中国法制出版社 2014 年版，第 591 页。

③ 民政部法规办公室编：《中华人民共和国地方民政法规总览》，中国社会出版社 2003 年版，第 600 页。

④ 临清市地名委员会办公室编印：《临清市地名录》，1988 年，第 121 页。

⑤ 临清市地名委员会办公室编印：《临清市地名录》，1988 年，序。

续表

标准名称	位置	走向长度	标准名称	位置	走向长度
更道街	城区西北部	南北长 350 米	驴市街	横串更道街中段	东西长 350 米
桃园街	城区西北部	南北长 400 米	张八口街	桃园街以西	东西长 300 米
油篓巷	桃园街以西	东西长 150 米	席场街	桃园街以西	南北长 100 米
牌坊街	桃园街以西	南北长 340 米	于家棚街	桃园街以西	南北向东拐长 250 米
羊头锅街	桃园街以东	南北长 250 米	下洼街	桃园街以东	南北向西拐长 200 米
太平街	城区西北部	南北长 300 米	碱坑沿	太平街以东	东西长 250 米
旗杆街	太平街以西	东西长 100 米	王烈士祠街	太平街以西	东西长 250 米
娘娘庙胡同	太平街以东	东西长 180 米	元茂胡同	太平街以东	南北长 100 米
天桥街	城区西北部	南北长 100 米	估衣街	天桥街以东	东西长 350 米
车道口	天桥街以东	南北长 120 米	河北沿	天桥街以东	东西长 400 米
白布巷	城区西部	南北长 600 米	官驿街	白布巷以东	东西长 350 米
塘子胡同	白布巷以东	南北长 100 米	竹竿巷	城区西部	东西长 300 米
税课局巷	竹竿巷以南	南北长 200 米	箍桶巷	城区西部	东西长 200 米
粜米巷	箍桶巷以东	东西长 100 米	公馆街	箍桶巷东首路北	南北长 150 米
琵琶巷	箍桶巷东首路南	南北长 200 米	商场街	城区西部	南北长 100 米
大宁巷	商场街以西	南北长 150 米	西角门外	商场街以西	南北西拐长 180 米
东角门外	商场街以东	南北长 120 米	大寺街	城区西部	东西长 350 米
行宫庙胡同	大寺街以北	南北东拐长 180 米	锅市街	城区西部	南北长 400 米
小独一处	锅市街以东	东西长 80 米	大独一处	锅市街以东	东西长 100 米
史巷	锅市街南首路西	东西长 200 米	福德街（纸马巷）	城区西部	南北长 300 米
后铺街	福德街以北	东西长 260 米	后坑胡同	福德街北首路东	东西北拐长 100 米

续表

标准名称	位置	走向长度	标准名称	位置	走向长度
耳朵眼胡同	福德街以西	东西长 150 米	徐川店胡同	福德街以东	东西北拐长 180 米
田家店胡同	福德街以东	南北长 200 米	吉士口街	城区中部	东西长 260 米
邱家胡同	吉士口街以北	南北长 160 米	小药王庙胡同	吉士口街以北	南北长 120 米
鱼种场胡同	西门里街北部	南北长 500 米	户部巷	北门里街中部	东西长 450 米
卧云庵胡同	北门里街西部	东西长 180 米	白衣庙胡同	北门里街东部	南北东拐长 350 米
户部巷六排	户部巷西段路北	南北长 180 米	户部巷五排	户部巷西段路北	南北长 180 米
户部巷四排	户部巷中段路北	南北长 180 米	户部巷三排	户部巷中段路北	南北长 180 米
户部巷二排	户部巷东段路北	南北长 200 米	户部巷一排	户部巷东段路北	南北长 200 米
新开街	城区中北部	南北东拐长 450 米	西南门里	药材公司南	东西长 100 米
圆仓街	城区中部	东西长 400 米	福寿庵胡同	圆仓街以北	东西长 130 米
兽医站胡同	纺织配件厂北	东西长 130 米	流水沟胡同	圆仓街以北	南北长 300 米
圆仓西胡同	圆仓街以北	南北长 350 米	马号坑胡同	圆仓街以北	南北长 300 米
南门里	城区中北部	南北长 220 米	陈家胡同	南门里街以东	东西长 130 米
圆仓前胡同	红星路中段路北	南北长 200 米	东关街	城区东部	西起永清路东至曙光路北起先锋路南至红星路
北营胡同	曙光路北段路西	东西长 200 米	张家巷	永清路以东	东西长 130 米
火神庙胡同	永清路以东	东西长 110 米	小碧霞宫胡同	永清路以东	东西长 200 米
甘泉庵胡同	红星路东段路北	南北长 200 米	东观音堂胡同	先锋路东段路南	南北长 280 米
鼓棚底街	先锋路东段路南	南北长 280 米	豆腐口胡同	先锋路东段路南	南北长 280 米
南营街	红星路东段路北	南北长 230 米	上湾街	城区中部	东西长 420 米
西南门外	红星路中段以南	西南东北长 150 米	西柴市街	新华路中段路西	东西长 350 米
八腊庙街	上湾街以北	东西长 400 米	缸神庙胡同	西柴市街以南	南北长 150 米
柴市街	城区中部	东西长 520 米	瓦房院胡同	永清路中段路西	东西长 400 米
绣龙街	柴市街往南	南北长 350 米	梨糕胡同	古楼街南段路西	东西长 200 米

续表

标准名称	位置	走向长度	标准名称	位置	走向长度
药王庙西街	小运河北岸新华路东	东西长 700 米	古楼街	城区东部	南北长 1000 米
南门外	永清路中段路西	东西长 110 米	板井街	永清路中段路东	东西长 350 米
药王庙东街	古楼街南段路东	东西长 600 米	光明街	青年路西段路北	南北长 300 米
观音堂街	光明街北段路西	东西北拐长 75 米	万字胡同	光明街中段路东	东西长 100 米
杨家胡同	光明街中段路东	东西长 80 米	糖坊胡同	光明街以西	南北长 100 米
大桥街	光明街以西	南北东拐长 150 米	武训胡同	光明街以东	南北长 80 米
养济院街	光明街以东	南北长 200 米	月牙胡同	光明街以东	南北长 100 米
马市街	城区西部	南北长 300 米	常家胡同	马市街北段路西	东西长 120 米
南更道街	青年路西段路南	南北长 150 米	放子巷	马市街南段路西	南北东拐长 80 米
考棚街	城区中部	东西长 300 米	工部厂胡同	考棚街中段往南	南北长 80 米
刁家胡同	考棚街东段往南	南北长 50 米	后关街	前关街以西	南北长 500 米
贾家胡同	后关街北段路东	东西长 100 米	黑家胡同	后关街北段路东	东西长 110 米
后营街	后关街北段路西	东西长 210 米	张家胡同	后关街中段路东	东西长 100 米
碾子巷	后关街中段路西	东西长 160 米	兑货桥	后关街中段路东	东西长 120 米
前关街	城区中西部	南北长 500 米	汪家胡同	前关街以东	东西长 50 米
盐店胡同	前关街中段路西	东西北拐长 70 米	宋家胡同	前关街中段路东	东西长 70 米
卧牛巷	前关街南段以西	东西长 100 米	薛家胡同	前关街南段路西	东西长 80 米
二闸口	小运河二闸左右	东西长 200 米	西夹道街	城区西南部	南北长 800 米
察院街	三元阁北首向东	东西长 150 米	破衙门街	三元阁中段向东	东西长 100 米
染房胡同	三元阁中段向东	东西长 80 米	灯挂胡同	三元阁南段向东	东西长 60 米
福田庵巷	西夹道北首向东	东西长 70 米	三宅胡同	西夹道中段向东	东西长 120 米
冠带巷	青年路西端南侧	南北长 150 米	三元阁街	冠带巷至西夹道	南北长 250 米
会通街	城区西南部	南北长 300 米	塘子口	会通街以东	东西长 100 米
东夹道街	城区西南部	南北长 850 米	丁家胡同	东夹道北段路东	东西长 50 米
小新开街	东夹道中段路西	东西长 130 米	段家胡同	东夹道南段路东	东西长 70 米

续表

标准名称	位置	走向长度	标准名称	位置	走向长度
东河堤街	东夹道以东 小运河西岸	南北长 800 米	车营街	城区西南部	南北长 800 米
德聚胡同	车营街北段 以东以西	东西长 300 米	德聚南胡同	车营街以东	东西长 150 米
周家胡同	车营街中段路西	东西长 80 米	小庙胡同	车营街中段路东	东西长 150 米
电器厂胡同	车营街中段路东	东西长 120 米	田家胡同	车营街南段路东	东西长 70 米
车营西街	车营街西 小运河东岸	南北长 800 米	南厂街	城区西南部	南北长 540 米
小宅街	南厂街北首向东	东西长 180 米	煤场胡同	南煤场北邻	东西长 180 米
汽零厂胡同	汽配厂南邻	东西长 650 米	电机厂胡同	南煤厂南邻	东西长 120 米
南关街	城区西南部	东西长 300 米	顺河街	城区中部 小运河南岸	东西长 400 米
师范胡同	大众公园东邻	南北长 300 米	古楼南街	青年路东段路南	小运河 东西两岸
运河巷	古楼南街中部	东西长 300 米	西五巷	运河巷西端路南	南北长 150 米
西四巷	西五巷以东	南北长 150 米	西三巷	西四巷以东	南北长 250 米
西二巷	古楼南街以东	南北长 300 米	西一巷	西二巷以东	南北长 300 米
东一巷	古楼南街 小运河东岸	南北长 150 米	东二巷	古楼南街 小运河东岸	南北长 150 米
东三巷	古楼南街 小运河东岸	南北长 150 米	东四巷	古楼南街 小运河东岸	南北长 150 米
东五巷	古楼南街 小运河东岸	南北长 150 米	东六巷	古楼南街 小运河东岸	南北长 150 米
东七巷	古楼南街 小运河东岸	南北长 150 米			

总之，从一般意义而言，地名的起源和地名的演变二者之间不能截然分开，它们彼此肯定有着非常错综复杂的关系。因为地名是社会、文化、生活等的产物，不同于其所代表着的事物本身，所以，一旦有了地名便会发生地名演变的问题。地理实体不会因为人事沧桑而相应发生变

化，但是地名却不同，经常随着各种各样的社会因素出现而发生变化。

小　结

本章选择城市八景、城市标志和街巷胡同作为具体案例，探讨临清城市的地景实践及其变迁。作为一种地域性景观营造的城市八景，是对一个城市典型的自然与文化景致的统称，更是中国传统文化与城市文化的组成部分。明清时期，在景源选择、命名以及表达方式上，已经形成了相对稳定的结构和重要的文化符号。八景的出现并非偶然，而是有着深层次的政治、经济、文化等因素，成为从“景观”上升为“意境”的风景营造策略。在“临清八景”的时间演进过程中，呈现出自然景观数量减少、人文景观数量增多的趋势。运道的畅通、商业的发展、宗教的变革、土地的利用、城市职能的转变、时代文化的差异等都对此产生重要影响，也就是说，城市八景的时空演变特征与城市社会变迁存在着强烈的关联。

临清最著名的城市标志莫过于舍利塔，它也是大运河上的重要地标性建筑，而有关它的传说故事、建造过程则成为当时或以后的当地人引以为傲的历史记忆和文化符号。对于地方士绅或官员而言，他们实际的社会影响是通过参与地方公共事务得以实施，临清舍利塔的营造便是一个透视地方公共社会活动和政治生态的绝佳案例。对于他们来说，用于建树地方权威的、非直接国家权力资源有物质财富、人际网络、象征资本等。因而，我们会看到，不同的社会群体都参与到舍利塔的建造与完善过程中。临清舍利塔变成了一种可以将这种遗产转化为公共名声的文化符号，其价值不仅仅在于形体构造或外观，而更在于它所代表和传达的文化内涵。

街巷胡同属于特殊而又重要的道路，承担着基础设施的功能，是城市中人们最为熟悉的公共空间。道路联结着人与自然、人与社会以及人与文化，与个体的生活方式、人群的组织形式以及社会的整体结构都有着密不可分的关系。它们并非是有形的物理空间概念，其中还蕴藏着无形的经济与人文要素，有着自身的发展规律和生命意义。临清的街巷胡同名称丰富多彩，文化积淀深厚，从元、明、清、民国时期到现代，从漕运、经济、军事到民俗，在胡同名称上都留下了历史的痕迹。通过街巷胡同的社会生命史，我们能够深刻体悟到作为一种生活方式的城市主义，以及发现不同历史时期的空间与象征、权力与政治、国家与社会的特征。

第四章

城市的公共空间与社会联结

第一节 城市里的庙宇

一 田野经验场景

沿着临清东环路进入市区的时候，会发现道路两旁一东一西分布有两座庙宇，临街处矗立着各自的门楼。南边不远处是元代所开会通河故道，曾为明清两代利用和整治，1949 年之后航运停止，河道主要功能已转向农业灌溉和排涝。路东的庙宇名称是“碧霞元君祠”，路西的是“歇马厅”。虽仅有一路之隔，但两者分属于不同的行政区划。前者现属新华路街道桑树园村，后者属大辛庄街道歇马厅村。据传，桑树园村因村民植桑成园得名，歇马厅村则因庙名称之。在市境西南、卫河东堤附近也有一处名为“碧霞宫”的庙宇，现属青年路街道夹道村。夹道村东临会通河西傍卫河，两条运河之间形成夹道，村名因之。（参见图 4－1 至图 4－3）

三座庙宇供奉的主神均为碧霞元君，另供奉几位其他道教神灵不等，如玉皇大帝、三官大帝、王母娘娘、地宫老母、关圣帝、财神爷、药王等，体现出民间信仰以其多神崇拜作为鲜明特色。虽然三处庙名有所区别，但当地人习惯称呼它们为“奶奶庙”或“娘娘庙”，对于主祭神亦称之为“泰山奶奶”或“大奶奶”[①]。从较广的地域范围来看，祭祀泰山奶

① 据田野报道人讲，泰山奶奶有三个化身：一为消灾免难、祈福纳祥的主身“碧霞元君”；二为智慧、聪明、开心结的“眼光奶奶”；三为繁衍生育的“送子奶奶”。笔者于 2016 年 9 月 10 日对蔡元真道长的访谈。地点：临清市新华路街道办事处桑树园村泰山行宫碧霞元君祠。

图4－1　碧霞元君祠

（照片系笔者于2016年9月10日拍摄）

图4－2　歇马厅

（照片系笔者于2016年9月10日拍摄）

图4-3　碧霞宫

（照片系笔者于2016年10月6日拍摄）

奶的庙宇有多种多样的称呼。[①] 以“碧霞”命名的庙宇“明显受到宋封的影响”[②]，官方色彩较为浓郁，而地方社会里的民众倾向于认可“奶奶”或“娘娘”[③] 之谓，大概因其颇具亲近感和富有人情味之故。当涉及某一座具体庙宇时，还会有更进一步的区分。例如，在村民看来，哪个庙宇历史悠久则会被认为是“大庙”或“正庙”。

从建筑外观上看，三座庙宇差别比较明显。碧霞元君祠坐北朝南，主体建筑由一个大殿和六个配殿组成，分别为碧霞殿、玉皇殿、赐福殿、圣母殿、王母殿、财神殿和救苦殿。歇马厅坐西朝东，为二进院落，大殿为碧霞祠，配殿分别为东岳圣母殿、无生老母殿、菩萨殿、玉皇殿、药王殿、关圣祠、吕祖殿、卧佛殿等。虽然后者配殿数量多于前者，但

---

① 田承军对碧霞元君祠庙在全国的分布曾作过统计，参见田承军《碧霞元君与碧霞元君庙》，《史学月刊》2004年第4期。

② 代洪亮：《社会记忆的空间——以清代山东碧霞元君信仰为中心》，《济南大学学报》2003年第3期。

③ 美国传教士明恩溥（Arthur Henderson Smith）较早注意到这一现象，详见［美］明恩溥《中国乡村生活》，陈午晴、唐军译，中华书局2006年版，第105页。

庙貌与占地面积则稍显逊色。至于卫河东堤处的碧霞宫，更是远逊于前两者。碧霞宫坐东朝西，由碧霞殿、卧佛殿、圣母殿和玉皇殿组成，院落残破，给人一种断壁残垣之感。这三座供奉泰山奶奶的宫观，各自分立于所属的空间坐落里，祈愿的人们在不同的庙宇里进进出出。

这是笔者在了解这座城市历史的时候，偶然走进了大众的精神领域空间，上述田野场景权且作为本章的引子。人们普遍认为，庙宇不仅是寻求精神慰藉的地方，也是生活中最为重要的地方。在古代社会里，以“神道设教”为特征的民间信仰，始终是常民大众日常生活的一部分。在这一过程中，道观、佛寺等维系人们精神寄托的神圣建筑便被设置在城市中。事实上，这些数量众多的寺观也正是临清城市中最为重要的公共空间，成为非常显著的地景。

二 庙宇的空间分布

在临清城市发展过程中，庙宇是社会化空间结构的一种反映，在社会生活与城市变迁中扮演了重要的角色。明清时期的临清是南北水路要冲，集仓储要地、军事重镇、手工业中心、商贸枢纽等于一体。那时的临清，“连城依阜，百肆堵安，两水交渠，千樯云集，关察五方之客，闸通七省之漕”[①]。作为一座流通枢纽城市，临清是五方杂处之地，大规模的人口聚集与流动为信仰与民俗的发展提供了有利条件。虽然不曾出现过占支配地位的民俗，但是，民间信仰却是大多数人，尤其是底层民众主要的精神寄托。因所奉神祇的不同，这些信仰呈现出多元化的特征。

庙宇按其性质种类颇多，大凡与福祸行止、生死病老等相关的祈求，均能找到祭拜敬奉之所。根据清朝地方志分类统计，临清城有祠 19 处、庙 35 处、寺 25 处、庵 15 处、堂 9 处，另外还有坛、阁、宫、院等共计 15 余处。其中，建于明朝以前的至少有 50 多座。[②] 据民国县志记载，临

---

① （明）陆釴等：《山东通志》卷 7《形胜志》，明嘉靖十二年（1533）刻本。

② （清）于睿明、胡悉宁：《临清州志》，《庙祀》，清康熙十二年（1673）刻本。随着时间的推移，祠庙状况也许会发生变化，不同时期的地方志对其会有新增或补记，如乾隆十四年（1749）《临清州志》增加了大宁寺左侧的泰山行宫、宾阳门外的普化禅林、城东十里的满宁寺、三里铺的静慧庵等。

清有庙宇87座，还有教堂6座，此时留存明朝以前的还有16座。[①] 当然，方志所记多为规模较大者，小庙则不胜计数。[②] 在庙宇的创建或维修方面，既有当地人、外地人的自发行为，也有政府的主导动员。这些庙宇或者倡导文武之兴，或者表彰忠贞节烈，或者祈祷国泰民安，无不承载了人们对神灵“镇重一方，抒灵降祥”[③] 的渴望。每年定期或不定期举行的祭祀活动，甚至以此逐渐形成的庙会节日，更是把人们的信仰热情推上了高潮。

历史上，临清道教宫观众多，信仰繁杂。临清较大的道观有30多座，较著名者如城隍庙、龙神庙、八蜡庙、马神庙、漳神庙、汶河神庙、卫河神庙、三皇庙、东岳庙、天齐庙、药王庙、关帝庙、雷公庙、玉皇庙、火神庙、财神庙、山神庙、三义庙、三官庙、真武庙、晏公庙、吕祖庙、大王庙、七圣庙、龟王庙、太公庙等。[④] 漕运和航行的现实需要使河神信仰在当地极为盛行，许多庙宇都与此相关。（参见表4－1）佛教僧徒众多，伽蓝林立。临清知名的寺庙有满宁寺、天宁寺、净宁寺、大宁寺、大佛寺、定慧寺、华严寺、五松寺、清凉寺、大悲寺、千佛寺等。其中，坐落在大寺街的大宁寺是临清佛教寺庙第一大寺，它与满宁寺、净宁寺、天宁寺并称为“临清四大古寺”。（参见表4－2）清真寺在地方庙宇系统里也占有重要地位。回民在定居处多建清真寺，又称为“礼拜寺”。临清境内的回民是元末来此经商之人，取漕运之便利以从事贸易。最早者称“老清真寺”，另有清真东寺、西寺、北寺等。

表4－1　　临清河神庙宇分布情况

名称	数量	位置	建筑年代
金龙四大王庙	5	窑口渡	明万历三十二年（1604）
		新开闸东	明朝
		汶河南浒	无考

① （民国）张树梅、王贵笙：《临清县志》卷7《建置志》，民国二十三年（1934）铅印本。

② 临清魏湾镇位于会通河畔，因明清时期庙宇林立，共计72座，有“一步三座庙”之说。

③ （清）王俊、李森：《临清州志》卷11《寺观志》，清乾隆十四年（1749）刻本。

④ （清）王俊、李森：《临清州志》卷11《寺观志》，清乾隆十四年（1749）刻本。

续表

名称	数量	位置	建筑年代
金龙四大王庙	5	卫河西浒	清康熙十四年（1675）
		卫河南水门内	无考
卫河神庙	1	广济桥南	清康熙十四年（1675）
汶河神庙	1	砖闸东	清雍正八年（1730）
漳神庙	1	板闸外汶河北浒	清康熙十六年（1677）
晏公庙	3	一在会通河闸，一在新开闸，一在南板闸	无考

资料来源：根据康熙十二年（1673）《临清州志》、乾隆十四年（1749）《临清州志》、乾隆五十年（1785）《临清直隶州志》、乾隆四十二年（1777）《东昌府志》、嘉靖十二年（1533）《山东通志》、嘉庆《大清一统志》和民国二十三年（1934）《临清县志》统计。

表 4－2　临清佛教寺庙分布情况

寺庙	位置	建筑年代
大宁寺	大寺街	明朝
净宁寺	怀朔门内	元朝
天宁寺	钦明门内	明永乐三年（1405）
满宁寺	城东十里	元朝
大佛寺	汶河西岸	明朝
永寿寺	怀朔门外	明万历年间
观音堂	大寺前北向	明朝
禅觉寺	灰炭厂	无考
圆觉寺	老官寨	明朝
什方院	城东五里	清初
莲花庵	怀朔门外	无考
净域寺	西仓集	唐朝
多宝寺	旧城中	无考
清凉寺	景岱门外	无考
观音寺	黎博寨	清初
慈航院	城西南南北街	清朝

资料来源：根据康熙十二年（1673）《临清州志》、乾隆十四年（1749）《临清州志》、乾隆五十年（1785）《临清直隶州志》和民国二十三年（1934）《临清县志》统计。

信仰与祀神之间存在着较大的差异，不过对于一般信徒而言却没有什么区别。基层社会里的民众不会刻意在乎所朝拜神明之间的差别，企盼的福祉和庇护在求神者看来应该是一致的。而且，供神与庙宇、庙宇与信仰、信仰与信仰之间的冲突，也没有发展到水火不相容的地步。虽然一种信仰总会出现排斥另一种信仰的趋势，但是，从长远来看它们最终还是共存于世，因而又不得不转向寻求官方力量的支持来换取自身地位的巩固。即使在同一种民间信仰中，其组织体系也是分地而治的，基本上会以庙宇为中心而形成信仰圈。庙宇内所供奉的神明范围，除了本信仰普遍祭祀之神而外，各庙多有不一致的情况。庙宇并非仅为人们祭祀祈祷与精神生活的场所，同时它还承担了本应归社会担负的功能，如文化交流、集市贸易、游览观光、集会议事、社会救济等。不言而喻，一座庙宇可以看作一个社区的中心，其作为社区公共空间的作用非常明显，不同的阶层或群体都愿意把它当作交流、交换与互动的空间。

在这些多元信仰中，临清及其周边地区对碧霞元君的信仰最盛。当地有一句俗语云“先有娘娘庙，后有临清城”，说明了对碧霞元君的祭祀早在官方营建城池之前就已存在，信仰历史较为悠久。根据明代临清州人方元焕在《重修碧霞宫记》中的说法，“（碧霞）宫州凡四焉，其在城西最壮，又创之远也”[①]。当时，方元焕所见“宫州凡四焉”，但其他3处并没有说明。据清代所修临清地方志中关于碧霞宫名称与位置的记载，可以推断这三处分别为：碧霞宫（泰山行宫）在土城中州大宁寺东边，岱宗驻节（歇马厅）在土城东水门外三里铺东边，碧霞宫在砖城南门永清门以东的南坛附近。（参见表4－3）碧霞元君是华北地区颇为盛行的女神信仰，在民间信仰体系中占有重要地位。祭祀她的庙宇遍布城镇和乡村，“大邑巨镇多建碧霞元君之宫，名曰行宫”[②]。明清以来，由于碧霞元君信仰逐渐成为临清民俗文化的重要象征，碧霞元君庙宇的影响日益扩大。时至今日，每年农历三月三十，临清城区的碧霞元君庙宇都要举行规模盛大、持续长达半月之久的“迎神接驾”与“朝山进香”活动。本章即以临清的碧霞元君信仰为个案，对以信仰为核心所形成的公共空间

---

① （清）王俊、李森：《临清州志》卷11《寺观》，清乾隆十四年（1749）刻本。

② 民国九年（1920）《奶奶庙捐资碑》，碑存临清市魏湾镇东魏村。

与社会联结作一探讨。

表4－3　　临清地方志记载的碧霞元君祠庙举要

序号	庙名	庙址	建筑年代	史料	资料来源
1	娘娘庙（碧霞宫）	砖城广积门外以南	无考，明正统四年（1439）以前即已存在	“娘娘庙即碧霞宫，在广积门外，原有旧宇”	乾隆十四年（1749）《临清州志》卷11《寺观》
2	碧霞宫	中洲大宁寺以东	无考，似明代已有	“碧霞宫在大宁寺左”	康熙十二年（1673）《临清州志》卷2《庙祀》
	泰山行宫（行宫庙）	中洲大宁寺以东	无考，似明代已有	“泰山行宫在大宁寺左”	乾隆十四年（1749）《临清州志》卷11《寺观》
3	岱宗驻节（歇马厅）	土城东水门外	明代	“岱宗驻节俗呼歇马厅在东水门外”；“明嘉靖三十年鸿胪寺序班秦闻建”	康熙十二年（1673）《临清州志》卷2《庙祀》；乾隆十四年（1749）《临清州志》卷11《寺观》
4	碧霞宫	砖城永清门外以东南坛附近	无考，似明代已有	“碧霞宫在南坛”	乾隆十四年（1749）《临清州志》卷11《寺观》
5	碧霞宫（娘娘庙）	卫河以东、西夹道街以西	清代	碧霞宫在“卫河东浒”	民国二十三年（1934）《临清县志》卷7《建置志》

注：（1）序号2中的两处记载当为同一庙宇。（2）如果按照民国《临清县志》的记载，序号1、2、3的建筑年代均为清代，序号4此时已无记载，序号5为首次出现；如果据方元焕《重修碧霞宫记》并结合清代三部志书的相关描述，序号1—4似乎在明代即已存在，序号3已有明确记载。

三　社会的基本联结

碧霞元君是一位泰山上的女神，俗称“泰山奶奶”，亦有信众称之为“泰山圣母”或“泰山娘娘”。她在宋、金、元、明几朝曾连续得到官方的封号，并在嘉靖年间授予“天仙玉女碧霞元君”的称号。明朝人谢肇淛认为："岱为东方，主发生之地，故祈嗣者必祷于是，而其后乃傅会为碧霞元君之神，以诳愚俗。故古之祠泰山者为岳也，而今之祠泰山者为元君也。岳不能自有其尊，而令它姓女主，俨然据其上，而奔走四方之人，其倒置亦甚矣。"① 明清以来，碧霞元君在民间的影响逐渐超过东岳大帝。以碧霞元君为主祭神的庙宇主要存在于北方，而东岳庙则遍及全国各地，"前者主要分布于乡村，而后者则立足于作为统治中心的各级城市"②，反映出碧霞元君信仰具有更多的民间性。

正如我们所知，尽管碧霞元君信徒众多，得到各方群体的支持，但对她的信仰却始终没有得到国家的完全允准，礼部出于多种原因没有将其列为官方祭祀的对象。彭慕兰在研究民间信仰与国家之间关系时，指出了现代学者很少注意到的情况，碧霞元君应当视为一个"中间类别"抑或"第三类别"，她的存在"提供了一个重要的缓冲余地，使得有些达不到正教标准的崇拜不用按照严格的正/邪二元来区分，否则就要遭到镇压"③。他强调的是神明在"标准化"和"正典化"过程中的多元性，或者是在意识形态上与正统化对抗，乃至反抗的一面；官方对碧霞元君"收编"的无疾而终，以及碧霞元君信仰的社会基础逐渐转向底层民众，其自身发展同一般意义上的"女神"标准背道而驰。

彭慕兰的问题意识主要基于对同为汉学家的华琛（James Watson）④"神的标准化"、杜赞奇"刻划标志"（或"刻划印记"）两个概念的讨论而提出来。在华琛的个案中，国家、地方精英和大众联合在一起，重新建构了一套共有的实践和标志。正是由于国家对被"允准"神灵的干预，才最终把只有地方价值的女神改造为官方的神祇，从而证实了民间文化

---

① （明）谢肇淛：《五杂俎》卷4《地部二》，中华书局1959年版，第97页。

② 赵世瑜：《明清北京的信仰、组织与街区社会——以东岳庙碑刻为中心》，郑振满主编：《碑铭研究》，社会科学文献出版社2014年版，第347—414页。

③ ［美］彭慕兰：《泰山女神信仰中的权力、性别与多元文化》，［美］韦思谛编：《中国大众宗教》，陈仲丹译，江苏人民出版社2006年版，第115—142页。彭慕兰后来以此文为蓝本加以修改扩充，形成另一篇文章《上下泰山——中国民间信仰政治中的碧霞元君（约公元1500年至1949年）》，是"中央研究院"历史语言研究所2006年7月28日"新史学讲座"演讲稿中译本。参见（台北）《新史学》第20卷第4期（2009年12月号），第169—215页。

④ 詹姆斯·沃森又译作"华生"或"屈佑天"。参见王铭铭《社会人类学与中国研究》，广西师范大学出版社2005年版，引言，第11页。

会被上层文化吸收，形成合乎全国公认模式的文化标准化的观点。[①] 官方的聪明之处在于强加的是结构（象征）而不是内容（信仰），但这往往掩盖了不同信仰群体之间的重要差异，有着共有的实践和标志能遮蔽表面现象意义产生的分歧。[②] 杜赞奇更多注意到的是对神明产生共识过程中的观念碰撞与冲突，通过“刻划标志”来探求“在社会群体和机构中象征标志范围的变化和历史的变化之间极为复杂的关系”[③]。尽管各个社会阶层与集团对神明的解释不尽相同，有时甚至还会互相抵触，但天长日久，这些“层累意蕴”的积淀与融合最终托举起神明的权威形象。[④]

彭慕兰也提到碧霞元君信仰的社会组织，这些进香团体涉及底层的香客、巫婆、产婆、媒婆、衙役等群体，以此凸显意识形态层面底层文化的“危险”面相及其对精英文化的反抗。至于意识形态与社会组织（结群）两个层面的解释，可以通过一种社会联结模式得到更好的整合。问题是如何在一个颇显张力的帝国秩序安排中，将“大传统”和“小传统”[⑤] 整合起来，从而在社会结群层面形成一个基本的联结？仅仅依靠村落层级的观察，尚无法对社会基本联结作理想化的解释，临清个案为我们提供了城市与乡村有机结合的经验。

在研究视角上，我们还需要将实体意义上的地域社会和观念意义上的地域社会结合起来。日本著名明清史学家森正夫曾提出对明清史研究颇有影响的“地域社会论”观点，“地域社会是贯穿于固有的社会秩序的

---

① ［美］詹姆斯·沃森：《神的标准化：在中国南方沿海地区对崇拜天后的鼓励（960—1960）》，［美］韦思谛编：《中国大众宗教》，陈仲丹译，江苏人民出版社 2006 年版，第 57—92 页。

② 也有很多学者不同意华琛提出的共同阶层所作努力形成共识的观点，不过，现实的情况似乎是，某些民间信仰虽有争议亦没有被普遍接受，但仍能发展起来，并能产生某种形式的融合和共识。参见［美］武雅士《神、鬼和祖先》，［美］武雅士编：《中国社会中的宗教与仪式》，江苏人民出版社 2014 年版，第 137—185 页。

③ ［美］杜赞奇：《刻划标志：中国战神关帝的神话》，［美］韦思谛编：《中国大众宗教》，陈仲丹译，江苏人民出版社 2006 年版，第 93—114 页。

④ ［美］杜赞奇：《文化、权力与国家：1900—1942 年的华北农村》，王福明译，江苏人民出版社 2010 年版，第 112 页。

⑤ ［美］罗伯特·芮德菲尔德：《农民社会与文化——人类学对文明的一种诠释》，王莹译，中国社会科学出版社 2013 年版，第 94—95 页。

地域性的场，是包含了意识形态领域的地域性的场”[①]。地域社会是一个涵括经济、政治、法律、道德、思想和意识形态等方面交互作用的统合体。台湾学者施添福受到森正夫的影响，对地域社会概念加以引申，把它视作一个历史研究的分析工具，经此可以体现出区域社会的独特面貌，从而成为探究地方认同的理论基础。[②] 他从形塑地域社会的“环境”和“国家”两个内在机制出发，对结群层面上的“姻亲”与“宗族”以及地缘意义上的“维生”与“信仰”这四个领域进行了交互式分析。受其启发，张佩国提出“地域社会秩序场境”的分析概念，通过所谓的“整体动员机制”来阐明地域社会是如何被有效地组织起来。[③] 这些思辨均与问题意识所涉及的社会结群、意识形态正好对应，如果在社会联结模式的意义上来解释，那么地域社会秩序就蕴涵了实体和观念两个层面的面相。

第二节　“娘家庙”在临清

一　传说中的神明形象

当地民众都把临清视为碧霞元君的“娘家”，每年举办大型的庙会就是为了迎接她回娘家，还有一句顺口溜：“南有泰山碧霞祠，北有临清娘家庙”。碧霞元君本在泰山憩居，到各地巡游称为“出巡”，“回”临清“娘家”是怎么回事呢？这要从泰山顶上碧霞祠内的碧霞元君金身说起。

> 碧霞祠创建于宋真宗泰山封禅祭天后的第二年，即大中祥符元年（1008），建祠的目的是为了供奉被道教尊称的“天仙玉女碧霞元

① ［日］森正夫：《中国前近代史研究中的地域社会视角——“中国史研讨会‘地域社会——地域社会与指导者’”主题报告》，［日］沟口雄三、小岛毅主编：《中国的思维世界》，孙歌等译，江苏人民出版社 2006 年版，第 499—524 页。

② 施添福：《社会史、区域史与地域社会——以清代台湾北部内山的研究方法论为中心》，发表于 2009 年 11 月 12—13 日“中央研究院”台湾史研究所主办的“第二届族群、历史与地域社会暨施添福教授荣退学术研讨会”，见中国人民大学清史研究所网（http：//www. iqh. net. cn/info. asp？column_ id = 8252）。

③ 张佩国：《祖先与神明之间——清代绩溪司马墓“盗砍案”的历史民族志》，《中国社会科学》2011 年第 2 期。

> 君”。然而，建祠易，请神难。碧霞元君栖与何处？其化身为何物？到哪里去请呢？道家信众集思广益后认为，“帝为天”，而“天倾西北”，由此推断帝和其女应该在泰山的西北方向，遂派真人按此方向寻觅。当时，建祠诸人中恰有一位临清的工匠，荐曰：“临清运河旁边有大香椿树一棵，树龄千年，常有人当作神树供奉。”道家随即前往查看，果见树冠蔽天，树干三人不得合围，又因香椿木质宜予雕刻，且散发清醇之气，符合天仙玉女应具香艳之身的条件，该树遂被选中，成为最早被真金素裹的碧霞元君之身。[1]

这样，临清成为碧霞元君的“法身祖庭”，自然也就成为她的娘家了。那么，碧霞元君在泰山憩居后又何以再来临清呢？这还要归结于临清盛大的庙会活动。当地人为碧霞元君建立了行宫，以方便她在庙会期间回娘家居住，每年的“四月会”就是为她回娘家省亲而举办的庙会。在临清城东运河之畔，有一座明代修建的庙宇“歇马厅”，面朝泰山而立。明朝万历初年始建，后经清朝、民国时期扩建续修，形成规模宏大、气势雄伟的建筑群体。此宫观殿宇巍峨，楼阁连亘，在鲁西北、冀西、冀南乃至晋西都享有较高的名气和影响，素有“小泰安”之美誉。尤其依托其道观始于明万历二十年（1592）的“歇马厅庙会”，历经数代长盛不衰，迄今已四百多年，不仅构成独具特色的建筑人文景观、民俗文化景观，而且成为首屈一指的地方民俗现象。每年四月庙会时，在此为碧霞元君迎、送神驾。

> 相传，老年间临清四月庙会可大发啦，庙会头半拉月就黄土垫道，净水泼街，搭彩门，整驿馆。还扎制好龙头凤尾的彩船，载上纸扎的骏马花轿、童男童女，沿汶水下泰州，登中天门，攀十八盘，直奔天街“碧霞寺”恭迎娘娘起驾。
>
> 赶到接驾彩船一回临清，成千上万的善男信女焚香燃蜡，烧纸钱点元宝，列队磕头跪拜，黑压压的人群一眼望不到边。彩船一挨

---

① 笔者于2016年9月10日对蔡元真道长的访谈。地点：临清市泰山行宫碧霞元君祠。另可参见泰山行宫碧霞元君祠宣传手册。

岸，“金刚会”身着清一色黄马褂的轿夫抬起花轿；“銮驾会”金爪、钺斧、朝天蹬前后护驾；“神乐会”笙、笛、管、箫、号鸣乐开道，浩浩荡荡直奔“娘娘庙”。在行进的队伍中，云龙会、狮胞会、高跷会、麒麟会、扛箱会、羯鼓会、采茶会、渔家乐、踩船、钢叉、五鬼闹判外带穆连僧救母等异彩纷呈的玩意儿社伙，锣鼓喧天，笙歌悠扬，把个临清闹得欢腾如沸，彻夜不眠。

可巧有一年，临清天遭酷旱，田园龟裂，四野不毛，树皮剥尽，饿殍载道，人们命都顾不过来了，谁还有心成庙会，接娘娘呢。

你还别说，临清毕竟是个礼义之地、尊神之乡，还真有几个香客沿路乞讨，徒步来到泰山进香许愿。但终因长途跋涉，肚饥身虚，过了“岱宗坊”刚攀登不远，就晕倒在“斗母宫”外柏树下。这夜泰山神黄飞虎走出天贶殿，带领众山神巡山路过此地，被几个虔诚的香客深深感动，遂用坐骑玉麒麟把几个香客驮到玉皇顶，举荐给碧霞元君。碧霞元君过去只听说过临清地面庙会颇大，地域波及四府十八县，没想到朝山香客竟如此至真至诚，随即留下黄飞虎守山，自己即刻起驾，驾祥云往临清而来。碧霞娘娘风尘仆仆来到临清地界按下云头，但见万顷良田龟裂，河干水枯，人饥畜渴，生灵涂炭。运河两岸求雨的人群哭恸悲切，撼人肺腑。不由一阵怜爱，不禁落下泪来，遂降下云头，隐身“娘娘庙”，决意寻出根由，施展真法，普渡众生。

一入夜，碧霞娘娘便骑上骏马周游查巡，出东门，入西门，经南门，过北门。经过几夜鞍上劳顿，终于查得东水门外汶水旁有两条小黑龙每天夜里吞水沐浴，戏水玩耍。碧霞娘娘踏蹬下马，摇身变成一位拄杖老妪。两条小黑龙见一白龙骏马突至，知道来者不善，遂停下嬉闹变成两个粗壮黑汉来迎老妪。

碧霞元君先开言道：“老妪路经此地，见二位嬉闹滋事，殃及百姓，特奉劝收敛一二。”小黑龙答道：“此地云水乃我所辖，旱涝于你何事，多余摇唇鼓舌。”碧霞元君听此气鼓肺炸，据理陈词道：“此言差矣。二位虽黑衣罩身，却难掩鳞纹。既是仙客就应慈悲为宗、造福于民。再说汶水乃泰山百泉所汇，流域四方，行舟灌园，滋养百万生灵，怎容你作恶造孽。”

小黑龙理屈词穷，恼羞成怒，摇身变成凶龙，一左一右向碧霞元君扑过来。碧霞元君摘下耳坠一抛，只见紫气蒸腾、金光四射，一只拱天金环挟着一溜金光迎着两龙飞去，只听得一声碎玉嘎金之声，龙爪被击得酸痛难忍。两黑龙翻身俯冲而下，欲用龙尾卷扫碧霞元君。碧霞元君不慌不忙，将手中杖棍一横掷将下来，只见那杖棍越变越粗、越变越长，随着一阵红光闪耀把两条龙尾压在地上。

就在这时，只听夜空之上一声“元君开恩”呐喊，原来是东海龙王敖广驾云而来，原来两条小黑龙乃是敖广两个龙孙，因从小傲慢成性，在龙宫打闹不止，搅得鱼鳖虾蟹不待见，只好令其周游江河湖海，经风雨、见世面，以改恶习。哪曾想两位龙孙竟作此罪孽。老龙王慌忙下跪，磕头不止，碧霞元君这才收起杖棍，复其服饰。两位黑龙孙见真是元君驾临也深感愧疚，随龙爷下跪求饶道：“龙孙得罪元君神主，残害临清百姓，罪该万死。万望元君恕罪，今后定改恶从善，以功补过。”说完便驾云腾空，施云播雨，惠及众生。

此处按下碧霞元君降服二龙、回驾岱岳暂且不表。再说娘娘庙里，进香的人们发现供桌前的纸马身上突然汗水滴落不止，滴汗几天后竟倒地翻眼，口吐鲜血。再加上那夜里，东水门外云雾翻腾，金光闪耀，厮杀阵阵，随着便普降喜雨，才悟出定是碧霞元君驾临，施展真法降服黑龙，播洒甘露，普救临清众生。临清万民聚集，解囊集资，在碧霞元君降龙的地方建起这座规模宏大的庙宇，当时命名“岱宗驻节”。但当地人感其骏马为民捐躯恩德，故称“歇马厅”。据说，当时布瓦起脊时，突然一阵黑风，刮得天昏地暗。过后，两边脊角各跷出一具黑陶龙峭角，那是两条小黑龙驻此降妖镇魔、护寺保庙、以功赎罪哩。殿中塑造的金身卧佛，也是碧霞元君休息养性、解除劳顿的象征。从此，临清人一到四月庙会便在歇马亭接送神驾，再也不用遥远跋涉去泰安山接碧霞元君啦。①

关于碧霞元君的来历，民间传说多种多样，有说她是泰山神东岳大

① 临清市文化局创作办公室编印：《临清民间故事》（资料本），1987 年，第 67—70 页。本书引用时，字句、标点有所改动。

帝的女儿；也有说黄帝建岱岳观时，曾遣使七位仙女往迎西昆仑真人住持宫观，一仙女随真人刻苦学道，修成仙品，就是碧霞元君；还有的说西汉时，民间女子玉叶自幼聪慧，七岁曾拜西王母，十四岁入天空山（泰山）黄花洞修炼，道成后护佑泰岱，成为碧霞元君。其实，碧霞元君在正宗神谱中的名次并不高，只是宋真宗封禅泰山的一次机遇，才给她罩上了一层神圣的光环。这在元朝马端临的《文献通考》和清初张尔岐的《蒿庵闲话》中均有记载。后来，又有人杜撰出《碧霞元君护国庇民普济保生妙经》赞颂她能够统摄岳府神兵，照察人间善恶。于是，碧霞祠内仙音缭绕，香火日盛，成为东岳庙会主要祭祀之神。临清庙会源于碧霞元君崇拜和东岳庙会，这是人所共知的。

传说对于有文字和没文字的社会同样重要，它呈现出一个社会的精神特质或存在方式。传说不仅为人们所津津乐道，更是庙宇向世人讲述曾经的一种方式。民间传说虽无文献记载的直接印证，可信度也难有确实标准，但如将之视为相互联系、相互统一的文本，则不难发现传说中作为“娘家”的临清与文献中作为“行宫”的临清存在着明显的同构性。“传说本身一般不直接涉及人们的族群利益，也不反映人们的归属意识，因而关于故事原型的确然性不会引起人们过分认真的追究；相反，庙中泥塑的神像则成了一致公认的最具体的存在。”[①] 因此，就社会功能意义而言，传说所满足的主要是民众的信仰需求。

二　庙宇建筑及其崇祀

临清城东运河畔的歇马厅宫观历经明清两代重修与扩建，逐渐形成一个规模可观的建筑群。[②] 结构整齐，布局严谨。东南向，朝泰山而立。加之宫观前戏楼及场地占地 8 万多平方米，是一处平面呈纵长方形的宫观建筑群。沿其中轴线，从东南往西北依次为山门、白玉阁、八角亭、正殿、西阁楼。南北对称辅以小便门、牌坊门、关帝殿、火池亭、南北廊房、南北阁楼分布在三进院落里，从山门至白玉阁为一进，从白玉阁

---

① 郑振满、陈春声主编：《民间信仰与社会空间》，福建人民出版社 2003 年版，第 402 页。

② 以下对临清歇马厅建筑群的描写，参见马鲁奎《话说临清歇马厅》，《临清文物报》1993 年第 1 期。

至正殿为一进，从正殿至西阁楼为一进。山门面阔三间，为穿堂式建筑，鸱吻檐铃，陶瓦覆顶，中间辟卷门贯通内外，次间两侧塑有青龙、白虎拱卫。二法神丈高，身披重甲，体魄雄伟，面目狰狞，如虎啸狮吼，令人怵目惊心，诚惶诚恐。山门下九步条石砌阶，两旁石狮雕像威严壮观。山门左右两侧辟有两座拱形卷门，庙会时，三门洞开人涌如潮。

步进山门即是前院，迎面白玉阁为穿堂式砖木结构楼阁式建筑，面阔三间，进深三间，歇山九脊顶，正脊两端饰以鸱吻，创脊饰以兽头、蹲兽，飞檐挑角，古朴壮观。阁下明间辟卷门贯通两院，阁上雕花隔扇落地，阁内奉祀玉女石像，白玉阁因此得名。玉女即来自宋真宗在玉女池托出玉女石像，诏奉天仙玉女碧霞元君之说。白玉阁左右两侧辟有两座石坊门贯通两院，坊门全部石筑，单檐悬山顶式，屋顶两坡脊背、瓦陇、勾头、椽头、连椽板全由一块石料雕刻而成，两侧石壁减地线刻花卉纹饰，与白玉阁浑然一体，引人入胜。

中院内正殿是庙观的主体建筑，面阔五间，进深五间。正殿由前后殿相连成复殿式结构，悬山卷棚顶，前后成勾连搭式，上覆筒瓦，前出廊厦，飞檐斗拱，蔚为壮观。正殿中央暖阁祀奉碧霞元君，与白玉阁洁白之身迥然不同，金冠黄袍，执圭端坐，雍容华贵，神态慈祥。左右有眼光娘娘、子孙娘娘侍立，暖阁神龛刻花精细，雕艺高超。香案上烛台烨烨、宝鼎袅袅。正殿左右两侧稍间山墙下分别有送生娘娘、催生娘娘、保生娘娘、护生娘娘相向而立。门口左首门内塑有一尊背着孩童的送生爷。庙会时，四月初八传为送生娘娘生日，正殿拥挤不堪，俱为少生或不生育妇女求子拴娃娃，先烧香祷告，后从送生娘娘怀抱的光腚胖小子“小鸡”上掐一块泥吃，盼生子。

正殿前南、北廊房各三间。北廊房祀奉天公爷和驱蝗神（俗称“麦蝗奶奶”）。奉天公爷即太一真君，是传说中最尊贵的天神，司掌东方万物生机。南廊房正中为南海观世音，砖砌莲台，雕刻玲珑，坐像高丈许，戴天冠、披璎珞、持净瓶、洒佛法，泥塑造型优美，施彩栩栩如生。次间山墙下相向塑有十帝元君分列左右，计有：元始天尊、太上老君、太微天帝君、玉晨大道君、东方青灵始老君、单灵老君、太极真君、青要帝君、长生司命君。高与人等，形态各异。正殿前院中建有一角亭，亭为八角单檐，攒尖顶，中悬木匾，抱柱挂瓦联，芳草茵茵，清风徐徐，香客游人登亭小憩，顿生雅趣。

南廊房前建有火池亭一座，为祭祀焚烧而设。北廊房前偏北为关帝殿，殿宇面阔三间，殿内暖阁关帝木雕像高丈许，绿铠锦袍，赤面蚕眉，美髯拂胸，冕旒执笏，俨如帝君。两侧侍立关平、周仓、印将、马童，威风洒洒，凛然正气，造型逼真，彩绘精湛。

正殿南北两山墙外院墙上，辟有东西向两卷门贯通中院与后院。后院南、北、西建有三座崇阁，西阁五楹、南北各三楹。三座崇阁建筑形制大致相同，重梁起架，彩绘斗拱，九脊歇山顶，鸱吻走兽，飞檐挑角，前廊六根大红明柱（南北阁四根明柱）悬挂瓦联，柱下石鼓莲花柱础，雕刻精细，稳重若磐。阁上楼栏雕花，朱户丹窗，阁宇轩昂，宏阔宽敞。三座崇阁之间有南北对称折角石砌联台相连，联台下辟有拱门与南北跨院通行，整个院内建筑布局紧凑，疏密得体，参差有致，雄伟壮观。西阁内顶施井字天花板，彩绘花卉，雕梁画栋，斑斓多彩。站在阁上，极目远眺，运河如带，白帆悠悠，阡陌纵横，村舍鳞次，万象煌煌，心旷神怡。西阁上奉祀玉皇大帝，又称昊天金阙至尊玉皇上帝，总管三界十方，是民间信仰中至高无上的天神。阁下明间奉祀主宰人间祸福的三官大帝（即天官紫薇大帝、地官青灵大帝、水官赐谷大帝）；稍间南北山墙前对称奉祀风神（封十八姨）、雨师（赤松子）、雷公（东海流波山，名夔的兽，出入水中有雷电）、电母（司电女神）四尊神像。泥塑神像高与人等，栩栩如生。

北阁内阁上奉祀千手千佛，即观世音菩萨三十三身中梵王身，塑像四面，各三目；八臂，双足，戴天冠，着天衣，披璎珞，罩袈裟。六手分执忤、军持（水瓶）、莲花、白拂子、剑、镜。另外两手一结拳印，一施无畏印。阁下奉祀全真道祖师吕洞宾。南阁阁上奉祀王母娘娘，阁下奉祀药王扁鹊、孙思邈、韦善俊，此组塑像形拟全人，粉面黛眉，慈祥怡然。

北阁楼后北院内建有寝宫殿和卧佛殿，此为歇马厅得名之所在。两殿均面阔三间，进深两间，单檐布瓦顶。寝宫殿内祭祀木胎碧霞元君，姿态端详，栩栩如生，通身着金粉，仿效泰山碧霞祠镀铜像。此木胎塑像，内装机关，能立能行，庙会时升之行驾，敬跸传呼。殿堂后墙上彩绘三丈多长的《碧霞元君巡銮图》巨幅壁画，画面色彩斑斓，气势恢宏，仙雾缭绕，喜庆火热，充分展示了"万民朝拜、四远归依"的盛况。卧佛殿泥塑碧霞元君呈睡卧状，上披锦被，一派辇舆劳顿，驻跸歇憩之态，士民呼其"歇马厅"由此而来。

大殿后建有一小殿房，为平时放置王灵官之用房。灵官木胎，顶盔卸甲，面赤狰狞，三目怒视，手执钢锏，是保法护道，镇守宫观的神灵。但庙会期间，士民首先抬出他亮相，招摇过市，其蜚声远胜其他位尊之神。

有一年，临清八月地震，惊慌中的人们又想起应该祭祀掌管阴阳生育、万物之美、大地山河之秀的后土皇地祇，俗称"地宫老母"，全称为"承天效法厚德光大后土皇地祇"，与主宰天界的玉皇大帝成双配对，合称其"天公地母""皇天后土"。于是，在庵尼耿五姑、道人王多山等极事募化下集资于宫观西阁楼后毗邻修建起一座地宫老母祠。祠观北向，平面呈横长方形，祭殿五开间，大脊鸱吻。布瓦盖顶，垂脊走兽。东西配殿各五开间。至此，整座宫观趋于完整，成为其固定之规模。

一般而言，宫观建筑布局大都按照五行学说而设，依据乾南坤北、天南地北之位，以子午线为中轴，坐南朝北，讲究对称，两侧日东月西，取坎离对称之意。选址注重风水，以便聚气迎神。不过，歇马厅宫观一反常态，朝泰山东南向而立，这不能不说当地泰山崇拜和碧霞元君崇拜之盛，已经达到无所顾忌和如痴如醉的程度了。

作为一种民俗文化现象，碧霞元君信仰自有其形成、发展与演变的脉络。自明代以来，随着碧霞元君在临清的发展，形成了为数众多的历史文献资料。现存有关临清碧霞元君的资料主要有以下几种：一是四部方志中的相关记载①；二是地方官员、文人的诗词与文章，它们大多收入地方志，还有少量散见于古人文集。此外，临清几处供奉碧霞元君的祠

① 临清未设州以前的志书已无可考见，明嘉靖四十年（1561）《临清州志》（十卷）今已不传，存世最早者为清康熙十二年（1673）《临清州志》（四卷），其余三部分别为：乾隆十四年（1749）《临清州志》、乾隆五十年（1785）《临清直隶州志》、民国二十三年（1934）《临清县志》。

庙现存一些碑刻资料，尤其是尚未收入地方志的题名碑。接下来，将主要依据田野所得碑刻资料，同时辅以相关历史文献，对这一地域社会的碧霞元君信仰进行研究，揭示历史长时段中的社会联结特征。

第三节　神圣空间与社会结群

一　庙宇的早期复兴

明正统《道藏》中《碧霞元君护国庇民普济保生妙经》认为，碧霞元君能够“安民护国、警世敦元、辅忠助孝、翼正扶贤、保生益算、延嗣绵绵、消灾化难、度厄除愆、驱瘟摄毒、剪祟和冤等”[①]。神灵职司的多样性使得供奉她的庙宇肇始于泰山，“自京师以南，河淮以北，男妇之进香顶礼无算”[②]，各地以其为主神进行祭祀的庙宇大量涌现。元明之际，临清碧霞宫的殿宇在战乱中焚毁惨重，直至正统年间才得以渐趋复兴。明州人方元焕在《重修碧霞宫记》碑文中记述：

> 宫州凡四焉，其在城西最壮又创之远也。文檐华墁迩色色蚀，黄君大本洎诸歙商慨之，程材鸠佣，垝者缮，剥者圬，陟降而眺，靓丽浮初制焉。州士女济济登颂不能罢，君之子鸿胪丞以碑事属。夫东岳惟岱，州封内山也，碧霞元君非岱神而庙岳，岳巅望于岱则晁君不宜，后州有宫非渎祀明矣。元君莅岱相传千岁，凡有血气不远粤闽匡敕，齐稷献琛，稽首岳下，日数万人，盖赫其灵异，溯昔名山大川未有也。宫既宜祀又灵异，若是黄君修之，所谓敬恭明神，声施众庶，顾不伟欤！或疑季孙不旅而况庶人，不日五祀大夫事欤，乃士庶亦行祷，盖礼之达也，非犯焉。宫始正统辛未，吴将军者祈于元君而嗣因筑之，黄君工癸丑夏，逾三月，续诸姓氏悉于碑阴。[③]

① 申飞雪：《白云山诸神》，陕西旅游出版社1997年版，第372—373页。

② 容庚：《碧霞元君庙考》，《京报副刊》1925年第157期。

③ （清）王俊、李森：《临清州志》卷11《寺观》，清乾隆十四年（1749）刻本。

方元焕，字晦叔，别号两江，原籍安徽歙县，后入籍临清，天资聪慧，嘉靖十三年（1534）举人，明代著名文学家和书法家。由上引碑文可知，临清碧霞宫的创建年代比较早，而且其复兴经历了一个较长的过程。山东范围内“以碧霞元君为主神的庙宇主要修建于明代正德、嘉靖、万历年间”[①]，而临清碧霞宫在明正统以前早已存在。乾隆十四年（1749）《临清州志》亦如是记载：“娘娘庙即碧霞宫，在广积门外，原有旧宇，明正统四年（1439），守御千户所吴刚置地扩之，前为广生殿，有门有坊。”[②] 广积门是临清砖城的西门，碧霞宫即位于门外附近，“其在城西最壮又创之远也”。砖城建于景泰元年（1450），碧霞宫在正统四年（1439）以前就有旧宇存在，具体创建时间已不可考。

明朝中期碧霞宫的复兴，主要得力于守御千户所吴刚将军以及安徽商人的倡导和推动。守御千户所是明初在临清设立的军防机构。“元明及清，漕运大兴，戍卫之兵，云屯此间”[③]，明政府在各要害地方皆设立卫所，屯驻军队。数府划为一个防区设卫，卫下设千户所和百户所。其军官之谓，“卫”称“指挥使”，“所”称“千户”“百户”。工部郎中王良柱《重修临清卫记》记载：“临清卫旧设守御千户所，景泰辛未始调济宁左卫之五所来合为卫。”[④] 吴将军因“祈于元君而嗣”，还愿的形式为扩筑碧霞宫旧宇。徽商群体也参与到重修活动中，“黄君大本洎诸歙商慨之，程材鸠佣，垝者缮，剥者圬”，他们或是积极谋划，或是慷慨解囊，或是首倡募化，无不以重建碧霞宫为己任，体现了商人的集体意愿。得益于大运河的开通，临清在明中期迅速发展为北方重要的商业中心，各地商人来此经商，渐趋融入地方社会。临清徽商人数最多，势力也最大，他们不仅在此转贩棉布，经营食盐、丝线、竹木和茶叶等各种行业[⑤]，而且成为碧霞元君的重要信众。

---

① 叶涛：《碧霞元君信仰与华北乡村社会——明清时期泰山香社考论》，《文史哲》2009年第2期。

② （清）王俊、李森：《临清州志》卷11《寺观》，清乾隆十四年（1749）刻本。

③ （民国）张树梅、王贵笙：《临清县志》卷12《防卫志》，民国二十三年（1934）铅印本。

④ （清）王俊、李森：《临清州志》卷3《公署》，清乾隆十四年（1749）刻本。

⑤ 王云：《明清时期山东运河区域的徽商》，《安徽史学》2004年第3期。

通过对《重修碧霞宫记》和相关文献的分析，我们不仅可以发现明中期地方权力体系和社会结构的演变，也不难看出官方宗教政策的变化。明朝建立后加强了对各地道观寺庙的控制，《大明会典》中记载："洪武初，天下郡县皆祭三皇，后罢，止令有司各立坛庙，祭社稷、风云雷雨、山川、城隍、孔子、旗纛及厉，庶人祭里社、乡厉及祖父母、父母，并得祀灶，余俱禁止。"① 明王朝还将未获得朝廷认可的神庙，一律归入"淫祀"之列。从严格意义上来看，碧霞元君信仰当属被禁淫祀之列。不过，随着时间的推移，地方政府执行的宗教政策逐渐发生了转向。吴刚是临清守御的官员，虽然其行为从表面上看属于个人行为，但实则为官方权力的代表，并且以合乎"礼"的形式表达了祭祀的正当性，即"士庶亦行祷，盖礼之达也"。

明中期复兴后的碧霞宫，实际上已经成为城市中社区性的祭祀中心。明朝推行里社制度，奉祀社稷之神，同时禁止民间其他宗教活动。但是，由于官方所倡导的祭祀仪式脱离了俗民社会里原有的传统，因而无法在各地全面实行。至明中期以来，尤其在运河城市里，祭祀活动已经与神庙系统有机地结合在一起。嘉靖十九年（1540），碧霞宫又经再扩，"道士刘守祥募众附建三清阁于后，曰玉虚真境，下为真武行祠"②。碧霞宫香火旺盛，"州士女济济登颂不能罢"，庙市也随之兴盛起来，"每月朔望，士女为婴儿痘疹祈安，执香帛拜谒，亦有市"③。

二　祭祀中心的演变

明朝疏浚会通河以后，运河成为漕粮运输的主要通道。临清因处于会通河与卫河交会处，城市地位更加突出，"南则以临清为辅，坐镇闸河而总扼河南、山东之冲"④。景泰元年（1450）临清砖城建成后，朝廷在此驻军守城护仓，景泰三年（1452）建临清卫，万历二年（1574）设协镇署。临清卫地处京畿拱卫重地，为了保护漕运安全，除城防卫戍之编，

---

① （明）李东阳等：《大明会典》卷81《祭祀通例》，广陵书社2007年版，第1265页。

② （清）王俊、李森：《临清州志》卷11《寺观》，清乾隆十四年（1749）刻本。

③ （清）王俊、李森：《临清州志》卷11《寺观》，清乾隆十四年（1749）刻本。

④ （明）张萱：《西园闻见录》卷65，参见周骏富辑《明代传记丛刊·综录类》，台北明文书局1991年版，第123册。

另置大批屯戍设在运河两岸的乡村，陈官营即是其中之一。[①] 陈官营位于临清土城[②]西南隅，在此设有兵营，其长官姓陈，故命村名“陈官营”。[③] 此时的陈官营已然成为一个新的祭祀中心。万历二十三年（1595），汪承爵在《碧霞元君庙记碑》中，详细记述了陈官营村碧霞元君庙的创建过程，对于我们理解此一时段的社会文化变迁颇有助益。为了说明问题的方便，兹赘录如下：

(碑阳)

碧霞元君庙记

赐进士第礼部观政郡人汪承爵撰文

庠生吴邦彦篆额

郡人谭文焕书丹

夫元君者，东岳玉女神也。山川之神，五岳最巨，而岱为其宗。盖其位则东，其德则仁，其气则生，肤寸之云泽及万国。以故威灵煊赫，祸福震慑于人。作镇一方，则四方士民莫不仰止，于此祈嗣，于此祈年，于此祈安。岁时登临，虽荒犷悖傲，咸知严惮居其方者，可知已第意望无常，祈求民所时有动，举趾数百里外，未能数数然也，往往作庙其地，求辄祈，祈辄应，盖神无弗在，敬则存也。

临清州治之西二十里为陈官营，其乡耆李仲任等各捐资创建是庙，为门、为殿，涂以丹垩，缭以崇墉，经岁而告成。虽非宏构哉，

① （明）陆釴：《山东通志》卷19《漕运》，明嘉靖十二年（1533）刻本。在临清，沿着运河走向曾有多处冠以“官营”或“武营”的自然村落，如陈官营、张官营、尚官营、李官营、赵官营、玄武营、孙武营等，它们均源于明朝的“军卫”之设。明太祖朱元璋初定天下后，为了发展生产、巩固统治，仿汉以来屯田之制，在偏僻边远之地置屯垦荒。明成祖朱棣定都北京后，因国内形势比较稳定，遂下令在要害地区设卫驻扎军队，一是为了保障漕运安全，二是为了开荒储粮积谷。当时，山东共设四卫，即临清卫、德州卫、灵山卫、鳌山卫。临清一地设卫主要在于它的区位优势，会通河与卫河在市境内交汇使其成为漕运咽喉。为了保障漕运的安全，卫所兵营按照建制分居于河之两岸。凡用“营”命名的村庄即为那时兵营驻地，并以各兵营统领的姓氏冠首。

② 关于临清砖、土二城空间拓殖具体情况，详见周嘉《运河城市的空间形态与职能扩张——以明清时期的临清为个案》，张利民主编：《城市史研究》（第34辑），社会科学文献出版社2016年版，第38—50页。

③ 临清市地方史志办公室编印：《临清乡村概况》，2003年，第209页。

亦称壮丽也，于栖神足矣。因问记于余，余维俎帝王受命告代必于泰山，功成道洽符出刻石纪号昭姓考瑞必于泰山，巡狩朝会紫望协度必自泰山始，载在诗书可考镜焉，总其归指罔非为民？君为民而礼，允犹告虔不称劳也，民之自须急于君矣，奈何志礼？故自是庙作会见此一方，人睹庙貌而奔走，朝夕维便矣。

事者曰祷，祷者曰福，神之灵佑悉显矣。以佑后焉，将户庆多男，无忧独乎？以佑田焉，将五风十雨，年谷顺成，无螟螟乎？以佑身焉，将少者悦豫，老者宁康，无疹厉乎？则是祀也，非淫祀矣。此固作庙者请记之意耶，且也后之人倘亦洞乎作者之意，绵其修葺时其享献庶几载，无匮神乏祀以受福无疆也。或于斯记也者有藉乎？余何敢以不文辞也，于是乎记。

临清卫指挥使司军政掌印指挥同知王承恩、军政佐贰指挥佥事刘尔安、军政佐贰指挥佥事李承宗、经历司经历……（漫漶不清——引者，下同）中左所军政更番掌印千户许定宇、孙继祖、倪舒、本屯掌印百户陈旅……

本庙住持徐静冬

皇明万历二十三年岁序乙未仲秋谷旦立

（碑阴）

施碑善人：李仲任、李成、李相、李府、陶仲元、陶仲□、□□□、乔文玑、乔文□……

……王□□、王嘉崇、王门□氏、王□、王□、王选、王□、乔保、倪□□氏、倪孝、倪□吉、倪□□、倪守桐、倪守思、倪守聪、倪应登、倪应科……乔仪、乔仲德、乔□□、乔门王氏、乔国郎、乔国□、乔国□……姚月、郭整、郭仲魁、郭茂、郭仲科、郭□、郭合、郭虎、张□□、张□、张门王氏、赵□□、□□□、□□□、李岳、李□、李□、周□男、周□□、周□□、周天禄、周天□、周天□、周子□、周子□、陶仲□、陶应□、陶应郎、陶仲□、□门□氏、郭□、郭□、唐仲□、唐□魁、唐□节……吕凤、吕门王氏、吕门尹氏、吕□仁……曹应选、曹应□、曹□□、曹门张氏……临清州善人：□举、□美、王□□、王天保、郝□……郭堂、郭虎、王亮……马守□、□□□、吴□……谭家庄：谭官乔

> 氏……谭门刘氏、谭门赵氏、谭门乔氏；□家庄：……临清州善人在城住：刘□□、刘□□……刘永□、刘□□、刘天□……孟家庄善人：王□□、□□商、赵□□、赵□□、赵东海、王思孝、王登科、□□□、王思□、王虎、王思□、王官、王□、王……付家庄善人：孙万誉、郝万良、付现、于应鲜、张□、解□……于家庄：于门□氏……①

临清州人汪承爵为万历二十三年（1595）进士，历官两淮盐运使、四川兵备道、礼部观政。篆额者是贡生吴邦彦，其“孝义无亏足以矜式桑梓”②，曾任麻城知县。由上引碑文可知，万历时期陈官营村碧霞元君庙的兴盛，既延续了原有的传统，又呈现出新的时代特征。首先，碧霞元君庙在临清城周边乡村的日渐繁荣，乃是当地乡绅耆老主导的直接结果。“在一般的乡村社区中，在基层权力的运用上能够扮演角色的人”③便是地方士绅，他们支配着基层社会的文化和经济生活。显然，庙宇的倡修者和碑刻的撰文与篆额者都是地方精英士绅，他们首倡、动员、资助建庙立会，是碧霞元君信仰在当地最为有利的推动者。

其次，与正统年间碧霞宫的重建不同，万历时期庞大的驻军群体成为碧霞元君的忠实信徒。此碑落款处刻写的全是军事长官，兹抄录于此：“临清卫指挥使司军政掌印指挥同知王承恩、军政佐贰指挥佥事刘尔安、军政佐贰指挥佥事李承宗、经历司经历林大宁、中左所军政更番掌印千户许定宇、本屯掌印百户陈旅。”前文已涉及临清卫屯兵原因，此不赘述。“指挥使司军政掌印指挥同知”是卫所军事指挥职务，官职级别为从三品。“军政佐贰指挥佥事”是指挥使属官，秩正四品，与指挥同知分管屯田、训练、司务等事务。“经历司”属于卫所中的文职机构。屯戍兵军配给一定数量的土地就地屯田，平时为民，战时即兵，他们将此信仰视为一种重要的地方文化传统。因此，正如碑文所反映的那样，当政治环

---

① 万历二十三年（1595）《碧霞元君庙记碑》，碑存临西县大营村（原临清市戴湾镇陈官营村）碧霞元君庙遗址。另参见马鲁奎辑注《运河名城临清明清碑刻集注》，齐鲁书社 2022 年版，第 199 页。

② （民国）张树梅、王贵笙：《临清县志》卷 8《选举志》，民国二十三年（1934）铅印本。

③ 费孝通、吴晗：《皇权与绅权》，岳麓书社 2012 年版，第 133 页。

境得到改善之际，信众会全心投入到祭祀的各项活动之中。通过此次碧霞元君庙的创建工程，士绅、军兵等不同的社会政治力量得到了整合。

最后，通过碑阴题名能够看到陈官营与周边社区之间的关系。题名中除了临清州城外，可以辨识的地名有谭家庄、孟家庄、付家庄和于家庄。《临西县地名志》对这四个村庄有详细的记载："大黄庄，原名谭黄庄。在明前叶，谭、黄二姓应诏由山西洪洞县来此占产立庄，以姓氏命名为谭黄庄。后来谭姓绝后，由黄姓更名黄庄。……（孟庄）该村为孟氏先祖孟增所建。明前叶，孟增从山西洪洞县诏迁来此立庄，以姓氏命庄名孟庄。……南付庄，原名傅庄。明前叶，傅氏祖先从山西洪洞县诏迁于此，以姓立庄，取名傅家庄，简称傅庄。"[①] 通览题名信息，可以明显看出许多人来自某些特定的村庄，甚至同一个家族，如倪、乔、周、曹、赵等姓氏。《临西县地名志》同样记载了上述姓氏聚居的村落，分别为倪庄、赵庄（周姓为主）、赵村、南曹村（原名曹村）、乔屯（原名乔家庄）。[②] 这些村庄大多不属于卫所军屯系统，而是其他移民组建而成的社区，经由碧霞元君庙的修建体现出移民社区之间的合作。

除了城内碧霞元君祭祀中心的形成，万历时期在临清城外也出现了一个新的信仰实践中心地，即临清土城东水门外会通河三里铺渡口附近的歇马厅。笔者田野所见一通碑刻《岱岳祝圣保泰题名记》，记载了歇马厅作为信众迎神接驾、碧霞元君移銮临清之地的重要性，兹择其要者抄录如下：

> 按五岳图，山之东岱宗为天帝孙群灵府，职人世穷建修矫事。……俯眺万谷千壑，乡绅耆老爰念珪璧坛禅灵地，无不人人快忝对严尸祝之，而吾郡称最。郡之人联袂结袂，辐辏鳞集，十室而九空。东南三里余，朝岳岱祈灵应庇佑，斋醮三日，每诞信众铺旃登舟，黄舆宝络迎銮，祝圣祈保泰，宁诘屈曲盘道三观、独秀、百丈诸峰崖，桃花丹壁，层峦空谷，巨壑泻瀑，危岩洞石无以仲肖。而天门、水

① 河北省临西县地名办公室编印：《临西县地名志》，1983 年，第 189—191 页。

② 河北省临西县地名办公室编印：《临西县地名志》，1983 年，第 107、150、160、188、193、194 页。

帘、黄岘、大水龙峪、高老登仙诸雄胜，亦稍稍曲背负慨。翌日吉时，异圣銮至，无不诚虔，奉金帛缣缯，斋心稽首，更不烦回香泰符涉漩，舟载金碧沿官河爰抵驻节宫前矣。会且满三载，因伐石为记于不佞，余谨志巅末，爰集象社耆艾，酌议修短之矣。其转移挽牵，逆回之柄，人未始不显，操之福不得幸邀，善实福基，祸不得幸逃，不福实祸，茅卜能时时提醒念念，顾畏涉境峰高涧深可不涉境，时忝对亦可则此举也。可通天祉、拓地灵、祈福今祸转泰还宁易易耳。若达观颐神耳目，祈今人喜眉宇、守朴真，敷嘉祯，惟二三戚里其永坚此念，寸心虽小，天帝孙群灵府具是矣。

时大明万历乙酉孟夏望日吉旦

赐进士第中宪大夫陕西按察司副使加三品俸，前奉敕巡按山西江西等处监察御史，郡人秦大夔撰。[①]

碑文作者秦大夔，字舜卿，号春晖，祖居江苏吴县，嘉靖三十二年（1553）生于临清，万历七年（1579）乡试中举，翌年成进士。初授宁波推官，擢监察御史，巡按江西、山西等处，后升陕西右布政使，政声茂著，士民勒石颂德。[②] 碑额两旁浮雕蟠龙戏珠图饰，碑阴镌献祭者名讳。碑文中记载的城东南三里余有“驻节宫”即为歇马厅[③]，又称“泰山驻节”“泰山行宫”[④]，该宫观位于运河北岸，面朝东南泰山而立。文载是年歇马厅“会且满三载，因伐石为记”，由此推定歇马厅至迟在明万历年间就存在。[⑤]

临清歇马厅源于泰山崇拜及东岳庙会，在鲁西北、冀西、冀南乃至

---

① 万历十三年（1585）《岱岳祝圣保泰题名记碑》，碑存临清市大辛庄街道办事处歇马厅村歇马厅遗址。

② （清）于睿明、胡悉宁：《临清州志》卷3《人物》，清康熙十二年（1673）刻本。另在康熙年间翁澍所撰《具区志》与乾隆年间金友理所撰《太湖备考》中，均载有秦大夔的简传。

③ 康熙十二年（1673）《临清州志》云“岱宗驻节俗呼歇马厅，在东水门外”，又乾隆十四年（1749）《临清州志》云“岱宗驻节在东水门外，俗称歇马厅”。

④ 康熙十二年（1673）所修《临清州志》中有一幅“州城图”，图上有“泰山行宫”的标注。

⑤ 据临清市大辛庄街道办事处歇马厅村徐振江先生回忆，原歇马厅西阁楼南山墙上嵌有“万历□□年重修”铭文砖，参见马鲁奎《话说临清歇马厅》，《临清文物报》1993年第1期。

晋西都享有较高的名气和影响，素有“小泰安”之美誉。碧霞元君民间传其为泰山神东岳大帝的女儿，尤其在万历年间，她在华北区域社会的影响已经超过东岳大帝，时人谢肇淛就曾指出：“岱为东方主发生之地，故祈嗣者必祷于是，而其后乃傅会为碧霞元君之神，以诳愚俗。故古之祠泰山者，为岳也；而今之祠泰山者，为元君也。岳不能自有其尊，而令它姓女主俨然据其上，而奔走四方之人，其倒置亦甚矣。”① 明代嘉靖、万历二朝，其庙会、祭祀遍及黄河上下、长江南北，“世之香火东岳者，咸奔走元君，近数百里，远数千里，每多办香，岳顶数十万众”②，“晚明每年多达八十万少亦有四十万人登岱顶礼敬神明”③。

从碑文中可知，朝山进香期间，由“乡绅耆老”发起向碧霞元君塑像尊祭礼祝，郡人结队而行赶会上香，“辐辏鳞集，十室而九空”。朝山香客虽艰辛难忍，但无忧虑畏惧之貌。斋醮三日过后，众人便抬着碧霞元君的圣銮移驾临清，经由山东段多闸水险的运河最终抵达歇马厅。然后，“爰集象社耆艾”即由香社绅耆出面，根据众议修明文教，使义社典法更趋完美。碧霞元君移銮临清、歇马厅举办庙会形成制度化雏形，表明歇马厅信仰空间开始由社区性祭祀中心向跨区域祭祀中心的转变。

三　朝拜场的形成

歇马厅宫观历经万历朝至崇祯朝重修扩建，逐渐形成一个规模可观的建筑群。在此过程中，不同的地方利益集团与歇马厅的关系呈现出新的历史特点：官方势力的影响程度大为减弱，士绅阶层在宫观事务中占据了主导地位，商人阶层借助经济实力也分沾一些权力与利益，广大信众则通过“香社”组织的形式与歇马厅发生联系，并作为一种新兴的社会力量登上这一权力的信仰网络之舞台。

崇祯元年（1628），在以王台、贾尚德等人为首的地方士绅主导下，歇马厅进行了新一轮的制度安排，并于崇祯四年（1631）刊石勒名，兹将《临清州东水门三里铺泰山行宫义社碑记》碑阳引述如下：

---

① （明）谢肇淛：《五杂俎》卷4《地部二》，中华书局1959年版，第97页。

② 万历二十一年（1593）《东岳碧霞宫碑》，碑存泰山碧霞祠。

③ 蔡泰彬：《泰山与太和山的香税征收、管理与运用》，《台大文史哲学报》2011年第74期。

岱岳为兖州巨丽，四岳迟峻，九山推烈，调风布霖尔。天被其德泽，历代列辟胪禅，踵至尊隆帝号，梵寓内冠带金面俨然。吾侪佑昭之俦、攀达之侣，有不能奉高以首路望瞭地耶，而且行宫祠宇荧荧煌辉映处，又有之即如遥参亭、灵应宫不下数十里，瞻山岳去清源。逾百余里，而进以视之，位于巽方。故郡之西北燕赵中，山云崖凼并寺处禅膜亦盛，而虔谒者臻至吾郡矜式萃拥。

三里铺在汶河北岸，建有泰山行宫一区，俗云歇马厅者，登岱归返必谒之，其来已久，殿宇宏构岿然称胜境。每岁孟夏始醮自先吉梵，阖郡及附近各郡邑城市，持疃力不能至岱岳者及汶一瞻礼此祠，拳拳轿而至者、车而至者、舟而至者、牲而至者、步而至者如登岱冠，更布衣估贩帷达辇纷，又籍又络绎不绝，日奚趋万千余。遣祭香者又饬为元君辇舆彩幔之具，若导乃者然不惜珍宝玳瑁绮绣采色，供张之盛、雕镂之奇、优徘之戏、笙镛之音、梵仪之乐旋嚣震蝉坠蠼，昼夜不寓，龙虬殷鳞万状弗可胜劫。

郡人王台微者，因绊结为象社，每岁一斋，如是者四载期竣，皆赖众襄，初一日勒名于石以志岁庆，垂永世焉。征言于余，又因叹曰："是可为政教之一藉，已夫政教非欲化民于善者，天罡政教之凡人也。显见神之化人也。夫政教之化人有至，有不仿鬼神之化人，无不仁而更知其诚以然而然。"尼父不屑祭礼，斥季替则日，曾谓泰山不如林放明，未以泰山为有知奚？乃今悟圣人未尝以为无财神也。夫世代有升降，而圣贤之典章摄政，故礼乐尽而刑书罢，鞭挞穷而鬼神灵，神之慑人也。于诗书剑戟所以导善而警顽愚，此圣人之训旨，主政教合于天道则是斋也。亦道人为善之心者何数百人，不谋而同心，若此其阴德王度者，诚大矣、诚大矣。

大明崇祯四年岁在辛未孟夏之吉

原任直隶扬州府清军总捕同知阶治园夫郡人王台撰文、书丹

临清州庠生贾尚德董其事[1]

---

① 崇祯四年（1631）《临清州东水门三里铺泰山行宫义社碑记》，碑存临清市大辛庄街道办事处歇马厅村歇马厅遗址。另参见马鲁奎辑注《运河名城临清明清碑刻集注》，齐鲁书社 2022 年版，第 322 页。

东岳泰山被称为“五岳独尊”，在中国名山中独负盛誉。自秦始皇登泰山封禅，以帝功告天以治天下为始，“历代列辟胪禅”，历代王朝纷纷祭祀封禅以“奉天承运”。朝野士大夫、方士道人和老百姓一起，人为地把泰山烘托成仙雾缭绕、深邃幽秘的神灵洞府。泰山地处华北大平原，繁衍生息在泰山周围的人们，经过几千年对传统文化的接受、融汇与创造，逐渐形成了以泰山为中心的泰山文化圈。临清地处泰山西侧自然属于泰山文化圈，在明代又位于会通河入卫运河的节点，其地位之重要性自不言待，行政区划上与泰安同为兖州所辖。因此，临清地区的人们对歇马厅碧霞元君的信仰经久不衰，“虔谒者臻至吾郡矜式萃拥”，“登岱归返必谒之”。

在万历时期碧霞元君信仰发展的基础上，此时的歇马厅已经成为鲁西一大“胜境”。官方的影响似乎仅仅成为一种“背景”，祭祀的主动权更多地让位于地方士绅阶层，“教化”之名义赋予其权力的合法性。郡人王台，字子端，号古柏，幼时家贫而力学，从师三载下帷梵舍不归，万历二十三年（1595）乡试中举，初为骊城令，复迁南直隶扬州府总捕同知，誉满乡里。[①] 他在碑文中除详述全郡及周边城市百姓接踵而至的场面外，引入以他为首“绊结彖社”“皆赖众襄”“每岁始醮”的过程，强调士绅阶层在此一时期设立组织祭祀碧霞元君中的核心地位。借助“义社”的文化创造，士绅阶层成功地将自己的文化印记植入歇马厅的历史之中。

义社又称“香会”“香社”或“香醮”，是在共同的地域和共同的信仰基础上，信众自发建立的进香祭祀组织[②]。明代随着碧霞元君信仰的扩展，许多地区普遍建立了香会组织，其规模甚为浩壮，史称其“揭龙旗而鸣金道路，顶香马而混迹妇男”[③]。在明后期临清歇马厅的发展史上，香会组织扮演了重要的角色。香会一般以地域如县、乡、村等为单位，少则数十人，多则上千人。香会都有核心人物，他们是发起和主办香会之人，一般称为“会首”。该碑碑阴镌刻有一百多位来自不同地方的会首姓名，如果按照每位会首至少携带十人的最低标准计算，仅香会组织凝

① （清）于睿明、胡悉宁：《临清州志》卷3《人物》，清康熙十二年（1673）刻本。
② 陈宝良：《中国的社与会》，中国人民大学出版社2011年版，第382—386页。
③ 《明神宗实录》卷32，万历二年十二月乙巳条，《明实录》本。

聚起来的人数就达上千人。歇马厅庙会时，华北各地组织香会，选出会首，收缴“份子钱”，置办香烛祭品，结队而行赶会进香。地方志记载了昔日的场景：“外邑香客经此，先建醮发楮（纸）马，谓之信香。而州人之朝山者，姻友携酒蔬互相饯迓于此。”① 不仅记述了州人朝山启程前，在歇马厅相互祝酒饯行，还记述了外邑香客途经歇马厅，也都建醮跪拜，燃烛焚香，以表达虔诚之心。直至清末民初，以十数人或数十人构成的香会组织，仍是华北区域社会乡民进香的主要形式。

在组织香会信众和劝捐活动中，逐渐确立了地方士绅阶层的领导地位。通过碑文、落款及碑阴题名可以发现，歇马厅专门设立了董事机构，除了州人庠生贾尚德为董事外，另有其他二十多位生员也参与其中。由此可见，无论是士绅阶层，还是地方精英，他们都在处理歇马厅的相关事务中居于领导地位。崇祯年间临清歇马厅的发展，与商人集团的积极参与也有着密切的联系。明嘉靖至清乾隆年间，是临清商业的鼎盛时期。② 该碑碑阴尚镌刻有十多位盐商人物的姓名，说明盐行也参与庙会的募集或捐献。明代曾于临清“开中”，盐行最盛，在隆庆、万历年间就达十多家。③ 所谓开中，即商人可以把粮食运送到边境，以此来换取盐引去贩卖官盐。由于销盐利润丰厚，经由大运河南来北往的各地商人多利用漕船夹带私盐，至清代仍有私商“贩卖抵临清，皆权贵势力者窝顿兴贩”④。运河自临清土城东门穿城而过，歇马厅位于东门外运河三里铺码头附近，为商人必经之地，自然很容易吸引商贾云集，商人阶层在歇马厅的地位日益提升。

正是由于各地信徒通过不同的方式与临清歇马厅发生联系，使之发展成为跨地域的祭祀中心。至有清一代，歇马厅兴盛不衰。顺治十七年(1660)，“道士等募金重修”⑤。后来河道总督完颜麟庆途经此处，恰逢举办庙会，特撰文记述当时的场面：“相传四月十八日为碧霞元君圣诞，远近数百里乡民，争来作社火会。百货具聚，百戏具陈，而独脚高跷尤

---

① （清）于睿明、胡悉宁：《临清州志》卷2《庙祀》，清康熙十二年（1673）刻本。

② 许檀：《明清时期的临清商业》，《中国经济史研究》1986年第2期。

③ （清）王俊、李森：《临清州志》卷11《市廛志》，清乾隆十四年（1749）刻本。

④ （清）黄掌纶等：《长芦盐法志》附编《援证六下》，清嘉庆十年（1805）刻本。

⑤ （清）王俊、李森：《临清州志》卷11《寺观》，清乾隆十四年（1749）刻本。

为奇绝。蹬坛走索，舞狮耍熊，无不精妙。且鼓乐喧阗，灯火照耀，男妇宣扬，佛号声闻彻夜。”①（参见图4－4）即使到民国初年，歇马厅仍然为“碧霞元君停驾之所”，“旧历四月一日有接驾会，游人潮涌，香火极盛，与泰山神会相衔接”，“邻封数十县来者甚众”。②

图4－4　临清社火

资料来源：（清）完颜麟庆：《鸿雪因缘图记》第3集《临清社火》，清道光二十七年（1847）刻本。

总之，在香社组织的基础上，来自不同地域的各个社会阶层，借助于各种仪式活动或者参与捐助，不断地强化了与临清歇马厅的联系，同

① （清）完颜麟庆：《鸿雪因缘图记》第3集《临清社火》，清道光二十七年（1847）刻本。

② （民国）张树梅、王贵笙：《临清县志》卷7《建置志》，民国二十三年（1934）铅印本。

时也进一步深化了对歇马厅的文化认同，使歇马厅由社区祭祀之所演变为跨地域的仪式活动中心，以歇马厅为核心的碧霞元君朝拜场最终形成。

在明清两代，砖城广积门外的娘娘庙和土城大宁寺东边的行宫庙是两处重要的仪式活动中心。砖城创设在前，土城营造在后。当土城中洲地区商业日趋发达后，信众宗教活动的热情也随之从娘娘庙转向行宫庙。到了清末民初，又出现了另一个信仰实践中心，即位于卫河东浒的碧霞宫。歇马厅位于城外东南方向不远之处，也是一个非常重要的实践空间，是人们迎驾碧霞元君的地方。接下来，我们考察民国以来的一些情况，以及人们对这段历史的集体记忆。

进入民国时期，娘娘庙和行宫庙逐渐走向衰落，这与清末以来一直延续的“废庙兴学”运动所带来的冲击关系甚大。[①] 改造中华传统文化肇始于洋务运动，其中坚人物张之洞明确提出变革之法：

> 或曰：“天下之学堂以万数，国家安能得如此之财力以给之?”曰：“先以书院改为之。”学堂所习，皆在诏书科目之内，是书院即学堂也，安用骈枝为？或曰：“府县书院，经费甚薄，屋宇甚狭，小县尤陋，甚者无之，岂足以养师生，购书器?”曰：“一县，可以善堂之地、赛会演戏之款改为之。一族，可以祠堂之费改为之。”“然数亦有限，奈何?”曰：“可以佛道寺观改为之。”今天下寺观，何止数万？都会百余区，大县数十，小县十余，皆有田产，其物业皆由布施而来。若改作学堂，则屋宇田产悉具，此亦权宜而简易之策也。方今西教日炽，二氏日微，其势不能久存，佛教已际末法中半之运，道家亦有其鬼不神之忧。若得儒风振起，中华乂安，则二氏固亦蒙其保护矣。大率每一县之寺观，取什之七以改学堂，留什之三以处僧道，其改为学堂之田产，学堂用其七，僧道仍食其三。计其田产所值，奏明朝廷旌奖。僧道不愿奖者，移奖其亲族以官职。如此，则万学可一朝而起也。以此为基，然后劝绅富捐资以增广之。[②]

---

① ［法］施舟人：《道教在近代中国的变迁》，［法］施舟人：《中国文化基因库》，北京大学出版社 2002 年版，第 146—162 页。

② （清）张之洞：《劝学篇》，李忠兴评注，中州古籍出版社 1998 年版，第 120—121 页。

民国三年（1914），国民政府颁布一系列法令，如《寺庙管理条例》《神祠存废标准》《废除卜筮星相巫觋堪舆办法》等。其中，《寺庙管理条例》规定："各寺庙自立学校；仅有建筑属于艺术，为名人之遗迹，为历史上之纪念，与名胜古迹有关的寺庙可由主持负责保存；凡寺庙久经荒废，无僧道主持，其财产由该管地方官详请长官核处之。"① 庙祀空间被官方加以改造，娘娘庙"中设初级小学校"②，行宫庙成为"第一区区公所"③。

倒是昔日未被记载的卫河东浒处的碧霞宫，在这一阶段渐趋活跃。民国时期临清的庙会不一而足，"各会之中以西南关之四月会为最大"④。碧霞宫即位于西南关，会期又分四月会和九月会，"旧历四月中旬，邻封数十县来者甚众，名曰朝山……九月九日又有会亦颇盛"⑤。每值会期，"土人升木像扮社火，观者云从，有万人空巷之势"⑥。社火在临清，"所有不下百余起，如彩船则结帛为之驾者，饰女装戴彩笠，渔人引之合唱采莲曲，高跷则足蹑，木跷高数尺，腮抹粉墨，歌弋阳腔，若竹马始于汉，羯鼓始于唐，渔家乐始于六朝，其来源尤古，其余龙灯、狮胞、花鼓、秧歌等，名目繁多，不胜指数，每值庙会则游行街衢，更番献技，亦临清之特殊情形也"⑦。

碧霞宫一位80多岁的庙管老人讲："解放前，该庙当属临清最大的，占地二十多亩，坐东朝西，前边是戏楼，光戏楼距山门就有三十多米，进入山门是一个院落，有一排大殿，再进入第二个院落，有四个大殿。搭庙会的时候，从山门到戏楼，从戏楼到北边的三元阁码头，跟一趟街样儿的过会，里边干么的也有，像炸马堂的、打烧饼的、要把戏的都有。"⑧ 古时农村庙会的场景，许多人记忆犹新。戏台大多用苇席、杉杆

---

① 转引自岳永逸《行好：乡土的逻辑与庙会》，浙江大学出版社2014年版，第100页。

② （民国）张树梅、王贵笙：《临清县志》卷7《建置志》，民国二十三年（1934）铅印本。

③ （民国）张树梅、王贵笙：《临清县志》卷7《建置志》，民国二十三年（1934）铅印本。

④ （民国）张树梅、王贵笙：《临清县志》卷11《礼俗志》，民国二十三年（1934）铅印本。

⑤ （民国）张树梅、王贵笙：《临清县志》卷7《建置志》，民国二十三年（1934）铅印本。

⑥ （民国）张树梅、王贵笙：《临清县志》卷11《礼俗志》，民国二十三年（1934）铅印本。

⑦ （民国）张树梅、王贵笙：《临清县志》卷11《礼俗志》，民国二十三年（1934）铅印本。

⑧ 笔者于2016年10月6日对张双喜的访谈。地点：临清市青年街道办事处夹道村碧霞宫。

等易得材料搭建而成，戏台的左后方一般有一个烧水的炉灶，戏台底下也总少不了几处押宝赌钱的摊子。以戏台为中心，方圆半里地内，总会布满做买卖的席棚、布棚。人头攒动，各买所需，有吃的、玩的、穿的、用的，还有算命的。人们挤来挤去，尘土飞扬，一片嗡嗡之声。戏台前边的人拥过来挤过去，但并不妨碍大家观看演戏。大老爷们“堆”在看戏的最好位置即“扒台板”，姑娘媳妇们远远地站在凳子上嗑着瓜子或花生，而孩子们则穿梭在大人们腿缝之间急得要命。①

此处庙会规模之盛与这一带商业的继续繁荣有着密切联系。据庙管老人回忆：“早年曾听老辈讲过，在卫河截弯取直以前，也就是现在新堤往西，里边还有两条繁华的南北大街，一个是曲巷街，一个是锅盖街。东边的四大街是大寺街、考棚街、锅市街和马市街，再加上一个青碗市口，是商业繁华中心。南边车营街是粮行、花行集中的地方，因为经二闸口可以直接通往三元阁码头，方便装卸货物转运。”② 这些商业发达的街道恰好环绕在碧霞宫附近，使之“实为全境商业消长所关”③。

诗人臧克家在20世纪30年代曾到过临清，并写下散文《四月会》④，通过他的记述我们能够更加细致地了解昔日场景。正会在四月初一开始，前一天即三月三十为接驾日，男女老幼伴着此起彼伏的阵阵锣鼓声，扭着花涌向进德会⑤，接驾的大轿即停在此处。来自各乡镇的各种会亦云集此地，至少有七十样以上，如渔樵会、云龙会、武术会、音乐会、船会、太狮会、杠箱会等。每种会都有鼓乐导引，并打着长竿挑起的大旗小旗，有红色的、白色的、方形的、三角形的不等，旗帜上面写着会名和“接驾”两个大字。所谓“接驾”即到城外的歇马厅迎接泰山奶奶回临清，接到后再进行一番游街串巷狂欢，最后返回碧霞宫。歇马厅是一处具有“中转”意义的信仰空间，“外邑香客经此，先建醮发楮马，谓之信香，

① 韩羽：《韩羽文集（一）》，文化艺术出版社2007年版，第10—11页。

② 笔者于2016年10月6日对张双喜的访谈。地点：临清市青年街道办事处夹道村碧霞宫。

③ （民国）张树梅、王贵笙：《临清县志》卷7《建置志》，民国二十三年（1934）铅印本。

④ 臧克家：《臧克家全集》第5卷《散文》，时代文艺出版社2002年版，第100—102页。

⑤ 1934年，蒋介石提倡“新生活运动”，临清县在原“东河底”的广场上建了一个游乐场所，称为“进德会”。

而州人之朝山者，姻友携酒蔬，互相饯迓于此”[①]。旧时临清“俗尚泰山进香，自二月初起至四月中止，回香之日，亲友具酒出迎，自东水关沿河十里，游船车马不绝于道，曰‘接顶’”[②]，此处“为碧霞元君停驾之所”[③]。

因20世纪60年代兴修卫河水利，碧霞宫毁于一旦，所拆砖木用于建造临清电影院。歇马厅在此期间亦被拆得七零八落，建筑材料通过运河运往夹道村用于修盖学校。然而泰山奶奶的盛名并未随庙宇的拆除而消失，“附近的村民还是会经常到庙址处烧香磕头”[④]，在他们心中泰山奶奶仍然一直存在。改革开放之后，民众的民间信仰与活动得以恢复。在1991年国家发布《中共中央、国务院关于进一步做好宗教工作若干问题的通知》时代背景下，碧霞宫和歇马厅于第二年在原址上进行重建，同时建立起来的还有一处新的奶奶庙，即桑树园村的碧霞元君祠。随之而来的问题是，有关奶奶庙的历史、传说以及正统性正在被重新建构。

20世纪90年代初，在地方政府“古庙重修”的政策引领下，当地人重建奶奶庙的热情亦随之高涨起来。碧霞宫、歇马厅和碧霞元君祠几乎在同一时间筹建起来。通过对历史时期奶奶庙的考察，我们已然能够看出三座庙宇的不同：碧霞宫和歇马厅属于原址复建，而碧霞元君祠则完全是一座新建的庙宇。那么，作为共有信仰的泰山奶奶，在当代社会的重新出现，其背后又有着怎样的实践逻辑呢？

碧霞宫并未在原址重建，当地人将原因归结于此处地理位置欠佳：“碧霞宫在卫河边上，卫河经常涨大水，（20世纪）60年代兴修水利，卫河大堤往外搬，庙就被拆了，原来的大殿在现在堤底下呢，交通不方便，这个地方也‘背’了。”[⑤] 以前沿河居民层层筑堤以防洪水，致使该河弯曲过多造成数处对头湾，“盖其迎水之面日见刷深，背水之面日见淤垫，

---

① （清）于睿明、胡悉宁：《临清州志》卷2《庙祀》，清康熙十二年（1673）刻本。

② （清）王俊、李森：《临清州志》卷11《寺观》，清乾隆十四年（1749）刻本。

③ （民国）张树梅、王贵笙：《临清县志》卷7《建置志》，民国二十三年（1934）铅印本。

④ 笔者于2016年9月10日对孟庆蓉的访谈。地点：临清市大辛庄街道办事处歇马厅村歇马厅。

⑤ 笔者于2016年10月6日对张双喜的访谈。地点：临清市青年街道办事处夹道村碧霞宫。

因之水流见阻，水面增高，此卫河险工较其他河道为多也”[①]。20 世纪卫河兴修水利的主要目的便是截弯取直，大堤向东外扩后，压缩了该区域的交通空间，碧霞宫最终只能重建在堤内。

政府也没有选择歇马厅村原址重建方案。歇马厅村是一个相对落后的村庄，村民亦不足百口，而仅有一路之隔的桑树园村则无论从人口还是经济上，都远胜于歇马厅村，因而政府当即下达文件决定在桑树园村建歇马厅。

小 结

临清最早的奶奶庙在明正统以前即已存在，因其历史悠久才有可能发展出信仰圈。值得重视的是，从临清泰山奶奶崇拜变迁的历史与当下，我们看到信仰中心地所发生的变化，实则隐约呈现出与更大范围的具有“城市”抑或“全国”意义的社会政治变动有着某种关系。无明两朝开挖疏浚会通河，提高了临清在全国商运格局中的地位，也直接刺激了临清各种行业的兴盛和城市的繁荣，对泰山奶奶的崇拜在这一时期亦得到强调。随着清代及民国初年土城中洲地区的持续繁盛，信仰中心出现两次位移。至于历次战乱和政治变动对信仰的影响，亦当有着一定联系。近二十年来奶奶庙的重建、仪式活动的恢复以及庙会的重新运作，彰显出传统作为一种文化资源的持久生命力。这些情况表明，在我们的研究对象背后，实际上与更大范围的社会、政治和经济变动紧密联系在一起。

总之，通过解读与“深描”当地的历代碑刻，我们能够看到历史时期地方神庙的社会联结、时代特征及其社会文化内涵，还可以从较长的时段窥见地方的政治权力格局及其演变过程。临清的碧霞元君信仰历史悠久，最早的碧霞宫创建于元代开凿的大运河旁边。随着临清城的建造以及城市发展，位于砖城以西、元运河以北的碧霞宫在明中叶以来得到复兴，成为当地的社区性祭祀中心。为了保障漕运安全，明王朝另置大批屯戍之兵于城郊运河两岸的乡村，加上地方乡绅耆老的主导作用，明

① （民国）庄维屏编：《山东卫运河护岸工程报告书》，山东省公署建设厅，1940 年，第 17 页。

后期万历年间在土城郊区发展出两处新的祭祀中心。明后期崇祯年间以来，临清歇马厅作为跨地域的仪式活动中心和宗教认同标志，吸引着来自华北地区各地的士绅、商人和香会组织，成为凝聚各种社会力量的信仰中心。对于居住在临清城市里的民众而言，碧霞元君信仰是他们精神世界领域里的一部分，成为社会各阶层的共享信仰、群体表象和民俗文化结构。在传统时期里，碧霞元君庙宇及以此为中心而形成的庙会，为人们提供了一个独特的交往空间与公共领域。庙会的主要活动是敬神、游神以及酬神，后来才逐渐演变成大众化的狂欢娱乐。[①] 即使对于城郊乡村百姓来说，庙会的吸引力也是非常巨大的。

临清碧霞元君信仰的早期复兴直接得益于地方官员的倡导和商人的捐助，无论祭祀中心在后来如何演变，信徒的分布有了一定范围并形成志愿性宗教组织，而且超出了地方社区的场域。在碧霞元君信仰持续发展过程中，不同的社会阶层均参与其中。从现有资料来看，士绅阶层的主导地位无可置疑。从“官—绅—民”的纵向角度出发，士绅是连接官僚体系和普罗大众的中介。[②] 将绅权置放于一个地方社会特定的信仰时空，从而使绅权的解释赋予一种空间感和历史主体性。韦伯区分了三种理想型支配模式，即法理型的、传统型的和卡里斯玛的[③]，士绅之权当属传统型但亦拥有卡里斯玛的取向。士绅在修庙、祭祀、庙会等所谓分散性宗教活动中广泛参与，以此来获得地方社会的文化领导权，既有分沾王朝国家“贡赋”的面相，也有与民争“利”的成分。与此同时，信仰实践也并非仅仅官、绅阶层在空间场域里活动，或者几个庙首在那里举行仪式，普通百姓（香社信众）也广泛参与其中，而且他们自有一套“文化发明的传统”[④]。“社”的制度建设与庙会“社火”的文化创造，便成功地将村落以及跨村落的信众整合起来，从而实现了信众“人人有

① 赵世瑜：《狂欢与日常——明清以来的庙会与民间社会》，生活·读书·新知三联书店2002年版，第192页。

② 官箴书集成编纂委员会编：《官箴书集成》第三册，黄山书社1997年版，第676页。

③ ［德］马克斯·韦伯：《支配社会学》，康乐、简惠美译，广西师范大学出版社2010年版，第87—93页。

④ ［英］E. 霍布斯鲍姆、T. 兰格：《传统的发明》，顾杭、庞冠群译，译林出版社2004年版，第1—17页。

份”、神灵“普渡众生”的理想。

不可否认，临清个案确实反映了如华琛所论标准化的一面，但是，我们还应看到标准化与正统化二者之间并非完全一致，不是按照王朝正统化的礼仪标准去界定，真正的标准化也不是全国整齐划一的。[①] 以碧霞元君信仰为中心所“网结”的阶层是多元化的，在具体的信仰实践活动过程中，无论在意识形态上还是社会结群层面，为什么碧霞元君能把他们联结成一个地方社会，形成一个地域社会秩序？正如材料从信众角度反映的那样，不同的社会阶层对于碧霞元君实际上是各有所需的。这样一来，如何把他们联结起来？按照王斯福的说法，这正是一种支配社会学意义上的绅权支配（或乡绅支配），“将庙宇和宗族的管理者和领导者与地方上的商人、学者以及地主甚至是帝国统治的官员联结起来的这一网络，确实将各种相互都有一个中心的等级关系梳理得很清楚。这是一个基本的联结，其维持着行政等级并对此至关重要”[②]。绅权支配的正当性要依托被支配者的“支持”，如果脱离社会大众的道义认同，那么，它的正当性也无从体现。

当然，我们的视野还可以突破所谓的“乡绅”这个节点。王斯福比较注重于官僚体系在信仰实践中的反映，即民间的这一套秩序安排实际上也是等级的体现。那么，问题是如何在一个颇显张力的王朝国家秩序安排中，将“大传统”和“小传统”[③] 整合起来，从而在社会结群层面形成一个基本的联结？或者通俗来讲，为什么地方社会中的不同阶层能够“团结”在一起？如果从逻辑上与经验上作进一步的解释，美国人类

---

① 地方信众包括士绅群体也有自身一套创造性的逻辑，如美国人类学家萧凤霞（Helen Siu）笔下的小榄菊花会就呈现出地方精英“创造出了自己特有的政治文化‘传统’”。参见［美］萧凤霞《文化活动与区域社会经济的发展——关于小榄菊花会的考察》，叶显恩主编：《清代区域社会经济研究》，中华书局 1992 年版，第 345—356 页。

② ［英］王斯福：《帝国的隐喻——中国民间宗教》，赵旭东译，江苏人民出版社 2008 年版，第 276 页。日本学者重田德也曾提出“乡绅统治论”，国家笼络乡绅，赋予其特权，以统治百姓。参见［日］重田德《乡绅支配的成立与结构》，刘俊文主编：《日本学者研究中国史论著选译》第 2 卷，中华书局 1993 年版，第 199—247 页。

③ 大传统相对于精英文化，小传统相对于俗民文化。虽然有大、小传统之分，但二者并非绝对二元分立。参见［美］罗伯特·芮德菲尔德《农民社会与文化——人类学对文明的一种诠释》，王莹译，中国社会科学出版社 2013 年版，第 94—95 页。

学家桑高仁（P. Steven Sangren）的“意识形态异化”概念颇有启发意义，透过一种集“生产性”和“榨取性”为一体的意识形态，“在国家、地域性社会、家庭以及个人之间，同时建立了一种社会性的和意识形态性的‘联结’”[①]。这种“异化”不完全是马克思“劳动异化”意义上的，当然他是从马克思那里获得了灵感。[②] 民间信仰实践不是孤立的象征系统，而是一种既有生产性又有榨取性的文化体系，渗透于社会秩序与社会关系的再生产过程中。马克思著名的关于宗教的“鸦片论”[③]，其中就蕴涵了意识形态的异化。社会前进的动力本来应该归功于普通民众，附着于神明之上的官僚体系、绅权等权力是榨取性的实体存在，但是，普通民众还不得不寄希望于神明的荫庇，因为神明能够给他们带来“财富”，如多子多福、家族繁衍、健康平安等。它本来是榨取性的，但民众还要对它顶礼膜拜，恰恰在这个时候，它又具有生产性了。所以，通过意识形态的异化，把生产性和榨取性统一起来。临清的碧霞元君信仰为不同的社会阶层提供了一个理想的“竞技场”，充满异化特征的意识形态通过信仰网络起到了文化“黏合剂”的作用，在社会结群意义上最终形成了地域社会的基本联结。

---

① ［美］桑高仁：《汉人的社会逻辑——对于社会再生产过程中“异化”角色的人类学解释》，丁仁杰译，“中央研究院”民族学研究所2012年版，第55页。

② 张佩国：《传统中国福利实践的社会逻辑——基于明清社会研究的解释》，《社会学研究》2017年第2期。

③ 马克思在《〈黑格尔法哲学批判〉导言》中指出：“宗教是被压迫生灵的叹息，是无情世界的心境，正像它是无精神活力的制度的精神一样。宗教是人民的鸦片。”（《马克思恩格斯选集》第1卷，人民出版社1995年版，第2页）对于“宗教鸦片论”命题的重新认识，具体可参见李向平《“宗教鸦片论”，还是“宗教社会论”？——马克思主义宗教观新论》，《西北民族大学学报》（哲学社会科学版）2010年第5期。

第五章

城市社会变迁与群体活动

第一节　庙会社火实践案例

一　临清庙会与社火传统

元朝建都北方因物资所需仰给于江南，故采取“弃弓走弦”“截弯取直”的方式，致使淮河以北运道走向和格局发生了根本变化。借助元朝在鲁西境内所开会通河，临清的区位优势大为改观，成为大运河上的重要漕运枢纽和南北水陆要冲。尤其在明清时期，临清的地位是运输中转站，并逐渐发展成为北方中国颇具规模的中心城市。在临清城市的形成与发展过程中，寺庙道观构成其城市空间结构的重要部分。清代前期当地知名的庙宇有几十座①，不过实际数量当远不止此，它们在民众生活与社会变迁中扮演了重要角色。因“庙”成“会”之缘起与民间信仰密切相关，一般在各色神庙中如期举办，并以神灵偶像作为祭祀中心。历史上临清庙会众多，较大者当属对泰山奶奶的祭祀，时至今日每年都要举行规模盛大的“迎神接驾”庙会活动，成为这座运河名城特有的一种文化象征。

临清有许多民谚反映当地庙会之盛况，如“不去天津卫，也赶临清会”“二州十八县，临清会上见”“临清搭庙会，泰山关庙门”等。这里所说的“临清会”指每年农历四月份为恭迎泰山奶奶回临清“娘家”而举办的庙会，故亦称其为“四月会”。又因泰山奶奶于临清城东三里许运

① 王俊、李森：《临清州志》卷10《祠祀志》、卷11《寺观志》，清乾隆十四年（1749）刻本。

河北岸驻跸歇息，民众为她所修宫观名为“歇马厅”，此庙会还有“歇马厅庙会”“泰山奶奶庙会”之说。临清是泰山奶奶信仰极其盛行的地区，在山东、河南、河北乃至山西都享有较高的名气和影响力，素有“小泰安”之美誉。据传，泰山奶奶在得道成仙之际，为使元气有所寄托急需附托之物，恰巧临清古运河畔生长着一棵千年香椿树，且散发清醇之气符合天仙玉女（泰山奶奶是“天仙玉女碧霞元君”的俗称）应具香艳之身的条件，遂被选中雕刻成泰山奶奶神像供奉在泰山上。[①] 这样，临清自然成了泰山奶奶的娘家。

除却相当繁复的祭祀仪式，临清庙会上最引人入胜的便是社火表演。关于临清庙会社火的实际情况，因受文献资料的限制，长期以来缺乏研究。面对此种情况，运用人类学田野调查的方式，即通过实地考察去理解其状貌，这应当是突破的途径之一。笔者于近三年来对临清庙会予以持续观察，尤其关注会上社火表演的民俗形态及其与庙会的关联，最重要的是社火的发展演变与传承机制。在调查过程中，当地人频频同笔者谈到社火会的传统。留给笔者最深刻印象的，不仅是他们所炫耀的辉煌与富足，而且更是这种隆重热烈的仪式所包含的复杂内涵，以及社火本身所构织的网络体系。当然，田野调查法还需结合历史文献中的记载，方能对社火在庙会中的实际意义作整体性分析。

二 “社”的社会学意义

“社”的含义有多种，如“土地之神”“古代乡村基层行政地理单位”“民间在社日举行的各种迎神赛会”“信仰相同、志趣相投者结合的团体”“行业性团体”。[②]“火”的含义主要有两种，一是火祖或火神，民间传其能驱难辟邪；二是与“伙”相通，表示众多、群体之意，以后演

---

① 笔者分别于2016年9月10日对聊城市道教协会会长蔡元真、2019年6月12日对临清市社火协会会长侯乾坤的访谈，另可参见临清市新华路街道办事处桑树园泰山行宫碧霞元君祠宣传手册。还有一则泰山奶奶为救临清降伏两条为害一方黑龙的故事，详见临清市文化局创作办公室编印《临清民间故事》（资料本），1987年，第67—70页。

② 陈宝良：《中国的社与会》，中国人民大学出版社2011年版，第1—5页。

变为红火、热闹之意，成为游神娱乐的形式。[①] 社火的本意是焚烧祭品于社，引申为祭社时举行的仪式。[②] 所以，社火又可视为“社会”，当是广义庙会之一种。历史学者赵世瑜在关于华北庙会的研究中便持此论，认为演戏游行之类的社火活动“是庙会初始即有，属主动性的行为”[③]，其社会学意义不能低估。同时，他试图勾连“结构—功能分析”和“制度的或组织的基础”[④] 两个领域，经由作为仪式表演的社火来把握社的功能及其作为地缘组织的重要意义。

实际上，赵世瑜的着力点在于文化传统区划与行政建设区划的二分，其问题意识主要基于日本历史学家守屋美都雄关于社的起源与变迁的理论。在对前辈学者关于社的起源各种学说（尤其强调自然崇拜因素）进行梳理和辨析的基础上，守屋美都雄更是指出了社作为聚落中心的意义，即“社既是原始聚落，同时又是聚落的标识”[⑤]，并认为“社是聚落中心的存在这个社会事实”要比“社的标识本身的形式”[⑥] 更为重要，而且随着文明进程与阶级分化，社也逐渐分解于社会的各个不同层面，如“将为天子、诸侯自身而设的社与为其治下民众而设的社一一区分”[⑦]。虽然守屋美都雄主要研究的是社的早期形态，但赵世瑜的基本观点是与之相一致的，当然其论证过程未必与前者完全相同。

值得注意的是，尽管并非全部寺庙都有庙会举办，也并非全部庙会都与社火相互嵌合，但社火仍然有可能成为城市或集镇的补充，构成基层社会里一种十分独特的文化网络和经济网络，形成体现民间凝聚力之

---

① 赵世瑜：《明清华北的社与社火——关于地缘组织、仪式表演以及二者的关系》，《中国史研究》1999 年第 3 期。

② 晁福林：《试论春秋时期的社神与社祭》，《齐鲁学刊》1995 年第 2 期。

③ 赵世瑜：《明清时期华北庙会研究》，《历史研究》1992 年第 5 期。

④ 赵世瑜：《明清华北的社与社火——关于地缘组织、仪式表演以及二者的关系》，《中国史研究》1999 年第 3 期。

⑤ ［日］守屋美都雄：《中国古代的家族与国家》，钱杭、杨晓芬译，上海古籍出版社 2010 年版，第 220 页。守屋美都雄于 1968 年在京都大学东洋史研究会出版此书，其中第八章即是专题性“社的研究”，主要针对上古社的起源问题进行了详细探讨。

⑥ ［日］守屋美都雄：《中国古代的家族与国家》，钱杭、杨晓芬译，上海古籍出版社 2010 年版，第 224 页。

⑦ ［日］守屋美都雄：《中国古代的家族与国家》，钱杭、杨晓芬译，上海古籍出版社 2010 年版，第 225 页。

所在的“中心地”。因此，赵世瑜又指出“庙会所在地，似乎正是这样的中心地，因寺庙往往就建在一村一镇或一城的中心位置，而且因为其宗教、文娱和商业特征成为众趋之地”①。为此，在视角上还需统合地理意义上的地域社会和观念意义上的地域社会。森正夫曾提出“地域社会论”观点，认为“地域社会是贯穿于固有的社会秩序的地域性的场，是包含了意识形态领域的地域性的场”②。地域社会并非指涉有形的地理区域，而是一个拥有民众认同基础的观念区域。总之，这样的地域社会是一个涵括地理、政治、经济、法律、道德、思想和意识形态等多层面交互作用的统合体。

第二节　作为文化网络的社火

一　缘起久远与生境

临清社火最早见诸文字记载的是《梼杌闲评》，这是一部明朝万历年间刊行的刻本小说，书中说道：“却说临清地方，虽是个州治，倒是个十三省的总路，名曰大码头。商贾辏集，货物骈填。更兼年丰物阜，三十六行经纪，争扮社火，装成故事。更兼诸般买卖都来赶市，真是人山人海，挨挤不开。”③ 清朝道光年间，时任河道总督的完颜麟庆途经临清，恰逢人们正在举办声势浩大的庙会，其中的社火表演给他产生了深刻印象，特撰文《临清社火》一篇予以记载，“相传，四月十八日为碧霞元君圣诞，远近数百里乡民争来作社火会”④。他在文中首先指出临清州的富庶、营建新城的原因以及城内运河情况，然后引出旧城外有塘且距塘左右数里的地方有四座泰山圣母行宫，紧接着便对社火场景进行了比较细致的描述，同时附有一幅由当时著名画家所绘社火图。文图相配，生动

① 赵世瑜：《明清时期华北庙会研究》，《历史研究》1992 年第 5 期。

② ［日］森正夫：《中国前近代史研究中的地域社会视角——“中国史研讨会‘地域社会——地域社会与指导者’”主题报告》，［日］沟口雄三、小岛毅主编：《中国的思维世界》，孙歌等译，江苏人民出版社 2006 年版，第 499—524 页。

③ 佚名：《梼杌闲评》，刘文忠校点，人民文学出版社 1983 年版，第 17 页。

④ （清）完颜麟庆：《鸿雪因缘图记》第 3 集《临清社火》，清道光二十七年（1847）刻本。

逼真，饶有趣味，令人叹服。民国二十三年（1934）《临清县志》亦记载："社伙之名始于元代，临郡所有不下百余起"，"每值庙会，则游行街衢，更番献技，亦临清之特殊情形也"。① 当然，社火不只在庙会上展演，"正月十五日为元宵佳节，街市及庙宇皆悬灯三日"，"各项社火彻夜游行，鱼龙漫衍，极一时之盛"。②（参见图 5－1）

作为地方社会里的一项民俗艺术活动，临清社火自明清以来的持续发展当为不争之事实，我们需要进一步考察其生境。所谓"生境"即生存环境，它构成社火在具体时空脉络下的生成机制。临清一地"河距会通，水引漳卫，大堤绕其前，高阜枕其后，乃南北之襟喉，舟车之都会也"③，这样的地理位置加上漕运码头的作用，使其作为商业城市的地位在明清之际不断得到强化。据 15 世纪朝鲜儒士崔溥记载，临清是"商旅辐辏之地，其城中及城外数十里间，楼台之密，市肆之盛，货财之富，船舶之集，虽不及苏杭，亦甲于山东，名于天下矣"④。许檀作过考证，认为最迟到隆庆、万历年间，临清已经成为闻名全国的商业大都会，而且一直到清朝中叶，临清仍然是华北地区非常重要的商城。⑤ 随着城市社会的发展，临清居民与流动人口大量增加。明清档案资料多处显示明代的临清城有百万人口之巨，如《明清史料》载《总监各路太监高起潜题本》提道："总计临城周匝逾三十里，而一城之中，无论南北货财，即绅士商民，近百万口。"⑥ 随着明清之际大运河的南北贯通，临清在民间信

---

① （民国）张树梅、王贵笙：《临清县志》卷 11《礼俗志 · 游艺》，民国二十三年（1934）铅印本。

② （民国）张树梅、王贵笙：《临清县志》卷 11《礼俗志 · 节序》，民国二十三年（1934）铅印本。

③ （清）陈梦雷：《古今图书集成》卷 429《东昌府部》，中华书局 1985 年版，第 9998 页。

④ 葛振家：《崔溥〈漂海录〉译注》，线装书局 2002 年版，第 134 页。

⑤ 许檀：《明清时期华北的商业城镇与市场层级》，《中国社会科学》2016 年第 11 期。许檀认为全国性的市场网络体系在明清时期已经形成，大致可以划分为流通枢纽城市、中等商业城镇和农村集市三大层级。她将临清定位在流通枢纽城市，考核标准为作为全国性或大区域的流通枢纽，其贸易要覆盖数省或十数省，并多为中央一级的税关所在地。详见许檀《明清时期城乡市场网络体系的形成及其意义》，《中国社会科学》2000 年第 3 期。

⑥ 国立中央研究院历史语言研究所编：《明清史料》甲编第 10 本《总监各路太监高起潜题本》，上海商务印书馆 1936 年版，第 923 页。晁中辰、田培栋、刘士林、张绥等学者均在各自相关研究中引用过该资料，当然，此处的"百万"疑为虚数，用来形容临清城的人口规模。另有学者对临清人口曾作过考证，详见郭东升《百万人口的明代临清城》，《春秋》2018 年第 6 期。

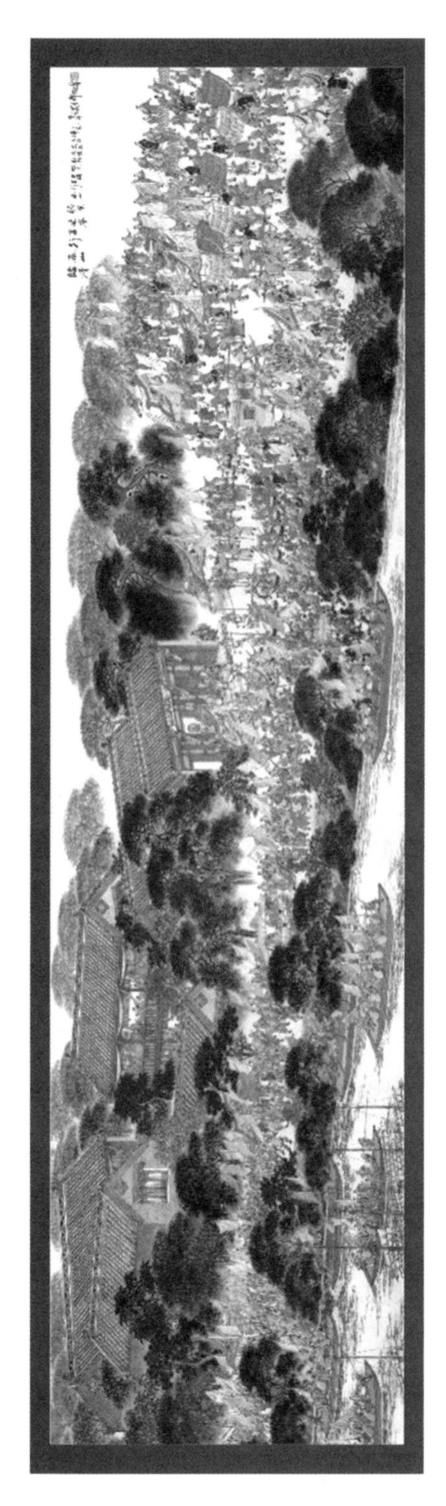

图5-1　临清庙会泰山行宫迎銮胜景图

资料来源：此图由已故临清知名画家郭维元创作，临清市道教协会会长、泰山行宫碧霞元君祠住持蔡道长将电子版赠予笔者。

仰、风俗习尚等方面也变得更加多元化。自然条件的改变也会影响到社火实践的演嬗，万历二年（1574）临清所辖馆陶河道已流绝，而到了康熙三十六年（1697）临清河道南徙至馆陶与卫河合流时，水运交通状况得到改善，又出现社火的繁盛景观。①

二　展演形态与结构

社火不独临清有，其主要流行于西北、华北地区，尤以甘肃、陕西、山西最盛，而南方有的地方也有社火活动。现代著名作家鲁迅在《社戏》中就描述过儿时所见社戏，这是在浙江一带每年社中举办的年规戏。② 顾名思义，社戏即在社中进行的有关信仰与风俗的戏艺活动，由于每年在固定时间要演故亦叫"年规戏"。虽然社戏也可以视作社火的一种形态，但二者之间还是有区别的。③ 民间有"十里不同风，百里不同俗"的说法，更何况大江南北地域如此广阔，社火不仅内容丰富、规模庞大，而且具有悠久的展演传统。因此，聚焦于一个地域入手分析民俗事项是不可或缺的视角，即从历史性存在转向文化共时态，考察临清庙会社火的具体表现形态与结构。

社火与庙会相伴而生，"临清庙会不一而足，如城隍庙则正月、腊月及五月二十八日均有会，五龙宫则三月三日有会，歇马厅则四月初有接驾会，碧霞宫则九月初间有会。乡间之会，黎博店在二月中旬，小杨庄在三月下浣。各会之中以西南关之四月会为最大，邻封十数县于初十前后均来赶趁，名曰'进香火'，全市商业社会繁华所关甚钜"④。每年从

① 陈薇：《元明时期京杭大运河沿线集散中心城市的兴起》，中国建筑学会建筑史学分会编：《建筑历史与理论》（第六、七合辑），中国科学技术出版社2000年版，第91—97页。陈薇认为完颜麟庆《鸿雪因缘图记》中所载临清社火图便是其繁盛的表现，并且指出作者之言"盖列圣敬天事神，感通呼吸，是以漳神显灵效顺"乃是对自然的谦恭与无奈。另可参见王琪、郭立坤等《城市环境问题》，贵州科技出版社2001年版，第29页。

② 寿永明、裘士雄主编：《鲁迅与社戏》，江西人民出版社2005年版，第1—16页。《社戏》最初发表于1922年12月上海《小说月报》第十三卷第十二号。

③ 有的学者对地方社会以宗教、信仰、娱乐、互助等多功能会社予以区分，这些代表着"社会"原意的组织有香会、花会、社戏、社火、青会、拳会等。详见范丽珠、欧大年（Daniel Overmyer）《中国北方农村社会的民间信仰》，上海人民出版社2013年版，第213页。

④（民国）张树梅、王贵笙：《临清县志》卷11《礼俗志·游艺》，民国二十三年（1934）铅印本。

农历三月三十开始到四月底结束的庙会称“四月会”，农历九月的庙会则称“九月会”，春节前夕和农历五月二十八还有城隍庙会，农历三月三还有五龙宫庙会等。根据相关史料记载，自明代以来临清城内及城郊供奉泰山奶奶的庙宇有五座，它们分别是砖城广积门外以南的娘娘庙（又称“碧霞宫”）、砖城永清门外南坛附近的碧霞宫、中州大宁寺以东的碧霞宫（又称“泰山行宫”“行宫庙”）、土城东水门外的岱宗驻节（又称“歇马厅”）和卫河东大堤附近的碧霞宫（又称“娘娘庙”）。[①] 四月会最盛，届时各庙都推出自己的社火展演，时有顺口溜“穷南坛，富行宫，爱耍花样的碧霞宫，娘娘庙是一窝蜂”[②] 予以比较。如今只剩下后两处庙宇，即歇马厅和碧霞宫，而歇马厅又进一步分化为“东厅”“西厅”[③]，它们每年同时举办四月会和九月会。

关于临清社火包括多少项目，并没有一个相对完整的史料记载与统计，不过我们仍能通过整合零星资料和实地调查访谈以观其貌。《梼杌闲评》提供了赛会场景的具体描写：“当街鲍老盘旋，满市傀儡跳跃。莲台高耸，参参童子拜观音；鹤驭联翩，济济八仙拱老寿。双双毛女，对对春童。春花插鬓映乌纱，春柳侵袍迎绿绶。牡丹亭唐王醉杨妃，采莲船吴王拥西子。步蟾宫三元及第，占鳌头五子登科。吕纯阳飞剑斩黄龙，赵元坛单鞭降黑虎。数声锣响，纷纷小鬼闹钟馗；七阵旗开，队队武侯擒孟获。合城中旗幡乱舞，满街头童叟齐喧。”[④] 当日满街人山人海，场面十分热闹。从上述绘声绘色的描述可以窥见一些社火内容，如鲍老会、五鬼闹判、高竿会、彩船会等；社火扮演的剧目有民间故事，如吕纯阳斩黄龙、钟馗捉鬼等，其他还有三元及第、五子登科、七擒孟获等故事。完颜麟庆看到的临清社火更是花样繁多，当时“百戏具陈，而独脚高跷尤为奇绝，蹬坛走索，舞狮耍熊，无不精妙，且鼓乐喧阗，灯火照耀”[⑤]。

---

① 笔者对这五处庙宇的庙名、庙址、建筑年代等作过初步统计与考证，详见周嘉《运河名城临清碧霞元君信仰考略》，《中国道教》2018 年第 4 期。

② 高志超主编：《运河名城临清》，山东友谊出版社 1990 年版，第 188 页。

③ 东、西二厅之称谓是民间叫法，东厅正式的名称是“泰山行宫碧霞元君祠”。

④ 佚名：《梼杌闲评》，刘文忠校点，人民文学出版社 1983 年版，第 17 页。

⑤ （清）完颜麟庆：《鸿雪因缘图记》第 3 集《临清社火》，清道光二十七年（1847）刻本。

高跷会是最前面的一档，其表演水平很高，有两人扮演刘海戏金蟾[①]，四人扮演唐僧师徒。饰金蟾的是独脚高跷，即两脚绑在一根高跷腿上，蹦跳行走。这是一种高难度动作表演，“可以代表18世纪以来的高跷表演水平”[②]。

民国时期，临清社火更是多达百种，当时的县志指出“仅述数种，以资考证，如彩船，结帛为之，驾者饰女，装戴彩笠，渔人引之，合唱采莲曲；高跷则足蹑木跷，高数尺，腮抹粉墨，歌弋阳腔；若竹马始于汉，羯鼓始于唐，渔家乐始于六朝，其来源尤古；其余龙灯、狮胞、花鼓、秧歌等，名目繁多，不胜指数”[③]。20世纪30年代，著名诗人臧克家在山东省立临清中学任教期间也被临清庙会之盛况所震撼，专门写下一篇散文《四月会》，其中提到社火的种类：“所有的热闹都汇聚在那儿：什么渔樵会，云龙会，武术会，音乐会，船会，太狮会，杠会，这样数下去，至少有七十样以上不同的名字。每种会都有它的引人处。每种会都有鼓乐导引，每种会都拥有长竿挑起的大旗小旗，红色的，白色的，方的，三角形的。上面写着办会的乡镇，写着会名，写着‘接驾’两个大字。”[④] 实际上，庙会社火这些火热场景在碑文中早已有翔实记述：“饬为元君辇舆彩幔之具，若导乃者然不惜珍宝玳瑁绮绣采色，供张之盛、雕镂之奇、优徘之戏、笙镛之音、梵仪之乐旋嚣震蝉坠蠼，昼夜不寓，龙虬殷辚万状弗可胜劫。”[⑤] 字里行间绘声绘色地描绘了临清倾城之众跪拜行礼为祝，迎接珍宝玳瑁、绮绣彩绸的泰山奶奶宝辇。人声喧嚣，鼓乐欢腾，震得鸣蝉虫子纷纷落地。夜幕降临，夜市如昼，摊贩万盏灯火齐明，犹如天上繁星，对台演唱的戏楼，龙舞车翔的社火，欢歌达旦，一派不夜壮景。

---

① 刘海戏金蟾是中国古老的民间神话传说，来源于道家典故，详见明月生编著《中国神话与民间传说》，北京联合出版公司2013年版，第182—183页。

② 李世瑜：《社会历史学文集》，天津古籍出版社2007年版，第745页。

③ （民国）张树梅、王贵笙：《临清县志》卷11《礼俗志·游艺》，民国二十三年（1934）铅印本。

④ 臧克家：《臧克家全集》第5卷《散文》，时代文艺出版社2002年版，第100—102页。

⑤ 崇祯四年（1631）《临清州东水门三里铺泰山行宫义社碑记》，碑存临清市大辛庄街道办事处歇马厅村歇马厅遗址。

如今，临清四月会仍然保留了传统庙会文化的迎神接驾仪式，目前活态传承的以及正在恢复的临清社火亦有10余种，兹将有特色的社火项目胪列如下。巡游期间社火队伍的排列顺序是有讲究的，位于最前边的是架鼓会，又称“威武会”，有“架鼓开道”之说。临清架鼓原名“助阵鼓”，又名“羯鼓”，“以其出羯中，故号羯鼓，亦谓两杖鼓”①，在庙会上有“击鼓保驾”之寓意。据传，乾隆皇帝沿运河下江南，过临清时鸣锣击鼓以显龙威，运河码头劳工暗学鼓技自娱自乐，各庙会纷纷效仿组织架鼓会，临清架鼓从此延续流传至今。② 紧接着是云龙会和狮胞会。云龙会又称“舞龙灯”，“灯”为“登”之谐音，寓五谷丰登之意。舞龙时由数十人组成，表演“二龙戏珠”“火龙腾飞”“蟠龙闹海”等，前有铳炮队和烟火表演助兴。狮胞会又称“舞狮子”，其最大特点是有母狮子生出小狮子的环节。其他社火项目依次尾其后，它们分别是钢叉会、高跷会、抬杠官、判子会、天音会、竹马会、秧歌会、彩船会等。其中，抬杠官为临清独有，表演者身着官袍扮演县太爷，四个手持黑红棍“开衙役”和两个“抬衙役”伴其旁，当有人拦路喊冤时便会停轿，县太爷用笑话、俚语等方式为其伸张正义。五鬼闹判当为明代沿运河从江南一带传播而来，俗称“判子会”“升官会”。五个手执琴、棋、书、画、伞的鬼魅闹判官，在纷闹之中判官明察秋毫，审时度势，驱恶扬善。天音会通过有节奏地敲打锄头、犁等农具形成乐曲，这与农耕文化、农民生活息息相关。竹马会属于民俗舞蹈，骑着用竹篾扎成的竹马表演，又有“文场”“武场”之分。③（参见图5－2至图5－6）

---

① （唐）李商隐：《玉溪生诗集笺注》，（清）冯浩笺注、蒋凡标点，上海古籍出版社1998年版，第598页。

② 山东省临清市地方史志办公室编：《临清年鉴（1991—1998）》，齐鲁书社2000年版，第227页；李宗伟主编：《山东省省级非物质文化遗产名录图典》（第一卷），山东友谊出版社2012年版，第76页；另据笔者于2018年5月1日对临清架鼓代表性传承人洪英卿的访谈。

③ 张士闪教授专门考察过竹马表演与祖先崇拜之间的关系，认为竹马艺术传统的形成与保持，与村落家族谋求现实生存、力图绵延家族血脉的历史语境有关，详见张士闪《俗化的信仰与神圣的艺术——以鲁中西小章村的祖先崇拜及竹马表演活动为例》，《民俗研究》2005年第1期。

图5－2 架鼓会

（照片系笔者于2016年10月15日拍摄）

图5－3 云龙会

（照片系笔者于2017年4月25日拍摄）

图5－4　狮胞会

（照片系笔者于2017年4月25日拍摄）

图5－5　高跷会

（照片系笔者于2017年4月25日拍摄）

图5－6　竹马会

（照片系笔者于2017年4月25日拍摄）

第三节　转型中的坚守与创新

一　“文化发明的传统”

人类学、社会学的相关研究业已表明，任何一种文化景观的出现并非凭空产生，其中贯穿了历史积淀、延续、承传、重塑乃至再造的历程。霍布斯鲍姆直接指出：“那些表面看来或者声称是古老的‘传统’，其起源的时间往往是相当晚近的，而且有时是被发明出来的。”[①] 被发明的传统有这样的特点：“一整套通常由已被公开或私下接受的规则所控制的实践活动”；“具有一种仪式或象征特性，试图通过重复来灌输一定的价值和行为规范”；“试图与某一适当的具有重大历史意义的过去建立连续性”[②]。吉登斯也认为传统是“被发明的和不断被重新改造的”[③]。传统不是过去流传下来一成不变的陈迹，而是一直处于文化发明的动态过程中，只不过在现代这种发明变得更加快速而已。我们既要研究历史的民俗传统，又要关注当下的民俗生活，同时还应将“地方性知识”置放于国家转型与社会变迁的框架中去思考。

二　传承嬗变的演进脉络

临清社火的存亡兴衰是观察城市发展与地方社会的重要窗口，吉登斯就把社会结构视为一系列潜存于社会系统不断再造过程中的资源与规则，主张关注“人的存在与行为、社会再生产与社会转型”[④]，以此来进一步分析地方历史变迁的具体过程。临清社火在各个历史时期的发展状况是不平衡的，其传承嬗变的演进脉络大致可以从以下五个阶段进行把握：

---

① ［英］E. 霍布斯鲍姆、T. 兰格：《传统的发明》，顾杭、庞冠群译，译林出版社 2004 年版，第 1 页。

② ［英］E. 霍布斯鲍姆、T. 兰格：《传统的发明》，顾杭、庞冠群译，译林出版社 2004 年版，第 2 页。

③ ［英］安东尼·吉登斯：《失控的世界》，周红云译，江西人民出版社 2001 年版，第 67 页。

④ ［英］安东尼·吉登斯：《社会的构成：结构化理论大纲》，李康、李猛译，生活·读书·新知三联书店 1998 年版，第 39 页。

第一个阶段是明清时期的形成与鼎盛时期，庙宇迎神送佛以及民俗祭祀活动，往往借助社火进行仪式表达。歇马厅遗址出土有两通碑刻，即万历二十三年（1595）《岱岳祝圣保泰题名记碑》和崇祯四年（1631）《临清州东水门三里铺泰山行宫义社碑记》，不仅记述了广大信众朝山启程前，选择在歇马厅相互祝酒饯行，外邑香客途经此处也都建醮跪拜，焚香燃烛，以表虔敬之心，而且均有结社办会、迎神巡演的详细记载。[①]昔时，临清城内各大庙宇相互效仿，庙会期间以社火庆贺助兴；社火为庙会增光添彩，庙会使社火更富生机活力。

第二个阶段是清末民初的持续发展，虽然民国时期是传统中国遭遇震荡的时期，但是社会内在结构似乎并未受到显著影响[②]，主要的民间传统仍在延续着生命力，而此时的社火组织形式更加完备。庙会上的各个表演队是社火的组成部分，多称作“某某会”，每年定期参加祭祀活动。每个会所表演的项目也是本村、本地最为出众，在历届庙会上为众人所瞩目的形式。会的名称要用大字书写在会旗上，出会时作为前导。据说，只有百年以上历史的才有资格叫作“老会”或“圣会”。民国初期，架鼓会第一代传人“洪鹤龄发起并组织群众购置锣鼓，在家里夜夜传授鼓技”[③]。由于各大寺庙相互争夺，曾先后出现多家架鼓会，如“南坛奶奶庙架鼓会”“娘娘庙架鼓会”“碧霞宫架鼓会”，周边乡村出名的有“西胡村架鼓会”“前寨村架鼓会”“伊庄架鼓会”等。[④] 逢年过节或庙会兴起时，各架鼓会群起而动，游街串巷，声震全城。

第三个阶段是中华人民共和国成立前后的活跃时期，社火展演的兴

---

① 两通碑文所记反映出歇马厅至迟在明万历年间就已存在，而该宫观历经明清两代重修扩建，逐渐形成了一个规模可观的建筑群。碑存临清市大辛庄街道办事处歇马厅村歇马厅遗址。

② 美国学者杜赞奇研究华北地方政权建设时指出，自20世纪之初就出现的国家权力扩张，到20世纪40年代已使华北在政治、文化以及社会联系方面改观不小，并引入“国家权力内卷化”这一解释概念。他发现，国家并没有提高旧有或新增机构的效益，而是依靠复制或扩大旧有的关系如营利型经纪体制来扩大行政职能，从而出现国家对基层社会的控制能力低于榨取能力，这也间接造成民间某些传统的延续。参见［美］杜赞奇《文化、权力与国家：1900—1942年的华北农村》，王福明译，江苏人民出版社2010年版，第53—55页。

③ 王树理：《临清传：大运河文化的支点》，新星出版社2019年版，第319页。

④ 王子华、马鲁奎：《临清民间音乐拾零》，山东省文化厅史志办公室、聊城地区文化局史志办公室编：《文化艺术志资料汇编》（第十二辑·聊城地区《文化志》资料专辑），山东省实验中学印刷厂，1988年，第105—110页。

致十分高昂，并使地方与国家政治发生关联，用传统的形式表达对新时代的热爱。临清城内前关街、福德街、箍桶巷和吉士口街四条街道都成立了判子会。其中，尤以福德街的判子会技艺高超，最为著名。福德街由前殿街、后殿街、后铺街、纸马巷、耳朵眼街五条街道组成，故又称“五合功升官会”。[①] 每逢春节、上元节、中元节以及庙会、祭神等节日，判子会都要与其他社火如铳炮会、云龙会、狮胞会、高跷会、跑旱船、羯鼓会、扛箱会、秧歌会、花鼓会、锯缸会、钢叉会、花棍会、渔家乐、疙瘩会、采茶会、打花落等一起上街集场演出。[②] 五鬼闹判后来几经整理，摒弃了具有恐怖色彩的角色，以及宣扬封建伦理道德的内容。经过长时间的相演相嬗，已与《钟馗戏小鬼》之戏融为一体，无论从形式上还是内容上都有了清新、健康、向上的风貌。为了庆祝临清解放，烟店镇冯圈村竹马会曾进城祝贺演出，荣获“龙灯马会”表演第一名，轰动一时。当时，竹马会在城内考棚街一带进行表演时，人山人海，人们争相观看，拥挤过程中把道具都挤扁了。[③] 高跷会不仅增加了女子踩高跷外，而且在内容上也推陈出新，演出一些反映时代进步的新节目。

第四个阶段是 20 世纪 80 年代至 90 年代的复苏期。改革开放以后，农村经济与城市社会得到发展，人们的生活水平逐步提高，逐渐恢复了传统形式。1985 年和 1986 年的元宵节大办文化一条街活动，城区及各乡镇的社火队沿着市区主要街道进行表演。[④] 在改革开放的头十年里，临清厂房林立，工厂企业规模壮大，比较著名的有国棉厂、配件厂、制鞋厂、面粉厂、卷烟厂等，那时广泛兴起了“社火热”。“在临清工厂繁荣时期，保留下一些社火文化，现在这群老艺人大多都是那时工厂的工人。”[⑤] “基本上每个厂子都得出社火项目，像配件厂、国棉厂出龙灯，其他厂子有的出舞狮，实在没玩意儿，就出个彩车。”[⑥] 由于表演队伍的演技高低、

---

① 马鲁奎：《临清民间社火〈五鬼闹判〉》，《临清文史》1992 年第 6 辑。

② 张玉柱主编：《齐鲁民间艺术通览》，山东友谊出版社 1998 年版，第 414 页。

③ 临清市文化局编制：《临清市非物质文化遗产资料汇编》（第二卷），2009 年，第 299 页。

④ 山东省临清市地方史志编纂委员会编：《临清市志》，齐鲁书社 1997 年版，第 650 页。

⑤ 笔者于 2019 年 6 月 12 日对临清市社火协会会长侯乾坤的访谈。

⑥ 笔者于 2019 年 6 月 22 日对临清市云龙会代表性传承人李云祥的访谈。

规模大小，都是工厂经济实力和厂风厂貌的有力展示，因此，每个工厂都不遗余力，竞相办好。不仅工厂要出社火项目，城区主要街道也要出，如前关街的云龙会方圆百里闻名[①]，而且政府还举办不同形式和规模的调演、比赛等。以社火为媒介，全民参与其中，从而成为一种特殊的象征化管理。[②] 进入20世纪90年代初，在“古庙重修”的政策引领下，临清四月会所依托的泰山奶奶庙宇得以原址重建[③]，而这又进一步带动社火继续发展。

第五个阶段是近些年来语境重构后作为“非物质文化遗产”的当下调适。党的十七大报告指出“加强对各民族文化的挖掘和保护，重视文物和非物质文化遗产保护”，确立了非物质文化遗产的重要地位。联合国教科文组织在《保护非物质文化遗产公约》中指出：“保护指确保非物质文化遗产生命力的各种措施，包括这种遗产各个方面的确认、立档、研究、保存、保护、宣传、弘扬、传承和振兴。”[④] 不同于物质文化遗产，非物质文化遗产属于“活态”传承，而“传承是指维系世代间的‘话语’”[⑤]，需要通过鲜活的个体代代相传。借此机遇，临清社火不仅落落大方地参与庙会活动，而且还积极主动申报非物质文化遗产。目前，临清架鼓已被列为省级非物质文化遗产，其他项目如龙灯、舞狮等也大都列入市级非物质文化遗产，标志着社火重新构建了文化身份。此外，每个社火项目代表性传承人的认定、协会与非物质文化遗产传习所的成立，以及作为整体的临清市社火协会的组建，等等，所有这些地方实践均为临清社火的传承提供了生机与力量。

---

① 山东省地方史志编纂委员会编：《山东风物大全》，世界知识出版社1990年版，第380页。

② 民俗学家董晓萍就以陕西一个小镇的社火表演为个案，探讨过社火象征性管理的“二重性”，详见董晓萍《陕西泾阳社火与民间水管理关系的调查报告》，《北京师范大学学报》（人文社会科学版）2001年第6期。

③ 关于庙宇重建的具体情况，笔者在专文中曾有所提及，详见周嘉《圣迹与霞光：临清泰山奶奶崇拜的历史人类学研究》，载李泉主编《运河学研究》（第3辑），社会科学文献出版社2019年版，第166—178页。

④ 文化部外联局编：《联合国教科文组织保护世界文化公约选编》，法律出版社2006年版，第22页。

⑤ ［日］樱井龙彦：《从开发及环境问题探讨民间传承学的作用》，《民族文学研究》1999年第4期。

小 结

总之，临清是一座名副其实的运河城市，“为南北往来交会咽喉之地，财赋虽出乎四方，而输运以供国用者，必休于此地而后通”[①]，不仅为沟通南北经济提供了要道，也为文化的发展准备了丰腴的土壤。它们相互依赖，相互促进，为这座城市的发展起到了推波助澜的作用。在这部史书里，庙会社火无疑是一幅美妙绝伦的风俗画。

纵观临清社火，品类繁多，形式多样，但有一个共同的特点，都是广大民众为了求吉祥、庆农事而自发组成的队伍，发挥各自所长，尽情抒发集体情感。需要指出的是，庙会上的社火活动在许多地区至今不衰，这表明对社火的研究具有重要的现实意义，它有助于理解传统文化在现实生活与社会结构中的积淀，有助于理解其所拥有的顽强生命力。临清社火呈现了非同寻常的意义，它是历史文化的传承，与运河文化、城市发展、民间信仰等密切相关；它是多元文化的杂糅，民俗事象表现得丰富多彩；它承载了文化记忆与认同，构成了一个群体集体意识的基础；因应地理环境、社会条件、民俗民风等不同，它有着独特的艺术表现形式；它承载着对美好生活的祈望，集祭祀、狂欢与教化为一体；它一直处于动态的文化建构过程中，涵括互融共生、全民参与、群体欢腾、均衡体系、权力交织、支配类型、遗产实践等值得探讨的领域。

社火实际上应当看作庙会乃至地方节庆的一个关键符号，诚如科大卫所界定的“礼仪标识”，即“地方社会的成员认为是重要的、实际可见的礼仪传统指示物”[②]；亦如民俗学家刘铁梁所谓“标志性文化”，“一个地域或群体的标志性文化，既包含丰富的细节，又象征地反映出特定地域和群体的整体生活秩序和精神世界的律动，是人们集体记忆、传承而

---

① （明）王直:《临清建城记》,《中国地方志集成》编辑委员会编:《中国地方志集成·山东府县志辑》(第95册),凤凰出版社2004年版,第361页。

② 转引自赵世瑜《结构过程·礼仪标识·逆推顺述——中国历史人类学研究的三个概念》,《清华大学学报》(哲学社会科学版) 2018年第1期。另可参见科大卫《历史人类学者走向田野要做什么》,程美宝译,《东方早报·上海书评》2015年10月11日。此文经作者修改后发表于《民俗研究》2016年第2期。

不肯轻易放弃的重要习惯”[①]。进一步来看，这是一种区域体系内基层民众实践的“文化自觉”[②]，涉及历史人类学研究中的一个重要启示，让我们不禁意识到，“中国文明的演进，包含着一个地方文化在逐渐与帝国高层文化结合的同时形成自己特色的过程。在这个整合的过程中，并非官僚才会主动地发挥作用，地方社会也在积极地在王朝的规范内表现出自己的能动性”[③]。临清社火不仅整合和强化了地方与共同体意识，而且在区域社会发展的过程中间接提供了一种政治经济关系的动力。

赵世瑜也看到了社火是一种地缘性的组织活动，有别于官方的基层行政组织安排，因而具有一种“民俗社区”抑或“民俗聚落”实践的面向。社火的题中应有之义，当是一种将社区内全员都动员起来、牵扯进去的活动，它不可能是经济、政治的活动，而只可能是民俗、文化的活动，从而弥补了行政区划造成的文化凝聚力的缺失。

① 刘铁梁:《“标志性文化统领式”民俗志的理论与实践》,《北京师范大学学报》(社会科学版)2005年第6期。

② 这是社会学家费孝通一个非常重要的学术概念，他在许多文章中曾予以阐释，详见费孝通《反思·对话·文化自觉》,《北京大学学报》(哲学社会科学版)1997年第3期;《文化自觉和而不同——在“二十一世纪人类的生存与发展国际人类学学术研讨会”上的演讲》,《民俗研究》2000年第3期;《关于“文化自觉”的一些自白》,《学术研究》2003年第7期。

③ [美]萧凤霞:《文化活动与区域社会经济的发展——关于中山小榄菊花会的考察》,《中国社会经济史研究》1990年第4期。

第六章

城市善举与社会文化空间

第一节　善举本义及其谱系

从本质上来看，善举当属一种社会救济或教化的行为活动，与之类似的词汇还有慈善、施善、义行、义举、救助、接济、公益、福利等。不过，无论民间还是学界，对于行善的认知与理解不尽相同。有的学者认为善举是一种救济行为，“慈善事业是建立在社会捐献基础之上的民营社会性救助事业”[①]。有的学者认为：“慈善是一种社会行为，是指在政府的倡导或帮助与扶持下，由民间的团体和个人自愿组织与开展活动，对社会中遇到灾难或不幸的人，不求回报地实施救助的一种高尚无私的支持与奉献行为。慈善实质上也是一种社会再分配的形式。”[②] 还有的学者认为从动机上界定慈善是困难的，更应该看重善行本身及其所带来的后果，“由此，对慈善概念的界定就可以去掉动机，而仅以行为本身进行认定了。那就是：社会自发地通过对社会财富的分配、再分配，对其他社会成员因各种原因导致的生活困难予以物质援助的社会安全机制”[③]。

历史学者王卫平考察了中国慈善发展的演变历程，认为中国的传统慈善事业非常重视物质救助与劝人为善，即使进入民国年间，人们依然行善与劝善并重，致力于教养兼施，物质帮助与拯救灵魂、改造社会两不偏废。[④] 慈善史研究专家周秋光看到这二者都是一种事实意义上的社会

---

① 郑功成：《慈善事业的理论解析》，《慈善》1998 年第 2 期。

② 周秋光、曾桂林：《中国慈善简史》，人民出版社 2006 年版，第 6 页。

③ 张文：《宋朝民间慈善活动研究》，西南师范大学出版社 2005 年版，第 3 页。

④ 王卫平：《救济与劝善：“慈善”本义的历史考察》，《光明日报》2019 年 5 月 6 日第 14 版。

行为，并从中发现具有更为重要意义的精神领域："慈善是人类精神世界之慈心与物质世界之善行两个层面的集合，'慈善'词义并不止于物质救助和劝善教化，至少还应包括人之慈心这一精神层面，慈善的过程就是把慈心转换成善行。"① 故此，慈善可以从动机、行为、功能三个层面进行理解。

在具体实践上，历史上的地方善举不限于善堂、善会、义仓、社仓、赈济、恤嫠、义庄，还包括书院、社学、公车宾兴、义渡、义集等地方公产和公共事务。围绕着地方善举实践，形成了以绅权支配为主导的特定社会联结模式。针对有相当多学者将这些视为"社会福利事业"并用作解释中国本土实践的现象，张佩国提醒我们要看到善举的整体论意义："在传统中国，且不说没有相对于国家而独立存在的社会领域，即就官府救灾、民间互助而言，经济、政治、宗教互为'镶嵌'的整体取向也尤为明显。……中国历史经验中的福利实践乃是所谓政治、经济、文化等诸领域一体化的产物"②。

元朝在山东境内开挖会通河，建立起沟通南北的运输线，大运河承担了推动沿线城市化进程的重要作用。临清是鲁西一大运河港口，也是最具代表性的运河城市之一，成为大运河上的重要漕运枢纽和南北水陆要冲之地。临清成为闻名全国的商业大都会，其繁华局面一直延续到民国时期。自大运河畅通以来，临清在政治、经济、文化等方面发展迅速，地方善举的发展也不例外。尤为值得关注的是，不同时期的善举实践呈现出鲜明的人文内涵与时代特征。

第二节　城市里的善举实践

一　公共事务

临清自明代建城后，初期的公共事务主要由官方组织实施。早期的

---

① 周秋光：《内涵与外延：慈善概念再思考——兼与王卫平先生商榷》，《光明日报》2019年12月16日第14版。

② 张佩国：《"业"与"报"——明清祁门县善和里的公产与福利实践》，庄孔韶主编：《人类学研究》（第7卷），浙江大学出版社2015年版，第62—86页。

公共事务如城墙的修葺、河道的疏浚、桥梁的造修、渡口的设置等，均依赖政府资金支持，地方官员负责组织实施。城墙无疑是城市中最重要的公共设施，府、州、县的官员在修筑与维护城垣事务上承担重要责任，如明制“若在外藩府州城隍，但有损坏，系干紧要去处者，随即度量彼处军民工料多少，入奏修理；如系腹里去处，于农隙之时兴工”①。明清以来有记载的临清城墙修补、重修、改建或增建工程共有6次，先后主事要员有兵备副使陈璧、兵备副使赵继爵、兵备副使李充嗣、兵备副使张邦教、副使傅维麟、知州佟世禄、知州戴知诚、州牧王其慎、县知事阮忠模、县长徐子尚等。② 城墙拓建耗资甚巨，精英群体总会表现出一定的积极性。嘉靖二十一年（1542），为了将城市发展的中心由城内转移到城外，以邱文庄为首的商贾士绅上书官府，决定在城外新形成的居住与商业空间即中洲③处拓宽修筑土城墙，以“卫商贾之列肆于外者”④。

在传统时期，城市中的道路和桥梁，除了官道、主干街道以及官道经过的桥梁外，其他道路和桥梁主要依靠社会力量捐资修建和维护。徽商汪保是侨寓临清的客商，独自捐资修建了运河上的通济桥，乐善好施之名盛传一时，“知州刘志业族其门曰‘善人’，兵备副使刘赘立石曰‘善民善桥’，工部郎中张大器建亭撰文立石于桥侧”⑤。碑文称：

> 汪居士，安徽人也，侨寓清源，乐善好施，兹桥其所建也。桥当鳌头矶东，旧有故桥，日久就圮，居士为新之。……居士不在编民之中，无官府之檄，乃能捐资不爱其力而人褰裳，善岂虑誉哉。⑥

---

① 《明会典》卷187《工部七·营造五·城垣》，中华书局1989年版，第944页。关于清代地方官员在此方面的具体职责，参见瞿同祖《清代地方政府》，范忠信等译，法律出版社2003年版，第261—262页。

② （民国）张树梅、王贵笙：《临清县志》，民国二十三年（1934）铅印本；马鲁奎：《临清城墙》，《临清地方史志》1988年第1期；全国政协文史和学习委员会、政协山东省临清市委员会编：《运河名城·临清》，中国文史出版社2010年版，第107页。

③ 会通河在临清境内分两条支流入卫河，北支为元代所开，南支为明代所挖，它们与卫河之间形成一块周围环水、比较开阔的地方，称为“中洲”。

④ （清）张度、朱钟：《临清直隶州志》卷2《城池》，清乾隆五十年（1785）刻本。

⑤ （清）王俊、李森：《临清州志》卷9《孝义》，清乾隆十四年（1749）刻本。

⑥ （时间不详）《善民善桥碑》，碑文拓片存临清市博物馆。

鳌头矶为“临清十景”之一，官绅客商往来必登临以观市景，其旁之桥将中洲繁华的商业区连为一体。汪保虽未曾入籍临清，也不用缴纳当地赋税，但仍能主动出资修建路当孔道的桥梁，致使官员为其树碑立传，民众对其心存好感。

临清地处元代所开会通河最北端，同时也是南运河的起点，系大运河漕运系统中极为重要的节点。由于鲁西地形复杂多变，在会通河上建闸最多，故有“闸河”之称。立在运河船闸闸敦之上的绞关石属于重要水工设施，以成对分别对称斜插垒砌在闸槽两边组成支架，摇绕木轴，利用铁链提升闸板，以此管控升降，启闭闸门蓄泄闸河的河水，从而使闸内闸外河水持平，保证漕船进出。提降闸板时，先用木板搭在金门之上的两闸墩中间，闸夫站在木板上绞转绞轴，绞轴盘锁的铁链钩住闸板，提升或下降。闸板为硬木质，非常重，两头都系装拉升用的铁环，由此可见绞关石负荷很重，因经年累月使用，其断裂损坏不可避免。[①]

更换绞关石也成为施善的对象，至顺四年（1333）《绞关石记事碑》云：

> ……郡伯妣李氏，赠平□县□□□……人正承直郎，知陇西、金城□□……二人，曰俨曰佑，女一，幼□□□……弱不动声气，内外怗然，□□□……有芘其后，可无憾已。铭：白昼与夜，森彼□□；玄造攸在，清平□□；鼎鼎枪枪，季雁□风；善庆之洽，翁出□□；方远驰骛，□良转□；藏是玄室，龟趾□□。[②]

从现有资料来看，它是会通河出土的唯一一件元代刊有明确纪年的实物资料，文献价值非常重要。这根绞关石是残石，上存楷书碑文5行、铭文6行。从残存碑文分析，我们大致能推断出所记之事。元朝至顺四年（1333），临清有一仕官以承直郎身份赴陇西（今甘肃东部、渭河上游）任知府。家中有一幼女，体弱多病。夫人李氏为女祈求平安，捐资将断裂的

---

① 马鲁奎：《临清元代会通河“连环闸”盛世重光》，《临清文艺》2014年第1期。

② 至顺四年（1333）《绞关石记事碑》，碑存临清市博物馆。另参见马鲁奎辑注《运河名城临清明清碑刻集注》，齐鲁书社2022年版，第104页。

绞关石更新替换，以做善事之名义佑济漕运，使其安宁悦然。会通闸始建于大德二年（1298），这根绞关石至李氏替换之时，已使用了35年。将替换下的残石重新利用，刻字为碑，并立于会通闸附近，以昭彰善行。

随着城市发展以及城乡之间联系的加强，城之周边河道处多设有渡口，其中有官或私出资设立的“义渡”。临清城北水门外运河之上原设有义渡，“渡船一只，撑夫二名，每名每年工食银七两二钱，四季赴部支领，此系施舍周济往来行人，不渡驿马，不许索讨船钱。如违，许诸人首告”①。义渡处刊立刻石以提醒渡人，碑文落款有李采、尹觉民等人。李采，陕西咸宁（今属西安）人，万历三十五年（1607）进士，时任户部临清分司官员，分理临清仓事务。尹觉民，直隶（今河北）冀州人，万历三十二年（1604）进士，时为临清钞关郎中御史。② 早在万历二十七年（1599）爆发了由商人、工匠、作坊主、市民等广泛参加的反税使马堂的斗争，史称“临清民变”③。有些正直官吏为缓和官庶矛盾，尽己所能做些善事义举以笼络民心，义渡之设便是其中一例。

二 公益慈善

明清时期，城市里的公益慈善反映出官方与民间之间的耦合关系，亦经历了一个从官府负责到民间承办的过程，相应的社会责任遂发生潜移默化的转变。④ 临清最早出现的慈善机构当属养济院和漏泽园。养济院创建于洪武年间，位于中洲卫河东浒，为使“茕独之无依者，栖有庐，食有粟，衣有布絮”⑤。嘉靖时副使张邦教重建，有房屋35间，雍正九年（1731）知州冯锐重修，南为屋三连20间，西为屋三连9间，东为屋三连15间，北为屋三连15间，知州陈留武加以重葺。⑥ 养济院一直延续到清末，经费全部来自官款。漏泽园始建于洪武三年（1370），初置于城之

---

① 万历四十一年（1613）《户部义渡碑》，碑存临清市博物馆。

② （清）于睿明、胡悉宁：《临清州志》卷1《职官》，清康熙十二年（1673）刻本。

③ 道光三十年（1850）《王朝佐烈士碑》，碑存临清市运河钞关博物馆。

④ 各地区城市的实际情况并非同步，参见［美］施坚雅主编《中华帝国晚期的城市》，叶光庭、徐自立等译，中华书局2000年版，第501页。

⑤ （清）于睿明、胡悉宁：《临清州志》卷4《艺文》，清康熙十二年（1673）刻本。

⑥ （清）张度、朱钟：《临清直隶州志》卷2《建置》，清乾隆五十年（1785）刻本。

南。临清为两京要卫、居民稠密、四方辐辏之地，其触犯法律、遭遇瘟疫之人较他处为多，故官府设园以作葬地，取“泽及枯骨，不使有遗漏”之义。弘治七年（1494），顺天巡抚陈璧兵备临清，见原有葬地年久失修，遂重置漏泽园于运河南岸，官府拨地出资营建冢区，“召僧守之且建坊以表之”①。

养济院和漏泽园主要是官办，而义冢（义地）之设则更多地依靠民间力量。随着城市人口的迅速增加，贫困人口以及外乡流民也逐渐增多。死后有主无地或客死临清之人，一般都会埋葬在义冢，捐设义地、埋尸掩骨便成为城市中一项重要的慈善。最早的义地始建于明代，由山东按察副使陈璧倡设，知州张赠择运河东西两岸亢爽之地各 20 亩，“缭以崇垣井画之，井方广丈，其隅树所宜木四，而中葬其一，栉比棋布，使无相乱，置籍以记死者，岁月竖石以识其姓名州邑俟迁改焉，各创屋八楹，召僧二以守，立坊表之”②。清代浙江藩台张朝缙，曾于乾隆五十一年（1786）至五十四年（1789）在河南粮盐道内督理漕运，经过临清之时见卫河东岸屡有尸骸暴露，遂慷慨捐金 250 两于城西置买 20 亩地作义地。③

临清义地自明清以来共有 10 多处，其中主要有：嘉庆二十三年（1818），湖北人于汶河南岸置；道光二十八年（1848），知州董步云于南厂置；咸丰元年（1851），知州陈宽于汶河南岸置，一名“义园”，为四方官商厝槥之地；光绪十年（1884），众善堂于南水关东南置；光绪十七年（1891），邑人张语等捐资于城南置，邑民班顺等于南水关东置；民国十二年（1923），武训小学校长王丕显与于跃舟、刘宏庆等人募款，分别购置车营南、小西门内两处。可以看到，清朝后期州县邑人更多地加入到筹建义地的行列之中。此外，临清为北方运河上的重要中转站，“五方商贾鸣棹转毂”④，多于居民者十倍，“十九皆徽商占籍”⑤，徽商们在临清广置土地，设立东、西二义冢，以收埋客死异乡的商人。有一年，临

① （民国）张树梅、王贵笙：《临清县志》卷 16《艺文志》，民国二十三年（1934）铅印本。

② （民国）张树梅、王贵笙：《临清县志》卷 16《艺文志》，民国二十三年（1934）铅印本。

③ （民国）张树梅、王贵笙：《临清县志》卷 16《艺文志》，民国二十三年（1934）铅印本。

④ （清）陈梦雷：《古今图书集成・方舆汇编・职方典》第 254 卷《东昌府部汇考六》，巴蜀书社、中华书局 1985 年版，第 10050 页。

⑤ （明）谢肇淛：《五杂俎》卷 14《事部二》，中华书局 1959 年版，第 413 页。

清疾疫流行，死者相枕，洞庭商人翁参、翁赞兄弟二人捐资行善，建义冢，埋骸骨，好义之声震动齐鲁间。①

临清伽蓝林立，据地方志记载，当地知名寺庙、道观有20多座，它们不仅是人们的信仰空间，也成为借以办善事的实践场所。其中，庙会茶棚之设比较吸引往来之人。庙会俗称“庙市”，是佛教或道教活动与市集相互融合的一种形式。顾名思义，庙会茶棚是在庙会期间设立的烧茶饮水的地方，它是庙会文化的产物，属于民间性质的慈善事业。搭棚舍茶是临清庙会特有的一种现象，一般会在原来临时搭建的基础上，伴随庙会的繁盛而逐渐形成扩大的居落式茶棚。当地一通石碑记载了这样的事例：

> 大清乾隆二十年间，直隶南宫县石家庄石德玉募化四方，在临清州□佛殿前建茶棚三间施茶，后庙中住持僧换此地基，修成鼓楼、山门，将茶棚三间移于□佛殿西、关帝庙北。每年遇圣会，仍在殿前山门内施茶，迄今数十余年。因风雨损坏，故石家庄石□云、石廷云、赵家洼赵□梅、赵□□、梁家庄梁士慕、梁广、梁明、小高村李奇岳等，共举盛事，募化本村，集聚善财四十千，同住持僧广才重修。恐日久年湮或迷茶棚施茶之所，特勒碑以志。②

除了舍茶外，还有一种满足城市居民精神需求的善行。每逢遇到荒年，富户和财主每每舍粥。临清戏园子便仿照此举，也拟定了个章程，学来这一手。这章程是：“为了满足无钱买戏票的戏迷，戏园子散场前十数分钟，就将戏园大门敞开，不再要票，可以白看。”③ 这应当算是施舍精神食粮之善举。

三 赈灾济民

由于华北地区水旱灾荒频仍，赈济灾民自然成为临清慈善事业的一

---

① 王云：《明清山东运河区域社会变迁》，人民出版社2006年版，第166页。

② 道光十三年（1833）《重修茶棚志》，碑刻拓片存聊城大学运河学研究院。

③ 韩羽：《信马由缰》，北岳文艺出版社2014年版，第138页。

项重要职能。对于大量灾民而言，最为有效、最能救急的方式是设粥厂施粥。施粥作为一种慈善行为，其起源应当很早，无论个人、群体或官府，大都选择这种方式赈灾或济贫。明清以来，形成制度化的粥厂之设逐渐流行。[①] 每遇荒歉之年或者冬春青黄不接之际，城里设粥厂赈民便成为普遍的救济方式，首倡者多为地方官员，捐助者则是士绅、商人等。临清募善会粥厂始建于光绪六年（1880），由州牧王其慎捐俸创设，邑人赵月潭作为董事负责管理。每逢隆冬时节，在碧霞宫开厂施粥两三个月，用米全部来自官绅富户的捐赠。该粥厂运行了七年，成效非常显著。为了使粥厂长久维持，王其慎联合士绅又捐出 7000 吊钱，存于典当行中生息，每年可收720 吊利息。不过，这些利息仍不能满足粥厂人工、柴米之费，故又将南水关各口岸平时的捐款划拨给粥厂，如此才保证了粥厂的正常运行。[②]

粥厂虽属官设，但离开当地士绅的鼎力相助，它是不可能持续多年之久。地方志不吝笔墨，记载了许多乐善好施士绅之义行，兹赘录如下以观其实。张若，在咸丰七年（1857），“州境饥苦，施谷米二百石，阖村赖以存活”。冀彩岚，“每遇荒年，辄捐巨款”，其子冀晖，“有父风，遇荒捐款，保奖守备，平日施财督工，义举尚多”。[③] 冀澜，庠生，值光绪二十六年（1900）饥荒，请于当道，将停泊于临清的粮艘留下贮仓平粜，民众得饥而不害。鲍伟名，“家雄于资，好施与。……筑圩、捍匪、修堤、障水、设粥厂、施积仓、建义渡、实惠及人，尤不胜书”。张壮，临清恩贡生，“急公好义，修义渡，置义冢，尤力营胡家湾套堤，水患以平。其他董修大工，施药馈粮，尤多善举。”孙攀月，“咸丰年间，岁饥。施粟活人甚众”。毓衍，“光绪间河决，慨捐巨款。鲁抚张曜以‘急公好义’表其门”。[④]

民国九年（1920），华北出现大旱灾情，涉及山东、河北、河南、陕西、山西五省，共计 300 多个县，辐射面积约 30 万平方公里，灾民达到

---

① 邓拓：《中国救荒史》，武汉大学出版社 2012 年版，第 221 页。

② （民国）张树梅、王贵笙：《临清县志》卷 16《艺文志》，民国二十三年（1934）铅印本。

③ （民国）张树梅、王贵笙：《临清县志》卷 15《人物志》，民国二十三年（1934）铅印本。

④ （民国）张树梅、王贵笙：《临清县志》卷 15《人物志》，民国二十三年（1934）铅印本。

2000 万人，死亡约 5 万人。[①] 临清属于重灾区之一，一年多没有下雨，农地颗粒无收，灾民约 17 万人。在赈灾过程中，民间团体发挥了重要的作用。临清城西南关有一座行宫庙，在此处成立筹赈会，公推有名望的士绅孙毓玑、车指南、马绪曾为会长，县长杨蓝田也积极参与筹备工作。杨县长倡劝富户将存粮平价出售，每逢开会必亲自参加，同时捐出俸金千元。不仅当地士绅捐粮捐款，而且外地官吏、士绅也投入到赈灾之中。例如，上海广仁堂总办刘鹤庄、焦乐山千里迢迢率属下赶来临清参与救灾活动。在官赈、民赈等各方面的共同努力下，共筹集善款 30 多万元。[②]

除了上述灾难以外，危害城市的另一大灾害便是火灾。城市的发展造成人烟稠密，往往不戒于火，且街巷房屋鳞次栉比，火灾一旦发生便会迅速蔓延。史料记载临清城发生过几次重大火灾，如道光元年（1821）锅市街起火烧毁铺房 200 多间[③]，光绪十三年（1887）庙会期间马市街的大火燃烧了一天一夜[④]，民国四年（1915）舍利塔失火断续燃烧了三四天[⑤]，民国七年（1918）城西东夹道街火起延烧铺房 13 家[⑥]，民国二十一年（1932）竹竿巷火起延烧 30 多家作坊[⑦]。在屋宇密集、店铺相连的城市里，非常容易发生火灾。由于火灾事关每条街区以及整座城市的存亡，更是关系到市民尤其是士绅、商人群体的利益，因此，一旦有了政府官员的支持，民间水会便会大量涌现。临清的水会又称“火会”“救火会”或“水火会”，它是早年间实力强大的公益组织。关于临清水会创建自何时，尚未看到相关史料的具体记载，到 19 世纪该组织渐趋完善，备受赞誉。

按照法律规定，此类赈灾济民事务当为官方作主导，一般由知府与知县负责。[⑧] 例如，施粥厂、牛痘局、赈务会、拯溺社、施棺会、因利局等，均以官方为背景。（参见表 6－1）但是，临清水会较为特殊，属于民

---

① 贾新民：《20 世纪中国大事年表》，中国人民大学出版社 1992 年版，第 90 页。
② （民国）张树梅、王贵笙：《临清县志》卷 16《艺文志》，民国二十三年（1934）铅印本。
③ （民国）张树梅、王贵笙：《临清县志》卷 1《大事记》，民国二十三年（1934）铅印本。
④ （民国）张树梅、王贵笙：《临清县志》卷 1《大事记》，民国二十三年（1934）铅印本。
⑤ （民国）张树梅、王贵笙：《临清县志》卷 1《大事记》，民国二十三年（1934）铅印本。
⑥ （民国）张树梅、王贵笙：《临清县志》卷 1《大事记》，民国二十三年（1934）铅印本。
⑦ （民国）张树梅、王贵笙：《临清县志》卷 1《大事记》，民国二十三年（1934）铅印本。
⑧ 瞿同祖：《清代地方政府》，法律出版社 2003 年版，第 261 页。

办消防组织。临清水会在地方士绅的倡导下，由商人、富户捐资，附近的大小作坊共同参与。从“水会”之名亦可看出它完全具有民间色彩，而官方消防组织则称为“军巡铺”“防隅军”“巡检司”或“潜火队”[①]。临清极盛之时，城内商号众多，有典当百余家、大小客店数百家、布店73家、杂货店65家，绸缎店32家、纸店24家等。[②] 一些有远见的士绅未雨绸缪，组织商户成立水会以应对火险灾情。清末临清水会有四处：“一曰义济会，在河衙厅街；一曰协济会，在灰炭厂；一曰复源会，在锅市街；一曰济急会，在卫河西。”[③] 义济会设在河衙厅街，专门服务于官衙及其周边居民。协济会设在以商业命名的灰炭厂街，主要负责该街道两边铺户。锅市街以批发商业集中的集散区最为密集[④]，故复源会的救火任务最重。卫河西岸也分布着一片商业区，济急会专门为其救急。水会会址并不固定，有时利用富家大户捐赠的闲置公房，更多的时候则是设在本街区里的寺庙、祠堂等公共空间。

临清水会在创办开始的时候，一般先由势力雄厚的绅商富户发起。如由“信义”“南翔”和“苏州”三会合股的布行，曾经出现每年进布上百万匹的局面。时有字号“一左元”布店每出一银必点一朱，而每年消耗朱粉达到二三十斤，其营业额之巨可见一斑。这些商贾坐拥雄厚财力，有一定的社会号召力，能够邀集其他商号或住户。水会完全是一个公益性民间组织，其经费来源主要来自以下两种渠道：一种是富裕大户、政府官员以及沿街店铺的捐资；另一种是受益商铺根据店面大小分级出资作为会费。水会会员资格有大小之分，“大会”出钱，“小会”出力，[⑤] 入会方式大致有三种：一是子承父职，每当父亲身体欠佳或到了一定年龄的时候，一般会由儿子顶替父亲的会员职务；二是由出资商铺的学徒

① 陈智勇：《中国古代社会治安管理史》，郑州大学出版社2003年版，第200页。

② 临清市人民政府编：《临清州志》，山东省地图出版社2001年版，第458—463页。

③ （民国）张树梅、王贵笙：《临清县志》卷7《建置志》，民国二十三年（1934）铅印本。延至晚清，水会仍然是典型的善会组织。参见王玉朋《明清山东运河区域社会生态变迁研究》，中国社会科学出版社2022年版，第220页。

④ 全国政协文史和学习委员会、政协山东省临清市委员会编：《运河名城·临清》，中国文史出版社2010年版，第20页。

⑤ 《中国地方志集成》编辑委员会编：《中国地方志集成·山东府县志辑·民国临清县志》，凤凰出版社2004年版，第116页。

组成，当火灾发生时由所在区域水会临时召集；三是根据水会负责区域内居民数量、身体状况等，动员或指定其入会。当火灾被扑灭后，各水会会员便自行解散，并没有任何报酬，这是因水会创立宗旨决定了它是一个市民互助的慈善机构。

表6－1　　临清城内慈善机构创设概况

机构名称	设立时间	设立者
养济院	洪武年间	不详
掩骨会	清初	不详
施粥厂	光绪六年（1880）	州牧王其慎
施棺会	光绪十年（1884）	知州彭虞孙、邑贡生刘汉璧
施医院	光绪十二年（1886）	基督教会
牛痘局	光绪十五年（1889）	知州陶锡祺
水会	清末	市民自发筹办
拯溺社	民国五年（1916）	警佐李襄廷
筹赈会	民国九年（1920）	邑人车震、沙明远、张树德等
因利局	民国十年（1921）	县长杨凤玉
赈务会	民国十八年（1929）	省赈务总会
红十字会	民初、民国十九年（1930）	不详

资料来源：《中国地方志集成》编辑委员会编：《中国地方志集成·山东府县志辑·民国临清县志》，凤凰出版社2004年版，第115—116页。

四　善政善策

运河的畅通改变了临清的区位优势，使其成为国家财政的蓄水池和制高点。宣德年间，户部于临清设榷税分司，俗谓“钞关”，派官员直接督理关税。钞关税为宣德四年（1429）新增的商税税目，其目的是征收在运河河道里航行的经营性船只的税金，以增加朝廷的财政收入。那些运输贩卖、将余补缺的行商，经常受到钞关官吏人役的盘剥勒索，发展中的工商业受到严重摧残。弘治时期，礼部尚书倪岳曾上疏历陈商旅之苦，认为临清系“客商船只辐辏之处”，“近年以来，改委户部官员出理课钞，其间贤否不齐，往往以增课为能事，以严刻为风烈。筹算至骨，不遗锱铢。常法之外，又行巧立名色，肆意诛求。船只往返过期者，指为罪状，辄加科罚。客商资本稍多者，称为殷富，又行劝借”[①]。

面对钞关收税乱象，不乏能臣贤吏正纪肃风。李梓于万历年间任临清钞关榷使，上任伊始便排除阻碍因素，毅然剔除各种法外苛索，采取一系列恤商惠农措施。当地民众口中也流传着，早年间临清有一位名叫李梓的税官，清正廉洁，体恤百姓。李梓清楚地看到国库“盈额”“宽下”与百姓的辩证关系，指出“商收利于民，法欲则商去；民财利于商，商去则民贫”，在任上“厘弊剔蠹，悬鉴以照，无微不澈。且也掾方冰壶，即米盐锜釜之资，不取于下民。以故中殁清肃，行商无所售其巧，愚民无所肆其诈，而法愈明饬”。[②] 为了给商人创造一个良好的投资和经营环境，李梓下令罢征许多事关日常生活用品的税收，制定了调整商民利益关系的新法则，“明效大验”后上书大司农并获批成为国家法律。在关前建浮桥，以防不法之徒越关；在卫河广济桥东岸建立验货厅，以免商船调至关前查阅之苦。为了使税收留住商家，让人安心经营，李梓提出“法省而商至”“法烦而商离”的思想，并让商人意识到缴纳税收的义务和利民生计的意义，最终使大批商人“鼓槌转辕以抵清源关”，“民卒收商之利，是内外大通，去往两利也”。[③]

李梓为官清正，体恤商民，在临清有很好的口碑。离任之际，有三位进士共同为他树碑立传，以颂其主政临清钞关期间所施善政，民间俗称“三进士碑”。撰文者秦大夔，万历八年（1580）进士；篆额者曹楷，万历十一年（1583）进士，官至大理寺左寺丞；书丹者汪应泰，万历十四年（1586）进士，官至陕西凤翔府知府。李梓恤商惠民之举暗合大学士张居正“厚商利农”的务实之风：“欲物力不屈，则莫若省征发，以厚农而资商；欲民用不困，则莫若轻关市，以厚商而利农。”[④] “三进士碑”对李梓政绩予以赞扬，并用商家、百姓和大司农的赞誉之辞，歌颂这位税官的德政：

---

① （明）倪岳：《青溪漫稿》卷2《会议》，《明经世文编》，中华书局1962年版，第692页。

② 万历二十五年（1597）《计部李公德政序碑》，碑存临清市运河钞关博物馆。

③ 万历二十五年（1597）《计部李公德政序碑》。

④ （明）张居正：《新刻张太岳先生文集》卷8《赠水部周汉浦榷竣还朝序》，《续修四库全书》第1345册，上海古籍出版社2002年版，第663页。

> 商曰：盍归乎来，有吾大夫。民曰：货囚不售，有吾大夫。大司农曰：国计易盈，有吾大夫。噫嘻！大夫岂专持筹者耶？其贻惠百姓，当不在子产下矣。余闻子产，节良大夫也。始则制封洫，辫章服，以精明严饬临长百姓，行之既久，百姓安之。卒播与人之颂，名显诸侯，政冠春秋，则知李大夫之政德哉！①

许多官员在任上秉公执法、勤于职守，并能自觉严明法度、提出良策。在临清百姓的口耳相传中，还有另一位让人拍手叫好的官员。孙继鲁于嘉靖三年（1524）主政临清钞关，先于李梓但因未有碑铭留存而知之者甚少，其生平在《明史》中有传：

> 孙继鲁，字道甫，号松山，云南右卫人。嘉靖二年进士，授澧州知州。坐事，改国子助教。历户部郎中，监通州仓。历知卫辉、淮安二府。织造中官过淮，继鲁与之忤。诬逮至京，大学士夏言救免。继鲁不谢，言不悦。改补黎平。擢湖广提学副使，进山西参政。数绳宗籓。暨迁按察使，宗籓百余人拥马发其装，敝衣外无长物，乃载酒谢过。迁陕西右布政使。二十六年擢右副都御史，代杨守谦巡抚山西。继鲁耿介，所至以清节闻，然好刚使气。②

孙继鲁生性耿直，以刚正不阿、清正廉洁著称。有学者认为在明世宗嘉靖朝腐败益甚的局面下却出现了两位著名清官，“一位是嘉靖朝前期的孙继鲁，另一位是嘉靖末年的海瑞。两个‘青天’，先后辉映，他们的事迹乃至性格也颇有相似之处，且其先世又都出于回回，堪称佳话”③。关于孙继鲁在临清钞关任上的活动，史料记载并不多见。期间，他曾根据临清钞关的实际情况，编撰了一本《清源关榷政录》，后任者刘玺对此书补充完善，最终写就《清源关志》。“清源”之名为临清的旧称。《清源关志》为有关临清钞关最早的志书，也是唯一一部志书。

---

① 万历二十五年（1597）《计部李公德政序碑》。

② （清）张廷玉：《明史》卷220《孙继鲁传》，中华书局1977年版，第5384页。

③ 马寿千：《明代著名清官孙继鲁事略》，《回族研究》2009年第3期。

刘玺，字双泉，明代龙骧卫人，嘉靖十一年（1532）进士，在临清以户部主事监理关税。“玺任满未及刊，继其事者为蒲田雍润，乃授之梓。书中凡署润名者，又所续增也。”[①] 可见，《清源关志》经多人之手，其意义非凡，而孙继鲁是有一份重要贡献的。《四库全书总目提要》录其目，记载：“《清源关志》四卷，两淮盐政采进本……‘访于僚属，或曰孙松山监清源有声。过通州，会松山。松山因出所集《清源关榷政录》示余，遂因而补葺为此书。’”据乾隆《临清直隶州志》记载：“宣德四年，置清源关榷税，以御史领之。弘治初，户部岁出主事一人。景泰以来，屡以文武重臣奉敕临莅。天顺间以中官为镇守、为督饷，更代数十年不绝。”从刘玺“补葺”关志的自序中可知，孙继鲁主政临清钞关期间，政声斐然。关于孙继鲁在临清钞关任上所施善政，主要是规范了税收管理的相关规章制度，以及制定了监税人员的相关行为规范和办税原则。这些政策一经生效，临清整个户部榷税分司秩序井然。孙继鲁为官清廉，赢得一片赞扬之声。

五 风劝教化

临清钞关任职官员有时会利用自身的地位、学识和影响力，与地方士人唱和，以提升当地的文化感染力，进而行教化地方之实。嘉靖年间，临清有七位登耄耋之年的士大夫，分别是宋良、王廷珏、杨纶、时尚儒、吉鸾、刘源澄和李崇德，他们因志同道合组成“七贤雅会”，“志乐林泉，相结为真率会，以时过从。会时，或吟哦谈笑，或对弈鼓琴，或投壶雅歌，龙眉皓齿，望之如神仙中人”[②]。兵备副使张鉴赞其高雅，檄知州李希欧制匾风之，一时间人士群集题赠诗文，并作七贤肖像名为“雅会录”。时任临清钞关官员是户部主事唐世隆，为彰显七贤之德，风劝地方社会，为其写作《七贤雅会序》：

嘉靖戊午春，余以地官属来清源司关榷。越月余，一日，乡之贤大夫老有若大尹宋公东崖、王公双珏、杨公一庵、时公中岗、三

① 《钦定四库全书总目》卷84《史部40》，中华书局1997年版，第1118页。

② （清）王俊、李森：《临清州志》卷10《古迹》，清乾隆十四年（1749）刻本。

府吉公梧冈、刘公桐溪，又若大尹李公静庵，咸进相揖再拜曰："吾清兵宪石洲张公过吾庐而礼遇焉，锡之华扁，揭其名曰高雅贤会。若乐吾聚而树之声，嘉吾行而彰之采，焉者吾未知。吾之德弗德、贤弗贤也，而兵宪公重焉若是，吾思无以报称是愿，图一言以叙识弗忘也。"余曰："嘻嘻，有是哉！夫自竹林扬标、洛社历声，遐规元邈，踔乎不可尚已。乃惟诸公天锡难老，介福康宁格征焉，可不谓德乎；月旦相过桑梓，娱乐礼义止焉，可不谓贤乎？而况倦息从政，撄情丘壑，不倦耄修益崇，逸操隐德之于世也，大矣！盖以风历天下，昭明道化，大雅之所式瞻焉者也。石洲公宁弗重乎哉！"夫履贞介之操者来修淑之问，抱幽栖之光者劝显扬之思，是故彰善之政成焉。政成而后优老之礼明，礼明而后尚德之道教。政以成礼，礼以明伦，政之大纲也。石洲公固乐其国之有是人，诸大夫老亦庆石洲公之美是举。美则爱，爱则传，其永言以识不忘，宜也。然则是举也，将使下之人感而兴、思而励焉，以此砥德砺行，是故可以劝矣；将使上之人轨而则思而励焉，以此章教贞俗，是故可以风矣。惟风故劝，惟劝故兴，贤德较矣。机相感通，道相应合，固一时适遇之奇，而秉懿好德之良之在人心者也，亦自不容已焉尔！石洲公其贤也欤，诸大夫老其贤也欤！①

作为大运河沿岸的枢纽城市，临清寺庙道观林立，它们构成城市空间结构和民众社会生活的有效组成部分。这些寺庙道观既是城市民众精神生活的空间，又是他们经济生活的空间，更是他们文娱生活的空间。因此，地方官员亦经常出面捐资修建一些庙宇。临清砖城西门外原有关帝庙一座，不知创建自何年。正统年间，守臣刘方撤而新之。隆庆元年(1567)，计部、工部以及州人志士等合力续修。其中，计部官员闻道立坊，榷部管关官员吴肇东承担尘漕台的修建。后来，又各自捐俸倡议在殿前增建昭祝侯祠和安国侯祠。万历年间，榷部蒋杰、林世吉、李梓等分别捐俸布金立坊。关帝之忠义大节历来具有"神功圣力""慑服人心"

① （清）王俊、李森：《临清州志》卷10《古迹》，清乾隆十四年（1749）刻本。

之功能，通过不断增修关帝庙，使其忠义之精神深入人心。[①] 顺治五年(1648)，户部员外郎孟凌云“衔天子命督储清源”，拜谒文庙，看其残破不堪，决意重修，于是倡导“兵宪周公、榷关尼公、钱公、董陶霍公……捐资以助”[②]。此类事情不一而足。

小　结

依托大运河漕运体系，临清在明清之际的发展达到鼎盛。当国家转向漕运的逻辑后，国事的焦点在于维持对具有重要战略意义地区的控制。国家的注意力更集中于这样的地区，这种转向实际上是国家对其“服务”进行重新的配置。临清便是被国家视为核心的运河地区，国家在当地增加了诸如营建城池、疏浚河道、设立钞关、造桥修路、维持秩序等方面的服务。但是，在政府财政能力十分有限的情况下，城市里的善举实践又不得不借助于民间的力量。善举不仅作为一种物质资源，而且也是一种象征资源，为不同的利益主体提供了一个理想的“竞技场”。人们会把出资捐财看成积德行善，官方则颂其为德政教化。无论德善还是政教，其背后掩盖着的是一种体现精英行为、获取社会权力和维护社会地位的策略。一个城市的生命发展历程，尤其是像明清时期临清这样的运河城市，能够繁荣昌盛长达五六百年的时间，除了政治、军事、商业等因素外，善举实践也是不可或缺的重要一环，它们都可以视为“城市性”的体现。

在许多西方现代经典理论家看来，古代中国城市主要以政治中心的角色登上历史舞台，即使某些城市经济领域中商贸与消费的规模非常可观，但仍然难以掩饰其政治或军事功能所占据的突出地位。根据马克思的“亚细亚生产方式”理论，城市化进程的中国经验有别于西方世界，“真正的大城市，在这里，只能认为是帝王的军营，那是真正经济结构上

---

① （明）贺逢舜：《重修关帝庙碑记》，《临清州志》卷10，山东地图出版社2001年版，第435页。

② （明）孟凌云：《重修文庙记》，临清市人民政府编：《临清州志》卷3，山东地图出版社2001年版，第282页。

的赘疣"[1]。梅洛蒂进一步解释道，亚细亚的城市缺乏"真正的城市特性"和"真正的生产基础"[2]。亚洲的政治城市寄生于专制政权的庇护之下，所谓的城市化进程没有牢固的基础，对于真正的社会进步并没有起到正面的作用。韦伯也持相似的态度，认为中国的城市是王朝国家管理的而非商业生产的中心，"城市的繁荣并不取决于市民的经济与政治魄力，而是取决于朝廷的管理职能，尤其是对江河的管理"[3]。而罗威廉的研究则呈现了城市自身拥有很大的自治权，进而提出"市民社会"的阐释概念[4]；介于"公域"和"私域"之间的"公共领域"表明中国城市并非缺乏独立的民间力量[5]。

按照罗威廉的解释，所谓的善举实践貌似形成了一种社会的自主性。美国学者玛丽·兰金（Mary Rankin）用"公共领域"的概念来解释城市中形成的社区善举模式，亦可视之为市民社会的自主性。[6] 孙竞昊的研究展现了地方士绅如何利用他们占有的资源优势，经营地方并在公共领域范围内与国家政权发生联系。[7] 那么，问题是既然迎来了士绅主导、带有"自治"倾向的地方社会的张扬，在既有的社会秩序中也产生了一种显著变异，却依然没有导向社会形态的突破？因此，这样的解释模式还有进一步探讨的空间，因为它与中国具体城市个案的历史情境并不完全一致。笔者将传统时期临清城市中的公共事务、地方慈善、赈灾济民、善政善策等均视为"官"与"民"对当地的一种"服务"，形成了一种生产与再生产的模式。这种模式未必体现出社会的自主性，反倒是"国家在场"

---

① ［德］卡尔·马克思：《政治经济学批评大纲（草稿）》第3分册，刘潇然译，人民出版社1963年版，第99页。

② ［意］翁贝托·梅洛蒂：《马克思与第三世界》，高铦、徐壮飞、涂光楠译，商务印书馆1981年版，第76页。

③ ［德］马克斯·韦伯：《中国的宗教：儒教与道教》，王容芬译，商务印书馆1999年版，第61页。

④ ［美］罗威廉：《汉口：一个中国城市的商业和社会（1796—1889）》，江溶、鲁西奇译，中国人民大学出版社2005年版，第419页。

⑤ ［美］罗威廉：《汉口：一个中国城市的冲突和社区（1796—1895）》，鲁西奇译，中国人民大学出版社2008年版，第413页。

⑥ ［美］玛丽·兰金：《中国公共领域观察》，黄宗智主编：《中国研究的范式问题讨论》，社会科学文献出版社2003年版，第200—201页。

⑦ 孙竞昊：《经营地方：明清之际的济宁士绅社会》，《历史研究》2011年第3期。

对地方控制的强化。因为临清位于大运河与卫河的汇合之处，它是国家吸纳贡赋的重要地区，在这样人口密集的流通枢纽城市里，会导致能量集中在赋税征收上，而不注重其他形式的社会管理，所以，能够提供善举“服务”的任务便自然落到地方精英的头上。此外，善举实践具有弥散性、嵌入性和整体性，“中国历史经验中的福利实践乃是所谓政治、经济、文化等诸领域一体化的产物”[①]，既有物质资料的再生产，也有象征符号的文化再生产。

① 张佩国：《“业”与“报”——明清祁门县善和里的公产与福利实践》，庄孔韶主编：《人类学研究》（第7卷），浙江大学出版社2015年版，第62—86页。

结　论

在一部讲述城市“故事”的民族志中，我们可以采取一种“共时态”的研究方法，即把城市社会视为“外于时间的”，也就是不考虑历史情境。传统上，社会人类学是对异文化的研究。社会人类学者走进的田野工作地点是一个文化差异的空间，这个空间与他的家乡距离遥远，在时间上的共时性并不能弥补他与被研究者之间的文化差异。这可以视为人类学的传统研究视角，但这样的方法对于城市的总体性变迁关注甚少。而当历史学者埋头于一大堆文献资料进行历史钩沉时，他与被研究者之间形成的空间是一种想象的、过去的“异邦”，这种空间关系是历史性的。如果择取历史学以“历时态”研究为主的策略，又会容易忽略一些结构性因素，不利于对某些问题展开深入的研究。

为了求得圆满，使用历史人类学的研究方法则能够将二者有机结合，即当下与过去之间的联系，应当在一种历时性与共时性相融合的视域中呈现，应当在特定的文化脉络中来展现城市的历史与结构。正如王铭铭提醒我们：“历史与人类学之间的差异，无非在于前者是在早已不可直接观察到的过去中展开的田野工作，而后者则宣称自己的依据绝对属于直接观察的结果，或‘第一手的素材’。但在实质上，无论是历史学者还是人类学者，我们面对的使命是共同的，即我们共同需要从时间的或空间的‘异邦’中提取对于过去人们生活的理解，从对于别人的理解获得对于我们自身的反省。”①

---

① 王铭铭：《逝去的繁荣：一座老城的历史人类学考察》，浙江人民出版社 1999 年版，第 395 页。

本书以临清为例展开一种历史与当下的叙述，当然它并不是一部临清城市发展史，也不是对临清城市社会的全面论述。笔者所进入的不仅仅是一个当下的田野，而在更大程度上是一个从当下的田野延伸到久远过去的历史的田野。纵观历史长河，从古代世界的伟大城市到现代民族国家的形成，再到当下的全球化时代，城市始终与文明进程融合在一起。城市社会结构、权力体系、生产活动、生活方式以及城市人与环境的互动，无一不嵌入历史的宏大叙事与微观细节。如果说，历史是在必然性与偶然性的合力下走到今天，那么，无论是作为权力与资源中心的城市本身，还是作为空间载体支撑政治、经济、社会与文化活动的城市，均在其中扮演了或明或暗但却不容忽视的角色。

城市的出现是一种社会的进步。城的设想是人们为聚居而设，在生产力比较低下的社会环境中，聚居模式是提高生产力的一种重要手段。物质的交换与交易促成了城的设置功能，提升了城的区位优势，使城的地域变成了市。随着人类社会的发展，城是区域，市是在城的区域内发生的经济活动。只有在一个特定的区域内开展经济活动，才能集中便捷。城促进了市的萌生，市又反过来促进了城的发展。

中国的历史非常悠久，而城市文明的历史同样久远，由于历史赋予了城市各种不同的功能，不同的时代又给予城市以不同的影响，所以城市面貌万千而性质各异。尤其在明清时期，中国社会的发展已经步入变革的前夕，作为文明象征的城市，其发展状况反映出社会转型期的某些特征。例如，临清作为大运河沿岸的重要工商业城市，以经济的发展为城市发展的内在动因，属于典型的乡村（聚落）城市化的一种类型，一定程度上反映了这段时期某种类型城市发展的方向。当然，就普遍意义而言，在众多的古代城市中，构成明清时期城市发展主流的，仍是作为政治和军事中心的传统城市。临清既有传统的因素，也有工商业的因素，这便是它自身拥有的“城市性”。

自元朝开始，北京成为大一统政权的都城。北京之所以被选为都城，主要在于它的军事位置十分重要。相较而言，受限于周围的自然条件，北京在经济地位上的合理性则微乎其微。它在成为制驭全国的统治中枢以后，其经济上造成的缺口就更大了。所以，自元代以降，历代无不把保障都城的物资供应，尤其是解决人数众多的官员、兵丁和市民的粮食，当作重大经济问题之一。其主要的解决办法，就是开挖运河或者开辟沿海航线，把南方的粮食漕运到远在北方的京城。这样，地处大运河漕粮运输中枢位置的临清，其交通和军事地位也就变得日益重要起来，成为北京军事上的门户、经济上的漕粮转运枢纽和政治上的近畿之邑。明清时期，临清不仅是地方市场的中心，而且也和全国各地区域性市场有着密切的联系，成为当时闻名全国的北方商业大都会。

本书在时间节点上的把握，始自临清作为大运河城市中心的出现，关注其在明清时期的城市发展历程以及近现代以来的转型实践。以“空间”作为切入点，探讨城市结构及城市化的表现形态，并揭示城市的地方性特点。这些特点不仅彰显了明清时期临清城市的社会与文化，而且也影响到它的现代转型。对“城市性”的分析，不能脱离法国年鉴学派、著名史学家费尔南·布罗代尔（Fernand Braudel）意义上的城乡关系视角，其所谓“城市使乡村城市化，乡村也使城市乡村化”[①]，指的是乡村并不能把城市变为乡村，但却通过生活方式、家乡情结等影响甚至改变城市。虽然选取“城市—乡村”视角，但并不意味着它们是二元对立的，这大概就是王日根所说的“乡土之链”[②] 吧。

虽然如此，还是存在着许多不同类型的城市，而且城市的特性也并非固定不变。城市作为一个“地方”，亦有其连续性和非连续性的情况。一个地方的特性固然与其自然条件密切相关，但这个条件并不是单独起作用的。这正如我们经常会看到并引起深思的现象，为什么在相同或相似的自然条件下，不同的地方会表现出迥异的地方性？同样地，为什么在不同的历史时期，一个地方也会产生不同的发展模式？地方性进程不仅依赖自然因素，而且需要地方文化传统孕育出来的社会力量，这与人们为了生存和发展而主动改变周围环境一样。有鉴于此，美国汉学研究者萧邦奇（R. Keith Schoppa）指出：“人类是在特定的空间环境中行动的。然而，很明显，人类不仅与自然环境交互作用，而且受到人工环境特征的影响，如商业交换模式、技术进步以及促进、调解和指导变革的

---

① ［法］费尔南·布罗代尔：《15 至 18 世纪的物质文明、经济和资本主义》第 1 卷，顾良、施康强译，生活·读书·新知三联书店 1992 年版，第 577 页。

② 王日根：《乡土之链——明清会馆与社会变迁》，天津人民出版社 1996 年版。

机构。自然环境和人为环境影响着社会政治精英和社会结构，反过来又被这些变化着的精英和结构所改变。”① 所以，我们应当超越“政治中心”或“市场—经济中心”的传统划分方式。作为一种特殊文明发展形态的运河城市，临清的城市职能纷繁而又多样，也必然会在空间形态上有某种程度的体现。尤其在明清两代，已经很难用军事基地、行政中心、统治中心等简单地概括其本质，多元城市职能共同构筑了这座运河城市的场景。

城市及其所形成的空间是一个活物，每一座城市都是生命与建筑的集合，终究都有它自己的性格。如果一座城市有一种性格，那么，它可能也有一个“灵魂”。对城市灵魂的解析，重要的是要考察那些空间是如何被构造的。空间长期以来被认为是流态的、可塑的和非线性的。也就是说，我们通常把空间理解为被社会进程所生产并改变，认识到这一点很重要。而空间的社会生产过程最直接的表现便是所谓的“地景”，这是一个人与地方互涵共生而形成的情感性与意义性的空间，也可以视之为城市灵魂的载体。

地景一词原初作为一种绘画技术术语，指的是对景致的艺术呈现，后来被文化地理学者运用到人们在特定环境中进行自我定位的想象力与创造性的方式。英国文化地理学家迈克·克朗（Mike Crang）指出：“地理景观并非一种个体特征，它们反映了一种社会的——或者说文化的——信仰、实践和技术。地理景观就像文化一样，是这些因素的集中体现。”② 地景并非人类行动实践的背景，而是在特定历史与地方情境下人与世界间约定的结果。③ 人与地方的互为作用演绎出特定的社会关系与文化象征意义，呈现于地景中的日常生活与文化活动也就被赋予一定的社会价值与人文意涵。人类学家胡正恒进一步提出“地景铭刻”的概念，分析了人们将历史事件纳入地景记忆的策略，并指出唤起过去的记忆实质上是

---

① R. Keith Schoppa, *Chinese Elites and Political Change*: *Zhejiang Province in the Early Twentieth Century*, Cambridge, Mass and London: Harvard University, 1982, p. 16.

② ［英］迈克·克朗：《文化地理学》，杨淑华、宋慧敏译，南京大学出版社2005年版，第14页。

③ Eric Hirsch and Michael O'Hanlon, *The Anthropology of Landscape*: *Perspective of Place and Space*, Oxford University Press, 1995, p. 22.

在汲取过去经验中的力量。[①] 城市是一个记忆之地，是记忆重叠着记忆的地方，甚至是对记忆之记忆的地方。地景其实反映出不同时代社会信仰、文化实践等因素的汇集与铭刻，它们在不同的社会文化脉络中存在、演变，也在不同的空间中流播、传衍，从而影响着文化与社会意识形态的建构。基于此，本书不仅关注古代的城市地景，也关注民族—国家语境中形成的地景。

城市空间问题还涉及权力及其支配问题。列斐伏尔明确指出："空间是政治的。空间并不是某种与意识形态和政治保持着遥远距离的科学对象。相反地，它永远是政治性的和策略性的。假如空间的内容有一种中立的、非利益性的气氛，因而看起来是'纯粹'形式的、理性抽象的缩影，则正是因为它已被占用了，并且成为地景中不留痕迹之昔日过程的焦点。空间一向是被各种历史的、自然的元素模塑铸造，但这个过程是一个政治过程。空间是政治的、意识形态的。它真正是一种充斥着各种意识形态的产物。"[②] 哈维甚至"希望创造一个更一般性的理论架构，用以诠释空间与时间的历史地理学，同时可以理解文化和美学的实践——空间化——如何介入社会和政治变迁的政治—经济动态"[③]。"空间介入"的隐喻便是权力支配，即空间还产生一种重要的力，那就是权力。在各种空间相互纠结中，势必会产生个别空间的优越性以及边陲性，从而形成支配与屈从的不平等关系，尤其在空间成为利益争夺对象之时更是如此。[④] 通过临清个案，我们能够看到城市权力的空间化表述。

所谓"城市权力的空间化表述"，指的是城市权力对城市所形成的特定区域空间的定义与诠释。经由城市空间中地景的不断"旅行"，我们会思索这样的问题：是什么，是谁"盘踞"了这座城市，以及如何"盘踞"

---

① 胡正恒:《历史地景化与形象化：论达悟人家团创始记忆及其当代诠释》，林美容、郭佩宜等主编:《宽容的人类学精神：刘斌雄先生纪念论文集》，"中央研究院"民族学研究所2008年版，第199—232页。

② ［法］亨利·列斐伏尔:《空间政治学的反思》，陈志梧译，上海教育出版社2002年版，第62页。

③ ［英］大卫·哈维:《时空之间——关于地理学想象的省思》，朱美华译，载孙逊、杨剑龙主编《都市空间与文化想象》，上海三联书店2008年版，第2—26页。

④ 黄应贵主编:《空间、力与社会》，"中央研究院"民族学研究所1995年版，第16—19页。

了城市？这里的“城市权力”既可以包括国家权力、城市政权，也可以包括对城市运作产生切实影响的其他力量，如世系群、社会组织、信仰团体，等等。也就是说，城市空间中的权力支配并不总是意味着国家权力的主导地位，其他因素与力量也经常参与到空间运作过程之中，有时候甚至占据上风位置。诸多城市力量都可能对城市地景及其变迁施加种种影响，从而在城市的生命历程中留下文化的印痕。我们完全可以通过这些遗存下来的“人造产品”来透视城市权力运作的文化机制和历史过程。

附　　录

附录一　田野所见碑刻辑览

一　岱岳祝圣保泰题名记碑

（碑阳）

按五岳图，山之东岱宗为天帝孙群灵府，职人世穷建修矫事。余赜聚深考，第尝一再跻其峻异之险道，毗际观日曜跃谓日观，眺晋西秦观望长安，又越观望会稽，中南两天门望泰至独秀、鸡笼、老鸦、天烛、玉皇诸峰；百丈、马棚、鹁鸽、舍身诸崖；经石壁、郑鄤、桃花诸峪；回马、鹰飞、黄岘、思乡诸岭；牛心、龙口、试剑、龙纹虎阜诸石；迎阳、吕公、遥观、玉女诸洞；白鹤、白龙泉，其他明月嶂、登仙台、青帝观、大云寺，峰峦溪洞千奇万状未可偻悉，极观哉。俯眺万谷千壑，乡绅耆老爰念珪璧坛禅灵地，无不人人快忝对严尸祝之，而吾郡称最。郡之人联袂结袂，辐辏鳞集，十室而九空。东南三里余，朝岳岱祈灵应庇佑，斋醮三日，每诞信众铺旃登舟，黄舆宝络迎銮，祝圣祈保泰，宁诘屈曲盘道三观、独秀、百丈诸峰崖，桃花丹壁，层峦空谷，巨壑泻瀑，危岩洞石无以忡肖。而天门、水帘、黄岘、大水龙峪、高老登仙诸雄胜，亦稍稍曲背负慨。翌日吉时，舁圣銮至，无不诚虔，奉金帛缣缯，斋心稽首，更不烦回香泰符涉漩，舟载金碧沿官河爰抵驻节宫前矣。会且满三载，因伐石为记于不佞，余谨志巅末，爰集象社耆艾，酌议修短之矣。其转移挽牵，逆回之柄，人未始不显，操之福不得幸邀，善实福基，祸不得幸逃，不福实祸，茅卜能时时提醒念念。顾畏涉境峰高涧深可不涉境，时忝对亦可则此举也。可通天祉、拓地灵、祈福今祸转泰还宁易易耳。若达观颐神耳目，祈今人喜眉宇、守朴真，敷嘉祯，惟二三戚里其永坚此念，寸心虽小，天帝孙群灵府具是矣。

时大明万历乙酉孟夏望日吉旦

赐进士第中宪大夫陕西按察司副使加三品俸，前奉敕巡按山西江西等处监察御史，郡人秦大夔撰。

（碑阴）

信官　秦大蕴　秦育　张河　王士魁　郝顺　秦大夔　秦常　张守东　宋奇瑞　李成荣　刘文　□邦山　郑臣　朱朝征　辛守仁　吴应科　冯尚学　李荣春　姜富　栾栋　纪仲□　栾致征　许友才　申宁　王喜　□继盛　李□　魏从□　张士奇　田守礼　张□　阎世臣　李□　滕守□　滕槐　陈显明　刘进中　王得玉　张全　黄元洁　王应□　宋禾舜　汪盈科　施学道　李思中　孙守志　施文孝　张万化　方重庆　汤仲武　柳崇　杨守仁　刘体德　古文儒　曹□中　高汝□　□继□　王凤梧　吴顺　□□恩　赵进　李榛　张东明　□□登　贺一鸿　张士魁　李朝□　周□□　王仕元　张应奎　□永□　□□济　马泗海　孙宏道　孙强　□□□　李运　李邦宁　杨邦□　□□□　张□□　李□□

道官　马□馥　滕万程　王京□　□□□　姚本　张寿　张凤万成　黄守□

本庙住持　赵□裕

二　计部李公德政序碑

赐进士第中宪大夫河南提刑按察司副使，奉敕整饬大梁兵备兼理清军马政，前巡抚江西山西篆处监察御史，郡人秦大夔撰文。

赐进士第文林郎陕西道监察御史，奉巡按云南带管盐法前巡视库藏巡按直隶等处，郡人曹楷篆额。

赐进士第中宪大夫陕西凤翔府知府，前北京兵部车驾清吏司郎中汪应泰书丹。

大夫养宇李公者，秦君子也，望重海内。天子下命以国计属大夫，出督清源关。大夫至，蠍政不可殚述，而出税一蠲，商民咸利之，国计且易盈焉。今事竣，将驱车长安。清人以大人之去也不能更之，絜愿以孍政勒之石，并永垂不朽，以文嘱余。

余曰：夫持筹盖亦难哉。盈额而缩下则怨策，宽下而减额则糜共。商收利于民，法欲则商去；民财利于商，商去则民贫，此不可不察也。商航流秭岭以游，而民则株守。商去此则宜彼，坐使商民抱膝而处，货积如阜。始欲出入无征而客，且无所征，此又不可不察也。事若益下而实利上，若便商而惠民。显有所束而阴散之，显有所宽而阴聚之，此又不可不察也。去留之情，聚散之机，非秉衡慕义之君子，安能洞若观火，少涉自营之心毋□为。法不欲则利不厚，利不厚则国不足。余曰：察之难，即察矣。曰：出征苦商，苦商苦民也。欲罢之，左右有不以成法，故事陈说于前，故可中更，即一旦骤更之；有不因枝与起疑百利一害之心，踌躇而莫者乎？即不然，当涂者未睹其利，逆推其害。倘执法迹让己，己其何辞？余曰：行之难，此非抱析微之智、敢当之勇，不能察，且不能行也。

大夫甫下车，厘弊剔蠹，悬鉴以照，无微不澈。且也掾方冰壶，即米盐锜釜之资，不取于下民。以故中殁清肃。行商无所售其巧，愚民无所肆其诈，而法愈明饬。大夫坦然曰：征法所以足国，创自皇祖，谁得而易之，独令布帛、玄黄、骨角、毛羽之物，彼商携金钱栉风沐雨以至此，业有定额，其居民货焉。不过未危危之，未冥冥之，犹然昔日之物耳。察之，何复征出？令民扼腕呻吟而莫敢诉也，此增法者之过也。遂下令，一切罢征，且试尝之，而徐闻当涂俟其便，以为今典行之数。越月，即风及远近，天下商贾皆欲藏市出涂。是蠲一征，而所征者且十百于前，此其明效大验也。乃上书大司农，大司农拜嘉之，大夫遂以定法矣。

当出关之未去也，商若游鱼，出纳而羡饵。天下熙熙，皆为利来。贾且识之国计入度出，不得已而之四方。大夫甫下令，而商踵至，商至则左右执事手不烦画，而征额盈矣。夫商之鼓棰转辕以抵清源关，民利耳。商且觎聚市门，而民卒收商之利，是内外大通，去往两利也。昔人酌盈计虚以足国计，故入征而出复征，其谁不以为此匮则彼昌，以值之无忧常□而卒告匮。何者？法烦而商离也。今严入而宽出，狡昔之法灭其反，金帛聚而用饶。何者？法省而商至也。

商曰：盍归乎来，有吾大夫。民曰：货囚不售，有吾大夫。大司农曰：国计易盈，有吾大夫。噫嘻！大夫岂专持筹者耶？其贻惠百姓，当不在子产下矣。余闻子产，节良大夫也。始则制封洫，辫章服，以精明严饬临长百姓，行之既久，百姓安之。卒播与人之颂，名显诸侯，政冠春秋，则知李大夫之政德哉！

万历二十五年岁在丁酉仲春之吉

三 碧霞元君庙记碑

（碑阳）

碧霞元君庙记

赐进士第礼部观政郡人汪承爵撰文

庠生吴邦彦篆额

郡人谭文焕书丹

夫元君者，东岳玉女神也。山川之神，五岳最巨，而岱为其宗。盖其位则东，其德则仁，其气则生，肤寸之云泽及万国。以故威灵煊赫，祸福震慑于人。作镇一方，则四方士民莫不仰止，于此祈嗣，于此祈年，于此祈安，岁时登临，虽荒犷悖傲，咸知严惮居其方者，可知已第意望无常，祈求民所时有动，举趾数百里外，未能数数然也，往往作庙其地，求辄祈，祈辄应，盖神无弗在，敬则存也。

临清州治之西二十里为陈官营，其乡耆李仲任等各捐资创建是庙，为门、为殿，涂以丹垩，缭以崇墉，经岁而告成。虽非宏构哉，亦称壮丽也，于栖神足矣。因问记于余，余维俎帝王受命告代必于泰山，功成道洽符出刻石纪号昭姓考瑞必于泰山，巡狩朝会紫望协度必自泰山始，载在诗书可考镜焉，总其归指罔非为民？君为民而礼，允犹告虔不称劳也，民之自须急于君矣，奈何志礼？故自是庙作会见此一方，人睹庙貌而奔走，朝夕维便矣。

事者曰祷，祷者曰福，神之灵佑悉显矣。以佑后焉，将户庆多男，无忧独乎？以佑田焉，将五风十雨，年谷顺成，无螟螟乎？以佑身焉，将少者悦豫，老者宁康，无疹厉乎？则是祀也，非淫祀矣。此固作庙者请记之意耶，且也后之人倘亦洞乎作者之意，绵其修葺时其享献庶几载，无匮神乏祀以受福无疆也。或于斯记也者有藉乎？余何敢以不文辞也，于是乎记。

临清卫指挥使司军政掌印指挥同知王承恩、军政佐贰指挥佥事刘尔安、军政佐贰指挥佥事李承宗、经历司经历……中左所军政更番掌印千户许定宇、孙继祖、倪舒、本屯掌印百户陈旅……

本庙住持徐静冬

皇明万历二十三年岁序乙未仲秋谷旦立

（碑阴）

施碑善人：李仲任、李成、李相、李府、陶仲元、陶仲□、□□□、乔文玑、乔文□……

……王□□、王嘉崇、王门□氏、王□、王□、王选、王□、乔保、倪□□氏、倪孝、倪□吉、倪□□、倪守桐、倪守思、倪守聪、倪应登、倪应科……乔仪、乔仲德、乔□□、乔门王氏、乔国郎、乔国□、乔国□……姚月、郭整、郭仲魁、郭茂、郭仲科、郭□、郭合、郭虎、张□□、张□、张门王氏、赵□□、□□□、□□□、李岳、李□、李□、周□男、周□□、周□□、周天禄、周天□、周天□、周子□、周子□、陶仲□、陶应□、陶应郎、陶仲□、□门□氏、郭□、郭□、唐仲□、唐□魁、唐□节……吕凤、吕门王氏、吕门尹氏、吕□仁……曹应选、曹应□、曹□□、曹门张氏……临清州善人：□举、□美、王□□、王天保、郝□……郭堂、郭虎、王亮……马守□、□□□、吴□……谭家庄：谭官乔氏……谭门刘氏、谭门赵氏、谭门乔氏；□家庄：……临清州善人在城住：刘□□、刘□□……刘永□、刘□□、刘天□……孟家庄善人：王□□、□□商、赵□□、赵□□、赵东海、王思孝、王登科、□□□、王思□、王虎、王思□、王官、王□、王……付家庄善人：孙万誉、郝万良、付现、于应鲜、张□、解□……于家庄：于门□氏……

四　临清州东水门三里铺泰山行宫义社碑记

岱岳为兖州巨丽，四岳迟峻，九山推烈，调风布霖尔。天被其德泽，历代列辟胪禅，踵至尊隆帝号，梵寓内冠带金面俨然。吾侪佑昭之俦、攀达之侣，有不能奉高以首路望瞭地耶，而且行宫祠宇荧荧煌辉映处，又有之即如遥参亭、灵应宫不下数十里，瞻山岳去清源。逾百余里，而进以视之，位于巽方。故郡之西北燕赵中，山云崖凼并寺处禅膜亦盛，而虔谒者臻至吾郡矜式萃拥。三里铺在汶河北岸，建有泰山行宫一区，俗云歇马厅者，登岱归返必谒之，其来已久，殿宇宏构岿然称胜境。每岁孟夏始醮自先吉梵，阖郡及附近各郡邑城市，持疃力不能至岱岳者及汶一瞻礼此祠，拳拳轿而至者、车而至者、舟而至者、牲而至者、步而至者如登岱冠，更布衣估贩帷达辇纷，又籍又络绎不绝，日奚趋万千余。遣祭香者又饬为元君辇舆彩幔之具，若导乃者然不惜珍宝玳瑁绮绣采色，供张之盛、雕镂之奇、优徘之戏、笙镛之音、梵仪之乐旋嚣震蝉坠蠼，昼夜不寓，龙虬殷辚万状弗可胜劫。郡人王台微者，因绊结为象社，每岁一斋，如是者四载期竣，皆赖众襄，初一日勒名于石以志岁庆，垂永世焉。征言于余，又因叹曰："是可为政教之一藉，已夫政教非欲化民于善者，天罡政教之凡人也。显见神之化人也。夫政教之化人有至，有不仿鬼神之化人，无不仁而更知其诚以然而然。"尼父不屑祭礼，斥季替则日，曾谓泰山不如林放明，未以泰山为有知奚？乃今悟圣人未尝以为无财神也。夫世代有升降，而圣贤之典章摄政，故礼乐尽而刑书罢，鞭挞穷而鬼神灵，神之慑人也。于诗书剑戟所以导善而警顽愚，此圣人之训旨，主政教合于天道则是斋也。亦道人为善之心者何数百人，不谋而同心，若此其阴德王度者，诚大矣、诚大矣。时谒

大明崇祯四年岁在辛未孟夏之吉

原任直隶扬州府清军总捕同知阶治园夫郡人王台撰文、书丹

临清州庠生贾尚德董其事

住持　赵制正

铁笔　孙白书

五　豁免土税德政碑

陕西分巡甘山道副使，前礼科给事中，郡人胡悉宁撰文。

□□□□巡抚松常镇等处监察御史，曲阜□树书丹。

郡人□焉世篆额

关市之设原以禁暴戢奸，稽察非常也。先王惧人之趋利如骛也，故严其名于关，而薄其征于税，其意盖欲人之尽力于南亩，非以云利也。清源为南北重地，百货云集。兵燹以来，萧条日甚一日，嗣又变部差而隶有司，蠹胥苛政察及鸡豚，遂至商贾闻风裹足用遣。督榷之忧，且关差三年，今止一岁一官皇皇，既不暇恤商于额之中，谁复知恤民于额之外？兹幸值钦差监督噶公，从龙硕彦，勋在旗常，向职密勿地，以谦谨廉惠著声。当宁嘉乃丕绩，棨戟乃遥临焉。甫下车即痛除陋规，刊示严禁，如恪遵则例，禁止帮差，严革火耗，较正天秤。诸大政无一不自肺腑中流出，仁心仁闻宜其不胫而风动四方，至吾清之实享其利，则土产之除究永赖焉。吾清习奢土瘠，逐末者十室而九，近来商贾星散，繁华十存二三耳！于是土之所产，如芝麻、菜子、棉花犹将苛求之，而吾清益困。先生至止，毅然与大弊悉涤。夫是物也，既税其地矣，忍复税其地之所自出乎示？甫出欢声载道，跻堂者踵相接也。自兹以还，世食田畴之福，农无捆载之扰，公赐之矣。公廉静出自天性，其忧国忧民意念溢于笔楮薄书，余闲临池染翰，谈经读史，寒暑昼夜弗辍，非天生之有异能。如是乎，以此黼黻皇猷宏济苍生，楚材伯颜诸勋业何多让焉，是先生诸善政皆有合于先王设关之意。吾为吾清庆，而尤为盛朝得人庆也。故于跻堂之后而乐为之记。

康熙二十五年丙寅五月吉日谷旦立石

六 王朝佐烈士神道碑

王烈士，明末人也，姓王，讳朝佐，平素仗义。万历末年，太监用事，中官马堂者，收税临清，百端骚扰，地方被害。人心痛恨已极，焚其衙署，毙其党三十七人。事闻株连甚众，人人自危。王朝佐慨然出首，一人承当，阖郡人民赖其保全，载在明志。当时，州尊陈一经嘉其义，为之立祠。其祠倒坏三十余载，士民过其地者，知其慷慨殉义之事，莫不唏嘘悼叹。今者，惟赖四方好义君子同心捐助，因其旧址廓而大之，鸠工庀材，不数月工程告竣。庶几微显幽阐，而烈士义气之慨，永垂不朽，以符有功德于民，则祀之之意云。

大清道光三十年岁次庚戌仲夏，阖郡士民公立。

七 完纳钱漕晓喻碑

降二级留任、又降二级留任、兵部侍郎兼都察院右副都御史、巡抚山东等处地方、合理营田、兼提督衔、节制全省军务、兼理盐政、监督临清钞关李□□□

为出示晓喻事。照得通省征收钱粮，向有银号、钱号之分。完银号者数无出入，完钱号者大有区别。

盖钱号数有之议定，而银价时有长落。现在银价，每两不过易京钱两千七八百文。乃征收钱号各属，竟有折完五千至六千者，几加一倍之多。虽系相沿已久，究非体恤民艰之道。

业经本部院通饬，征收钱号及银钱兼收之州县、卫所、盐场，统自光绪二十二年下忙为始，无分绅户、民户，每征正银一两，连耗羡、添平、加重、火耗、解费等项在内，一律减为折完京钱四千八百文，此外不许再加分文。如向来完不及四千八百文，以及向征银号者均仍其旧，概不准妄请增减，以示限制。倘现在减价之各属，将来银价长至三千以外者，亦准随时禀明酌加。此次明定章程只于向完数多者，一律照减，而于向完数少者，不准加增。无非普示恤民之意，合行出示晓喻。为此示仰阖属军民人等知悉。

自示之后，尔等务各遵照迅将各本名下应完钱粮，赶紧依限赴柜完纳以免追呼，如敢借端抗银，任意拖欠，应由各属择尤从严惩办。倘经征之员阳奉阴违，仍有浮收情事，一经查出，定即严惩不贷。各宜懔遵毋违！特示右谕通知。

光绪二十二年九月□日

告示押（临清州官榷署□□印）

八 南水关监督张蔼吉墓碑

（碑阳）

皇清诰、晋封 奉政、朝议

大夫赏戴蓝翎山东补用知县前代理邱县知县

张公讳蔼吉、字金门、号汲臣明府

原籍江苏常州府阳湖县文成里人氏 享寿六十有三岁

道光壬寅年五月廿日寅时生

光绪癸卯年十二月廿一日未时卒

（碑阴）

粤稽设官，收厘金，裕国课，通商贸易，为下纾民情，临清之设南水关，由来久矣。汶卫交流，南北要津，闾闬星罗，帆樯云集，人烟辐辏，称雄镇焉。前之官粮到境缉拿客船，起拔迁延时日，以致率本亏削，晋豫各商裹足不前，其害有不可胜言者。惟我属邑别驾张公，印蔼吉，字金门者，政惠时行，山左名宦纂摄卒思，浃旬而民献呼生佛，钞司南水关数载，而商颂赐“天光泰定”，飞来□□□□□，商不敢奸，持筹公明，胥吏不敢蠹，从前积弊悉为剔除。即官粮过境不准拿船，起拔无妨粮船隘梗之阻，或殑客船逗留之苦，凡晋豫客船回空者，概派勇弁押运出境，役护巡查，以防奸宄，客商无不感德踊跃，感戴异常，至今民商皆受赐不被拿船之害，皆我张公之遗惠也。南水关□□□□□□民□沿□公□□□□□□□□

迁延之苦，得俯仰之觉，或给逑之悦，□□□□□□□□□□□□□□□□无遗□□□□□□□□性成，轸恤民隐，何能嘉惠我邦也。安宁我邦，公□忝□□□□□□□□□□□德□□公之实绩勒石贞明，永垂不朽，非敢云报也。□□之张君□来临□□千古流芳。

（下附立碑人名讳，略）

龙飞皇清光绪卅年岁次甲辰仲春之吉公立

九 遵谕撤销私行抽用布商渔利碑

遵奉公李大人金批立碑，以为久远之计。且土布商民获利至微，劳苦尤甚，从无有经纪设行抽用之说。今竟有渔利之徒来案捏禀，以抽布商之用，难免不借端苛敛鱼肉布商，遗累后世，实属莫浅。幸李仁天深知布商维艰，不准设行抽用，开捐立案，即行撤销，以垂久远，仰即知（执）照，身等恐后世再有渔利无知之徒私行抽用，遵谕立碑以颂仁天恤布商之德，亦防后日抽用之害，合郡商民人等，知悉宜禀遵无违。

白布商民五十余名　刘兆瑞　耿开山　刘立吉　孙兰　殷凤梅　李学汤　贾俊德　王泽成　陈九成　彭长德　翟九龄　张功臣　刘佩珍　翟九思　荆义成

宣统元年十二月二十八日公立

十 魏湾碧霞元君行宫碑

同心向善

古者天子巡守则封泰山，然后禅小山而秩祀之，以泰山为五岳之宗。后世建碧霞元君之宫于其上，远近士女朝山进香不下数百里。闻有灵威，皆为孝男孝女标其奇特，此元君之辅佑下民枚其奉者也。延及大邑巨镇，多建碧霞元君之宫，名曰“行宫”，亦循朝山进香之义而凛凛从事焉。清邑魏湾碧霞元君行宫由来旧矣，闾巷妇媪拂郁疾痛必奔走行宫吁于元君案前，而有感斯应威灵之默佑。既征慈悲隐昧之暗诛，复昭彰瘅，是知一念耸动即善心发见之端，王度之所不能及，神教阴翊之。其有裨益于风化人心，正非浅鲜。以故每岁逢春，妇媪捐资会社修醮，以答神庥，以祈神佑。今者社首吕贾氏、王朱氏、殷马氏等协商，同社以累年休醮余资购一贞珉，颂元君之灵威，惠及群生，志妇媪之姓氏，昭其输诚懿与休哉！是香台一盛举也。益以见先王神道设教，其羲至正，而泰山坐镇东方，其羲亦至大焉。是为记。

岁贡生厢白旗汉教习引见以教谕用董玉良拜撰

邑庠生民国逸民尚寐道人无吪子任镜清书丹

领醮社长　吕贾氏、殷马氏、王李氏、王朱氏、汪张氏、梁穆氏

襄事　宋连名、于太文、王玉山、梁海山、丁知先、郭尚明、梁尚友、张学志、彭永吉、董兆仑、徐化凤、吕永怀

立石　吕金凤、卢兴文、殷玉楹、李兴隆

铁笔　金山马春华、管陶乔兴邦　镌

民国九年岁次庚申孟春端月下澣

附录二　外国人眼中的临清

一　马可·波罗（Marco Polo）眼中的临清

临清也是契丹的一个城市，位于南方，隶属大汗。居民同样使用大汗的纸币。从长芦到这里有五日路程，途中经过许多城市和城堡，同样也是在大汗的版图之内。它们都是商业发达的地区，从这里征收的税款，数目十分庞大。

有一条既深且宽的河流经这座城市，所以运输大宗的商品，如丝、药材和其他有价值的物品，十分便利。①

① ［意］马可·波罗：《马可·波罗游记》，梁生智译，中国文史出版社1998年版，第184—185页。

二 鄂多立克（Friar Odoric）眼中的临清

离开该城，沿澄清的水道旅行，我经过很多市镇，八天后我抵达一座叫作临清的城市，它在叫作哈剌沐涟的河上。此河流经契丹中部，当它决堤时给该邦带来极大祸害，一如费腊腊城畔波河之危害。①

三 约翰·尼霍夫（Johan Nieuhof）眼中的临清

六月二十日，二位使臣在著名的城市临清停泊。该城距东昌城一百二十里，坐落在皇家运河的两岸，有两座城堡互相守卫着，河心还建有二个坚固的水闸。城北有一座由九条渡船搭成的浮桥，人们可以经浮桥来往于河两岸的城区。我们还在这里看到河两岸各有一门小铁炮，设置的位置很恰当。

该城位于一片沙质的地面上，建有土质城墙，城里有许多漂亮的房舍和庙宇。城墙上有一个石造的城楼，北边城墙有十五个岗楼，二个圆堡。该城的布局呈一不等边三角形，城区的幅员步行约一个半小时。我们在此地买到许多罕见的水果，其中有个大味美的梨，这种梨可以存放很久。从该城北门向北京方向航行，约半个小时后，可看见靠河之处有一座异教的庙宇，里面有很多奇异的东西。在庙里最后的殿中，有一尊三十呎高的女偶像，塑造得很精巧，装扮也很华丽。分巡道让他的妻子和孩子及他的大部分随员和行李留在此地。②

四 崔溥眼中的临清

十四日，晴。至临清县之观音寺前。寺在两河交流之嘴，东西

① 《海屯行纪　鄂多立克东游录　沙哈鲁遣使中国记》，何高济译，中华书局1981年版，第71—72页。

② ［荷］包乐史、庄国土：《〈荷使初访中国记〉研究》，厦门大学出版社1989年版，第75页。

设四闸以贮水。寺东以舟作浮桥，以通于县。县城在河之东岸半里许，——县治及临清卫治俱在城中。——在两京要冲、商旅辐辏之地。其城中及城外数十里间，楼台之密、市肆之盛、货财之富、船泊之集，虽不及苏杭亦甲于山东，名于天下矣。臣等沿清泉河而北，过漏浮关、药局、新开上闸、卫河厂、板下闸、大浮桥，至清源驿前留宿。

……

江以北，若扬州、淮安，及淮河以北，若徐州、济宁、临清，繁华丰阜，无异江南，临清为尤盛。其他，若官府所治之城，则亦间有富盛繁伙者；若镇、若寨、若驿、若铺、若里、若集、若嘴、若厂、若湾、若坞、若坝、若闸、若迁之间，人烟不甚繁盛，里巷萧条。……至如徐州、临清等地，华妆自鬻，要价资生以成风。①

五 策彦周良眼中的临清

廿九日，巳刻，打廪给口粮，即刻，开船，酉刻，著清源驿，舟行七十里。

三十日，午后，同正使和上上岸，过一伽蓝，门揭“观音阁”三大字。入门则有二重阁，阁中按观音大士像，又傍有小亭，亭里有石井，横揭“通济寒泉”四大字。又有酒店，帘铭云“李白闻香乘月饮”“洞宾知味驾云沽”。又诣一祠，祠门横揭“昊天祠”三大字。又此额下别有额，颜“三元都会府”五大字，金字也。又右胁有小门，揭“蓬莱”二字。左胁有小门，揭“浪苑”二字，共金字也。以阆作浪，可为证也。又有一祠堂，横揭“追思夏公祠”五大字。申刻，偕三英、即休赴混堂。今夜，梦光夫和上，又梦理见大姊。清源驿以下无闸，故船人新造橹，且又廪给口粮未打，以故滞留于本驿。

二月小，朔旦。天气快晴，日气熙熙，犹在清源驿。昧早，将

① 崔溥：《漂海录——中国行记》，葛振家点注，社会科学文献出版社1992年版，第134、193、194页。

谒提举司，先俾通事启，辞而不受，盖以方船不自由也。同大光、钧云谒正使讲一礼，次轮礼，及二号、三号，大光、钧云以下役者并二号、三号众来贺。午刻，过钧云茶话，话及晡。今夜，梦陪三友院殿惟正桓公。又梦理见，又少焉，梦安室首座、吉田与三郎同孙六，打廪给口粮。

二日，风不顺故泊于此。午后，与钧云、大光赴混堂，浴后散步。驿门横揭“清源水马驿”五大字。今夜梦琇公首座。

……

九日，寅刻，拨船。巳刻，著清源水马驿闸口，舟行十五里。少焉，进舟者五里许而泊于观音阁前，楼门之额揭“观音寺”三大字，此交超放下闸、砖闸口，粮廪未打，故犹在本驿。酉刻。正使和上见惠李实。《谢浦云惠酒之诗并叙》：“余与浦云老不面者有日于兹矣，盖以其微恙也。昨之晡，依人见惠佳酒，余欣欣然才遭一酌，则酷暑不推而去，清风不挽而来，何慰加焉？聊缀小绝泄卑忱之万乙云。酉水分来洗我肝，知君病后钓诗难。一杯杯底无三伏，超道医家消暑丸。”今夜，梦前细川三友院殿惟正桓公大禅定门，又少焉，梦前大日华阳润公首座、亡亲宗信，又梦球叔琇公首座。酉刻，打廪给。

……

十六日，拂晓，开船。巳刻，著清源水马驿。

……

十七日，天少阴。斋罢，携琇、樗、熊过药家，见杭州之图，过观音寺前，慈眼见赠一壶。午时，开船。少焉，过总门第一重阁，横揭“去天尺五”之四大字，又二重面颜“启秀津”之三大字。过此四五里而顺风扬帆，盖近日乏于北风之便。船头、水手欢抃罔措。酉刻，下雨。去月以来，天未曾有点雨，雨意可人。买收红白菊花，贮之于泥盆里。戌刻，著清阳驿。[1]

---

① ［日］牧田谛亮编：《策彦入明记の研究》，（日本）法藏馆，1955 年，第 120、121、136、267 页。摘录时标点符号有所改动，特此说明。

六　利玛窦（Matteo Ricci）眼中的临清

当谈论用这个特殊的符号表示十字架的时候，我们的以色列朋友想起在他家乡的首府开封府和山东省商埠的临清都有一些异乡人，他们的祖先是从外国来的，遵守崇拜十字架的宗教习惯。他说他们习惯于用手在吃的和喝的上面划一个十字。

……

整整用了一个月的工夫才到达临清城。

……

临清是一个大城市，很少有别的城市在商业上超过它。不仅本省的货物，而且还有大量来自全国的货物都在这里买卖。因而经常有大量旅客经过这里。冬季几个月的被迫延误，使得神父们非常焦急，因为失去了时间，旅行所从事的计划也随之而推迟。经过讨论情况之后，决定由利玛窦神父同两个仆人取道陆路去南方，看看他能否在南京或者在其他中心开辟一个传教机构。他的同伴和教友留在临清：看守行李，到冬季结束冰融之后再去南京。……

皇帝派太监们出去收税，其实就是掠夺。其中一个名叫马堂，住在著名的临清港。当地的居民和驻军奋起反对他，烧毁了他的家，杀死他所有的家奴。他若不是化装逃跑，避开了愤怒的人群，自己也会遭遇同样的命运。但是恐惧并没有结束他的贪婪，人们说他自从遭了那场灾难后，变得比以前更坏了。

负责马船船队的太监在临清停下来，前往拜望这个收税官马堂，不带武装而带上种种礼品。他再三被拒于马堂的新邸之外，于是他开始明白那是因为这些礼品并不是马堂所想要的。

船队抵达北京的确切时间已经临近，倘若负责船队的太监迟到了，他就会冒赔偿巨款的危险，甚至会丧失性命。为了解决这个难题，他不顾已和神父们建立的友谊，表现出太监一贯的奸猾，决定把他的客人们交给贪婪的掠夺者马堂。为了继续他的旅程，他背着神父们与收税官手下的太监们商订了一个计划。他告诉他们有一只船上有些外国人要向皇帝进呈礼物，那些都是极为新颖而且非常贵重的礼品。他向他们保证，这些礼物足以使马堂得到君王的恩宠。为了证明他所说的是实事，他遮遮掩掩地把他们带到船上去看那些雕像和钟表。神父们丝毫没有怀疑他们这次访问的真正目的。心花怒放的使者们火速回报他们的主子，使他相信外国人一定还有很多他们没有看见的更珍贵的物品。有时几句话就能煽起贪欲之火。马堂立刻传话说，他要来看看送给皇帝的礼品。

利玛窦神父感到了危险迫在眉睫，便马上去看望一个他在肇庆结识的，后来在南京又拜访过的广东人。此人是一位地方长官，主管邻近一带的城市；利玛窦神父想得到他的帮助和忠告。他早听说利玛窦神父正在前来临清，几天来他一直派人守候他的到来。听差看到神父走近他家时，便跑去禀告主人：他正等待的陌生人来了。主人做的第一件事就是给这位客人安排一个房间，好像他要逗留一个时期似的。但是当谈到了太监马堂时，他变得很低沉地说："你别想不受损失就逃出他的手心。他那一类人现在正得皇帝的宠，皇帝只和他们商量。甚至最有权力的大臣也受他们的残害，所以一个外国人怎么可能逃脱他们的伤害呢。"他告诫利玛窦神父要心甘情愿地出示所有的物品，并感谢太监竟肯来访的恩情。"至少，"他说，"这种做法也许还有点希望。"随后他又补充说："要想找个人能阻止他是徒劳的，而且这样做会带来很大的危险。"在利玛窦神父听来，这就像是一个谨慎的朋友所给予的良好忠告。

神父离开这儿之前，马堂的一个差役急忙忙地赶来说，马堂已动身前去神父的船上，要求利玛窦神父尽快回船上去。这位地方长官让差役回去告诉他的主人说，利玛窦神父是在他的家里，不直接得到命令，他不允许利玛窦神父离开。他想以此表明他的客人并不是孤立无援的，而是受到地方长官友谊的庇护。老天保佑的是这个太监得知了利玛窦神父就是这位特殊官员的朋友，因为，在所有的官员中，他正是马堂记得要尊敬的人。他从马堂的魔掌下就出过其他一些人，而且做得使马堂看来并不像他真正的罪行那么严重。结果是他的诚实受到各个方面的称赞，为了表明这一点，这个城市后来为他建立了一座庙宇，供奉他的塑像，并有碑刻赞颂他的德政。

收税官马堂除了建筑各式各样的官邸和庙宇之外，还造了一只很讲究的大船，甚至于适合皇帝乘坐；船上的大厅、房间以及众多的舱室都极为精致而宽敞。走廊和窗框是用不腐的木材制造的，雕刻着各式各样的图案，镶着金并用中国漆涂得光亮。他常常沿河巡游；他就是乘这只船来拜访神父们的。利玛窦神父谦恭有礼地迎接他。在冗长的寒暄中，马堂提出要帮助神父们把礼物献给皇帝；然后，他命令把礼品转移到他的船上，以便更仔细地检查它们。他看到这些礼品大为高兴，说这些礼品配得上献给皇帝，哪怕是中国皇帝。他敬畏地跪倒在雕像之前，并许诺圣母玛利亚他将在皇宫里给她安排一席地位。他又答应神父们他将尽快地向北京转达他们的要求。他作出过多的许诺，为的是在那些对一般的太监以及对这位以极端傲慢而闻名的太监有所了解的人们面前掩饰他的欺诈。利玛窦神父文质彬彬地感谢他的恩惠，并说不愿给他添这么多麻烦，因为在北京有几位高官已经答应照料他们的事情。马堂对此付之一笑，并夸口说没有一个高官对皇帝能像他那样有影响。"你看，"他说，"我的请求在上奏皇帝的第二天就能得到处理。而别人的请求要很迟才得到答复，或者根本得不到答复。"利玛窦神父又一次感谢他，并以他方才膜拜的圣像的名义祝愿他交好运，如果他将帮助促成这件事的话。

……

马堂要把所有这些给皇帝的礼品都搬到自己的府里去，但利玛窦神父很婉转地反对这样做，他说这些钟表如果没有人照管，就很容易损坏，而他们要保留雕像则是因为他们要在雕像前祈祷，求上帝保佑他们所进行的事业。这个收税官并不坚持自己的意见。相反地，他把食物以及旅行的必需品送到他们所住的船上来。他们的朋友，那位地方长官也经常来船上拜访，并带来了其他的朋友。几乎每次来访他都想方设法向他们保证大官员们的善意。他这样做就约束了太监的贪婪，且不说他的残酷；他有权力掠夺神父们，不仅掠夺他们的行李，而且还能夺取他们的生命。地方长官们的拜访促使马堂对神父们给予更多的照顾。有一天，他邀请利玛窦神父去参加在城里他家中举行的盛宴并观看表演。他还邀请了当地的几个为首的太监。场面富丽堂皇，足以与人们所能想象的最高君主相匹敌。

宴会上表演了各种喜剧节目。走绳索的变戏法的耍酒杯的以及其他这类艺人食客，他养了满满一家，豢养他们来供自己娱乐。他就是这样消遣日子，度过一生，从不想到生命会结束的。利玛窦神父以前不管是在欧洲，还是在印度，都从未见过如此奇特卓越的表演；而印度在这方面是很有名气的。一个杂技演员要着三把两掌长的刀子，一个接一个地扔向空中，然后抓住一把把刀柄，从不失误。另一个人背躺在地上用双脚要一个大坛子，一下子又把它抛向空中，先使它向这一侧旋转，然后又向那一侧旋转；即使用双手模仿这些动作都会是很困难的。后来他又用一面大鼓，继而又用一张四尺见方的大桌子，做了同样的表演。衣着华丽戴着假面具的巨人的哑剧表演真是独一无二，在剧场中有人替这些角色进行对话。大概最有趣的节目是一个男孩的表演，他先跳了优美的舞蹈，后来仿佛是跌倒在地，但用双手撑着身体未沾地面，却变出了一个穿着和他一样的胶泥人，这个胶泥人从他两脚中爬出来，优美地用双手而不是用脚异常巧妙地模仿男孩的舞步。然后这个胶泥人跌倒在地上，他们两人开始摔跤，四处翻滚，做得如此之自然，看来真像是两个活生生的孩子在角力。①

七 马戛尔尼（George Macartney）使团眼中的临清

10 月 22 日船抵临清州。临清州外有一九层宝塔。中国人喜欢在多山地带建塔。这个高大建筑一般总是建在山顶上。由下到上一般是一百二十到一百六十呎高，整个高度是塔底直径的四倍到五倍。一般总是单数，五层、七层、或九层，越到上层越小，塔底面积最大。

御河从西边发源，沿东北方向流至临清州同运河汇合。使节团船从这里改走运河道往正南航行。这条河在中国是最大的运河，同时也是最老的一个。从临清州到杭州曲曲折折长达五百哩，当中穿

① ［意］利玛窦、金巴阁：《利玛窦中国札记》，何高济、王遵仲、李申译，中华书局 1983 年版，第 120、337、388—392 页。

过山、穿过谷，还穿过许多条河流和湖泊。临清州的塔不是建在山上而是建在平地，这在中国是少有的。可能运河是从这里开始挖的，也或者是挖到这里为止。从塔的建筑位置来看，它不是作为守望楼用的，大概为的是纪念这个有实用的天才工程的开工或完工。

这个巨大工程同欧洲运河不一样。欧洲运河一般是一条直线，两岸很窄，没有水流。这条运河是一条弯弯曲曲的路线，不规则的，有些地方很宽，有水流。

御河和运河两个河床之间汇流的地方，为了减低御河的水流入运河速度过猛，当中挖深三十呎。御河的水倾入运河之后，为了防止水流太急，又在运河上认为需要的地方安了几道水闸，有的相距不到一哩，这在其他地方是没有的。同欧洲的水闸不一样，运河水闸没有高低水门。它的水门构造非常简单，容易控制，修理起来也不需要很多费用。它只是几块大木板，上下相接安在桥砧或石堤的两边沟槽里，当中留出开口来足够大船航行。因为水位不平，运河航线上有些水闸主要是为调节水量的。船只通过水闸时须要相当技巧。一个水手拿着一个大桨站在船头指挥，船上客人俱都站在船旁护板两边。护板是用兽皮做的，当中塞进头发，避免船只碰到石头上的震动。

运河石堤上搭了许多轻便木桥，随时可以拆卸下来让大船通行。水闸只在每天固定时间开。聚集的船只通过时须交一点通行税。这项通行税专门用在修理水闸和河堤。每次开闸所消耗的水量不大，水位只下降几吋，很快可以从同运河合流的水补充起来。在水流急、水闸与水闸距离大的地方，开闸的时候，水位可能降低一二呎深。运河是沿着旧河道挖的，因此它的深度不一致，河道弯曲，河面宽。再往南走，两岸地带通过水门沟适当调节倾入或放出运河的水，使其不太大也不过小，水闸的需要就不大了，一般一天航行经过不到六个以上水闸。

船离临清州不久，使节团无意引起了一件不幸事情。附近村镇跑出来几千人拥挤在河的两岸看外国人经过。为了看得更清楚，许多人站到停在河边的驳船上来。船少人多，一个船的船尾被人压坏，几个人掉到水里。这几个人都不会游泳，大喊救命。其余的人似乎丝毫无动于衷，也不设法救援这些将被淹死的人。这个时候有一单人划子朝着出事地点划过去，但他不是去救人，而是去抢掉在水里的遇难人的帽子。中国人的家属关系看得如此重，但却缺乏一般的人道心，既不设法拯救遇难人，也不阻止在最危急时候贪图小利不顾及他人生命的举动。①

附录三　京杭大运河临清段沿线市镇、村落地名文化②

一　市镇地名文化

1. 魏湾镇

魏湾镇位于临清市的东南部，临清、茌平、东昌府区三市县区交界处，东西长 11.445 公里，南北宽 7.8 公里，总面积 59.44 平方公里。运河自东南往西北方向穿境而过，马颊河从西南而来与运河相交，穿东南边境向东北方向而去。在这里曾设有一滚水坝，水多则开闸放出进入下游。魏湾镇古称“青阳镇”，因此处魏姓居民增多和邻近水湾而称“魏家湾”或“魏湾”。明清时期，此处为鲁西地区重要的水运码头，清平、博平、茌平三县的皇粮漕米均在此装船北运，大部分手工业、农业等产品亦在此集散。当时，这里设有青阳驿站以及储粮水次仓、管河通政使署、巡检司等运河机构，临清钞关在此也设置口岸。运河拐弯处还建有码头，以及隶属于临清钞关的阅货厅，厅后有船料税银库房、皂隶舍房和营缮庖厨用房等。

① ［英］斯当东：《英使谒见乾隆纪实》，叶笃义译，群言出版社 2014 年版，第 486—488 页。

② 大运河临清段是中国大运河的重要组成部分，此段运河是会通河最北端的河道，也是京杭大运河南北交通的山东境内主干道，在元、明、清三代为国家政治统一、南粮北调、商贸流通以及文化互动等方面，均发挥着重要作用。会通河自魏湾镇入临清境，穿临清城入卫河。本部分资料来源主要参考临清市地方史志办公室编《临清乡村概况》，五洲传播出版社 2003 年版，第 165—245、395—528 页；吴欣：《大运河商业市镇地名》，中国社会出版社 2016 年版，第 23—26 页；吴坚编著《运河城镇地名》，中国社会出版社 2016 年版，第 66—68 页；闫雪怡编著《运河岸边的村落・一》，中国社会出版社 2016 年版，第 147—151、172—178 页。

魏湾镇也是地方社会的信仰中心，寺庙众多，远近闻名，有“魏湾七十二座庙”“一步三座庙”之称。每年举办庙会，商贾云集，贸易活跃，甚是繁华。地方文人以诗歌方式讲述了魏湾之胜景：“三山夹一井，一步三座庙。两景虽平常，招来众客瞧。文人命此名，智慧实在妙。古刹六七座，建筑风格高。松柏高三丈，树粗如牛腰。钟声响百里，传递平安调。善男信女多，香火日夜烧。五尊大石神，坐落在东郊。佛像千斤重，传说水中漂。古杨高十丈，杆粗五人抱。树叶大如扇，冠大一亩罩。招来群鸟至，筑有百余巢。此树何年栽，传说在元朝。庙中一画鹰，鸡鼠不敢瞧。东西两戏楼，歌声四季飘。山西一会馆，雕刻特精巧。运河拐弯处，万人大下腰。枣树不生虫，河中蛙不叫。两景为何故，传说乾隆到。奇景说不尽，绝非编者造。”不过，这些人文景观如今大部分已无存。

2. 戴湾镇

戴湾镇位于临清市中南部，总面积 68.5 平方公里，因政府机关驻戴湾村而得名。运河流经境内西半部，戴水河、陈廖河贯通南北，此地沟渠纵横、排灌方便。戴湾村则因元代戴姓在运河由南向西折湾处立村而得名。明朝成化元年（1465），在此建有一闸，取名“戴闸”，俗称“戴湾闸”“戴家湾闸”，一直沿用至今。戴闸目前是运河上保存最为完整的桥闸遗迹之一，主要由墩台、雁翅和石防墙组成。闸体由长 1.3 米、宽 0.4 米的青条石砌筑而成，条石之间的相接处凿有燕尾槽，槽内灌注铁汁使之相连成一体。闸槽由 8 块杉木闸板组成，上下提落调节水位，以保障运河漕运。此外，闸侧还安置避水神兽趴蝮。

在戴湾镇还存有一处重要的运河文化遗址，即生产临清贡砖的官窑遗址。临清贡砖沿着运河运往京城，用以修建皇宫各种建筑。根据相关史料记载，明朝永乐年间，朝廷在临清设营缮分司督造城砖，每年征用额达百万之多。可见，临清之域是明清两代京城用砖的主要供应基地。戴湾官窑建于明代，坐落在运河岸边，是临清贡砖重要的生产基地。2010 年 11 月至 2011 年 5 月，山东省文物考古研究所在此发掘，揭露面积约 5000 平方米，清理出 18 座砖窑遗址及相关的取土坑、道路、灰坑等遗迹。

3. 刘垓子镇

刘垓子镇位于临清市东南部，因镇政府驻刘垓子村而得名，运河穿该镇东北境而过。相传，明朝嘉靖元年（1522），刘姓自山西洪洞县迁此定居，因屋子前面有一个大坑（古称“垓”），形成村庄后定名“刘垓子”，沿用至今。

4. 大辛庄街道办事处

大辛庄街道办事处位于临清城区东南部，东西长 9.3 公里，南北宽 11.2 公里，总面积 47.7 平方公里。以办事处机关驻地在大辛庄村而得名，运河从境内东侧穿过。据传，明朝万历年间，周姓奉朝廷移民诏令迁此立村，当时名为“周家辛庄”。随着不同姓氏移民的增多，省去“周”字而叫“辛庄”。后西面又有一村庄名叫“左家辛庄”，也俗称“辛庄”。为了避免两个村庄重名，将村庄大一些的原周家辛庄称为“大辛庄”，西侧村庄则称为“小辛庄”。

5. 新华路街道办事处

新华路街道办事处位于临清市繁华地带，东西长 20 公里，南北宽 17 公里，总面积 70 平方公里。运河流经西南边境，长度为 9 公里。

6. 青年路街道办事处

青年路街道办事处位于临清市区南部，南北长 16.24 公里，东西长 4.34 公里，总面积 70.48 平方公里。运河流经东北边境，明代所开运河南支穿本境北部入卫河，长度为 5.6 公里。

7. 先锋路街道办事处

先锋路街道办事处位于临清城区西北部、卫运河东岸，总面积 65 平方公里，以其境内先锋路命名。运河穿本境西南角，长度为 1.3 公里。该办事处名胜古迹众多，山东省重点保护文物临清清真寺就坐落于此。

二 村落地名文化

1. 丁马庄村

丁马庄村位于魏湾镇西部、运河以东，距离镇政府 2 公里。相传，明朝永乐年间，丁、张二姓由山西迁居此地立村，原为两个自然村，即“丁家水波”和“张家垓子”，后来村庄不断扩大外展，经两村协商，合二村为一村，因丁、马姓氏占居多数，故命村名为“丁马庄”。

2. 十里井村

十里井村位于魏湾镇西北部、运河以北，距离镇政府4公里。相传，此村原名“史家湾”，以姓氏命名，始于元朝。元朝开挖会通河时，从魏湾三峡井测至史家湾村中一口井的距离，正好为十里地，而从该井到戴湾衙门距离也恰好为十里。这样，此井就具有了标志运河里程的意义。为了纪念这种标志性意义，遂将村名改为“十里井”，沿用至今。

3. 三里村

三里村位于魏湾镇南部、运河北岸，距离镇政府0.5公里。相传，清朝年间，在距离魏湾村西北1.5公里处小运河上有一个渡口，北岸住有一户人家，后来此地人口逐渐增多，形成村落，取名“三里铺”，今因与市内其他村重名，1981年3月更村名为“三里村”。

4. 王营村

王营村位于魏湾镇西南部、运河以南，距离镇政府2公里。根据村中九圣庙碑文记载，明朝万历元年（1573），王姓来此落户成村，命村名为“王家庄”。清朝年间，曾经驻扎官兵营盘，遂更村名为“王古南营”，后又简称“王营”。

5. 东李圈村

东李圈村位于魏湾镇西部、运河南岸，距离镇政府2公里。运河流经本村，长度为4公里。相传，明朝永乐年间，李姓由山东洪洞县奉诏令迁此建村，因村落濒临运河南岸，河道由村东向村北以半圆形状围绕，成村后故名“李圈”。因与市内其他乡村重名，于1981年3月更村名为“东李圈”。

6. 后张官营村

后张官营村位于魏湾镇西部，距离镇政府6公里。运河流经本村，长度为3公里。相传，明朝初期建村时，原名“王里正屯”。后来，此处成为明朝护卫漕运的兵营驻之地，因带兵的官员姓张，故更村名为“张官营”。清末民初，运河漕运停止，官营裁撤，但张官营作为村名却保留了下来，并沿用至今。该村落分为前张官营、后张官营两个行政村。

7. 河南堂村

河南堂村位于魏湾镇东南部，距离镇政府1.5公里。运河流经本村，长度为1公里。根据清朝嘉庆元年（1796）重修的水南寺碑文记载，此寺建于唐朝，在明朝隆庆年间有人在此定居，把寺改为堂，因位于运河南岸，故名“河南堂”，沿用至今。

8. 南黄庄村

南黄庄村位于魏湾镇南部，距离镇政府 2 公里。相传，原村名叫“双井赵庄”，即赵姓之村，又加村南有两眼井，故名。后因赵姓已绝，黄姓居多，更名为“黄庄”。因与市内其他村庄重名，于 1981 年 3 月更名为“南黄庄”。

9. 东魏湾村

东魏湾村又称“魏湾东村”，位于魏湾镇东南部，距离镇政府 1.5 公里。运河流经本村西境，长度为 1.5 公里。清代，因村内有魏姓水湾（即水坑）称“魏家湾”，今称“魏湾”。此村原为魏湾村的一个东魏生产大队，于 1985 年 2 月改为东魏行政村，分为东、西两个行政村。位于运河以西的称为“西魏湾村”。

10. 戴闸村

戴闸村位于戴湾镇西部，距离镇政府 1 公里。运河流经本村南境，长度为 1.04 公里。相传，元朝至元二十六年（1289），开凿运河时在戴湾以西建一水闸，后来李姓于明朝万历八年（1581）迁此定居，在水闸附近以捕鱼为生，形成村落后命名“戴闸”。

11. 戴湾南村

戴湾南村与戴湾北村共为一个自然村，为戴湾镇政府驻地。运河流经本村，长度为 1.5 公里。相传，戴姓立村，建于元朝初期，在开挖会通河时，此处由南向西转成九十度大弯道，故命村名为“戴家湾”，今简称“戴湾”，分为南、北两个行政村。

12. 赵官营西村

赵官营西村与赵官营东村共为一个自然村，位于戴湾镇东南部，距离镇政府 2 公里。运河和德王河流经本村，长度为 3.3 公里。相传，明朝初期，朝廷为确保运河漕运安全，沿河驻兵防守，本村为屯兵地之一，其带兵官姓赵，故名“赵官营”，沿用至今，分东、西两个行政村。

13. 河限张庄村

河限张庄村位于戴湾镇西部，距离镇政府 9 公里。运河流经本村西境，长度为 1.82 公里。相传，此村建于明朝，张姓立村，因建在河限里边，即运河弯曲的地方，故名“河隈张庄”。

14. 杭庄村

杭庄村位于戴湾镇西南部，距离镇政府1.5公里。运河流经本村东境和北境，长度为0.8公里。相传，清朝乾隆四十六年（1781），杭姓迁居于此，以摆渡、打鱼为生，后来人口不断增多，形成村落，因首到此地的为杭姓，故取村名为“杭庄”。

15. 陈官营东村

陈官营东村与陈官营南村、陈官营中村和陈官营北村共为一个自然村，位于戴湾镇西部，距离镇政府3.5公里至4公里。运河流经该自然村西境，总长度为4公里。相传，明王朝为保障漕运安全，在运河两岸驻兵设防，在此处设有兵营，其长官姓陈，故命村名为“陈官营”，沿用至今，分东、南、中、北四个行政村。

16. 李官营村

李官营村位于戴湾镇南部，距离镇政府2公里。运河流经本村东部，长度为16.12公里。相传，明朝初期，为了确保漕运通畅，沿运河两岸设屯兵防守，李官营为当时屯兵之所，带兵官员姓李，形成村落后即以当时带兵官员之姓氏冠名，称为“李官营”。

17. 卢庄村

卢庄村位于戴湾镇西部，距离镇政府3公里。运河流经本村西南部，长度为2.5公里。相传，明朝永乐年间（1403），卢姓从山西洪洞县应诏迁此定居，成村后按姓氏取名“卢庄”。

18. 二十里堡东村

二十里堡东村与二十里堡西村共为一个自然村，位于戴湾镇西部，距离镇政府11公里。运河流经两村，长度分别为0.87公里、0.94公里。相传，此村建于明朝初期，因距离县城二十华里，故名“二十里堡”。

19. 尹阁村

尹阁村位于刘垓子镇北部，距离镇政府4公里。运河流经本村北境，长度为2.5公里。相传，古时村南有一座三官庙，庙前有一座八角阁，明朝正德十五年（1520），尹姓从山西迁来住在阁内，后形成村庄取名“尹阁”。

20. 左桥村

左桥村位于刘垓子镇东北部，距离镇政府 4 公里。运河流经本村东北境，长度为 3 公里。相传，明朝时期，左姓由山西迁此定居，其女与孔集村人结亲，因两村之间隔一条小河，行走不便，左姓父子在小河上架一石桥，村民为了纪念其架桥便民之德，故取村名为“左家桥”，今简称“左桥”。

21. 赵圈村

赵圈村位于刘垓子镇北部，距离镇政府 3 公里。运河流经本村东部和北部，长度为 3 公里。相传，明朝中叶，首户赵姓由山西迁来，建村于小运河转弯之处，运河似半圆，围绕村庄，故起名“赵圈”。

22. 廖庄村

廖庄村位于刘垓子镇北部，距离镇政府 2.5 公里。运河流经本村东部，长度为 2 公里。相传，明朝万历年间，有廖姓从山西洪洞县迁此定居，后又有盛姓迁来，当时定名“复盛廖庄”，后人嫌此村名拗口，故简称“廖庄”。

23. 歇马厅村

歇马厅村位于大辛庄街道办事处西北部，距离办事处机关 4.5 公里。运河穿本村东北境而过，长度为 0.3 公里。根据相关史料记载，歇马厅最早建于明代，民国初年加以重修，为碧霞元君停驾之所。每年农历四月初一有接驾会，游人潮涌，香火极盛，与泰山神会相衔接。中华人民共和国成立以后，歇马厅庙宇坍塌，但歇马厅作为村名，一直沿用至今。

24. 黄官屯村

黄官屯村位于大辛庄街道办事处东部，距离办事处机关 2 公里。运河流经本村东北境，长度为 10 公里。相传，明代黄姓在东昌府为官，其家居此，后来了形成村庄，命名“黄官屯”。

25. 高庄村

高庄村位于大辛庄街道办事处北部，距离办事处机关 3.5 公里。运河流经本村北部，长度为 1 公里。相传，明朝永乐年间，高姓由山西洪洞县应诏迁此定居，成村后命名为“高庄”。

26. 邱屯村

邱屯村位于大辛庄街道办事处北部，距离办事处机关 5 公里。运河流经本村东境和北境，长度为 2 公里。相传，清朝康熙年间，邱姓由山西洪洞县迁此建村，命村名为“邱家屯”，今简称“邱屯”。

27. 方辛庄村

方辛庄村位于大辛庄街道办事处北部，距离办事处机关 3 公里。运河流经本村东北部，长度为 2 公里。相传，明朝万历八年（1580），方姓由山西洪洞县诏迁此地，落户成村。后因离大辛庄较近，便以姓氏命村名为“方辛庄”。

28. 古楼村

古楼村位于新华路街道办事处西南部，距离办事处机关 2 公里。运河流经本村南部，长度为 1 公里。1958 年成立古楼人民公社时，下设古楼大队，因临近古楼而得名，后改称“古楼村”。

29. 狄楼村

狄楼村位于新华路街道办事处南部，距离办事处机关6. 5 公里。运河流经本村西南部，长度为1. 6 公里。相传，明朝初期建村，因距离临清城十华里，原村名叫“十里铺”，后因狄姓人多户大，且非常富有，筑楼建房，气势兴旺，故于明代末期改村名为“狄楼”。

30. 郭庄村

郭庄村位于新华路街道办事处东南部，距离办事处机关 4 公里。运河流经本村，长度为 2 公里。相传，明朝初期，郭姓始祖由山西洪洞县奉诏迁此，定居立坟，成村后命村名为“郭家坟”。清代末期，郭姓绝嗣，改村名为“郭家庄”，简称“郭庄”。

31. 桑树园村

树园村位于新华路街道办事处南部，距离办事处机关 1 公里。运河流经本村西南部，长度为 1 公里。相传，明朝洪武年间，村民由山西洪洞县迁此定居，植桑成园，以养蚕为业，形成村庄后，命村名为“桑树园”。

32. 三里堡村

三里堡村位于青年路街道办事处东南部，距离办事处机关 2 公里。运河流经本村北部，长度为0. 6 公里。此村建于明朝成化年间，原为运河漕运的驿站，因距城 1. 5 公里，形成村庄后，故称“三里堡”。

33. 车营村

车营村位于青年路街道办事处中部，距离办事处机关 1 公里。旧时，此为粮棉市场车辆聚集之处。运河流经本村东部，长度为 0.5 公里。

34. 西窑村

西窑村位于青年路街道办事处西南部，距离办事处机关 4 公里。漳卫运河流经本村，长度为 3 公里。根据相关史料记载，明朝永乐元年（1403），北京大搞土木建筑，窑户李栾在此处原有的白塔之东建窑烧砖，通过运河输送到北京，此地成村后，即名“白塔窑”。清末卫河发生水患，村庄被冲开，分为东、西白塔窑。解放后，简称“东窑”“西窑”。

35. 夹道村

夹道村位于青年路街道办事处南部，距离办事处机关 2 公里。运河流经本村北部，长度为 0.4 公里。因西靠卫河，东靠运河，故名“夹道”。

36. 南关村

南关村位于青年路街道办事处南部，距离办事处机关 1 公里。根据相关资料记载，临清居运河之要冲，百货凑集于此，明朝宣德四年（1429）设钞关，分为前关、南水关等分关，南水关之名起于此，后演变为“南关”，流传至今。

37. 窑口村

窑口村位于青年路街道办事处东部，距离办事处机关 0.5 公里。运河流经本村，长度为 2 公里。相传，明朝洪武年间，金姓在要道口上，建窑烧砖，形成村落后命名“窑口”。

附录四 纪录片《临清歇马厅庙会》解说词[①]

歇马厅庙会是山东省临清市一项历史悠久的文化活动，临清依水建城，漳卫河与古运河交汇而过，漕运兴盛，被誉为“富庶甲齐郡”。据《临清县志》记载：“北起塔湾，南至头闸，绵延数十里，市肆栉比。”繁

① 该纪录片曾在山东教育电视台举办的 2018 年度“青春中国”校园制作联盟优秀节目评选中荣获二等奖。策划：姚汝勇；编导：崔雪原、沈慧敏；指导老师：姚汝勇；剪辑：黄志均、孙凯丽；配音：王斌；美工：潘健、冯庆昊。

荣的经济滋生了兴盛的庙会文化，代代相传绵延至今。

庙会是一年一度的盛会。当地人对泰山奶奶有着天然的依赖和亲昵。

泰山奶奶，即玉皇大帝之女“碧霞元君”。据传，道家众徒寻找泰山奶奶真身，恰逢临清蔡家胡同村有千年香椿树一棵，木质宜于雕刻，清醇刚正，遂刻为泰山奶奶像，祭祀供奉。

祭祀一度是庙会的首要职能。老百姓用声势浩大的仪式迎接云游的神明回归故里。熙熙攘攘的“接驾”便成为庙会的重头戏。

“奶奶”是中国道教对神明的特殊称谓，农耕社会孕育了神灵崇拜。相对于寻常百姓，道士们的请神流程更规整严密。道士尊古法祖训，展开请神仪式，心怵而奉之以礼，焚香，吟唱《开天符》，以符命开通天府，警示诸般罡风浩气，群凶恶神皆不可阻挠。祈求泰山奶奶寻声赴感，护国安民。人来人往，香烟袅袅，超自然的巨大力量，依托人类的瑰丽想象，上升为精神信仰。

民俗终岁勤苦，间以庙会为乐。金鼓拔饶，擂吹聆耳，观者蜂拥蚁簇。中国农民对热闹的喜爱不言自明。“热闹”被归类为一种积极的、被向往、追求的社会模式。咿咿呀呀，唱念做打。竹马呈现的袖珍世界，以演员表演为载体，用变形和审美的方式表现生活。人与人心无戒备，结伴欢游，琐碎生活里节俭、收敛和含蓄被通通搁置，文明社会强加给人们的礼教桎梏被隆隆鼓声颠覆破坏了，情绪在膨胀发酵，原始狂欢火种暂时复燃。

虽然形式各异，但庙会却浸淫着当地人共同的精神诉求，烧符纸、上高香和供奉祭品都具有“上表愿心”的公文性质。在燃烧和摆放的过程中，由想象延伸出的幻界，通过有形的物质手段得以呈现。

家常水果作为歆享，祈愿得到泰山奶奶的庇佑。昵喃的祈求和沉默的应承、易腐的娇嫩和神秘的恒久、烟火红尘里繁杂物件和遥不可测的无形大象之间拥有了奇妙的置换关系。

伴随社会形态的更替，庙会的价值不再止于单纯的祭祀，“会亲友”等社交功能在凸显。无论是白发苍苍的老人，还是咿呀学语的孩子，从各地赶来聚集一处。怀揣着对光明未来的期盼，他们用自己独特的传承将信仰从遥不可知的上苍请回烟火红尘。

庙会的娱乐元素则浓缩在舞狮、竹马等各种民俗表演里。

祈福，寻求庇佑也是庙会的一大功能。而这，正是几千年华夏文明的特有气质。人们带着诸多供奉和愿心前来，又带着神的祝福离去。无形和有形、神圣与世俗、真与假之间，参差流转，交替轮回，互为底色。这就是庙会文化蕴含的辩证法。

长叩首，行跪拜，求成全。神像不语，静默地凝视着。这就是浸润在百姓生活里的民间信仰。

竹马，是一种古老的文艺表演形式。已列入第二批国家级非物质文化遗产名录。表演者皆面着重彩，整理鬓发仪容，将道具绑在腰部，左手执缰绳，右手扬马鞭，配合密集的鼓点跑场。庙会为这种传统的技艺提供了舞台。

各种依靠“人际传承”的非遗项目，面临后继乏人的艰涩局面。如何保护和传承非遗项目，学术界秉承这样的观点。

无论是人情味浓厚的社交娱乐，还是具有宗教意味的祭祀祈福，庙会的各种职能在岁月的长河里重叠交汇、此消彼长。它不仅浓缩了民间信仰，为非遗项目的展演提供空间，而且升华为传统文化集中展现的时空结合体。

附录五　临清市泰山行宫碧霞元君祠传统庙会文化申报省级非物质文化遗产文本①

临清市泰山行宫碧霞元君祠是聊城市规模最大的道教宫观，位于临清市东环路南段新华街道办事处桑树园村，紧靠世界文化遗产大运河，现为山东省和谐宗教活动场所、聊城市和谐宗教活动场所。

泰山行宫碧霞元君祠历史悠久，古树名木众多，环境优雅，建筑风格古朴，占地25亩，建筑面积2749平方米。

一　历史沿革

泰山行宫碧霞元君祠始建于明朝万历初年，后经清朝、民国时期扩建续修，最终形成规模宏大、气势雄伟的建筑群体。宫观殿宇巍峨，香

① 该资料由聊城市道教协会会长、临清市泰山行宫碧霞元君祠住持蔡道长提供。

火鼎盛，楼阁连亘，在鲁西北、冀西、冀南乃至晋西都享有较高的声誉和影响，素有“小泰山”之美誉。康熙《临清州志》载：“南有泰山碧霞祠，北有临清娘家庙。”

由于历史原因，宫观不复存在。1992 年，临清市政府为贯彻落实党的宗教信仰自由政策，满足广大信教群众的生活需求，在桑树园村原址基础上恢复重建临清泰山行宫碧霞元君祠。1997 年，经山东省宗教局批准，设立为道教活动场所。该祠也是道教文化与运河文化的融合地。

现任住持为山东省道教协会副秘书长、聊城市道教协会会长、临清市道教协会会长蔡高真（蔡永兵）道长，临清市泰山行宫碧霞元君祠也是聊城市道教协会和临清市道教协会所在地。

二　建筑格局

泰山行宫碧霞元君祠现由一个大殿和六个配殿组成，分别为碧霞殿、玉皇殿、赐福殿、圣母殿、王母殿、财神殿、救苦殿，供奉道教神像 26 余尊。

三　泰山碧霞元君与临清的渊源

碧霞元君即天仙玉女泰山碧霞元君，俗称“泰山娘娘”“泰山老奶奶”“泰山老母”等。道教认为，碧霞元君“庇佑众生、灵应九州”，“统摄岳府神兵，照察人间善恶”，是道教中的重要女神，也是中国历史上影响最大的女神之一。泰山奶奶本在泰山憩居，到各地巡游称为“出巡”，“回”临清是怎么回事呢？这要从泰山顶上碧霞祠内泰山奶奶金身说起。

碧霞祠创建于宋真宗泰山封禅祭天后的第二年，即大中祥符元年（1008）。建祠是为了供奉道教尊崇“天仙玉女碧霞元君”的泰山奶奶。然而建祠易，请神难。碧霞元君栖于何处？其化身为何物？到哪里去请呢？道家信众集思广益后认为，“帝为天”，而“天倾西北”，由此推断帝和其女应该在泰山的西北方向，遂派真人按此方向寻觅。当时建祠诸人中恰有一位临清籍工匠，荐曰：临清运河旁边有大香椿树一棵，树龄千年，常有人当作神树供奉。道家随即前往查看，果见树冠蔽天，树干三人不得合围，又因香椿木质易于雕刻，且散发清醇之气，符合天仙玉女应具香艳之身的条件，该树遂被选中，成为最早被真金素裹的碧霞元君之身。这样，临清自然就成了泰山奶奶的娘家。

那么，她在泰山栖居缘何再来临清呢？这要归结于规模宏大的临清庙会活动。每年农历三月三十日和九月十五日，碧霞元君祠都要举行盛大的迎銮接驾庙会，传承百年庙会文化。

临清庙会在唐代就很盛行，城乡均有，时间不同，规模不一，最有名的当属临清城东泰山行宫碧霞元君祠的四月庙会。和各地庙会功能一样，它一边承载着祭祀活动，充实了人们的精神文化生活；一边承载着贸易功能，满足着人们对生产信息和物资交流需求。于是，乡绅商贾、社会名流等积极筹资，在临清城东桑树园村建起了恭迎泰山奶奶回娘家的十里长亭，每年均要举行盛大的仪式迎銮接驾。届时，庙会内神台高架，鼓乐喧天，文武戏班献技竞艺，各种社火不甘下风。众士绅香客举杖奉仪，善男信女前呼后拥，老幼妇孺争相观看，组成绵延里许的迎驾队伍，共同到城东泰山方向，把象征泰山奶奶乘坐的銮驾接至庙内供奉参拜。每当会期，周边县民百里竞至，数万香客每日云集，可谓盛况空前。因泰山奶奶每年都要回归临清，临清人又于庙会处为其建起了泰山行宫碧霞元君祠，初称“泰山奶奶庙”，运河也借助奶奶的灵气在庙旁通过。至清朝时，乾隆皇帝南巡，地方官吏在此迎送圣驾，皇帝便在此下马受朝，并歇息饮茶。据传，该处为鲁西北最大的道教宫观。

四　庙会文化

民国《临清县志》记载：“临清庙会不一而足，如城隍庙则正月腊月及五月二十八日均有会，五龙宫则三月三有会，泰山行宫碧霞元君祠（俗称歇马厅）则四月初有接驾会，碧霞宫则九月初有会。乡间之会黎博店在二月中旬，小杨庄在三月下旬，各会当中以西南关之四月会最大，邻近县于庙会前后均来赶趁，名曰‘进香火’”，“全市商业社会繁华所关甚巨”。

临清庙会一般根据农时季节选定会期，除农历六月、七月、八月无庙会举办外，其他各月均有。大宁寺庙会正月初一就开始，一直到正月十六日方止。大宁寺庙会规模盛大，每天赶会的人不下二三万人次。庙会上经营的商品，一半是手工业产品，饮食小吃占 30%，其余的全是杂货、农产等。平时在店铺内销售不多，拿到会上就被抢购一空。

四月会从农历三月三十开始，会期连绵整个四月。行宫庙、娘娘庙、碧霞宫、慈航院、七神庙等各抬10余座八抬大轿，各庙10余起社火跟随，敲锣打鼓，放铳放炮，到临清城外泰山娘娘歇马之所即歇马厅迎接泰山娘娘。然后，各庙分别抬着木胎神像游街串巷，此谓“泰山娘娘出巡视察”。彼完此出，接连不断，皆各带社火，游行三天三夜，招徕附近几十县的善男信女，打着朝山进香的小旗，涌进市区，到各庙烧香还愿，游览临清的名胜古迹，每日多达20余万人。他们往往租赁民房居住数天。庙会期间，临清的土特产品、手工业产品销量剧增。竹业生产一年的竹篮、筐子等，在一个四月全部销售一空。线业、鞋业、衣帽、食品、酱菜等行业，当天卖货所得钱币当天数不完。各行业在四月庙会上的经营收入，足够全家一年的生活费用。

临清社火起源较早，据民国《临清县志》记载：“社火之名始于元代，临郡有不下百余起。”活动内容丰富，传统娱艺项目较多，有云龙会、狮子会、跑旱船、高跷、杠箱、抬杠官、五鬼闹判等，内容精彩，气氛热烈，为老百姓喜闻乐见。时至今日，民间娱艺团队仍不减当年。每至年节或庙会，狮舞、龙灯、旱船、羯鼓、高跷、秧歌、花鼓等一起演出，各展风姿。

五　庙会历史成因

传说，碧霞元君在泰山得道成仙之时，为了使先天元气有所寄托，临清蔡家胡同生长着一棵千年古椿树，碧霞元君就将她的元神附于这棵树上。后来，泰山道姑寻找到临清，将临清古椿树雕刻成碧霞元君的神像，供奉在了泰山。临清四月庙会就是为碧霞元君回娘家省亲而举办的庙会。临清每年的四月庙会盛况空前，周边数百里内的香客来此进香，更吸引着无数的文人墨客、达官贵人、商贾行旅等来此游玩。明清时期，整个四月有数百万人来此逛庙会，商家全年盈利的八成来自四月庙会。在众庙会中，行宫庙的社火规模最大，临清俗话“穷南坛，富行宫，爱耍花样的碧霞宫，娘娘庙是一窝蜂，慈航院的瞎哼哼”。当年的临清社火被老百姓称为“什好”。

临清泰山奶奶庙会接驾仪式已有500多年的历史。明嘉靖年间，临清文士方元焕在《重修碧霞宫碑记》中已有记载：临清碧霞宫，创之久远。这说明了临清碧霞宫庙会在明代的嘉靖年以前就已经存在多年了。乾隆《临清州志》更加详细地记述了临清泰山奶奶庙会接驾仪式，“上庙者，水陆不绝，……结社来观，……驾前依仗为吹鼓，为扮演杂剧。两城周游，市民设祭，哄填街市”。

现在，临清桑树园碧霞元君祠接驾仪式继承了传统的庙会接驾依仗仪式。接驾仪式基本情况如下：

三月三十上午，接驾仪式。八台神轿，黄罗伞盖，护道旗幡。驾前引导有二十四道什好，它们的排列顺序是，吹鼓响器打头，扮演舞动开街居中，杂剧音乐护驾。服装、道具、彩妆等都有具体规定要求。各会分别是：火铳会、架鼓会、云龙会、杠箱会、狮袍会、钢叉会、高跷会、锔缸会、彩船会、格打会、秧歌会、竹马会、轧蒲州会、判子会、麒麟会、安天会、知音会、渔家乐会、天音会、灯笼会等。庙会一般多由商户、行会赞助。赞助经费由商联会和行会（行业协会）来募集。庙会会首多由社会名流、大买卖财东等组成。老年间，没有先进的通讯工具，迎驾、进驾、出行、巡驾等仪式过程，全部由庙会的黄旗来指挥，又分总黄旗和各分会黄旗。从四月初一开始，每天各庙会都举办出行巡驾活动。出行巡驾就是抬着泰山奶奶神轿，游走于临清各条街巷胡同，巡驾队伍前面是众多的社火开道引导。

附录六　临清运河文化遗产保护及古城内涵式发展研究报告

摘要：临清是山东省历史文化名城，有着悠久的历史和深厚的文化底蕴。明清时期，临清依靠运河漕运迅速崛起，发展成为江北十分重要的商城，有“富庶甲齐郡”“繁华压两京”之美誉。随着中国大运河“申遗”的成功，临清城市建设已经步入“后申遗时代”，运河文化遗产资源成为新旧动能转换的着力点。临清古城内涵式发展离不开加强运河文化遗产的保护与利用，延续其传统格局和历史风貌，维护遗产的原真性和完整性，形成遗产聚集社区及再造文化空间，激活城市发展的文化自信和文化自觉。

关键词： 临清；运河文化遗产；遗产价值体系；内涵式发展

临清是山东省历史文化名城，据文献记载已有两千多年的历史，有着非常深厚的人文底蕴。自古以来，临清就与“水”结下了不解之缘，其名缘于古代清河，有“临近清河”之意，可以说是“因水而名”。历史上的几个古城均傍河而建，临清又是“因河而城”。随着元、明、清三代对会通河的开挖与整治，临清成为漕运咽喉之地，逐渐成长为大运河沿岸工商业发达的重要城市，更是“因漕而兴”。大运河积淀了丰厚的文化资源，成为临清古城建设的一笔宝贵财富。随着大运河成功列入《世界遗产名录》，运河沿线城市的发展已步入“后申遗时代”。深入挖掘运河文化遗产的内涵与价值，结合新时代要求传承创新，合理利用遗产资源建设城市，是内涵式发展的题中应有之义。本研究报告共分三大部分：首先，对临清与大运河的历史发展脉络进行宏观考察；其次，从有形与无形两个层面梳理临清运河文化遗产的构成及现状；最后，归纳临清运河文化遗产价值体系，提出遗产保护与利用的理念与原则，探索古城内涵式发展的动力机制与具体方案。

一　临清与大运河临清段的历史发展脉络

（一）行政区划与建制沿革

今天的临清位于冀、鲁交界、山东省西北部，隶属于聊城。东与高唐、茌平两县为邻，西隔卫河与河北省临西县相望，南与聊城和冠县接壤，北与德州夏津县毗邻。从更大区域范围视野来看，临清东靠沿海发达城市，西依华北内陆平原，大运河贯穿南北，南屏中原各省，北扼京津要地。在认知临清与运河发展脉络的时候，首先应当考察这一给定区域所包含的历史时间。

在秦朝统一全国之前，临清一地归属无定，没有行政建制。在夏朝时为兖州之域，商末被纳入纣畿内地，战国时又先后成为齐、晋、卫、赵等国的属地。秦朝统一全国后，临清划归为钜鹿郡。汉承秦制，当时建制清渊县，隶属冀州魏郡。三国时仍为清渊县，隶属冀州阳平郡。西晋时改为清泉县，隶属司州阳平郡。十六国时归属后赵，建平元年（330）改称临清县。北魏太和二十一年（497）复设清渊县后，又在县西另置临清县[①]，二者同属司州阳平郡。北齐时废临清县，清渊县改为清泉县。隋朝复置临清县，与清泉县同属清河郡。开皇十六年（596），在临清之西析置沙邱县。大业二年（606），省沙邱入临清，时属清河郡。唐武德四年（621），析临清县置沙邱县，后再并入临清县。武德九年（626），废清泉县。临清时属河北道贝州。此后，五代及宋、金、元时期，临清县行政区划相沿袭。[②]

元朝建立以后，设置中书省和行中书省，省下领路，路领州，州领县。元朝开挖会通河后，虽然提升了临清的区位优势，但并没有在行政机构上体现出来，临清仍为县，隶属中书省大都路濮州。明朝设置直隶、布政使司、府、州、县，临清为山东布政使司东昌府属县。弘治二年（1489），临清升为州，领邱县、馆陶二县。州介于府与县之间，这种升格体现出一个重要变化，因为相较于县，州表示一个更高级别的行政地位。清朝初期沿用明朝的行政安排，即临清仍为州，隶属东昌府，但不领县。一直到乾隆四十一年（1776），临清的行政地位再次提升，成为仅次于省一级的直隶州，领武城、邱县和夏津三县。临清直隶州的行政地位持续到清末。民国时期，临清降州为县，先后隶属济西道、东临道和德临道。民国十七年（1928），废除道制，临清直属山东省政府。中华人民共和国成立以后，临清初为县，属河北邯郸专署。1952 年，属山东德州专署，之后又属聊城。1983 年，撤县设市。

（二）地理区位与环境要素

研究一座城市的发展机制，需要关注地方生态系统，考察环境与政治、经济、社会等之间的相互关系。这种相互关系便是所谓的“生态关系”，涉及自然生态与社会生态，二者相互影响。临清地处黄河泛滥冲积平原，与华北大平原相衔接，介于华东与华北之间。如果按照施坚雅（G. William Skinner）地理经济视角下的地区研究法，临清属于“华北宏观区域”或“华北大区”中的一部分。他将农业中国划分为由地貌和市场级序界定的九个宏观区域，每个宏观区域都是一个包含核心地和边际

① 此时的县域范围包括今河北省临西县全境，以及临清市一部分西部地区。

② 唐大历七年（772）曾析临清西境置永济县，后来黄河于北宋元丰四年（1081）在大名决口，废之并入馆陶，临清县也改为临清镇，当年复置。

腹地的整合体，其内部拥有基本独立的经济结构和有机组合的网络体系。[①] 孙竞昊提出“运河区”的概念，认为大运河发挥了极其重要的作用，改变了运河沿线区域的自然因素，重塑了当地经济、文化的走向与格局，加强了不同区域之间的联系。[②] 临清属于运河区的一部分，在具有某些一致性的动力机制的同时，也拥有自身的城市性。彭慕兰（Kenneth Pomeranz）使用“黄运”这一术语，特指华北地区一块儿较大的内陆部分，黄河和大运河在这个地区的中部交汇，并且形成了这里的环境、政治和经济。[③] 临清是鲁西北与黄运北部的主要港口，在运河时代其重要性十分突出。

区际间的黄河主流和支流曾多次流经临清，对地方水系产生了重要影响。[④] 漳卫河从西南向东北沿西部边境穿过。漳河与卫河本不相属，两河均发源于山西太行山脉。明清两朝，“引漳入卫”，“借卫行运”。卫河又称“卫运河”，曾经多次决口，使当地遭受洪水之害。受地形地势的影响，决口多发生在河之西岸，即经常水淹现在的临西县。马颊河流经东部边境，因上宽下窄、形如马脸而得名，这是唐朝为分流黄河洪水而疏通的泄洪河道。一个最显著的水文变化便是对于大运河的建设，元朝引汶河之水开挖了直达卫河的会通河，从东南向西北方向穿过临清市境，将马颊河拦腰截断。在运河以东，马颊河为运河分洪和排涝；在运河以西，因朝廷明令禁止挖河，故排水受阻，水患时有发生。这样的实践活动改变了地方的水网，并使临清成为大运河水系的一部分。

（三）水运与临清城的形成

最早流经临清地区的运道可以追溯到东汉时期，建安九年（204）曹操为北征乌桓开挖白沟[⑤]，经馆陶进入临清境，如今这一古河已由卫西干

---

① ［美］施坚雅：《十九世纪中国的地区城市化》《城市与地方体系层级》，［美］施坚雅主编：《中华帝国晚期的城市》，叶光庭、徐自立等译，中华书局 2000 年版，第 242—300、327—417 页。

② Jinghao Sun, *City, State, and the Grand Canal: Jining's Identity and Transformation, 1289 - 1937*, Ph. D. diss, University of Toronto, 2007, p. 32.

③ ［美］彭慕兰：《腹地的构建：华北内地的国家、社会和经济（1853—1973）》，马俊亚译，社会科学文献出版社 2005 年版，第 2、5 页。

④ 临清市水利志编纂办公室编印：《临清市水利志》，1989 年，第 1—3 页。

⑤ 关于白沟之得名，历史地理学家史念海教授曾作过考证，参见史念海《河南浚县大伾山西部古河道考》，《历史研究》1984 年第 2 期。

渠所代替。隋炀帝于大业四年（608）开凿永济渠，相交白沟河道略向东移，也从馆陶入临清境。唐大历七年（773），临清称“永济县”即因永济渠而得名。一直到北宋时期，永济渠还是航船往来，畅通无阻。元朝因政治中心定位在北方中国，其在山东境内对运河的经营源于要打造一条直航线以缩短江南与都城之间路程的构想。至元十九年（1282），开挖了从济州（今济宁）到须城（今东平）安民山的济州河。[①] 至元二十六年（1289），又开凿自须城安山西南起，经寿张西北过东昌（今聊城），再往西北到临清止的会通河。[②] 会通河自魏湾镇入临清境，在临清城区走北河[③]，在先锋大桥南入卫河。明朝治运时，对临清境内的河道仍疏浚北河，但“初汶水入卫，自吾州北河也，中缩而尾回，数坏舟”[④]，遂于永乐十五年（1417）开挖会通河南支即称“南河”，从鳌头矶西南流至头闸口处入卫河。

元朝所开会通河在曹仁镇[⑤]以北与御河相交，这个交汇点逐渐成为南北水运之枢纽，一个新兴的集镇迅速崛起，因位于会通闸之侧，命名为“会通镇”。明朝洪武二年（1369），迁临清县治至会通镇中洲临清闸处[⑥]，“徙县治汶、卫环流之中”[⑦]。由于临清的战略和经济地位十分突出，景泰元年（1450）始筑砖城，选址在会通河北支流（北河）东北方向地势高亢之处，城墙“高三丈二尺，厚二丈四尺，围九里一百步”，城门“东曰武威，南曰永青，西曰广积，北曰镇定”[⑧]。砖城肇建告成后，治所又迁至砖城内。弘治二年（1489），临清升为直隶州后，在中洲与运河两岸地带逐渐形成新的居住与商业空间。正德五年（1510），在砖城与

---

① （明）宋濂等：《元史》卷65《河渠二》，中华书局1976年版，第1626页。

② （明）宋濂等：《元史》卷64《河渠一》，中华书局1976年版，第1608页。此后，连安山以南的济州河统称为“会通河”，而“济州河”之名则不再使用。

③ 临清城区的北河即今鳌头矶北向西北废河，俗称“死河子”。

④ （清）王俊、李森：《临清州志》卷2《山川》，清乾隆十四年（1749）刻本。

⑤ 今临清市青年街道办事处旧县村，因曹魏大将曹仁封亭侯于此，故名。

⑥ 因会通河先后分两条支流入卫河，故在会通河与卫河之间形成一块周围环水、较为开阔的地带，称为“中洲”，范围在县治周围数里以内。临清闸位于今临清城区考棚街纸马巷，纸马巷南首阁楼上嵌有“县治遗址”石刻。

⑦ （清）于睿明、胡悉宁：《临清州志》卷1《城池》，清康熙十二年（1673）刻本。

⑧ （清）王俊、李森：《临清州志》卷3《城池志》，清乾隆十四年（1749）刻本。

会通河之间筑土围，称之为“边城”“罗城”或“土城”。“临清乃会通河之极处，诸闸于此乎尽，众流于此乎会，且居高临下，水势易泄而涸速，是凡三千七百里之漕路，此其要害也。”[①] 因此，在边城基础上又进一步拓建土城，俗称“玉带城”。城门分别为：“东曰宾阳、景岱，西曰靖西、绥远，各有月城，南曰钦明，北曰怀朔。”[②] 砖城与土城亦有“旧城”与“新城”之称。

二 临清运河文化遗产的基本构成及现状

（一）有形的运河文化遗产

1. 水系河道遗产

运河水系是临清作为运河城市的重要特点，也是古城赖以生存和发展的基础。大运河临清段是会通河最北端的河段，是世界文化遗产的主要构成部分，具体包括元代河道和明代河道。元朝以前，大运河各段大多有旧迹可循，而临清段会通河则为平地新开，为前代所无。明朝时又新开河道，在临清开挖南河，废除北段。因此，大运河临清段由两部分水道组成，北道称为“元运河”，南道称为“小运河”。元运河东起鳌头矶，西至与卫河交汇处；小运河东起邱屯枢纽，经过鳌头矶，西至与卫河交汇处。这两部分运河总长度为 8 千米，河道原始形态大部分尚存，但已丧失通航能力。

2. 水工设施遗产

运河上水工设施的建造反映了古代的技术文化，主要包括闸、桥、坝等。临清元运河上建有临清闸、会通闸和隘船闸，“三位一体”控制漕河蓄泄与船闸启闭，确保漕船转输畅通无阻，《元史》中把此类主闸与隘闸配套使用的组合称为“运环闸”[③]。临清闸始建于元至元三十年（1293），闸口宽 6 米，高 8. 2 米，四向雁翅长 10. 5 米至 12 米不等。明弘治三年（1490），将雁翅、闸墩加高叠砌 2. 2 米城砖墙，以使之牢固。至

---

① （明）陈子龙：《皇明经世文编》卷 71《漕运河道议》，明崇祯十六年（1643）刻本。

② （清）王俊、李森：《临清州志》卷 3《城池志》，清乾隆十四年（1749）刻本。

③ （明）宋濂等：《元史》卷 64《河渠一》，中华书局 1976 年版，第 1612 页。水利史专家姚汉源教授曾作过考证，认为“运”字当为“连”字之误。（参见姚汉源《京杭运河史》，中国水利水电出版社 1998 年版，第 117 页）明代以后统一使用“连环闸”称谓，沿用至今。

万历年间，此段运道废弃，在两个闸墩间砌筑双孔拱桥，称为“问津桥”，至今保存完好，曾出土元代船闸绞关石以及镇水兽等文物①。会通闸始建于元大德二年（1298），由南北闸墩、雁翅、裹头、万年枋、铺底石及木桩组成。闸口宽 6. 2 米，高 6 米，四向雁翅长 14. 5 米至 21 米不等。万年年间改闸为单孔拱桥，清代维修中增砌桥栏、雁翅挡樯，易名“会通桥”，结构形制保存完好。隘船闸位于鳌头矶前，是在两闸墩之间，再置小石闸，闸座遗址基础拆毁，今已无存。鳌头矶是元运河与明运河分流交汇之地，水流湍急常致堤坍岸崩，为绝水患筑石为堰，从此矶固河靖。矶坝用大型条石砌筑，掩埋地下且保存完好。

3. 古建古迹遗产

古建筑文物资源的集中度较高，数量众多，涉及衙署、寺庙、民居等，兹择其要着略陈之。运河钞关即户部榷税分司署，始设于明宣德四年（1429），位于临清市区青年路西首南侧、明运河西侧，是目前我国保存最为完整的一座大运河钞关遗址，见证了通过大运河进行的规模巨大的水陆运输量与繁荣的贸易活动，现存有仪门、穿厅、公堂、巡拦房、船料房、舍房等古建筑。② 清真寺现存两处，分别坐落在临清市区桃园街东西两侧。东寺建于明成化元年（1465），坐北朝南，四进院落，建筑布局平面呈十字形，南北中轴线上自南而北依次为山门、穿厅、讲经堂，东西中轴线上自东而西为对厅、正殿、后殿、后门。西寺建于明弘治十七年（1504），坐西朝东，所有建筑为砖木结构，中轴线上自东而西依次建有山门、望月楼、正殿、后殿、后门；两侧辅以角亭、讲经堂、沐浴房。整体建筑规模宏大，融中国宫殿建筑特点与阿拉伯建筑艺术为一体，是运河城市回族迁徙、繁衍并与汉族共处的地域性实物资料。位于城北卫运河东岸的舍利宝塔也是一处重要的遗产点③，为仿木构楼阁式砖塔，始建于明万历三十九年（1611），塔体内镶嵌数量众多的刻石，对修塔缘由、经过及捐资人等皆有详细记述。舍利宝塔既是一座佛塔，又是一座

---

① 马鲁奎：《临清元代会通河“连环闸”盛世重光》，《临清文艺》2014 年第 1 期。

② 明清两代在临清设立钞关，提高了这座城市的政治经济地位，对城市格局及商业繁盛产生了积极影响。参见井扬《居天下之首的临清运河钞关》，中国财政经济出版社 2016 年版，第 63 页。

③ 临清舍利宝塔与杭州六和塔、扬州文峰塔、通州燃灯塔并称为“运河四大名塔”。

“风水塔”，具有深厚的文化内涵。[①]

4. 街巷胡同遗产

中洲运河历史文化街区是临清古城现存较为完整的、最具传统特色的地方，锅市街、马市街、会通街、夹道街、竹竿巷、大寺街、考棚街等主要街巷，以及元运河、小运河和卫河界定了其空间格局，形成三河围绕的狭长街区。一条长街贯穿南北，两侧生长着众多东西向特色胡同脉络，整体空间格局呈现小街、小巷、小路网络密度的形态。[②] 这些街巷胡同在形成布局上紧随河道走向，一头紧靠运河码头，另一头向运河两边伸展，迥异于政治中心城市以中轴线对称分布的街巷格局。[③] 街巷胡同不仅是临清的地理标志，还是临清古城的骨架，更是区域社会人们生活的基本场所，蕴含着浓郁的社会文化气息。

（二）无形的运河文化遗产

1. 宗教文化遗产

繁盛时期的临清五方杂处，东西文明在此交织，南北文化在此荟萃，道教、佛教、伊斯兰教、基督教等各类宗教文化汇聚繁衍、交融并蓄，呈现出博大厚重、多元共存、相融一体的景象。临清伽蓝林立，僧徒众多。根据地方志相关记载，清代前期当地知名的寺庙有30多座，比较著名的有大宁寺、净宁寺、天宁寺、满宁寺、大佛寺、五松寺、华严寺、定慧寺、千佛寺、清凉寺等。[④] 其中，大宁、净宁、天宁、满宁四寺并称“临清四大寺”。道教信仰庞杂，宫观庙宇众多，如关帝庙、城隍庙、漳神庙、东岳庙、药王庙、三官庙等。其中，专门崇祀碧霞元君（俗称“泰山奶奶”）的庙宇就有5座，分布在城区各处。[⑤] 许多信奉伊斯兰教的回族商人和工匠迁居临清，他们在当地建造了多座清真寺。这些寺庙道观

---

① 政协临清市委员会编：《运河名城　魅力临清》，中国文史出版社2015年版，第193页。

② 临清的街巷胡同可分成六大类，即以工商、官衙、形状、地标、姓氏、传说命名，目前保留共计187条。参见刘英顺《临清胡同文化》，中国作家出版社2015年版，第25页。

③ 笔者有专文探讨临清城的空间形态，涉及到砖城与土城内不同的街巷布局。参见周嘉《运河城市的空间形态与职能扩张——以明清时期的临清为个案》，张利民主编：《城市史研究》（第34辑），社会科学文献出版社2016年版，第38—50页。

④ （清）王俊、李森：《临清州志》卷11《寺观志》，清乾隆十四年（1749）刻本。

⑤ 笔者对这5处庙址及其信仰作过考证，参见周嘉《运河名城临清碧霞元君信仰考略》，《中国道教》2018年第4期。

如今仍留存下多处，既是人们从事仪式活动的场所，又是居民祭祀祈愿的地方。临清宗教文化的魅力在于尊重了信仰的多样性与差异性，彰显了族群与文化认同，使他们拥有共同的历史记忆，承担着共同的社会责任。

2. 民俗文化遗产

临清古城民俗涉及风水文化、服饰习俗、人生礼仪、节日习俗等事项，兹举数种以窥其貌。临清庙会一般在寺庙所在地举办，利用神灵信仰、祭祀活动、神戏社火等招徕顾客，是工商业者开展城乡贸易、进行物资交流的一种手段。根据地方志记载："临清庙会不一而足，如城隍庙则正月、腊月及五月二十八日均有会，五龙宫则三月三日有会，歇马厅则四月初有接驾会，碧霞宫则九月初间有会。"[①] 历史上，当地庙会众多，较大者当属对碧霞元君的祭祀，时至今日每年都要举行规模盛大的"迎神接驾"活动，俗称"四月会""九月会"，成为这座运河古城特有的一种文化象征。[②] 临清社火是在庙会或节日里进行表演的一种民俗活动，内容丰富多彩，有架鼓会、云龙会、狮胞会、高跷会、跑旱船、羯鼓会、扛箱会、秧歌会、花鼓会、锯缸会、钢叉会、花棍会、渔家乐等。[③] 时至今日，民间娱艺团队仍不减当年，一起演出，各展风姿。目前，临清架鼓已经被列为省级非物质文化遗产，其他社火项目也大多列入市级非物质文化遗产，标志着社火在新时期重新建构了文化身份与认同。

3. 手工技艺遗产

明清时期，随着大运河的通航和临清城的建造，不仅带来了当地商业经济的极大繁荣，而且引发了产业结构的变化，出现了一些以运河流通为依托的手工业生产，渐成规模并形成特色。这些传统手工技艺是大运河带给临清的一笔宝贵财富，也在某种程度上反映了当时资本主义商品经济的萌芽状态。[④] 兹将有代表性的予以分类归纳：一是建材方面，主

---

① （民国）张树梅、王贵笙：《临清县志》卷11《礼俗志・游艺》，民国二十三年（1934）铅印本。

② 笔者对碧霞元君信仰在临清的发展脉络有过专文探讨，参见周嘉《地方神庙、信仰空间与社会文化变迁——以临清碧霞元君庙宇碑刻为中心》，《民俗研究》2019年第6期。

③ 张玉柱主编：《齐鲁民间艺术通览》，山东友谊出版社1998年版，第414页。

④ 张兆林：《分工与互惠：中国民间艺术生产的协作实践——基于聊城木版年画内部生产关系考察》，《民族艺术》2022年第1期。

要是国家级非遗临清贡砖制作技艺；二是生活方面，包括哈达制作、千张袄制作、木版年画制作、同兴斋布鞋制作、锔盆锔碗工艺等，属于市级非遗；三是饮食方面，如省级非遗临清什香面制作，市级非遗有济美酱园甜酱瓜生产、清真八大碗制作、进京腐乳制作、烧麦制作、尹阁下凡肉制作、托板豆腐、武德奎肉饼制作、蓼花制作、徐家煎包制作、大寺煎包制作等。

4. 曲艺文化遗产

临清是中国北方曲艺的发祥地之一，早在明朝时期，临清传统的运河小调、犁铧大鼓、西河大鼓、木板大鼓、临清时调、临清琴曲、临清乱弹、柳子戏、快板书、道情、落子、评词等，就吸引着四面八方的人们，也在当地百姓中逐渐形成了说唱的习俗。[①] 昔时，临清“五方走集，四民杂处，商贾辐辏，仕女嬉游，故户列珠矶，家陈歌舞，饮食宴乐，极耳目之观”[②]，“吾临所尚秦腔最多，次则为乱弹，而嘲哳呕哑，殊难为听，演皮簧者几如广陵绝调矣”[③]。京剧的前身是以秦腔、西皮为主要腔调的汉剧，以及以唱吹腔、高拨子、二黄为主的徽班。清乾隆年间，徽班进京时就在临清扎下了根，且传承绵绵，久演不衰。[④] 清末民初，临清就有了票房的雏形，即以民间社火的形式出现“二黄”会演。20 世纪 40 年代，临清的戏台、戏楼、戏院就有 40 多座。如今，京剧在这座古城已经成为当地人的一种标志性爱好。[⑤]

三 依托遗产价值体系的古城整体性建设

（一）临清运河文化遗产价值体系

按照联合国教科文组织《保护世界文化和自然遗产公约》的规定，可以列为文化遗产的有以下几类：“从历史、艺术或科学角度看，具有突

① 王树理：《临清传：大运河文化的支点》，新星出版社 2019 年版，第 318 页。

② （清）张度、朱钟：《临清直隶州志》卷首《旧序》，清乾隆五十年（1785）刻本。

③ （民国）张树梅、王贵笙：《临清县志》卷 11《礼俗志·游艺》，民国二十三年（1934）铅印本。

④ 在聊城中国运河文化博物馆里，曾展示过安徽四喜班当年在临清演出的剧照。参见王树理《临清传：大运河文化的支点》，新星出版社 2019 年版，第 324 页。

⑤ 关于京剧艺术在临清的传承与发展脉络，曾有专书予以详细梳理，参见赵金栋主编《临清与京剧》，文化艺术出版社 2011 年版。

出、普遍价值的建筑物、雕刻和绘画，具有考古意义的成分或结构，铭文、洞穴、住区及各类文物的综合体”；“从历史、艺术或科学角度看，因其建筑的形式、同一性及其在景观中的地位，具有突出、普遍价值的单独或相互联系的建筑群”；“从历史、美学、人种学或人类学角度看，具有突出、普遍价值的人造工程或人与自然的共同杰作以及考古遗址地带”[①]。公约侧重文化遗产的物质形态方面，而广义的文化遗产是人类与外界环境之间相互作用的结果，涵括物质的和非物质的两个维度，[②]“为国家、民族、群体或个人所拥有、掌握、控制或保护的，具有重大历史、艺术、科学价值的，含有特殊文化信息及其无形传媒或有形介质或载体以及特殊文化环境所组成的，能带来潜在、间接或直接社会经济利益的，符合联合国或国家法规规定的各种无形或有形的文化资源”[③]。

运河文化遗产是从文化意义上标识出中国大运河的个性和中华民族的历史记忆，更是运河沿线城市建设与可持续发展的宝贵财富，应形成独特的运河文化遗产价值体系。所谓“遗产价值体系”，是指遗产价值具有自身存续的完整性和规律性，是实践者与运河相处的关系体系。作为一座“运河名城”与“运河古城”，临清最大的特色就是穿城而过的运河，而最深厚的底蕴便是运河文化。结合对临清运河文化遗产的形成、分类和魅力的挖掘，从多元性、原真性和科学性角度凝练遗产价值体系。

其一，临清运河文化遗产具有多元文化价值。临清汇聚汉、回等民族，聚集道教、佛教、基督教、伊斯兰教等宗教信仰与建筑，拥有众多明清时期官府建筑、商业建筑、民居建筑等文物古迹，还保留了民国时期公共建筑、中华人民共和国成立初期的厂房建筑等不同时代特色风貌建筑。在文化的多样性，建筑的类型、功能、样式等方面体现出临清的多元文化价值。

---

① 联合国公约与宣言检索系统网站：www. un. org/zh/documents/treaty/index. shtml。

② Dirk H. R. Spennemann，“Of Great Apes and Robots：Considering the Future（s）of Cultural Heritage”，*Futures*，Vol. 39，No. 7，2007，pp. 861 – 877；舒松钰：《谈文化遗产的基本特性和研究保护》，《徽州社会科学》2007 年第 11 期。

③ 喻学才、王健民：《关于世界文化遗产定义的局限性研究》，《云南师范大学学报》（哲学社会科学版）2007 年第 4 期。

其二，临清运河文化遗产具有历史原真价值。临清古城街区保存了较为完整的三河围城的空间形态，保留了以锅市街、马市街、会通街、夹道街为主骨，东西向街巷为刺，内部胡同巷道为分刺的鱼骨状传统小街小巷格局。保留了传统街巷名称、老字号商店、院落形态及相关轶闻故事等历史信息，传承了山东快书、临清时调、临清小调、田庄吹腔、犁铧大鼓、评词等曲艺，以及临清济美酱园、临清烧麦等非物质文化遗产，反映了独特地方文化与历史原真价值。

其三，临清运河文化遗产具有科学艺术价值。临清与运河相关的诸多文物古迹均为全国重点文物保护单位，作为运河文化的典型遗产和重要载体而闻名遐迩。临清运河钞关是其中的典型代表，中国大运河申报“世遗”中唯一的钞关遗存，反映了运河城市发展史、明清两朝政治经济状况、中国税务史等。与水利工程相关的会通闸（会通桥）、临清闸（问津桥）、临清砖闸（二闸）管控运河蓄泄、船闸启闭，确保漕船畅流无滞，具有高度的科学艺术价值。

（二）遗产保护与利用的理念原则

大运河给临清留下了丰富多彩的文化遗产，理清相关基础性理念抑或概念，有助于加强保护管理及古城建设。“文化线路”理念最早由欧盟委员会提出，“文化线路或路线是一种陆地道路、水道或者混合类型的通道，其形态特征的定型和形成基于它自身具体的和历史的动态发展和功能演变；代表人们的迁徙和流动，代表一定时间内国家、地区内部或国家、地区之间人们的交往，代表多维度的商品、思想、知识和价值的互惠和不断的交流，并代表因此产生的文化在时间和空间上的交流与相互滋养，这些滋养长期以来通过物质和非物质遗产不断得到体现”①。“遗产廊道”理念源于美国，由“绿线公园”“国家保护区”“绿道”等思想发展而来②，属于一种线性遗产区域化保护的战略方法，“在人类活动基础上所形成的由自然、文化、历史、风景等资源组成的在某方面具有独特

① 单霁翔：《关注新型文化遗产——文化线路遗产的保护》，《中国文物科学研究》2009年第3期。

② 陶犁、王立国：《国外线性文化遗产发展历程及研究进展评析》，《思想战线》2013年第3期。

性的国家景观，这些由人类活动所形成的物质资源及蕴含其中的传统文化、民俗风情等使其在某种意义上成为国家历史的见证者”①。中国则提出“线性文化遗产”理念，指“拥有特殊文化资源集合的线形或带状区域内的物质和非物质的文化遗产组群，往往处于人类的特定目的而形成一条重要的纽带，将一些原本不关联的城镇或村庄串联起来，构成链状的文化遗存状态，真实再现了历史上人类活动的移动，物质和非物质文化的交流互动，并赋予作为重要文化遗产载体的人文意义和文化内涵”②。

大运河在临清穿城而过，毫无疑问属于一种线性文化遗产，应着重关注空间、时间和文化要素在线状的各个遗产节点上的功能和价值。对于祖先留下来的这笔珍贵遗产，把保护放在重中之重的位置，只有在严格保护的前提下，才能充分发挥其文化内涵并进行一定的开发利用。具体而论，可资遵循的保护原则有以下几条：一是原貌性原则，尽量保存运河文化遗产的原物，保护文化信息的实物；二是整体性原则，在保护街巷胡同、文物古建等历史空间的同时，还应保护与街区相互依存的生态环境和承载的非物质文化遗产，将其作为一个整体加以保护；三是公众参与原则，遵循人们生活需求与文化遗产保护的结合，使保护理念成为人们的自觉行为；四是居游两利原则，对特定历史地段即文化保护区进行环境整治，形成有文化底蕴的、成规模的文化展示和旅游区，增设文化与市政设施以提升广大居民的生活质量；五是可持续性原则，延续运河历史文脉，注意保护与发展的关系，合理利用运河文化遗产资源以增加经济与社会效益。

（三）临清古城发展动能转换路径

通过对临清运河文化遗产进行系统研究，找到临清古城历史文化的底色，创新保护、传承、利用机制，探寻构筑临清古城内涵式发展的根基。什么是内涵式发展？其题中应有之义不难理解，它是相对于外延式发展而言的。内涵式发展是以事物的内部因素作为动力和资源，遵从内部规律、实现内在目的、受自身需要支配的发展模式，更加强调结构协

---

① Daly Jayne, “Heritage Areas: Connecting People to Their Places and History”, *Forum Journal*, 2003, Vol. 17, No. 4, pp. 5 - 12.

② 单霁翔：《大运河遗产保护》，天津大学出版社 2013 年版，第 26 页。

调、要素优化、质量提升、水平提高、实力增强等。外延式发展强调的是规模的扩大、数量的增长、空间的拓殖等，主要是适应外部需求而表现出来的扩张。古城建设走内涵式发展道路，主要通过内部结构的调整，依托运河文化遗产价值体系，激发活力，增强实力，提高竞争力，从而达到实质性的跨越式发展。

临清古城内涵式发展离不开相关理论背景作支撑，“文化资本”与“文化代际传承”理论可资借鉴。“文化资本”最早由法国社会学家布尔迪厄（Pierre Bourdieu）提出，是与经济资本、社会资本并列的三种资本形式之一，“主要是指从家庭背景和通过教育投资而获得的能力、习性、资源和趣味以及由此而来的文化地位配置等。这种资本在某些条件下能够转换成经济资本”①。澳大利亚经济学家大卫·索罗斯（David Throsby）进一步引申了文化资本的概念：“文化资本即作为贡献文化价值的资产。更精细地说，文化资本是嵌入于一种财产中的文化价值存量，该存量反过来可以形成一定时间内的货物和服务流或者商品，这种物品可以既有文化价值又有经济价值。这种财产可以存在于有形的和无形的形式中。”② 文化资本既包括有形的形态，如遗迹、建筑等；也包括无形的形态，如宗教、习俗、技艺等。对于临清古城来说，运河文化遗产已经成为一种不可再生、无法替代和被世界所肯定的历史文化资源，这从根本上决定了它完全具备文化资本的属性。

文化具有传承性或传递性，指文化一经产生便会为群体成员所模仿、效法与利用。关于传承的问题，德国思想家与革命家恩格斯曾言：“由于它承认了获得性状的遗传，便把经验的主体从个体扩大到类；每一个体都必须亲自去经验，这不再是必要的了，个体的个别经验在某种程度上可以由个体的一系列祖先的经验的结果来代替。”③ 在时间维度上，文化传承表现为代际传承；在空间维度上，文化传承表现为横向传递。临清运河文化遗产所特有的代际传承性和更替创新性，决定了这一具备文化

---

① ［法］布尔迪厄:《文化资本与社会炼金术：布尔迪厄访谈录》，上海人民出版社 1997 年版，第 192 页。

② David Throsby, “Cultural Capital”, *Journal of Cultural Economics*, No. 23, 1999.

③ 《马克思恩格斯选集》第 4 卷，人民出版社 1995 年版，第 365 页。

资本属性的文化遗产，不仅能够在传承与发展的过程中保值，而且还将产生不断的增值。循此路径，“后申遗”时代临清古城内涵式发展有以下方案可兹借鉴：

第一，实现运河文化遗产活态化，建设开放式生态博物馆。以临清古城为主体，以文化旅游为主要经营手段，拓展运河文化景观效益，整体规划出临清运河文化特色旅游线路：宗教游线路主要针对宗教游客和外地游客，经过古城街区外清真寺、清真东寺、伊斯兰文化展示区，以及街区内鳌头矶、考棚街、临清县衙南门阁楼、基督教会、天主教堂、大宁寺；运河游线路利用水上空间，以船代步，经过元运河、天桥、运河码头、鳌头矶、明运河、钞关码头、临清砖闸，主要展示运河水工设施及钞关收税场景；胡同游线路可分为多条，根据街巷胡同布局，以南线、中线和北线为主。临清对重点文物古迹的保护力度较大，但相对忽略了对中洲历史街区的保护，建议按照生态博物馆理念予以保护性开发。

第二，开发人文运河，建立文化产业带。大运河文化带建设是发展运河城市的重要契机。加强临清运河遗产廊道建设，即传统商业轴线与运河两岸风貌带有机结合，注重挖掘运河文化厚重底蕴和丰富内涵，对运河沿线以及与运河相关的文化遗存要尽量保持其原真性，使运河文化文脉得以延续。对遗址、遗迹的复建要本着真实性、历史性、完整性和传承性的原则，对原有地面、水面的遗迹要有切实可行的保护措施。临清运河文化资源丰富，具有建设文化产业带的基础和条件。应加大文化创意产业园区建设力度，形成运河特色的文化产业集聚。有以下几个门类可以选择：发展视觉艺术、工艺美术、时尚设计、环境艺术、广告装潢、工艺礼品等产业；发展动漫制作与软件开发产业；发展影视创作等传媒产业和戏剧创作等文化艺术产业；发展艺术展览、艺术品流通等产业；发展运河特色美食产业。

第三，打造“运河商都”“明清古城”品牌，构建临清古城新形象。城市形象是城市宝贵的无形资产，是城市综合实力的外在表现。近年来，临清积极推介“运河名城”“千年古县”品牌，取得了明显成效。随着“后申遗”时代的到来，打造“运河商都”“明清古城”品牌恰逢其时。明清时期的临清是中国北方最大的商业城市、全国为数不多的流通枢纽城市，现在仍保留有较完整的明清商业城市街巷格局和商业遗迹，它们集中体现在中洲古城区。临清于大运河“申遗”成功后，及时注册了“运河商都”这一城市品牌。在此基础上，进一步打造“运河商都”“明清古城”品牌，对于宣传和推介这座工商重镇及保护历史名城具有积极意义。

参考文献

一　著作

安作璋主编:《中国运河文化史》，山东教育出版社 2006 年版。

白寿彝主编:《中国通史》，上海人民出版社 1997 年版。

仓修良:《方志学通论》，方志出版社 2003 年版。

陈宝良:《中国的社与会》，中国人民大学出版社 2011 年版。

陈桥驿主编:《中国运河开发史》，中华书局 2008 年版。

陈智勇:《中国古代社会治安管理史》，郑州大学出版社 2003 年版。

崔溥:《漂海录——中国行记》，葛振家点注，社会科学文献出版社 1992 年版。

单霁翔:《大运河遗产保护》，天津大学出版社 2013 年版。

邓拓:《中国救荒史》，武汉大学出版社 2012 年版。

范丽珠、[美] 欧大年:《中国北方农村社会的民间信仰》，上海人民出版社 2013 年版。

费孝通、吴晗:《皇权与绅权》，岳麓书社 2012 年版。

费孝通:《乡土中国》，江苏文艺出版社 2007 年版。

费孝通、张之毅:《云南三村》，社会科学文献出版社 2006 年版。

费孝通:《中国士绅》，赵旭东、秦志杰译，生活·读书·新知三联书店 2009 年版。

复旦大学文史研究院编:《都市繁华：一千五百年来的东亚城市生活史》，中华书局 2010 年版。

傅崇兰:《中国运河城市发展史》，四川人民出版社 1985 年版。

高克勤选注:《王安石诗词文选注》,上海远东出版社 2013 年版。
高志超主编:《运河名城临清》,山东友谊书社 1990 年版。
葛振家:《崔溥〈漂海录〉译注》,线装书局 2002 年版。
龚鹏程主编:《八卦城谈易——首届中国特克斯世界周易论坛论文集》,世界图书北京出版公司 2013 年版。
官箴书集成编纂委员会编:《官箴书集成》第 3 册,黄山书社 1997 年版。
国家文物局主编:《中国文物地图集·山东分册》,中国地图出版社 2007 年版。
《海屯行纪　鄂多立克东游录　沙哈鲁遣使中国记》,何高济译,中华书局 1981 年版。
韩羽:《韩羽文集(一)》,文化艺术出版社 2007 年版。
韩羽:《信马由缰》,北岳文艺出版社 2014 年版。
何一民:《中国城市史》,武汉大学出版社 2012 年版。
何一民主编:《近代中国衰落城市研究》,巴蜀书社 2007 年版。
胡梦飞:《山东运河文化遗产保护、传承与利用研究》,中国社会科学出版社 2021 年版。
华林甫:《中国地名学源流》,湖南人民出版社 1999 年版。
黄应贵主编:《空间、力与社会》,"中央研究院"民族学研究所 1995 年版。
冀朝鼎:《中国历史上的基本经济区与水利事业的发展》,朱诗鳌译,中国社会科学出版社 1981 年版。
贾新民:《20 世纪中国大事年表》,中国人民大学出版社 1992 年版。
井扬:《居天下之首的临清运河钞关》,中国财政经济出版社 2016 年版。
瞿同祖:《清代地方政府》,范忠信、晏锋译,法律出版社 2003 年版。
李白凤:《东夷杂考》,齐鲁书社 1981 年版。
李世瑜:《社会历史学文集》,天津古籍出版社 2007 年版。
李宗伟主编:《山东省省级非物质文化遗产名录图典》第一卷,山东友谊出版社 2012 年版。
林会承:《台湾传统建筑手册——形式与作法篇》,艺术家出版社 1987 年版。
刘凤云:《明清城市空间的文化探析》,中央民族大学出版社 2001 年版。

刘俊文主编:《日本学者研究中国史论著选译》第 2 卷，中华书局 1993 年版。
刘士林、耿波、李正爱等:《中国脐带：大运河城市群叙事》，辽宁人民出版社 2008 年版。
刘英顺:《临清胡同文化》，中国作家出版社 2015 年版。
罗澍伟:《近代天津城市史》，中国社会科学出版社 1993 年版。
罗衍军:《矜式百世：绍兴史学史》，中国社会科学出版社 2021 年版。
《马克思恩格斯全集》第 46 卷（上），人民出版社 1979 年版。
《马克思恩格斯选集》第 1 卷，人民出版社 1995 年版。
《马克思恩格斯选集》第 4 卷，人民出版社 1995 年版。
《毛泽东选集》第四卷，人民出版社 1991 年版。
明月生编著:《中国神话与民间传说》，北京联合出版公司 2013 年版。
牛汝辰:《中国地名文化》，中国华侨出版社 1993 年版。
欧阳康主编:《当代英美著名哲学家学术自述》，朱志方译，人民出版社 2005 年版。
皮明庥:《近代武汉城市史》，中国社会科学出版社 1993 年版。
全国政协文史和学习委员会、政协山东省临清市委员会编:《运河名城·临清》，中国文史出版社 2010 年版。
山东省地方史志编纂委员会编:《山东风物大全》，世界知识出版社 1990 年版。
申飞雪:《白云山诸神》，陕西旅游出版社 1997 年版。
史念海:《中国的运河》，陕西人民出版社 1988 年版。
寿永明、裘士雄主编:《鲁迅与社戏》，江西人民出版社 2005 年版。
孙冬虎、李汝雯:《中国地名学史》，中国环境科学出版社 1997 年版。
谭其骧主编:《中国历史地图集》第1册，中国地图出版社 1982 年版。
王笛:《茶馆：成都的公共生活和微观世界（1900—1950）》，社会科学文献出版社 2010 年版。
王笛:《街头文化：成都公共空间、下层民众与地方政治（1870—1930）》，中国人民大学出版社 2006 年版。
王铭铭:《经验与心态》，广西师范大学出版社 2007 年版。
王铭铭:《社会人类学与中国研究》，广西师范大学出版社 2005 年版。

王铭铭:《逝去的繁荣:一座老城的历史人类学考察》,浙江人民出版社1999年版。
王其亨主编:《风水理论研究》,天津大学出版社1992年版。
王琪、郭立坤等:《城市环境问题》,贵州科技出版社2001年版。
王日根:《乡土之链——明清会馆与社会变迁》,天津人民出版社1996年版。
王树理:《临清传:大运河文化的支点》,新星出版社2019年版。
王映雪主编:《民间文学》,山东友谊出版社2009年版。
王玉朋:《明清山东运河区域社会生态变迁研究》,中国社会科学出版社2022年版。
王云:《明清山东运河区域社会变迁》,人民出版社2006年版。
王志民主编:《山东省历史文化遗址调查与保护研究报告》,齐鲁书社2008年版。
隗瀛涛:《近代重庆城市史》,四川大学出版社1991年版。
吴坚编著:《运河城镇地名》,中国社会出版社2016年版。
吴欣:《大运河商业市镇地名》,中国社会出版社2016年版。
吴欣主编:《中国大运河发展报告(2018)》,社会科学文献出版社2018年版。
夏铸九、王志弘编译:《空间的文化形式与社会理论读本》,明文书局2002年版。
许檀:《明清时期山东商品经济的发展》,中国社会科学出版社1998年版。
闫雪怡编著:《运河岸边的村落·一》,中国社会出版社2016年版。
杨达、马军等主编:《聊城古城故事》,华艺出版社2009年版。
杨念群主编:《空间·记忆·社会转型——"新社会史"研究论文精选集》,上海人民出版社2001年版。
姚汉源:《京杭运河史》,中国水利水电出版社1998年版。
叶显恩主编:《清代区域社会经济》,中华书局1993年版。
岳永逸:《行好:乡土的逻辑与庙会》,浙江大学出版社2014年版。
《臧克家全集》第5卷《散文》,时代文艺出版社2002年版。
张含英:《历代治河方略探讨》,水利出版社1982年版。
张含英:《明清治河概论》,水利电力出版社1986年版。

张明主编：《武训研究资料大全》，山东大学出版社 1991 年版。
张佩国：《近代江南乡村地权的历史人类学研究》，上海人民出版社 2002 年版。
张文：《宋朝民间慈善活动研究》，西南师范大学出版社 2005 年版。
张玉柱主编：《齐鲁民间艺术通览》，山东友谊出版社 1998 年版。
张仲礼：《近代上海城市研究》，上海人民出版社 1990 年版。
赵金栋主编：《临清与京剧》，文化艺术出版社 2011 年版。
赵世瑜：《狂欢与日常——明清以来的庙会与民间社会》，生活 · 读书 · 新知三联书店 2002 年版。
郑振满、陈春声主编：《民间信仰与社会空间》，福建人民出版社 2003 年版。
郑振满主编：《碑铭研究》，社会科学文献出版社 2014 年版。
政协临清市委员会编：《运河名城　魅力临清》，中国文史出版社 2015 年版。
中国建筑学会建筑史学分会编：《建筑历史与理论》（第六、七合辑），中国科学技术出版社 2000 年版。
周秋光、曾桂林：《中国慈善简史》，人民出版社 2006 年版。
周永明主编：《路学：道路、空间与文化》，重庆大学出版社 2016 年版。
朱晓阳：《小村故事：地志与家园（2003—2009）》，北京大学出版社 2011 年版。
［英］A. F. 查尔默斯：《科学究竟是什么?》，鲁旭东译，商务印书馆 2007 年版。
［美］阿里夫 · 德里克：《革命与历史：中国马克思主义历史学的起源》，翁贺凯译，江苏人民出版社 2010 年版。
［法］埃马纽埃尔 · 勒华拉杜里：《蒙塔尤：1294—1324 年奥克西坦尼的一个山村》，许明龙、马胜利译，商务印书馆 1997 年版。
［法］埃米尔 · 迪尔凯姆：《社会分工论》，渠东译，生活 · 读书 · 新知三联书店 2000 年版。
［英］艾伦 · 巴纳德：《人类学历史与理论》，王建民、刘源、许丹译，华夏出版社 2006 年版。
［美］爱德华 · W. 苏贾：《第三空间：去往洛杉矶和其他真实和想象地方

的旅程》，陆扬、刘佳林等译，上海教育出版社 2005 年版。
[美] 爱德华·W. 苏贾：《后现代地理学——重申批评社会理论中的空间》，王文斌译，商务印书馆 2004 年版。
[英] 安东尼·吉登斯：《社会的构成：结构化理论大纲》，李康、李猛译，生活·读书·新知三联书店 1998 年版。
[英] 安东尼·吉登斯：《失控的世界》，周红云译，江西人民出版社 2001 年版。
[英] 安东尼·吉登斯：《现代性与自我认同：现代晚期的自我与社会》，赵旭东、方文译，生活·读书·新知三联书店 1998 年版。
[法] 布尔迪厄：《文化资本与社会炼金术：布尔迪厄访谈录》，上海人民出版社 1997 年版。
[美] 杜赞奇：《文化、权力与国家：1900—1942 年的华北农村》，王福明译，江苏人民出版社 2010 年版。
[英] E. 霍布斯鲍姆、T. 兰格：《传统的发明》，顾杭、庞冠群译，译林出版社 2004 年版。
[德] 恩斯特·卡西尔：《人论：人类文化哲学导引》，李琛译，光明日报出版社 2009 年版。
[德] 斐迪南·滕尼斯：《共同体与社会——纯粹社会学的基本概念》，林荣远译，北京大学出版社 2010 年版。
[法] 费尔南·布罗代尔：《15 至 18 世纪的物质文明、经济和资本主义》第 1 卷，顾良、施康强译，生活·读书·新知三联书店 1992 年版。
[美] 富路特、房兆楹：《明代名人传》，北京时代华文书局 2015 年版。
[日] 沟口雄三、小岛毅主编：《中国的思维世界》，孙歌等译，江苏人民出版社 2006 年版。
[美] 韩书瑞：《山东叛乱：1774 年王伦起义》，刘平、唐雁超译，江苏人民出版社 2008 年版。
[法] 亨利·列斐伏尔：《空间政治学的反思》，陈志梧译，上海教育出版社 2002 年版。
[美] 黄仁宇：《明代的漕运》，张皓、张升译，新星出版社 2005 年版。
[美] 黄仁宇：《十六世纪明代中国之财政与税收》，阿风、许文继等译，生活·读书·新知三联书店 2001 年版。

［美］黄宗智主编：《中国研究的范式问题讨论》，社会科学文献出版社 2003 年版。

［美］黄宗智：《华北的小农经济与社会变迁》，中华书局 2000 年版。

［德］卡尔·马克思：《政治经济学批评大纲（草稿）》第 3 分册，刘潇然译，人民出版社 1963 年版。

［美］柯文：《在中国发现历史——中国中心观在美国的兴起》，林同奇译，中华书局 2002 年版。

［美］克利福德·格尔兹：《地方性知识——阐释人类学论文集》，王海龙、张家瑄译，中央编译出版社 2004 年版。

［美］克利福德·格尔兹：《文化的解释》，韩莉译，译林出版社 2008 年版。

［丹麦］克斯汀·海斯翠普编：《他者的历史——社会人类学与历史制作》，贾士蘅译，中国人民大学出版社 2010 年版。

［意］利玛窦、金巴阁：《利玛窦中国札记》，何高济、王遵仲、李申译，中华书局 1983 年版。

［美］罗伯特·芮德菲尔德：《农民社会与文化——人类学对文明的一种诠释》，王莹译，中国社会科学出版社 2013 年版。

［美］罗威廉：《汉口：一个中国城市的冲突和社区（1796—1895）》，鲁西奇译，中国人民大学出版社 2008 年版。

［美］罗威廉：《汉口：一个中国城市的商业和社会（1796—1889）》，江溶、鲁西奇译，中国人民大学出版社 2005 年版。

［德］马丁·海德格尔：《诗·语言·思》，彭富春译，文化艺术出版社 1991 年版。

［德］马丁·海德格尔：《演讲与论文集》，孙周兴译，生活·读书·新知三联书店 2005 年版。

［意］马可·波罗：《马可·波罗游记》，梁生智译，中国文史出版社 1998 年版。

［意］马克·波罗：《马可波罗游记》，陈开俊、戴树英等译，福建科学技术出版社 1981 年版。

［德］马克斯·韦伯：《城市：非正当性支配》，阎克文译，江苏凤凰教育出版社 2014 年版。

［德］马克斯·韦伯:《支配社会学》,康乐、简惠美译,广西师范大学出版社 2010 年版。

［德］马克斯·韦伯:《中国的宗教:儒教与道教》,王容芬译,商务印书馆 1999 年版。

［美］马若孟:《中国农民经济:河北和山东农业发展（1890—1949）》,史建云译,江苏人民出版社 1999 年版。

［美］马歇尔·萨林斯:《历史之岛》,蓝达居等译,上海人民出版社 2003 年版。

［加］玛丽莲·西佛曼、P. H. 格里福编:《走进历史田野——历史人类学的爱尔兰史个案研究》,贾士衡译,麦田出版社 1999 年版。

［英］迈克·克朗:《文化地理学》,杨淑华、宋慧敏译,南京大学出版社 2005 年版。

［美］明恩溥:《中国乡村生活》,陈午晴、唐军译,中华书局 2006 年版。

［日］牧田谛亮编:《策彦入明记の研究》,（日本）法藏馆 1955 年版。

［英］诺南·帕迪森编:《城市研究手册》,郭爱军、王贻志等译校,上海人民出版社 2009 年版。

［美］彭慕兰:《腹地的构建:华北内地的国家、社会和经济（1853—1973）》,马俊亚译,社会科学文献出版社 2005 年版。

［美］乔尔·科特金:《全球城市史》,王旭等译,社会科学文献出版社 2006 年版。

［美］乔治·E. 马尔库斯、米开尔·M. J. 费彻尔:《作为文化批评的人类学:一个人文学科的实验时代》,王铭铭、蓝达居译,生活·读书·新知三联书店 1998 年版。

［德］乔治·齐美尔:《桥与门——齐美尔随笔集》,涯鸿、宇声等译,上海三联书店 1991 年版。

［美］帕克等:《城市社会学——芝加哥学派城市研究文集》,宋俊岭、吴建华、王登斌译,华夏出版社 1987 年版。

［美］桑高仁:《汉人的社会逻辑——对于社会再生产过程中“异化”角色的人类学解释》,丁仁杰译,“中央研究院”民族学研究所 2012 年版。

［美］施坚雅:《中国农村的市场和社会结构》,史建云、徐秀丽译,中国

社会科学出版社 1998 年版。
［美］施坚雅主编：《中华帝国晚期的城市》，叶光庭、徐自立等译，中华书局 2000 年版。
［法］施舟人：《中国文化基因库》，北京大学出版社 2002 年版。
［日］守屋美都雄：《中国古代的家族与国家》，钱杭、杨晓芬译，上海古籍出版社 2010 年版。
［美］司徒琳主编：《世界时间与东亚时间中的明清变迁（上卷）：从明到清时间的重塑》，赵世玲译，生活·读书·新知三联书店 2009 年版。
［英］斯当东：《英使谒见乾隆纪实》，叶笃义译，群言出版社 2014 年版。
［英］斯蒂夫·派尔：《真实城市——现代性、空间与城市生活的魅像》，孙民乐译，江苏凤凰教育出版社 2014 年版。
［美］托马斯·库恩：《科学革命的结构》，金吾伦、胡新和译，北京大学出版社 2003 年版。
［英］王斯福：《帝国的隐喻——中国民间宗教》，赵旭东译，江苏人民出版社 2008 年版。
［美］威廉·A. 哈维兰等：《人类学：人类的挑战（第 14 版）》，周云水等译，电子工业出版社 2018 年版。
［美］韦思谛编：《中国大众宗教》，陈仲丹译，江苏人民出版社 2006 年版。
［意］翁贝托·梅洛蒂：《马克思与第三世界》，高铦、徐壮飞、涂光楠译，商务印书馆 1981 年版。
［美］武雅士编：《中国社会中的宗教与仪式》，江苏人民出版社 2014 年版。
［美］约翰·奥莫亨德罗：《人类学入门：像人类学家一样思考》，张经纬、任珏、贺敬译，北京大学出版社 2013 年版。
［荷］约翰·尼霍夫、［荷］包乐史、庄国土：《〈荷使初访中国记〉研究》，厦门大学出版社 1989 年版。
［美］詹姆斯·克利福德、乔治·E. 马库斯编：《写文化——民族志的诗学与政治学》，高丙中、吴晓黎、李霞等译，商务印书馆 2006 年版。
［美］詹姆斯·斯科特：《国家的视角：那些试图改善人类状况的项目是如何失败的》，王晓毅译，社会科学文献出版社 2011 年版。

[美] 詹姆斯·斯科特:《逃避统治的艺术:东南亚高地的无政府主义历史》,王晓毅译,生活·读书·新知三联书店2016年版。

[美] 周锡瑞:《义和团运动的起源》,张俊义、王栋译,江苏人民出版社2010年版。

Anthony Giddens, *The Consequences of Modernity*, Stanford, CA: Stanford University Press, 1990.

David Harvey, *The Condition of Postmodernity: An Inquiry into the Origins of Cultural Change*, Oxford: Blackwell Press, 1990.

D. Harvey, *The Urbanization of Capital*, Basil Blackwell, 1985.

Emiko Ohnuki-Tierney, ed. *Culture Through Time: Anthropological Approaches*, Stanford: Stanford University Press, 1990.

Eric Hirsch and Michael O'Hanlon, *The Anthropology of Landscape: Perspective of Place and Space*, Oxford University Press, 1995.

Henri Lefebvre, *The Production of Space*, translated by Donald Nicholson-Smith, Oxford: Blackwell Publishing Ltd, 1991.

Jackson, John B., *Discovering the Vernacular Landscape*, New Haven, CT: Yale University Press, 1984.

Jonathan N. Lipman and Steven Harrell, eds, *Violence in China: Essays in Culture and Counterculture*, Albany, New York: State University of New York Press, 1990.

Kurt Wolff (Trans.), *The Sociology of Georg Simmel*, New York: Free Press, 1950.

Michel Foucault, *Power/Knowledge: Selected Interviews and Other Wittings: 1972-1977*, Harvester Press, 1980.

R. Keith Schoppa, *Chinese Elites and Political Change: Zhejiang Province in the Early Twentieth Century*, Cambridge, Mass and London: Harvard University, 1982.

Robert Park, Ernest Burgess, Roderick McKenzie, *The City*, The University of Chicago Press, 1925.

Thomas Barfield, eds. *The Dictionary of Anthropology*, MA (USA): Blackwell Publishing Ltd, 1997.

二 论文

陈薇：《元明时期京杭大运河沿线集散中心城市的兴起》，载中国建筑学会建筑史学分会编《建筑历史与理论》（第六、七合辑），中国科学技术出版社 2000 年版。

邓启耀：《易象之城（上）：古城空间设计的文化建构》，载龚鹏程主编《八卦城谈易——第三届中国·特克斯世界周易论坛论文集》，社会科学文献出版社 2015 年版。

邓启耀：《舆图与城市的历史空间及其文化变迁——以佛山历史地图为例》，载龚鹏程主编《八卦城谈易——首届中国特克斯世界周易论坛论文集》，世界图书北京出版公司 2013 年版。

高鹏：《“惟有双河犹带绕　秋风禾黍忆苍凉”——由“小天津”临清的没落思考城市盛衰转化的内部机制》，载张利民主编《城市史研究》（第 28 辑），天津社会科学院出版社 2012 年版。

胡正恒：《历史地景化与形象化：论达悟人家团创始记忆及其当代诠释》，载林美容、郭佩宜等主编《宽容的人类学精神：刘斌雄先生纪念论文集》，“中央研究院”民族学研究所 2008 年版。

李孝聪：《形制与意象——一千五百年以来中国城市空间的传承与变换》，载复旦大学文史研究院编《都市繁华：一千五百年来的东亚城市生活史》，中华书局 2010 年版。

林美容：《由祭祀圈到信仰圈——台湾民间社会的地域构成与发展》，载张炎宪编《第三届中国海洋发展史研讨会论文集》，“中央研究院”三民主义研究所，1988 年。

孙竞昊：《一座中国北方城市的江南认同：帝国晚期济宁城市文化的形成》，陈丹阳译，载李泉主编《运河学研究》（第 1 辑），社会科学文献出版社 2018 年版。

王笛：《中国城市史研究的理论、方法与实践》，载孙逊、杨剑龙主编《城市科学与城市学》，上海三联书店 2012 年版。

王子华、马鲁奎：《临清民间音乐拾零》，载山东省文化厅史志办公室、聊城地区文化局史志办公室编《文化艺术志资料汇编》（第十二辑·聊城地区《文化志》资料专辑），山东省实验中学印刷厂，1988 年。

岳玉玺:《山东运河文化的历史考察及其借鉴价值》,载于德普主编《运河文化(山东)文集》,山东科学技术出版社 1998 年版。

张佩国:《“业”与“报”——明清祁门县善和里的公产与福利实践》,载庄孔韶主编《人类学研究》第 7 卷,浙江大学出版社 2015 年版。

赵世瑜:《明清北京的信仰、组织与街区社会——以东岳庙碑刻为中心》,载郑振满主编《碑铭研究》,社会科学文献出版社 2014 年版。

周嘉:《圣迹与霞光:临清泰山奶奶崇拜的历史人类学研究》,载李泉主编《运河学研究》(第 3 辑),社会科学文献出版社 2019 年版。

周嘉:《运河城市的空间形态与职能扩张——以明清时期的临清为个案》,载张利民主编《城市史研究》(第 34 辑),社会科学文献出版社 2016 年版。

朱晓阳:《“表征危机”的再思考:从戴维森和麦克道威尔进路》,载王铭铭主编《中国人类学评论》(第 6 辑),世界图书出版公司 2008 年版。

柏学聚:《太平天国北伐援军的临清战役》,《历史教学》1990 年第 1 期。

蔡泰彬:《泰山与太和山的香税征收、管理与运用》,《台大文史哲学报》2011 年第 74 期。

晁福林:《试论春秋时期的社神与社祭》,《齐鲁学刊》1995 年第 2 期。

陈佳穗:《台湾地名传说所反映之居民集体意识研究》,《南亚学报》2008 年第 30 期。

代洪亮:《社会记忆的空间——以清代山东碧霞元君信仰为中心》,《济南大学学报》2003 年第 3 期。

单霁翔:《关注新型文化遗产——文化线路遗产的保护》,《中国文物科学研究》2009 年第 3 期。

董晓萍:《陕西泾阳社火与民间水管理关系的调查报告》,《北京师范大学学报》(人文社会科学版)2001 年第 6 期。

费孝通:《反思·对话·文化自觉》,《北京大学学报》(哲学社会科学版)1997 年第 3 期。

费孝通:《关于“文化自觉”的一些自白》,《学术研究》2003 年第 7 期。

费孝通:《文化自觉　和而不同——在“二十一世纪人类的生存与发展国际人类学学术研讨会”上的演讲》,《民俗研究》2000 年第 3 期。

关华山:《台湾传统民宅所表现的空间观念》,《“中央研究院”民族学研究所集刊》1980 年第 49 期。
郭东升：《百万人口的明代临清城》，《春秋》2018 年第 6 期。
郭东升：《临清州的义和团运动》，《山东档案》2008 年第 2 期。
郭泉恩、钟业喜等：《江西省地理标志产品培育及其空间分布》，《热带地理》2013 年 7 月第 33 卷第 4 期。
何孝荣：《明代宦官与佛教》，《南开学报》2000 年第 1 期。
黑广菊：《明清时期临清钞关及其功能》，《清史研究》2006 年第 3 期。
侯杰：《试论历史人类学与中国近代史研究中的几个问题》，《史学月刊》2005 年第 9 期。
黄金鑫、朱晓冬、马俊：《探析临清舍利塔的建筑形制与建筑价值》，《山西建筑》2014 年第 13 期。
黄雯娟：《命名的规范：台南市街路命名的文化政治》，《台湾史研究》2014 年 12 月第 21 卷第 4 期。
纪小美、王卫平等：《批判转向以来地名学研究回顾与展望》，《地理科学进展》2016 年第 7 期。
科大卫：《历史人类学者走向田野要做什么》，程美宝译，《民俗研究》2016 年第 2 期。
冷东：《从临清的兴盛看明代漕运的经济影响》，《松辽学刊》1985 年增刊。
冷东：《从临清的衰落看清代漕运经济影响的终结》，《汕头大学学报》（人文科学版）1987 年第 2 期。
李德楠：《比较视野下的明清运河城市——以济宁、临清为例》，《中国名城》2015 年第 7 期。
李向平：《“宗教鸦片论”，还是“宗教社会论”？——马克思主义宗教观新论》，《西北民族大学学报》（哲学社会科学版）2010 年第 5 期。
李正爱：《京杭大运河与临清城市的人文转变》，《南通大学学报》（社会科学版）2008 年第 1 期。
梁启超：《中国都市小史》，《晨报》七周纪念增刊，1926 年 10 月。
梁启超：《中国之都市》，《史学与地学》第 1、2 期，1926 年 12 月—1927 年 7 月。
刘博、朱竑：《批判视角下广州地铁站命名与更名研究》，《地理科学》

2014 年 9 月第 34 卷第 9 期。
刘建峰:《环境美学视野下临清运河古街巷文化体验研究》,《人文天下》2015 年第 9 期。
刘英顺:《临清舍利宝塔的故事》,《临清文艺》2014 年第 4 期。
刘铁梁:《“标志性文化统领式”民俗志的理论与实践》,《北京师范大学学报》(社会科学版) 2005 年第 6 期。
刘铮云:《“冲、繁、疲、难”:清代道、府、厅、州、县等级初探》,台湾《“中央研究院”历史语言研究所集刊》第 64 本 (1993 年 3 月) 第 1 分。
马鲁奎:《话说临清歇马厅》,《临清文物报》1993 年第 1 期。
马鲁奎:《临清城墙》,《临清地方史志》1988 年第 1 期。
马鲁奎:《临清民间社火〈五鬼闹判〉》,《临清文史》1992 年第 6 辑。
马鲁奎:《临清元代会通河“连环闸”盛世重光》,《临清文艺》2014 年第 1 期。
马寿千:《明代著名清官孙继鲁事略》,《回族研究》2009 年第 3 期。
全汉昇:《中国古代的行会制度及其起源》,《现代史学》第 2 卷第 1、2 期,1934 年 5 月。
任放:《施坚雅模式与中国近代史研究》,《近代史研究》2004 年第 4 期。
容庚:《碧霞元君庙考》,《京报副刊》1925 年第 157 期。
施添福:《社会史、区域史与地域社会——以清代台湾北部内山的研究方法论为中心》,发表于 2009 年 11 月 12—13 日“中央研究院”台湾史研究所主办的“第二届族群、历史与地域社会暨施添福教授荣退学术研讨会”,见中国人民大学清史研究所网 (http://www.iqh.net.cn/info.asp?column_id=8252)。
史念海:《河南浚县大伾山西部古河道考》,《历史研究》1984 年第 2 期。
舒松钰:《谈文化遗产的基本特性和研究保护》,《徽州社会科学》2007 年第 11 期。
孙竞昊:《经营地方:明清之际的济宁士绅社会》,《历史研究》2011 年第 3 期。
孙竞昊:《明清北方运河地区城市化途径与城市形态探析:以济宁为个案的研究》,《中国史研究》2016 年第 3 期。

孙晓艳：《口岸开放与城市兴衰——基于青岛与临清的比较》，《知识经济》2008 年第 10 期。
陶犁、王立国：《国外线性文化遗产发展历程及研究进展评析》，《思想战线》2013 年第 3 期。
陶希圣：《西汉长安的市》，《北平晨报历史周刊》1936 年 11 月 25 日第 9 期。
田承军：《碧霞元君与碧霞元君庙》，《史学月刊》2004 年第 4 期。
王传兴、田萌：《明清时期临清城市的兴盛与衰落》，《黑龙江史志》2014 年第 5 期。
王芳、刘迪、韩光辉：《城市历史地段保护更新的"活态博物馆"理念探讨——以山东临清中洲运河古城区为例》，《华中建筑》2010 年第 5 期。
王明德：《明清时期临清的寺庙与城市生活》，《文史博览》（理论）2014 年第 3 期。
王铭铭：《小地方与大社会——中国社会的社区观察》，《社会学研究》1997 年第 1 期。
王卫平：《救济与劝善："慈善"本义的历史考察》，《光明日报》2019 年 5 月 6 日第 14 版。
王云：《明清临清贡砖生产及其社会影响》，《故宫博物院院刊》2006 年第 6 期。
王云：《明清时期山东运河区域的徽商》，《安徽史学》2004 年第 3 期。
韦谢：《城市地名变迁与社会记忆的建构：基于〈紫堤村志〉的分析》，《中国名城》2016 年第 3 期。
吴欣：《大运河文化的内涵与价值》，《光明日报》2018 年 2 月 5 日第 14 版。
夏建中：《新城市社会学的主要理论》，《社会学研究》1998 年第 4 期。
向福贞：《明清时期临清钞关的作用及影响》，《聊城大学学报》（社会科学版）2009 年第 4 期。
萧凤霞：《文化活动与区域社会经济的发展——关于中山小榄菊花会的考察》，《中国社会经济史研究》1990 年第 4 期。
谢宗荣：《台湾传统民间信仰庙宇建筑的空间艺术——以鹿港古迹级寺庙

为例》,《台湾文献》1997 年第 48(2)期。
徐登阶:《卫运河演变初考》,《临西文史》1989 年第 2 辑。
许檀:《明清时期城乡市场网络体系的形成及其意义》,《中国社会科学》2000 年第 3 期。
许檀:《明清时期的临清商业》,《中国经济史研究》1986 年第 2 期。
许檀:《明清时期华北的商业城镇与市场层级》,《中国社会科学》2016 年第 11 期。
许檀:《明清时期运河的商品流通》,《历史档案》1992 年第 1 期。
杨吉超:《京杭运河与明清临清地区社会风俗变化研究》,硕士学位论文,复旦大学,2014 年。
杨念群:《美国中国学研究的范式转变与中国史研究的现实处境》,《清史研究》2000 年第 4 期。
杨轶男:《明清时期山东运河城镇的服务业——以临清为中心的考察》,《齐鲁学刊》2010 年第 4 期。
杨遵义:《关于临清古县衙“堂台子”遗址的调查》,《临西文史》2002 年第 5 辑。
叶涛:《碧霞元君信仰与华北乡村社会——明清时期泰山香社考论》,《文史哲》2009 年第 2 期。
喻学才、王健民:《关于世界文化遗产定义的局限性研究》,《云南师范大学学报》(哲学社会科学版)2007 年第 4 期。
曾意丹:《“临清民变”与李士登的为民请命》,《学术月刊》1980 年第 4 期。
张春红:《明清临清水次仓探析》,《产业经济》2010 年第 2 期。
张海超、刘永青:《论历史民族志的书写》,《云南社会科学》2007 年第 6 期。
张或定:《清代山东临清局考》,《陕西金融》1997 年第 11 期。
张佩国:《传统中国福利实践的社会逻辑——基于明清社会研究的解释》,《社会学研究》2017 年第 2 期。
张佩国:《从社区福利到国家事业——清末以来乡村学校的公产及经费来源》,《学术月刊》2015 年第 10 期。
张佩国:《历史活在当下——“历史的民族志”实践及其方法论》,《东方论坛》2011 年第 5 期。
张佩国：《整体生存伦理与民族志实践》，《广西民族大学学报》（哲学社会科学版）2010 年第 5 期。
张佩国：《祖先与神明之间——清代绩溪司马墓“盗砍案”的历史民族志》，《中国社会科学》2011 年第 2 期。
张士闪：《俗化的信仰与神圣的艺术——以鲁中西小章村的祖先崇拜及竹马表演活动为例》，《民俗研究》2005 年第 1 期。
张廷银：《地方志中“八景”的文化意义及史料价值》，《文献》2003 年第 4 期。
张小军：《历史的人类学化和人类学的历史化——兼论被“史学”抢注的历史人类学》，《历史人类学学刊》2003 年第 1 卷第 1 期。
张兆林：《传统美术类非物质文化遗产项目生产标准探微》，《文化遗产》2020 年第 6 期。
张兆林：《分工与互惠：中国民间艺术生产的协作实践——基于聊城木版年画内部生产关系考察》，《民族艺术》2022 年第 1 期。
张兆林：《聊城木版年画生产传承中的女性角色研究》，《民俗研究》2020 年第 4 期。
赵鹏飞、宋昆：《山东运河传统民居研究——以临清传统店铺民居和大院民居为例》，《建筑学报》2012 年第 S1 期。
赵世瑜：《结构过程·礼仪标识·逆推顺述——中国历史人类学研究的三个概念》，《清华大学学报》（哲学社会科学版）2018 年第 1 期。
赵世瑜：《明清华北的社与社火——关于地缘组织、仪式表演以及二者的关系》，《中国史研究》1999 年第 3 期。
赵世瑜：《明清时期华北庙会研究》，《历史研究》1992 年第 5 期。
郑功成：《慈善事业的理论解析》，《慈善》1998 年第 2 期。
周嘉：《地方神庙、信仰空间与社会文化变迁——以临清碧霞元君庙宇碑刻为中心》，《民俗研究》2019 年第 6 期。
周嘉：《清末民初运河城市的公用事业——以临清水会为中心》，《华北水利水电大学学报》（社会科学版）2016 年第 4 期。
周嘉：《运河名城临清碧霞元君信仰考略》，《中国道教》2018 年第 4 期。
周嘉、张佩国：《“把持”与“共利”之间——明清山陕商人之制度伦理》,《史林》2021 年第 5 期。

周秋光:《内涵与外延:慈善概念再思考——兼与王卫平先生商榷》,《光明日报》2019 年 12 月 16 日第 14 版。

周尚意、吴莉萍等:《论城市实体空间变化与历史地名保护的关系:以北京二环以内地区为例》,《中国地名》2007 年第 1 期。

周胜林、高金华、宋立中:《临清运河街区环境协调度评价及其管理研究》,《济宁学院学报》2012 年第 6 期。

周蜀秦:《西方城市社会学研究的范式演进》,《南京师大学报》(社会科学版)2010 年第 6 期。

周永明:《道路研究与"路学"》,《二十一世纪》2010 年 8 月号,总第 120 期。

朱晓阳:《"语言混乱"与法律人类学进路》,《中国社会科学》2007 年第 2 期。

[英] 安东尼·吉登斯:《何为社会科学》,于海译,《社会》2001 年第 11 期。

[英] 大卫·哈维:《时空之间——关于地理学想象的省思》,王志弘译,载夏铸九、王志弘编译《空间的文化形式与社会理论读本》,明文书局 2002 年版。

[美] 杜赞奇:《刻划标志:中国战神关帝的神话》,载 [美] 韦思谛编《中国大众宗教》,陈仲丹译,江苏人民出版社 2006 年版。

[丹麦] 克斯汀·海斯翠普:《迈向实用主义启蒙的社会人类学?》,谭颖译,《中国农业大学学报》(社会科学版)2007 年第 4 期。

[日] 堀込宪二:《风水思想和中国的城市——以清代城市为论述中心》,载王其亨主编《风水理论研究》,天津大学出版社 1992 年版。

[德] 马丁·海德格尔:《人诗意地栖居》,载 [德] 马丁·海德格尔《演讲与论文集》,孙周兴译,生活·读书·新知三联书店 2005 年版。

[美] 玛丽·兰金:《中国公共领域观察》,载黄宗智主编《中国研究的范式问题讨论》,社会科学文献出版社 2003 年版。

[美] 曼纽尔·卡斯特:《21 世纪的都市社会学》,刘益诚译,《国外城市规划》2006 年第 5 期。

[美] 牟复礼:《元末明初时期南京的变迁》,载 [美] 施坚雅主编《中

华帝国晚期的城市》，叶光庭、徐自立等译，中华书局2000年版。
［美］彭慕兰：《上下泰山——中国民间信仰政治中的碧霞元君（约公元1500年至1949年）》，（台北）《新史学》第20卷第4期，2009年12月号。
［美］彭慕兰：《泰山女神信仰中的权力、性别与多元文化》，载［美］韦思谛编《中国大众宗教》，陈仲丹译，江苏人民出版社2006年版。
［韩］朴尚洙：《近代中国城市史研究之回顾与瞻望》，任吉东译，载张利民主编《城市史研究》（第29辑），天津社会科学院出版社2013年版。
［日］森正夫：《中国前近代史研究中的地域社会视角——“中国史研讨会‘地域社会——地域社会与指导者’”主题报告》，载［日］沟口雄三、小岛毅主编《中国的思维世界》，孙歌等译，江苏人民出版社2006年版。
［美］施坚雅：《城市与地方体系层级》，载［美］施坚雅主编《中华帝国晚期的城市》，叶光庭、徐自立等译，中华书局2000年版。
［美］施坚雅：《十九世纪中国的地区城市化》，载［美］施坚雅主编《中华帝国晚期的城市》，叶光庭、徐自立等译，中华书局2000年版。
［法］施舟人：《道教在近代中国的变迁》，载［法］施舟人《中国文化基因库》，北京大学出版社2002年版。
［美］唐纳德·戴维森：《行动、理性和真理》，载欧阳康主编《当代英美著名哲学家学术自述》，朱志方译，人民出版社2005年版。
［英］王斯福：《什么是村落?》，《中国农业大学学报》（社会科学版）2007年第1期。
［美］武雅士：《神、鬼和祖先》，载［美］武雅士编《中国社会中的宗教与仪式》，江苏人民出版社2014年版。
［美］萧凤霞：《文化活动与区域社会经济的发展——关于小榄菊花会的考察》，载叶显恩主编《清代区域社会经济研究》，中华书局1992年版。
［日］樱井龙彦：《从开发及环境问题探讨民间传承学的作用》，《民族文学研究》1999年第4期。
［美］詹姆斯·沃森：《神的标准化：在中国南方沿海地区对崇拜天后的鼓励（960—1960）》，载［美］韦思谛编《中国大众宗教》，陈仲丹

译，江苏人民出版社 2006 年版。

［日］重田德：《乡绅支配的成立与结构》，载刘俊文主编《日本学者研究中国史论著选译》第 2 卷，中华书局 1993 年版。

Daly Jayne, "Heritage Areas: Connecting People to Their Places and History", *Forum Journal*, Vol. 17, No. 4, 2003.

David A. Smith, "The New Urban Sociology Meets the Old: Rereading Some Classical Human Ecology", *Urban Affairs Review*, 30, 1995.

David Throsby, "Cultural Capital", *Journal of Cultural Economics*, No. 23, 1999.

Dirk H. R. Spennemann, "Of Great Apes and Robots: Considering the Future (s) of Cultural Heritage", *Futures*, Vol. 39, No. 7, 2007.

H. Lefebvre, "Reflections on the Politics of Space", in R. Peet (ed.), *Radical Geography*, Chicago: Maaroufa Press, 1977.

Jinghao Sun, "City, State, and the Grand Canal: Jining's Identity and Transformation, 1289 - 1937", Ph. D. diss, University of Toronto, 2007.

John Walton, "The New Urban Sociology", in *International Social Science Journal*, Vol. 3, No. 2, 1981.

Kirsten Hastrup, "Social anthropology: Towards a Pragmatic Enlightenment?", *Social Anthropology*, Vol. 13, No. 2, 2005.

M. Castells, "Is There an Urban Sociology?" in C. G. Pickvance (ed.), *Urban Sociology: Critical Essays*, 1976.

M. Castells, "Towards a Political Urban Sociology", in M. Harloe (ed.), *New Perspectives in Urban Change and Conflict*, 1981.

Richard Madsen, "The Politics of Revenge in Rural China during the Cultural Revolution", in Jonathan N. Lipman and Steven Harrell, eds, *Violence in China: Essays in Culture and Counterculture*, Albany, New York: State University of New York Press, 1990.

S. Zukin, "A Decade of the New Urban Sociology", in *Theory and Society*, No. 9, 1981.

三 史籍

（清）陈梦雷：《古今图书集成》，中华书局 1985 年版。
（晋）陈寿撰、（宋）裴松之注：《三国志》（简体字本），中华书局 1999 年版。
（明）陈循等：《寰宇通志》，玄览堂丛书本。
（明）陈子龙：《皇明经世文编》，明崇祯十六年（1643）刻本。
《大明会典》，台北东南书报社 1963 年版。
（唐）杜佑：《通典》，中华书局 1988 年版。
（清）方菊人：《平平言》，清光绪十三年（1887）刊本。
（清）傅泽洪：《行水金鉴》，商务印书馆 1936 年版。
（清）谷应泰：《明史纪事本末》，中华书局 1977 年版。
（明）顾炎武：《天下郡国利病书》，上海古籍出版社 2011 年版。
（明）顾炎武：《肇域志》，上海古籍出版社 2004 年版。
国立中央研究院历史语言研究所编：《明清史料》甲编，上海商务印书馆 1936 年版。
（清）黄掌纶等：《长芦盐法志》，清嘉庆十年（1805）刻本。
《明会典》，中华书局 1989 年版。
《明经世文编》，中华书局 1962 年版。
（宋）乐史：《太平寰宇记》，四库全书本。
（唐）李商隐：《玉溪生诗集笺注》，（清）冯浩笺注、蒋凡标点，上海古籍出版社 1998 年版。
（北魏）郦道元：《水经注》，四库全书本。
（北魏）郦道元：《水经注》，岳麓书社 1995 年版。
（明）宋濂等：《元史》，中华书局 1976 年版。
（宋）欧阳修、宋祁：《新唐书》，乾隆四年（1739）武英殿刻本。
（宋）潜说友：《咸淳临安志》，台北成文出版社 1970 年版。
《钦定四库全书总目》卷 84《史部 40》，中华书局 1997 年版。
（明）邱濬：《大学衍义补》，明正德元年（1506）刻本。
（宋）沈括：《梦溪笔谈》，岳麓书社 2000 年版。
（汉）司马迁：《史记》，中华书局 1959 年版。

（元）脱脱：《金史》，中华书局 1975 年版。
（元）脱脱：《宋史》，中华书局 1977 年版。
（清）完颜麟庆：《鸿雪因缘图记》，清道光二十七年（1847）刻本。
（明）谢肇淛：《五杂组》，中华书局 1959 年版。
（明）谢肇淛：《小草斋集》，《续修四库全书》第 1367 册，上海古籍出版社 2002 年版。
（明）谢肇淛：《小草斋文集》，《四库全书存目丛书》集部 175，齐鲁书社 1997 年版。
（汉）许慎：《说文解字》，中华书局 1963 年版。
佚名：《梼杌闲评》，刘文忠校点，人民文学出版社 1983 年版。
（清）于敏中等：《日下旧闻考》，北京古籍出版社 1985 年版。
（明）张居正：《新刻张太岳先生文集》，《续修四库全书》第 1345 册，上海古籍出版社 2002 年版。
（清）张廷玉等：《明史》，岳麓书社 1996 年版。
（清）张廷玉等：《明史》，中华书局 1974 年版。
（清）张之洞：《劝学篇》，李忠兴评注，中州古籍出版社 1998 年版。
（清）张之洞：《劝学篇》，李忠兴评注，中州古籍出版社 1998 年版。
（清）赵尔巽等：《清史稿》，中华书局 1976 年版。
（清）赵一清：《水经注释》，四库全书本。
（唐）魏征、令狐德棻：《隋书》，中华书局 1973 年版。
“中研院”历史语言研究所校印、黄彰健校勘：《明实录》，中华书局 2016 年版。
周骏富辑：《明代传记丛刊·综录类》，台北明文书局 1991 年版。

四　地方志

（民国）陈熙雍等：《冠县县志》，台北成文出版社 1968 年版。
（唐）李吉甫：《元和郡县图志》，中华书局 1983 年版。
临清市人民政府编：《临清州志》，山东省地图出版社 2001 年版。
临清市水利志编纂办公室编印：《临清市水利志》，1989 年。
（明）陆釴等：《山东通志》，明嘉靖十二年（1533）刻本。
山东省临清市地方史志编纂委员会编：《临清市志》，齐鲁书社 1997

年版。
《民国山东通志》编辑委员会编：《民国山东通志》（第一册），山东文献杂志社 2002 年版。
（清）王俊、李森：《临清州志》，清乾隆十四年（1749）刻本。
（明）王命爵、王汝训等：《东昌府志》，明万历二十八年（1600）刻本。
（明）姚本：《冠县志》，明嘉靖二十四年（1545）刻本。
（清）于睿明、胡悉宁：《临清州志》，清康熙十二年（1673）刻本。
（清）张度、朱钟：《临清直隶州志》，清乾隆五十年（1785）刻本。
（民国）张树梅、王贵笙：《临清县志》，民国二十三年（1934）铅印本。
漳卫南运河志编委会编：《漳卫南运河志》，天津科学技术出版社 2003 年版。
（清）郑先民、耿愿鲁：《馆陶县志》，清康熙十四年（1675）刻本。
《中国地方志集成》编辑委员会编：《中国地方志集成·山东府县志辑》第 95 册《民国临清县志》，凤凰出版社 2004 年版。

五　碑刻

崇祯四年（1631）《临清州东水门三里铺泰山行宫义社碑记》，碑存临清市大辛庄街道办事处歇马厅村歇马厅遗址。
道光三十年（1850）《王烈士之神位》，碑存临清市运河钞关博物馆。
道光十三年（1833）《重修茶棚志》，碑文拓片存聊城大学运河学研究院。
民国九年（1920）《奶奶庙捐资碑》，碑存临清市魏湾镇东魏村。
1993 年《重修泰山行宫募捐碑记》，碑存临清市新华路街道办事处桑树园村碧霞元君祠。
（时间不详）《善民善桥碑》，碑文拓片存临清市博物馆。
万历二十九年（1601）《迁移观世音菩萨塔疏》，碑存临清市舍利塔。
万历二十三年（1595）《碧霞元君庙记碑》，碑存临西县大营村（原临清陈官营村）碧霞元君庙遗址。
万历二十五年（1597）《计部李公德政序碑》，碑存临清市运河钞关博物馆。
万历二十一年（1593）《东岳碧霞宫碑》，碑存泰山碧霞祠。
万历三十九年（1611）《募化方》，碑存临清市舍利塔。

万历三十九年（1611）《修建观世音菩萨宝塔疏》，碑存临清市舍利塔。
万历十三年（1585）《岱岳祝圣保泰题名记碑》，碑存临清市大辛庄街道办事处歇马厅村歇马厅遗址。
万历四十七年（1619）《临清舍利塔太监无题记碑》，碑存临清市舍利塔。
万历四十三年（1615）《三层功德檀越》，碑存临清市舍利塔。
万历四十三年（1615）《四层功德檀越》，碑存临清市舍利塔。
万历四十五年（1617）《舍利宝塔第六层纪造》，碑存临清市舍利塔。
万历四十一年（1613）《户部义渡碑》，碑存临清市博物馆。
至顺四年（1333）《绞关石记事碑》，碑存临清市博物馆。
马鲁奎辑注：《运河名城临清明清碑刻集注》，齐鲁书社2022年版。

六　档案及其他

《辞海》（工程技术分册·下），上海辞书出版社1982年版。
《关于古运河跃进桥—和平桥段北岸第二次拓宽的实施方案》，1998年6月22日，临清市档案馆藏。
《和平桥—跃进桥段河口改造方案》，1998年6月10日，临清市档案馆藏。
河北省临西县地名办公室编印：《临西县地名志》，1983年。
国家文物局主编：《中国文物地图集·山东分册》，中国地图出版社2007年版。
《蒋保江同志在古运河治理施工动员会议上的讲话要点》，1998年4月29日，临清市档案馆藏。
《临清市城市总体规划（2003年—2020年）》，2006年2月，临清市档案馆藏。
临清市地方史志办公室编：《临清乡村概况》，五洲传播出版社2003年版。
临清市地名委员会办公室编印：《临清市地名录》，1988年。
临清市农业区划委员会办公室编印：《临清市农业区划》，1986年。
《临清市人民政府关于古运河综合治理工程拆迁工作的通告（第二号）》，1998年5月1日，临清市档案馆藏。
《临清市人民政府关于古运河综合治理工程拆迁工作的通告（第一号）》，

1998 年 3 月 20 日，临清市档案馆藏。
临清市文化局编制：《临清市非物质文化遗产资料汇编》（第二卷），2009 年。
临清市文化局创作办公室编印：《临清民间故事》（资料本），1987 年。
《临清县城历史资料图集》，1977 年 10 月，临清市档案馆藏。
《临清县城总体规划说明书》（修改稿），1983 年 4 月 1 日，临清市档案馆藏。
《临清县城总体规划说明书》（修改稿），1977 年 11 月 20 日，临清市档案馆藏。
临清县水利局办公室整理：《卫运河（临清段）简介资料（初稿）》，内部资料，1978 年。
山东省城乡规划设计研究院、临清市城乡建设委员会：《临清市历史文化名城保护规划》，1995 年 3 月，临清市档案馆藏。
山东省临清市地方史志办公室编：《临清年鉴（1991—1998）》，齐鲁书社 2000 年版。
文化部外联局编：《联合国教科文组织保护世界文化公约选编》，法律出版社 2006 年版。
国务院法制办公室编：《中华人民共和国法规汇编》第 5 卷，中国法制出版社 2005 年版。
国务院法制办公室编：《中华人民共和国法律法规全书（行政法卷）》，中国法制出版社 2014 年版。
民政部法规办公室编：《中华人民共和国地方民政法规总览》，中国社会出版社 2003 年版。
（民国）庄维屏编：《山东卫运河护岸工程报告书》，山东省公署建设厅，1940 年。

后　记

时间进入2023年，回想起我在运河方面的研究，已经将近十年了。这些年来，虽然一直在这个领域摸索前行，但仍然不敢自诩是专门研究运河的。而且，随着对运河知识的逐渐积累，更加发现它涉及的内容非常广泛，而我至今所了解的不过冰山一角。这并非自谦，我本是历史学专业出身，后来转向艺术学研究，读博期间又选择了人类学，所以对哪一个学科都没有学精，不如在某一学科"板凳要坐十年冷"那么专一。唯一能够聊以自慰的是，我还有那么一点儿跨学科的思维，在某些问题上也尝试使用跨学科的方法进行研究。

本书是在我主持的教育部人文社会科学研究青年基金项目最终研究成果基础上修改而成，同时也是我学术生涯的第二本个人专著。第一本专著研究乡村协作机制，在我的博士学位论文基础上加以完善，于2018年由中国社会科学出版社出版。这个教育部课题立项时的题目是《运河城市的空间形态及生命历程研究——以临清为中心的历史人类学考察》，本书付梓之际改为现在的题目。记得去年的某一天，我跟我的博士研究生导师张佩国教授谈及出版课题研究成果。他说："很好啊！只不过题目要改动一下，就用'明清以来临清城市空间研究'吧。"同时，他还建议再使用一个能概括该书内容的词汇，作为醒目的主标题。我遂求教于方家，向专注临清历史文化五十余年的马鲁奎先生咨询。这几年我没少往先生那里跑，他了解我研究的内容，故提供了"漕挽纷华"这个方案。在此，感谢张老师、马先生的真知灼见。

从乡村研究转向运河城市研究，实属偶然。2011年，我只身去上海大学读博，十分荣幸成为张佩国教授的学生，自此一直得到恩师的教诲与指导。2014 年毕业前夕，因当时只想返回母校聊城大学工作，求职简历没有投往其他高校。不过，那年的招聘形势似乎并不乐观，担心自己没能如愿以偿，故又做了另一手准备，继续申请进入山东大学博士后流动站。张老师对我说："无论是先工作还是先进站，都得有一个未来几年的研究计划，既然你还想着回母校，那里有个独立的运河学研究院，干脆就做山东运河城市研究吧。孙竞昊教授做过济宁研究，你就做临清研究吧。"孙竞昊教授是济宁研究的大家，他在多伦多大学的博士毕业论文写的就是济宁，即"City，State，and the Grand Canal：Jining's Identity and Transformation，1289 - 1937"，且已在《历史研究》等重要期刊上发表多篇相关研究文章。我不敢奢求达到孙教授研究的那样精彩，唯有向他学习与请教，能把临清研究持续进行下去就行。那时孙教授的博士毕业论文还没有中译本，我找到电子版打印出来后，用了一个多月时间逐字逐句通读了一遍。在写作本书过程中，我也引用了他的部分观点与见解，期间还有幸两次陪同他考察临清段和阳谷段运河，并借机咨询了一些学术上的理论问题。可以毫不夸张地说，济宁研究已经达到一个制高点，向孙教授致敬！

博士毕业那年，我最终还是入职母校，选择在运河学研究院工作。工作一段时间后，感觉还需要进一步提升自身学术研究水平，又在山东大学中国史学科从事博士后研究工作，合作导师是徐畅教授。2014 年，中国大运河列入《世界遗产名录》后，对于申报相关研究课题也是一个机遇。第二年，我就用这个临清研究计划成功获批教育部课题。我一方面要完成在站期间科研任务，另一方面便着手临清研究了。由于我是在职博士后，工作上的事情较多，没能与徐教授经常见面。虽然见面的机会少，但每次他都很关心我的临清研究进展，我也尽量利用有限的时间向他请教。记得有一次他还很谦虚地说道："你是用历史人类学的方法做临清研究，我是搞近代中国农村社会经济史和抗日战争史的，更多的还应由张佩国教授来指导。"徐教授在这两个领域的研究著作等身，为了搜集资料也曾多次去过临清，他对临清也是很熟悉了。在此，感谢徐教授在本书修改完善方面提出的宝贵意见。

课题申请下来之后，我便利用工作之余经常"跑田野"，根据原计划开始有针对性地搜集相关资料。田野工作刚开始的时候，自聊城出发需要先乘坐公交车赶往车站，然后再按点乘坐汽车或火车前往临清，到站后再在路边招呼一辆三轮摩的，就是俗称的“蹦蹦车”。这种方式比较浪费时间，当然也有很多时候，我会在临清住上几天。后来有了汽车之后，我便选择自驾的方式，大大节省了很多时间。几年下来，我几乎跑遍了临清的大街小巷，也多次去周边乡村进行调研。在写作过程中，也曾彷徨过、迷惘过，尤其是如何灵活处理学术理论与田野工作关系张力的问题。2017 年 4 月中旬，张佩国教授来我校做学术报告，他对我说：“你一直在研究临清，我想去你的田野点看看。”第二天，我们便来到临清。当时，我又想起了 2013 年在山西“四社五村”调研时的场景，张老师不辞辛苦亲临现场指导田野工作。2018 年 5 月下旬，我去厦门大学参加研修班，培训结束后返回聊城，得知张俊峰教授正好在我校参加学术会议。张俊峰教授是中国近现代社会史、水利社会史研究领域的知名专家，我在山西做田野以及后来博士毕业论文的出版，也得到过他的帮助和指导。他也想去临清看一看，我们先参观了泰山行宫碧霞元君祠，之后又去寻香斋王福明先生那里参观老照片，感谢张教授在文献综述、学术对话、行文框架、资料运用等方面给予的悉心指导。

一次偶然的机会，我认识了井扬先生。井先生是临清人，在山东大学历史文化学院完成了本科和研究生学业，随后一直在临清工作，先后在临清团市委、市委宣传部、市委政策研究室、市财政局等岗位工作。长期以来，他发挥自身的地域、工作优势，一直关注和研究临清钞关，于 2015 年在中国财政经济出版社出版了专著《居天下之首的临清运河钞关》。山东大学历史文化学院晁中辰教授在该书序言中指出：“临清钞关是研究明清经济史、社会史的重要内容。明清时期，京杭大运河带动了中国东部物资交流和商业流通的繁荣，与之相伴的是运河税收的日益增多。这是一条黄金水道，同时也是国家重要的税收来源。……运河航道上的大宗商品，以每一座运河商镇和税关作为纽带，辐射向很远的腹地。”临清钞关问题在城市空间体系分析中也占有一席之地，我在书中多处参考了井先生的大作。记得第一次约见井先生是在临清市财政局，他很爽快地为我复印了收藏的临清城市规划资料，并引荐我去相关部门查阅资料。以后无论去临清调研，还是参加学术会议，我们也经常见面畅聊，感谢他提供的资料和研究思路。

这项研究能够最终完成，还得益于田野工作、资料搜集、撰写修改过程中，遇到很多人的帮助与指点。我最先在临清庙会上认识了蔡高真道长，那时他是临清市道教协会会长、临清市泰山行宫碧霞元君祠住持。蔡道长就是当地人，为我提供了很多资料和人脉。每当有新的田野发现，他总会及时告知我，也经常不辞劳累地陪同我到各处调研，还将“非遗”传承人邀集道观提供口述资料。经由他的推荐，我又认识了马鲁奎先生、阮庆贤先生、靳国君先生、刘英顺先生、魏辉先生、白益军女士等，他们都尽心竭力伸以援手。马先生是临清市博物馆原馆长，长期以来一直致力于临清运河文化、地方传统文化研究，也身体力行推动文化遗产挖掘与保护。那时他虽已步入古稀之年，但依然精神矍铄、侃侃而谈，提供了很多有价值的史料。阮先生居住在道观附近一处不起眼的房屋内，由于对临清文化痴迷，书架上摆放的全是有关临清的书籍，墙上也挂满了有关临清的老照片。他利用业余时间搜集整理的民间故事，我在书中也作了部分参考与引用。靳先生从临清市广播电视局退休后，大部分时间在宛园办公，专注临清运河文化研究，我们经常在那里聊天。刘先生是临清胡同游的发起者，曾于2015年在中国作家出版社出版《临清胡同文化》一书，为我提供了非常丰富的资料。魏先生是临清市博物馆馆长，他与副馆长李赛男女士为我做了精彩的讲解，我们也一同进行过几次田野考察。临清市民宗局局长白女士拿出一部回族家谱供我参考，并带我参观了清真寺及回族文献展览馆。另外，河北临西县文化馆馆长张霞女士，临西县民间收藏家、文史爱好者万文礼兄，在田野考察、碑刻搜集方面提供了帮助。临清市委党史研究中心常鑫磊兄校订了部分书稿，他曾陪同我经常去临清市档案馆查阅资料。尼山世界儒学中心学术研究部副研究员、山东大学儒学高等研究院博士研究生常强兄经常鼓励我，一定要把他的家乡临清研究好。在此，一并致谢！

我在第一本学术专著的后记中，曾提到感谢母亲对于我的选择的一贯支持，其实，那时她已于前一年与世长辞。记得大学毕业后，我以全市第二名的成绩入职莱西二中，但第二年又选择继续攻读硕士学位。这在身边的亲戚们眼里是不可理解的，因为已经有了一个令人艳羡的、比较稳定的中学教师工作，为什么还要选择继续求学呢。母亲对此没有提出质疑，包括我在硕士毕业那年又去上海读博。每次寒暑假回家短暂住上几日，临走之际母亲总会叮嘱我："去吧，不要担心我和你爸!"就在我读博的第一年，母亲得了重病，经过好几年的治疗，虽然有一段时间稳定了下来，但后来病情复发，日渐加重。躺在病床上的母亲依然很坚定地对我说："别管我，去临清继续调研吧，别耽误了课题结项。"母亲走了，我的感情受到很大的刺激。母亲的音容笑貌一直浮现在我的脑海中，支撑着我坚持下去。父亲不善言谈，承担起了很多家务，用实际行动默默地支持我。岳父、岳母帮忙照看两个可爱的孩子，妻子对于我从事的科研工作也非常赞同。

时间一晃而过，如今我已是不惑之年，回首我的临清研究，自感非常粗糙，发现还有很多问题需要进一步探究，本书的出版应该说是一个新的起点。限于个人水平，书中肯定有许多不当之处，敬请方家不吝指正。

周　嘉

2023 年 2 月 18 日于聊城